U0493411

2018年度黑龙江省社会科学学术著作出版资助项目

# 易辞深玩——《周易》卦爻辞歧解辨正与义理阐释

姚立江 勾淑玲 著

黑龙江人民出版社

图书在版编目（CIP）数据

易辞深玩：《周易》卦爻辞歧解辨正与义理阐释／姚立江，勾淑玲著. — 哈尔滨：黑龙江人民出版社，2019.1（2021.3重印）
ISBN 978-7-207-11647-5

Ⅰ.①易… Ⅱ.①姚…②勾… Ⅲ.①《周易》—注释 Ⅳ.①B221.2

中国版本图书馆 CIP 数据核字（2019）第 016914 号

责任编辑：孙国志
封面设计：佟　玉

## 易辞深玩
### ——《周易》卦爻辞歧解辨正与义理阐释
姚立江　勾淑玲　著

| 出版发行 | 黑龙江人民出版社 |
| --- | --- |
| 地　址 | 哈尔滨市南岗区宣庆小区 1 号楼（150008） |
| 网　址 | www.hljrmcbs.com |
| 印　刷 | 三河市华东印刷有限公司 |
| 开　本 | 787×1092　1/16 |
| 印　张 | 22.25 |
| 字　数 | 380 千字 |
| 版次印次 | 2019 年 1 月第 1 版　2021 年 3 月第 2 次印刷 |
| 书　号 | ISBN 978-7-207-11647-5 |
| 定　价 | 68.00 元 |

版权所有　侵权必究　　举报电话：（0451）82308054
法律顾问：北京市大成律师事务所哈尔滨分所律师赵学利、赵景波

# 前　　言

　　本书是一部对经典易辞进行歧解辨正和义理解读的著作,是作者长期潜心研读易辞、玩索有得、积累而成。书名为《易辞深玩》,取义于明无名氏《〈易用〉序》引朱熹语:"人能取《易》一卦若一爻熟读而深玩之,推于事而反于身,则吉凶消长之理,进退存亡之道,无所求而不得,无所用而不当。"①

　　所谓"易辞",就是《周易》本经的卦辞、爻辞。在《易传》中,通常简称为"辞"。易辞是《周易》本经意义的呈现者。《周易》本经六十四卦,每卦系有一则卦辞,共有六十四则卦辞。每卦六爻,每爻系有一则爻辞,共有三百八十四则爻辞。外加《乾》《坤》二卦各多出一则用爻之辞,②实为三百八十六则爻辞。包括卦辞、爻辞在内的这四百五十则易辞,构成了《周易》本经的基本语义单位。

　　与《尚书》《老子》《论语》《孟子》等典籍不同,《周易》本经的文本结构具有很大的特殊性,它是由卦爻符号和语词符号有机结合而形成的一部特殊的著作。卦爻符号又称为卦画、卦象,包括由阴阳两爻"━ ━"、"━━━"组成的八卦(又称经卦)卦画以及由八卦卦画两两相叠组成的六十四卦(又称别卦)卦画。这是《周易》的形象符号,因为阴阳两爻和每一卦的卦画都代表着宇宙间一定的事物。语词符号则包括卦名、卦辞、爻辞。如果把《周易》六十四卦视为六十四篇特殊的上古文献,那么其中的每一篇都是由卦名、卦画、卦辞、爻辞四部分构成。卦画构成了《周

---

　　① 《中华大典·文献目录典·古籍目录分典·经总部·易部》,上海古籍出版社,2012年,第365页。
　　② 《周易》六十四卦每卦皆为六爻,只有《乾》《坤》两卦各多出一爻,称为"用九"或"用六",表示这两卦所筮得的六爻皆为可变之阳爻"九"或可变之阴爻"六"。"用"读为"通",义为皆、全。高亨《周易大传今注》说:"用当读为'迵'。迵,通也。……用九犹通九,谓六爻皆九也。"其说甚是。在帛书《易经》中,"用九"正写作"迵九";在帛书《易传》中,"通"都写作"迵"。《太玄·摛》注曰:"迵,通也。"刘大均《周易概论》说:"'迵'即'通',古'用''通'互假。《庄子·齐物论》:'庸也者,用也;用也者,通也。'即其证。"可见"用九""用六"就是"通九""通六",就是全九、皆九,全六、皆六。《乾》卦六爻都是九,所以称为"用(通)九"。《坤》卦六爻都是六,所以称为"用(通)"六。

易》本经的卦爻符号系统，卦名、卦辞、爻辞则构成了《周易》本经的语词符号系统。

从发生学的角度看，卦画是《周易》古经成为"文本"的基础。《周易》文本的产生是先有卦画，然后才有了辞。《系辞传》说："圣人设卦观象系辞焉而明吉凶。"圣人创设六十四卦，观察卦象、爻象，然后才在各卦各爻下撰系文辞以明示吉凶。这就是说，卦爻辞是据象而出，在卦爻象与卦爻辞之间存在着某种内在的逻辑联系，作为《周易》基本语义单位的卦爻辞，是由卦名、卦画、卦爻序及其爻位组织、联系在一起的。因此，单纯从语词符号系统来看，在大多数卦中，卦爻辞之间的语义联系都显得松散，缺乏逻辑，而不像其他典籍那样由语句组成完整语篇。朱伯崑《易学哲学史》曾说："有些卦的辞句的安排，体现了一个中心观念，有其思想性，……但是，就《周易》全书的情况看，……多数卦的卦爻辞之间缺乏甚至没有逻辑的联系。"①刘大钧《关于〈易〉象》一文也说："一些卦爻之辞，东一榔头，西一棒槌，让人摸不着头脑。"②这可以视为对《周易》文本语词符号系统基本特征的概括。由于作《易》者"观象系辞"的具体方法早已亡佚失传，后世研《易》者或努力探讨《周易》的取象规则，以揭示各卦卦爻辞的整体性、一惯性，或对文字进行训诂考释，以揭示各卦的卦旨以及六爻之间的语义联系，但往往都不免于穿凿和附会。

尽管六十四卦中多数卦的卦爻辞缺乏严密的逻辑联系，没有组成完整的语篇，但是作为《周易》基本语义单位的四百五十则卦爻辞蕴含着深刻的义理却是不争的事实。事实上，《周易》卦爻辞本身所具有的丰富的德性意识、人道教训和政治理念历来就是备受人们称道和瞩目的。《系辞传》说："圣人之情见乎辞。""辩吉凶者存乎辞。""鼓天下之动者存乎辞。"认为圣人是借助于易辞的形式来表达思想感情、揭示吉凶得失、寄托教戒之义的，其中的寓意足以鼓动天下，使人奋发振作。刘勰《文心雕龙·原道》篇说："辞之所以能鼓天下者，乃道之文也。"③认为易辞之所以能鼓动天下，就在于它承载了"道"。《程氏易传》曾说："吉凶消长之理，进退存亡之道，备于辞。"④《朱子语类》也说："盖《易》之为书，因卜筮以设教，逐爻开示吉凶，包括无遗，如将天下许多道理包藏在其中，故曰'冒天下之道'。"⑤都指出易辞

---

① 朱伯崑：《易学哲学史》，昆仑出版社，2009年，第12页。
② 刘大钧：《周易概论》（增补本），巴蜀书社，2008年，第27页。
③ [南朝梁]刘勰著，詹锳义证：《文心雕龙义证》，上海古籍出版社，1989年，第28页。
④ 梁伟弦：《〈程氏易传〉导读》，齐鲁书社，2003年，第49页。
⑤ [宋]黎靖德编，杨绳其、周娴君校点：《朱子语类》第三卷，岳麓书社，1997年，第1727页。

具有丰富而独特的寓意。这种寓意是借助于易辞特殊的语义结构得以体现的。

《周易》卦爻辞的最基本的语义结构可以简单地概括为"事象之辞+断占之辞"。① 如《履》之卦辞"履虎尾，不咥人，亨"，"履虎尾，不咥人"是事象之辞，"亨"则是断占之辞；《同人》之卦辞"同人于野，亨，利涉大川，利君子贞"，"同人于野"是事象之辞，"亨，利涉大川，利君子贞"则是断占之辞；《鼎》之九四"鼎折足，覆公餗，其形渥，凶"，"鼎折足，覆公餗，其形渥"是事象之辞，"凶"则是断占之辞；《丰》之九三"丰其沛，日中见沫，折其右肱，无咎"，"丰其沛，日中见沫，折其右肱"是事象之辞，"无咎"则是断占之辞。事象之辞其实可细分为事类之辞和物象之辞两类。事类之辞即孔颖达《周易正义》所谓"直以人事……以明义者，若乾之九三君子终日乾乾、坤之六三含章可贞之例是也"。物象之辞即孔颖达《周易正义》所谓"以物象而明人事，……若乾之潜龙、见龙，坤之履霜坚冰、龙战之属是也"。② 就语义表现形态而言，"物象"相当于《诗经》的比兴，"事类"相当于历史、生活经验的连类汇聚扩充，都是易辞中心意义的不同表现方式。断占之辞则是用吉、凶、悔、吝、亨、利、贞之类的特殊语汇对事象之辞的语义内涵给予价值判断，具有意义导向和价值规范性质。两者的结合构成了易辞完整的表述方式。

正是这种独特的表述方式使得易辞有别于一般的筮辞。一般的筮辞只有事象之辞而无吉凶之类的断占之辞，吉凶祸福要由占筮者自己去解读判断，而易辞则既有事象之辞，又有吉凶之类的断占之辞，因此它不仅示人以吉凶，还予人以教训和劝诫。这类教训和劝诫借助占筮的权威而成为人们生活的指南和行动的准则，所以孔子说："学易，可以无大过。"③《日讲礼记解义》也说："《易》之教使人知吉凶悔吝，庶几于无过，可以穷理而尽性也。"④

《系辞传》说："《易》有圣人之道四，以言者尚其辞，以动者尚其变，以制器者尚其象，以卜筮者尚其占。"这里所说的四种"圣人之道"，其实就是作易者开示后人的四种用《易》方式，而其中第一种就是"以言者尚其辞"，即用《易》来论说事理，以

---

① 事象之辞+断占之辞是易辞最基本的语义结构，此外也有部分易辞只有事象之辞而无断占之辞，或只有断占之辞而无事象之辞，前者如《贲》卦之"贲其须"、《咸》卦之"咸其拇"，后者如《乾》卦之"元亨利贞"、《萃》卦之"大吉，无咎"，可视为易辞基本语义结构的省略式。
② [魏]王弼、[晋]韩康伯注，[唐]孔颖达疏：《周易正义》卷一，《十三经注疏》上册，中华书局，1980年，第18页。
③ 语出《论语·述而》，原文为："子曰：'加我数年，五十以学《易》，可以无大过矣。'"
④ [清]鄂尔泰等撰：《日讲礼记解义》卷五十三，华龄出版社，2012年，第419页。

卦辞爻辞为主。① 事实上，正是由于易辞具有寓教化于卜筮的训诫性特征，所以自先秦时期开始，在易占之外，就形成了直接引用易辞来论说事理的"援易"传统。如《左传·宣公十二年》，知庄子引《师》卦爻辞"师出以律，否臧凶"，批评副帅先縠不从帅命、擅自渡河出击的莽撞之举；《左传·襄公二十八年》，郑国子展引《复》卦爻辞"迷复，凶"，批评楚王"不修其政德而贪昧于诸侯，以逞其愿"的错误做法；《论语·子路》引《恒》卦九三爻辞"不恒其德，或承之羞"，以证说恒德的重要性；《荀子·非相》引《坤》卦六四爻辞"括囊，无咎无誉"，以证说君子应尽情发表自己的正确言论，而不应像腐儒那样因怕招致灾祸而缄默不言；《荀子·大略》引《小畜》初九爻辞"复自道，何其咎"，以说明《春秋》之所以以秦穆公为贤，就是因为其能改变错误，回复正道；《战国策·秦策四》引《未济》卦辞"狐濡其尾"②来证说"始之易终之难"的道理等。至两汉时期，援易诠理则成为普遍的社会风气。这种援引易辞以论说事理的传统说明，至少从春秋时期开始，《周易》本经就已经超出卜筮之书的范畴，成为文化阶层必读的经典，易辞中所蕴含的教训和劝诫已被人们视为生活的指南和行动的准则。

本书名为"易辞深玩"，所谓"玩"就是对易辞的玩味、探索。《系辞传》对易辞有"其旨远，其辞文"之评，认为易辞是用来阐明深远意旨的，但它往往采取的是"文"的表达方式。所谓"文"，含有曲折和隐晦的意思，也就是孔颖达《周易正义》所说的借助事象以明义。因此，易辞之"旨"须"玩"而得之，文字背后的意义需要仔细地品味和挖掘才能够被诠释出来。纳兰性德《〈周易玩辞〉序》说："'玩辞'者，读易之法也。"③"玩辞"一说最早见于今本《易传》。《系辞传》说，君子"所乐而玩者，爻之辞也"，"君子居则观其象而玩其辞"。"玩"是玩味、探索、揣摩、体会之义。所谓"玩辞"就是通过对卦爻辞的反复玩味、探索，从而揭示、阐扬其中所蕴含的义理，以达到增进道德、指导行动的目的，借用朱熹《中庸章句序》中的话说，就是"善读者玩索而有得焉，则终身用之，有不能尽者矣"。④

---

① [宋]俞琰《周易集说》："以，用也。尚，主也。"
② 案《战国策·秦策》黄歇说秦昭王引《易》作"狐濡其尾"，《史记·春申君列传》黄歇引《易》作"狐涉水，濡其尾"，均与《未济》卦辞有异。盖皆引书之体，以意为之，无害于义也。
③ 《纳兰性德全集》第四册，新世界出版社，2014年，第175页。
④ [宋]朱熹：《四书章句集注》，中华书局，2011年，第19页。

# 前言

帛书《易传·要》篇说孔子"老而好易","不安其用而乐其辞",①这说明孔子晚年对《周易》的关注点就是在玩味、研读卦爻辞上,是通过玩味、研读卦爻辞而"观其德义",即阐发和释读其中所蕴含的义理。在今、帛本易传中,都有大量孔子"玩辞"的实例,或者先解释易辞,后阐发义理;或者先阐发义理,后引述易辞;或者不解释易辞,而直接引申发挥。形式多样,不拘一格。清代陈法《易笺》在评论《系辞传》中孔子阐释"鸣鹤在阴"等爻辞义理的方法时说:"夫子于此数爻即爻辞而发明之,咏叹淫泆之馀,意味无穷,正见圣人胸怀洒落,一段天机活泼,不必其与爻意合也。……此皆因爻辞而别有会心,非释爻也。"②这说明孔子"玩辞"式的诠释活动,不仅彰显了易辞本身固有的义理,还极大地扩张了易辞文本的内涵。

南宋大学者朱熹也很重视"玩辞"式的读易之法,《朱子语类》中多有这方面的记述,如:"'居则观其象而玩其辞,动则观其变而玩其占'者,又不待卜而后见,只是体察,便自见吉凶之理。圣人作《易》,无不示戒。"③"本来只是卜筮,圣人为之辞以晓人,便说许多道理在上。今学《易》,非必待遇事而占方有所戒,只平居玩味,看他所说道理,于自家所处地位合是如何。故云'居则观其象而玩其辞,动则观其变而玩其占'。"④其《答吕伯恭》一文也说:"今欲凡读一卦一爻,便如占筮所得,虚心以求其词义之所指,以为吉凶可否之决,……使上自王公,下至民庶,所以修身治国皆有可用。"⑤《朱子语类》中记有很多朱熹与弟子谈论《周易》的内容,其中多半都是对易辞进行文字训释和义理阐发,可视为朱子"玩辞"的实录。

南宋学者项安世曾著《周易玩辞》一书,其序文说:"《大传》曰:'君子居则观其象而玩其辞,动则观其变而玩其占。'读《易》之法尽于此矣。……圣人因象以措辞,后学因辞而测象,则今之读《易》所当反复绅绎精思而深味者,莫辞若也。"⑥项安世认为,《易》的核心在于象和辞,象是用来表示变化之道的,辞是根据象而写定的。所以后世学者应当由辞入手,"反复绅绎精思而深味"之,进而测象,最终达到阐述义理的目的。项安世的《周易玩辞》主要着力于对卦爻辞句的玩索、解读,对

---

① 廖明春:《马王堆帛书周易经传释文》,《易学集成》第三卷,四川大学出版社,1998年,第3044页。
② [清]陈法:《易笺》卷五,《黔南丛书(点校本)》第一辑,贵州人民出版社,2009年,第299—300页。
③ [宋]黎靖德编,杨绳其、周娴君校点:《朱子语类》第三卷,岳麓书社,1997年,第1727页。
④ [宋]黎靖德编,杨绳其、周娴君校点:《朱子语类》第二卷,岳麓书社,1997年,第1438—1439页。
⑤ 朱杰人等主编:《朱子全书》第27册,上海古籍出版社,2002年,第244页。
⑥ [宋]项安世:《周易玩辞》,《十八名家解周易》第一辑,长春出版社,2009年,第31页。

《易传》开启的"玩辞"式的"读易之法"有所继承和发展,但其对具体辞义的解说很大程度上都是从象的角度立论,因此又有"牵合附会,破碎穿凿"①之讥。

本书也是一部"玩辞"之作,其主要内容是对《周易》四百五十则卦爻辞中的近百则被人们广为征引和讨论的经典易辞进行深度解读。本书"玩辞"的基本思路和方法是,梳理归纳每则易辞的歧解异说,厘清分歧的焦点所在;通过训诂考释对歧解异说进行辨正,或提出新解,进行充分论证,或择善而从,进行补充修正;最终达到阐释义理的目的。而其中对文字的训诂考释是"玩辞"的基础,无论是对易辞歧解的辨正,还是对易辞义理的阐发,都是建立在对文字训诂考释的基础上。清代学者说,"经之义存乎训"②,"经非诂不明"③,"有诂训而后有义理"④,"经之至者,道也;所以明道者,其词也;所以成词者,字也。由字以通其词,由词以通其道,必有渐"⑤。只有对易辞的文字进行准确训释,才能认清易辞的本义原意,才能揭示其中蕴含的义理,才能"玩索而有得"。

本书名为《易辞深玩》,所谓"深"是指对易辞进行深度玩味、探索。《系辞传》中有"极深"之说,其辞曰:"夫《易》,圣人之所以极深而研几也。唯深也,故能通天下之志。"韩康伯注曰:"极未形之理则曰深。"⑥这里的极,乃极本穷源之"极",所谓"极深",就是穷究深层事理。本书对易辞的玩味、探索就是以"极深"为基本原则。

朱熹说:"《易》于六经最为难读。"《易》之难读,不仅在于本经文字简约古奥、晦涩难懂、异文繁多,更在于历代解易者"穿穴太深,附会太巧"⑦,人言人殊,使得《周易》本经成为中国古代典籍中歧解现象最为突出的一部。《四库全书提要》有"惟说易者至夥,亦惟说易者多歧"⑧之说,近代学者尚秉和也有"最多者《易》解,最难者《易》解"⑨之评。现当代易学研究凭借新的科学理论、新的学术视角以及出土发现的新的易学文献取得了超越前人的新的成就,但也使《周易》本经的歧解现象

---

① [清]王懋竑:《书项氏玩辞后》,《白田草堂存稿》卷八,皇清经解本。
② [清]惠栋:《九经古义·序》,四库全书本。
③ [清]阮元:《西湖诂经精舍记》,《研经室集·二集》,中华书局,1993年,第548页。
④ [清]钱大昕:《臧玉林经义杂识序》,《潜研堂集》,上海古籍出版社,2009年,第390页。
⑤ [清]戴震:《与是仲明论学书》,《戴震集》,上海古籍出版社,1980年,第183页。
⑥ [魏]王弼、[晋]韩康伯注,[唐]孔颖达疏:《周易正义》卷七,《十三经注疏》上册,中华书局,1980年,第81页。
⑦ 朱杰人等主编:《朱子全书》第23册,上海古籍出版社,2002年,第2663页。
⑧ 《中华大典·文献目录典·古籍目录分典·经总部·易部》,上海古籍出版社,2012年,第410页。
⑨ 参见黄寿祺《易学群书平议》卷首载尚秉和先生《序》,北京师范大学出版社,1988年。

变得更为严重。几乎每一则卦爻辞,在文字训诂、义理解读上都存在分歧,有些更是异说纷纭,让人难以适从。如《乾》之卦辞"元亨利贞",就有四德、始通和正、大通利正、大通利占、大享利占、大通利定等种种说法;《坤》卦六二爻辞之"不习",有不重复、不娴熟、不熟悉、不折败、不习卜、不学习、不偷袭、不重叠等种种说法;《屯》卦六三爻辞"君子几"之"几",有终、句中语助词、近、弩牙、几微、机会、机智、祈求、危险等种种说法;《离》卦卦名及爻辞之"离",有燐、附丽、黄鹂、山神兽、黄鹂鸟、狼、罹、阵、大腹、罗等种种说法;《中孚》卦九二爻辞"我有好爵,吾与尔靡之"之"靡",有分、共、损耗、系恋、酹、充满等种种说法。这种歧解纷呈的现象虽然反映了现当代易学研究的开放与自由,但也给人们读易、学易带来了新的障碍和困难,所以有必要对当下有关《周易》卦爻辞的种种歧解异说进行认真梳理,做出深刻辨正,以使读易者尽可能摆脱歧解异说的困扰,更好地理解卦爻辞的义理内涵。

本书所遵循的"极深"原则,主要就体现在对易辞歧解的深刻辨正、对易辞真义的深度探究上。主要表现为:

第一,无论是在易辞的文字训释上,还是在易辞的义理解读上,并不一味因循旧说,而是努力提出个人见解,同时务求理据充分,论证严谨,顺理成章。如《讼》卦卦辞"有孚窒惕"是《周易》诠释中异说最多的卦辞之一,从断句到释义,都有许多不同的说法,现代学者的解读更是众说纷纭,有的甚至望文生义,牵强附会。在文字训释上,笔者提出,"窒惕"与《周易·损·大象》"君子以惩忿窒欲"中的"窒欲"句式相同。"窒"为动词谓语,"惕"和"欲"皆为宾语,是塞止的对象。"窒惕"就是塞止内心的警惕、戒惧。爻辞说,具有诚信之德,就会消除人们相互设防的戒惧心理。"有孚"则能"窒惕","有孚"是"窒惕"的前提条件,"窒惕"则是"有孚"的必然结果。在帛书《周易》中,"有孚窒惕"作"有孚洫宁"。洫,通恤(卹),有警悚、警恐之义,与"惕"之义相通。宁,义为止息,与"窒"之义相通。"卹宁"就是"窒惕",只是颠倒了词序,换了一种表达方式。在义理解读上,笔者提出,"有孚窒惕"强调了诚信对于消除人与人之间讼争的重要作用,是中国古代"讲信修睦""结信止讼"思想的最早渊源,并进行了深入阐发。又如《大畜》卦九三爻辞"良马逐,利艰贞",学界对"良马逐"有多种解释,或释为良马驰逐,或释为良马交配,或释为良马强壮。笔者经过考证指出,爻辞中的"良马"与下文的"舆"对举,并非普通意义上的马,而是驾驭战车的马。"舆"即指战车。战国以前,马专门用来驾车,不单骑乘。而"逐"字在上古汉语中还有竞逐、角逐之义。因此,九三爻辞中的"良马逐"可释为"车马竞逐",其深层含义等于说兵力争胜,军事角逐,与下文的"闲舆卫"在意义上前后相承。"艰贞"当依廖名春《〈周易〉释"艰"》一文的说法,释为限止不动。爻辞说,车马竞逐,应该限止不动。这是对车马竞逐、军备竞赛的否定。

第二,对易辞的歧解异说进行认真梳理、深入辨析,择善而从。无论遵从哪种旧说,一定要提出新的理据,进行补充论证。如《中孚》九二爻辞"我有好爵,吾与尔靡之"中的"靡"字义训,分歧众多,或释为"分",释为"共",或释为"损耗",或认为"靡同縻,系恋也",或认为"靡"当作"赢","赢"当通"酹"。或认为"靡"应作"弥",训为"充满"。笔者遵从第一种说法,释为"分",提出的新理据有二:其一,经过考证确认,在"靡"字的词义系统中,"分""散"是一个基本义项。其二,帛书《二三子》在论及此爻时说:"'好爵'者,言耆酒也。弗有一爵与众□□□□□□□□□□□□□□之德,惟饮与食,绝甘分少。""绝甘分少"是说好的食物自己不吃,少的东西也要分与众人。"分"与"靡"字义相同,"绝甘分少"与"我有好爵,吾与尔靡之"义理相通,说明《二三子》也是以"分"释"靡",与王弼等人的见解相同。再如《革》卦九五爻辞"大人虎变,未占有孚"中的"变"字义训,也存在不同说法。传统观点皆以"变"为动词,为变化之义;现代学者如闻一多、高亨、臧守虎等则认为"变"通"辩""辩",为名词,义为文。"虎变"即"虎文",指老虎的毛色斑纹。笔者遵从第一种说法,释"虎变"为老虎毛色斑纹的变化,提出的新理据有二:其一,宋陆佃《埤雅》记古说云:"虎豹之驹,未成文已有食牛之气。及长退毛,然后疏朗焕散,盖亦养而成之。"这个由未成文到成文的变化过程,就是所谓"虎变""豹变"。其二,在易理中,"文"与"变"有着密切关系,"文"乃是"变"的结果,是在变化的过程中形成的。这也就是"观乎天文,以察时变;观乎人文,以化成天下""通其变,遂成天下之文"的道理。《文心雕龙·原道》将其概括为"观天文以极变,察人文以成化"。《象》曰:"大人虎变,其文炳也。"是说"虎变"而"其文炳","虎变"是因,"文炳"是果。就爻辞而言,"虎变"则是比喻大人推行变革之后自身的德业焕然一新,声威昭著天下,就像老虎的皮毛经过希革之后,变得疏朗焕散,绚烂多彩。

第三,本书吸纳了当下易学研究、特别是简帛易学研究中一些令人信服的成果并进行了补证、修正。如吴国源《〈周易〉本经卦辞"小"义新论》①、《〈需〉卦九二爻辞"小"义新解》②、秦俊《利用出土文献校读〈周易〉经文》③、吴新楚《楚简〈周易〉"不稼而食"新解》④、廖明春《〈周易〉释"艰"》⑤、阎步克《试释"非骏勿驾,非爵勿罶"兼论"我有好爵,吾与尔靡之"——北大竹书〈周训〉札记之三》⑥等文对易辞的新论、新解,皆有理有据,令人信服。本书不仅欣然吸纳了这些新论新解,并且进行了大胆的补证、修正,以期更加切近易辞的真义。同时本书也吸纳了当下古文字学、训诂学研究的相关成果,作为辨析异说、解读易辞的新的理据。如《贲》卦六五"贲于丘园,束帛戋戋"之"戋戋",历来有两种说法,或释为众多,或释为浅小,义正相反。据文字学界对"同声符反义同源词"的研究,"戋"声既是表示"小、少"的源义素,也是表示"大、高"的源义素,而"戋"字本身也义兼正反,既可表示"小、少"之义,也可表示"大、高"之义。笔者以此证明,宋代以前学者普遍训"戋戋"为"委积貌"为"众多",是得宜的,而宋以后学者根据"右文说"训"戋戋"为"小、少"之义,则有失偏颇。

第四,本书关注了自先秦时期就已形成的直接引用易辞来论说事理的"援易"传统,考察了经典易辞在古代文献中被引用、化用的情况,并以古人对经典易辞的理解与接受,作为判定爻辞义理内涵的重要依据。如以《左传·宣公十二年》知庄子引《师》卦初六爻辞证说"师出以律"之"律"当训为法律、军令;以《左传·宣公六年》及蔡邕《释诲》等引用《丰》卦上六爻辞,证说"丰其屋,蔀其家,窥其户,阒其无人"言说的是求丰过甚而致凶的道理;以《荀子·大略》引《小畜》初九爻辞"复自道,何其咎"证说"复自道"之"道"当读为"导","何其咎"之"何"当读为"荷";以《汉书·陈汤传》刘向上疏引《离》卦上九爻辞证说"有嘉折首"是说嘉奖诛首恶之人;以帛书易传《二三子》以及《中论·贵言》引用《艮》卦六五爻辞证说"艮其辅,言有序"强调的是言语的外在秩序,而不是内在条理,即君子出言要适合时宜,适合场所、适合对象、适合身份、适合礼仪法度。

---

① 《周易研究》2010 年第 2 期。
② 《中国哲学史》2009 年第 3 期。
③ 复旦大学硕士论文,2008 年。
④ 《周易研究》2004 年第 6 期。
⑤ 《周易研究》2011 年第 4 期。
⑥ 《中华文史论丛》2012 年第 1 期。

第五，本书采用了训诂考辨与义理阐释相互融合的论说方式，着重于在文字训释和歧解辨正基础上对易辞义理进行深入阐发。这样既使得文字训释和歧解辨正在义理阐释中得到确证和升华，避免了孤立单薄；又使得义理阐释有了坚实的依据，避免了空洞浮泛。如《履》卦九二爻辞"履道坦坦，幽人贞吉"，历史上学界对"幽人"之义有两种说法，一是幽系之人，二是幽隐之人。但是按照这两种说法来解读爻辞，爻辞的意旨仍然晦暗难明，因此，笔者首先对"幽人"之义进行了考释辨正。据文字学家研究，在甲骨文、金文中，"幽"字上为丝，下为火，不从山。"丝"义为"微"，"幽"为会意字，其本义当为火微，引申为昏暗不明。笔者以此证明，"幽人"就是幽暗不明之人，也就是盲人。九二爻说"幽人"，六三爻则说"眇能视"，"眇"为一目失明，正表明"幽人"当为盲人。在此基础上，笔者对爻辞的义理进行了阐发，指出爻辞意在说明，"履道"与"履虎尾"不同。虎尾本非人应经行之处，"履虎尾"已有失常道。君子小心敬慎，才能化险为夷；眇跛之人鲁莽强行则难免被咥之凶。而"道"则为人之所履，"众人所共由底方谓之道。""履道"未失其常，有当行之理，象征行事符合礼法规范。所以即使是目盲之人，行走在"人所共由"的平坦、宽阔的大道上，也会获得吉祥。

本书对《周易》本经四百五十则卦爻辞中的近百则被人们广为征引和讨论的经典易辞进行了深度解读，是作者长时间潜心研读易辞，玩索有得，积累而成。如果学易者通过阅读本书能够在一定程度上摆脱歧解异说的困扰，更好地理解经典易辞的义理内涵，将是作者最大的欣慰。

# 目　　录

《乾》之卦辞：乾，元亨利贞 …………………………………………… 1

《乾》之九三：君子终日乾乾，夕惕若厉，无咎 …………………… 6

《乾》之九四：或跃在渊，无咎 ……………………………………… 15

《坤》之初六：履霜，坚冰至 ………………………………………… 17

《坤》之六二：直方，大，不习，无不利 …………………………… 20

《坤》之六四：括囊，无咎无誉 ……………………………………… 25

《坤》之上六：龙战于野，其血玄黄 ………………………………… 28

《坤》之用六：利永贞 ………………………………………………… 31

《屯》之初九：磐桓，利居贞，利建侯 ……………………………… 35

《屯》之六二：屯如邅如，乘马班如，匪寇婚媾。女子贞不字，十年乃字 …… 38

《屯》之六三：即鹿无虞，惟入于林中，君子几，不如舍，往吝 …… 42

《屯》之九五：屯其膏，小贞吉，大贞凶 …………………………… 45

《屯》之上六：乘马班如，泣血涟如 ………………………………… 47

《蒙》之卦辞：蒙，亨。匪我求童蒙，童蒙求我；初筮告，再三渎，渎则不告。利贞 …………………………………………………………… 49

《蒙》之初六：发蒙，利用刑人，用说桎梏，以往吝 ……………… 55

《需》之卦辞：需，有孚，光亨；贞吉；利涉大川 ………………… 61

《需》之九二：需于沙，小，有言，终吉 …………………………… 64

《讼》之卦辞：讼，有孚窒惕。中吉，终凶。利见大人，不利涉大川 …… 68

《讼》之九二：不克讼，归而逋，其邑人三百户，无眚 …………… 73

《讼》之上九：或锡之鞶带，终朝三褫之 …………………………… 77

· 1 ·

《师》之卦辞:师,贞,丈人吉,无咎 …… 80
《师》之初六:师出以律,否臧凶 …… 83
《师》之六三:师或舆尸,凶 …… 86
《比》之九五:显比,王用三驱,失前禽,邑人不诫,吉 …… 90
《小畜》之初九:复自道,何其咎,吉 …… 94
《履》之卦辞:履虎尾,不咥人,亨 …… 97
《履》之九二:履道坦坦,幽人贞吉 …… 99
履之六三:眇能视,跛能履,履虎尾,咥人,凶;武人为于大君 …… 101
《泰》之初九:拔茅,茹以其汇;征吉 …… 104
《否》之九五:休否,大人吉;其亡其亡,系于苞桑 …… 106
《同人》之卦辞:同人于野,亨,利涉大川,利君子贞 …… 112
《谦》之初六:劳谦,君子有终,吉 …… 116
《豫》之六二:介于石,不终日,贞吉 …… 122
《蛊》之初六:干父之蛊,有子考,无咎。厉,终吉 …… 127
《蛊》之上九:不事王侯,高尚其事 …… 133
《观》之卦辞:观,盥而不荐,有孚颙若 …… 137
《观》之六三:观我生、进退 …… 142
《噬嗑》之初九:屦校灭趾,无咎 …… 146
《噬嗑》之九四:噬干胏,得金矢,利艰贞,吉 …… 150
《贲》之六五:贲于丘园,束帛戋戋;吝,终吉 …… 153
《贲》之上九:白贲,无咎 …… 157
《复》之初九:不远复,无祗悔,元吉 …… 161
《复》之上六:迷复,凶,有灾眚。用行师,终有大败,以其国君,凶,至于十年不克征 …… 164
《无妄》之六二:不耕获,不菑畲,则利有攸往 …… 167
《大畜》之卦辞:大畜,利贞;不家食,吉;利涉大川 …… 171
《大畜》之九三:良马逐,利艰贞;曰闲舆卫,利有攸往 …… 175
《大畜》之六五:豮豕之牙,吉 …… 179
《离》之初九:履错然,敬之,无咎 …… 182

《离》之九三：日昃之离，不鼓缶而歌，则大耋之嗟，凶 …………………… 187

《离》之上九：王用出征，有嘉折首，获匪其丑，无咎 ………………………… 194

《咸》之上六：咸其辅颊舌 ………………………………………………………… 197

《恒》之九三：不恒其德，或承之羞。贞吝 ……………………………………… 201

《恒》之九四：田无禽 ……………………………………………………………… 205

《遁》之九四：好遁，君子吉，小人否 …………………………………………… 208

《遁》之九五：嘉遁，贞吉 ………………………………………………………… 211

《遁》之上九：肥遁，无不利 ……………………………………………………… 213

《晋》之六二：晋如愁如，贞吉；受兹介福，于其王母 ………………………… 217

《蹇》之六二：王臣蹇蹇，非躬之故 ……………………………………………… 222

《解》之六三：负且乘，致寇至，贞吝 …………………………………………… 230

《损》之六三：三人行，则损一人；一人行，则得其友 ………………………… 233

《损》之上九：弗损益之，无咎，贞吉，利有攸往，得臣无家 ………………… 235

《姤》之初六：系于金柅，贞吉；有攸往，见凶，羸豕孚蹢躅 ………………… 238

《姤》之九五：以杞包瓜，含章，有陨自天 ……………………………………… 245

《困》之卦辞：困，亨。贞，大人吉，无咎。有言不信 ………………………… 249

《困》之六三：困于石，据于蒺藜；入于其宫，不见其妻，凶 ………………… 253

《井》之九三：井渫不食，为我心恻；可用汲，王明，并受其福 ……………… 256

《革》之六二：己日乃革之，征吉，无咎 ………………………………………… 260

《革》之九五：大人虎变，未占有孚 ……………………………………………… 265

《鼎》之九四：鼎折足，覆公悚，其形渥，凶 …………………………………… 268

《震》之卦辞：震，亨。震来虩虩，笑言哑哑；震惊百里，不丧匕鬯 ………… 271

《艮》之卦辞：艮其背，不获其身；行其庭，不见其人，无咎 ………………… 277

《艮》之九三：艮其限，列其夤，厉薰心 ………………………………………… 281

《艮》之六五：艮其辅，言有序，悔亡 …………………………………………… 284

《艮》之上九：敦艮，吉 …………………………………………………………… 287

《归妹》之六三：归妹以须，反归以娣 …………………………………………… 289

《归妹》之上六：女承筐，无实；士刲羊，无血。无攸利 ……………………… 294

《丰》之九三：丰其沛，日中见沬，折其右肱，无咎 …………………………… 297

· 3 ·

《丰》之上六：丰其屋，蔀其家，阚其户，阒其无人，三岁不觌，凶 …………… 303
《兑》之初九：和兑，吉 ……………………………………………………………………… 308
《节》之卦辞：节，亨。苦节，不可贞 …………………………………………………… 312
《节》之初九：不出户庭，无咎 …………………………………………………………… 317
《中孚》之卦辞：中孚，豚鱼吉，利涉大川，利贞 …………………………………… 320
《中孚》之九二：鸣鹤在阴，其子和之；我有好爵，吾与尔靡之 ………………… 323
《既济》之卦辞：既济，亨，小，利贞；初吉终乱 …………………………………… 328
《既济》之六四：繻有衣袽，终日戒 ……………………………………………………… 331
《未济》之卦辞：未济，亨。小狐汔济，濡其尾，无攸利 ………………………… 335
后　　记 …………………………………………………………………………………………… 338

# 《乾》之卦辞：乾，元亨利贞

　　《乾》卦卦辞只有"元亨利贞"四字，然而却成为易学研究中的一个十分重要而又众说纷纭的问题。说其重要，是因为"元亨利贞"四字在《周易》中出现频率极高，不仅限于《乾》卦。据统计，在《周易》中，"元亨利贞"四字联用，出现6次（乾、屯、随、临、无妄、革）；"元亨"二字联用，出现4次（坤、大有、蛊、升）；"利贞"二字联用，出现17次（蒙、大畜、离、咸、恒、遁、大壮、明夷、损、萃、鼎、渐、兑、涣、中孚、小过、既济）；若按这四个字单独出现的次数计算，则多达188次。① 所以高亨先生说："《周易》卦爻辞中，元、亨、利、贞四字，为数甚多，此四字之义不明，则全书莫能通晓。"② 说其众说纷纭，是因为《周易》用语简约古奥，元、亨、利、贞各字义项非一；而古代典籍又词句连写，没有断读标志，"元亨利贞"或四字分读，或两两合读，读法不同，而释义有别。历史上曾有"四德说"③"始通和正说"④"大通利正说"⑤"大

---

① 参见韩尚絜《〈周易〉"元亨利贞"歧解辩证》，《齐鲁学刊》2006年第3期。
② 王大庆整理：《高亨〈周易〉九讲》，中华书局，2011年，第29页。
③ 一般认为，"元亨利贞"被比附为君子"四德"，始于《乾卦·文言》："元者，善之长也；亨者，嘉之会也；利者，义之和也；贞者，事之干也。君子体仁足以长人，嘉会足以合礼，利物足以和义，贞固足以干事。君子行此四德者，故曰：'乾：元，亨，利，贞。'"《左传·襄公九年》穆姜释《随》卦时，曾从"德"的角度引述了上述内容。唐孔颖达《周易正义》释"乾"卦时，也采用了自《文言》滥觞的"四德"说："元亨利贞者，是乾之四德也。……是以圣人法乾而行此四德，故曰元亨利贞。"至宋代，"四德说"更成为理学家解《易》的核心概念。参见郑万耕《易学中的元亨利贞说》（《首都师范大学学报》2004年第3期）、陈守湖《从天地大德到天地大美——〈周易〉"元亨利贞"的生态美学价值》（《中国文学研究》2016年第1期）。
④ 如孔颖达《周易正义》："《子夏传》云：'元，始也；亨，通也；利，和也；贞，正也。'言此卦之德，有纯阳之性，自然能以阳气始生万物，而得原始、亨通，能使物性和谐有其利，又能使物坚固贞正得终。"黄寿祺《周易译注》译为："原始，亨通，和谐有利，坚固贞正。"
⑤ 此说见于朱熹《周易本义》、来知德《周易集注》。

通利占说"①"大享利占说"②等多种说法,至今仍未形成完全统一的认识。所以郑万耕先生说,"元亨利贞"四字,"是《易》经所有文字中最难解释的文字"。③

本节在当下学界的研究基础上,从语源学的角度,对"元亨利贞"四字的语义演变进行考察,进而揭示其在《乾》卦中的真实含义。

元,甲骨文作㝃,金文作㝃,篆文作㝃。本义为"头",为"首",即人体的头部。《尔雅·释诂》曰:"元,首也。"杨树达:《积微居小学述林》云:"《说文》一篇上一部云:'元,始也。从一,从兀。'按许君以元为会意字,然一兀义无可说,许说殊不可通。宋戴侗《六书故》云:'元,首也,从儿,从二。儿,古文人;二,古文上。人上为首,会意。'近人徐灏撰《说文段注笺》述戴氏之说,且引左氏僖公三十三年传'狄人归其元',哀公十一年传'归国子之元',《孟子·滕文公篇》'勇士不忘丧其元',以证明其义,可谓信而有征矣。……人之去母体也,首先出,故凡首义之字,引申之皆有始义。《尔雅·释诂》首训始,今通语谓始为头,皆其证也。"④"元"字本义为人之"头""首",由"头""首"之义引申为"始"义,如元始、元祖、元配等。又引申为"大"义,如《左传·昭公十二年》:"南蒯之将叛也,……枚筮之,遇坤之比,曰:'黄裳元吉'。以为大吉也。"⑤《诗·小雅·六月》"元戎十乘",《毛传》:"元,大也。"⑥《尚书·金滕》"今我即命于元龟",《史记·鲁周公世家》作"今我其即命于元龟",《集解》引马融曰:"元龟,大龟也。"⑦《周易》中"元亨利贞"之"元"字当训为"大"。《临》《无妄》和《革》卦卦辞中也有"元亨利贞",《彖传》皆释为"大亨以正"。

亨,古文作"亯",甲骨文作㝃,金文作㝃,象高大台基上建有殿堂形,象征祭祖

---

① 如王树枏《周易释贞·乾元亨利贞》认为,《周易》凡言"贞"者,皆"占"之假借,"利贞者,利于占也。"(廖名春《〈周易·乾〉卦新释》引述,《社会科学战线》,2008 年第 3 期)李镜池《周易通义》释为:"元,大也;亨,通也;利贞,利于贞问。"(中华书局,1981 年,第 1 页)周振甫《周易译注》释为:"大通顺,占问有利。"(中华书局,1991 年,第 10 页)

② 如高亨《周易大传今注》云:"元,大也。亨即享字,祭也。利即利益之利。贞,占问。卦辞言,筮遇此卦,可举行大享之祭,乃有利占问。"(齐鲁书社,1998 年,第 42 页)朱伯崑《易学基础教程》云:"'元亨,利贞。'其本义是说,举行大享之祭的时候,筮遇此卦,是有利的占问。"(九州出版社,2002 年,第 194 页)

③ 郑万耕:《易学中的元亨利贞说》,《首都师范大学学报》2004 年第 3 期。

④ 杨树达:《积微居小学述林》,中华书局,1983 年,第 63 页。

⑤ [晋]杜预注,[唐]孔颖达疏:《春秋左传正义》卷四十五,《十三经注疏》下册,中华书局,1980 年,第 2063 页。

⑥ [汉]毛亨传,[汉]郑玄笺,[唐]孔颖达疏:《毛诗正义》卷十,《十三经注疏》上册,中华书局,1980 年,第 425 页。

⑦ 邹得金整理:《名家注评史记》中,天津人民出版社,2010 年,第 539 页。

的宗庙,吴大澂《古籀补》即云"象宗庙之形",①刘兴隆《新编甲骨文字典》亦曰"象宗庙之形"。②朱熹《周易本义》注《大有》九三爻辞"公用亨于天子"说:"《春秋传》作享,谓朝献也。古者亨通之亨,享献之享,烹饪之烹,皆作亨字。"③刘兴隆《新编甲骨文字典》也说:"古文享、亨、烹通用。"④"亨"的本义指烧制食物祭献神祖,引申泛指享用、享受。鬼神来享用祭品,则说明人、神相通,神祖保佑,故又引申为通达、顺利。祭献神祖必烧制祭品,故又引申为烹煮。后来随着文字的发展演变,"亨"字分化为亨、享、烹三字,音亦分化为三音,读 hēng 时,为"通"义,读 xiǎng 时,为"献""祭祀""宴请""享用"义,读 pēng 时,为"煮"义。作为占断之辞的"元亨利贞",在《周易》中出现频率极高,或四字俱全,或分别出现。其中"亨"字当读为 hēng,训为"亨通"。孔颖达《周易正义》引《子夏传》曰:"亨,通也。"朱熹《周易本义》曰:"亨,通也。"《广韵·庚韵》曰:"亨,通也。"在战国楚竹书《周易》中,今本表亨通之义的"亨"字皆作"卿",今本表享祭之义的"亨"字则作"言"。在马王堆帛书《周易》中,今本表亨通之义的"亨"字,除《乾》卦"元亨"之"亨"误作"享"外,其他都作"亨";而今本表享祭之义的"亨"则都写作"芳"。从竹书《周易》"卿""言"区分严格,帛书《周易》"亨""芳"不混的情况看,作为占断之辞的"亨",确应读为 hēng,训为"亨通"。⑤

"利"为会意字,甲骨文作𥝌,从刀,从禾,会用镰刀收割禾谷之意。杨树达:《文字形义学》云:"利谓以刀割禾。"⑥刘兴隆《新编甲骨文字典》云:"𥝌,象以刀割禾,所从之小点为禾杆飞屑,示刀之锋利。"⑦由此引申出"锋利""锐利"之义,又引申出"利益""有利""顺利""吉利"等义。在《周易》中频频出现的"利贞"以及"利有攸往""利涉大川""利见大人"等易辞中的"利"字,皆应释为利于、宜于。

"贞"字甲骨文作𠁁、𠁣,金文作𠁫,象一只鼎形。郭沫若《卜辞通纂·考释》说:"古乃假鼎为贞,后益之以卜而成鼑(贞)字,以鼎为声。金文复多假鼎为鼎。许说'古文以贞为鼎,籀文以鼎为贞'者,可改云'金文以鼎为鼎,卜辞以鼎为鼎'。鼎、

---

① [清]吴大澂:《说文古籀补》,转引自《汉语大字典》(三卷本)上,四川辞书出版社、湖北辞书出版社,1995年,第285页"亨"字条。
② 刘兴隆:《新编甲骨文字典》,国际文化出版公司,1993年,第318页。
③ 萧汉明、林忠军:《〈周易本义〉导读》,齐鲁书社,2003年,第100页。
④ 刘兴隆:《新编甲骨文字典》,国际文化出版公司,1993年,第318页。
⑤ 参见廖名春《〈周易·乾〉卦新释》(《周易研究》2008年第3期)中的有关论述。
⑥ 杨树达:《文字形义学》,上海古籍出版社,1988年,第207页。
⑦ 刘兴隆:《新编甲骨文字典》,国际文化出版公司,1993年,第255页。

贝形近,故鼎乃讹变为贞也。"①陈初生:《金文常用字典》说:"甲骨文中以鼎为贞,……金文利簋字仍像鼎形。后来为与鼎字区别,乃增卜而以鼎为声。因鼎、贝二字古形相近,声符鼎讹为贝,字便成贞了。"②在早期文字中,贞与鼎本为同一个字,借鼎的形状表示端正不移,引申之,则贞有"正"义,有"定"义。《尚书·太甲下》:"一人元良,万邦以贞。"孔传云:"贞,正也。"③《师》卦《象传》:"贞,正也。"《子夏易传》:"贞,正也。"皆以"正"释"贞"。《释名·释言语》:"贞,定也,精定不动惑也。"《新书·道术》:"言行抱一谓之贞。"④"言行抱一"即言行始终遵循同一原则,坚定不移。《系辞传》:"天下之动,贞夫一者也。""贞夫一"对"天下之动"而言,"贞"就是"定"。《文言传》:"贞固足以干事。"王引之《经义述闻·周易上》:"则固守之谓贞。"⑤俞樾《春秋名字解诂补义》:"是贞有固义。"⑥《荀子·儒效》说:"万物莫足以倾之之谓固。"⑦则"贞"有"固"义,与"定"义同。朱熹《周易本义》说:"贞,正而固也。"⑧则是综合了贞字的正与固(定)二义。《易》中之"贞"多取正、固(定)二义,但须视具体情况而定。《乾》卦卦辞的"利贞",即利于正定不变。

朱熹《周易本义》说:"元亨、利贞,文王所系之辞,以断一卦之吉凶,所谓彖辞者也。元,大也。亨,通也。利,宜也。贞,正而固也。"⑨《乾》卦中的"元亨利贞"当如朱熹所言,只是"断一卦之吉凶"的占断之辞,是《周易》源于卜筮而形成的特殊语汇,本身并不具有"四德"之类的哲学含义。其读法应为:"元亨,利贞。"其意为:乾之道大为亨通,利于正定不变。朱熹《周易本义》云:"文王以为乾道大通……而必利在正固,然后可以保其终也。"⑩来知德《周易集注》云:"元亨者,天道之本然,数也;利贞者,人事之当然,理也。""因乾道阳明、纯粹,无纤毫阴柔之私,惟天与圣人足以当之,所以断其必大亨也。故数当大亨而必以贞处之,方与乾道相合。若其不贞,少有人欲之私,则人事之当然者废,又安能元亨乎?"⑪明确指出了《乾》卦"元

---

① 郭沫若:《卜辞通纂》,科学出版社,1983年,第225页。
② 陈初生:《金文常用字典》,陕西人民出版社,1987年,第396页。
③ [汉]孔安国传,[唐]孔颖达疏:《尚书正义》卷八,《十三经注疏》上册,中华书局,1980年,第165页。
④ [汉]贾谊著,阎振益等注:《新书校注》,新编诸子集成本,中华书局,2000年,第303页。
⑤ [清]王引之:《经义述闻》上,《读书札记丛刊》第二集,世界书局,1975年,第37页。
⑥ [清]俞樾:《春秋名字解诂补义》,《皇清经解续编》第5册,上海书店,1988年,第1017页。
⑦ [清]王先谦:《荀子集解》上,新编诸子集成本,中华书局,1988年,第133页。
⑧ 萧汉明、林忠军:《〈周易本义〉导读》,齐鲁书社,2003年,第80页。
⑨ 萧汉明、林忠军:《〈周易本义〉导读》,齐鲁书社,2003年,第80页。
⑩ 萧汉明、林忠军:《〈周易本义〉导读》,齐鲁书社,2003年,第80页。
⑪ [明]来知德集注:《周易》,国学典藏本,上海古籍出版社,2013年,第1—2页。

亨"和"利贞"的依存关系。《说卦传》在论述"八卦之性情"时说:"乾,健也。"①而六十四卦中的《乾》卦"六画皆奇,上下皆乾,阳之纯而健之至",②因此,乾之道纯阳至健,自然大为亨通,这是"天道之本然"。而人若想效法乾道,"与乾道相合",就必须"以贞处之","利在正固",在行事上正定不变,健强不息,如此,才能获致亨通,这是"人事之当然"。

---

① 按《说卦传》有"乾,健也;坤,顺也"等有关八卦立名之义的论述,朱熹《周易本义》云"言八卦之性情"。
② [清]牛钮等撰:《日讲易经解义》,海南出版社,2012年,第31页。

# 《乾》之九三：君子终日乾乾，
# 夕惕若厉，无咎

　　《周易》首卦《乾》卦，与位列其次的《坤》卦并称为"乾坤"，自先秦以来，就被视为《周易》的门户和精蕴所在。①《乾》卦九三爻辞则是《周易》中最有名的爻辞之一，颇受古代经学家和哲学家的重视，曾被反复讨论，广为征引，"朝乾夕惕""夕惕若厉"等更成为人们经常使用的成语。清代理学家孙奇逢《日谱》曾说："一部《易经》，括于《乾》之一卦；《乾》之一卦，括于'君子终日乾乾，夕惕若'一爻。其所谓'终日乾乾'者何？进德修业欲及时也。"②因此，如何理解九三爻辞，也是理解《乾》卦意蕴乃至《周易》精蕴的关键所在，值得我们反复研读，细细玩味。

　　从断句上看，《乾》卦九三爻辞历来有两种不同读法。其一，读为"君子终日乾乾，夕惕若厉，无咎"。这种读法流行于两汉魏晋南北朝，直至唐朝。③ 其二，读为"君子终日乾乾，夕惕若，厉无咎"，认为"夕惕若"的"若"是一个形容词词尾，而"厉"乃占断之辞。这种读法始于宋代，得到明清不少学者的赞同，如清代惠士奇《易说》即云："厉乃占辞，与悔吝等，安得属上句乎。"④从当代《易》学著述来看，两种读法各有祖述，第二种读法略占上风。笔者以为，从义理解读的层面来看，还以

---

① 《系辞传下》："乾、坤，其《易》之门邪？"《系辞传上》："乾、坤，岂《易》之缊邪？"
② 张显清主编：《孙奇逢集》下《日谱》卷35，中州古籍出版社，2003年，第1354页。
③ 如《淮南子·人间训》："故'君子终日乾乾，夕惕若厉，无咎。'终日乾乾，以阳动也；夕惕若厉，以阴息也。"《汉书·王莽传》："《易》曰'终日乾乾，夕惕若厉。'公之谓也矣。"《易纬·乾元序制记》："每遗夕惕若厉，惧后戒。"应劭《风俗通义·过誉》："今（葛）兴官尊任重，经略千里……早朝晏食，夕惕若厉。不以荣禄为乐，而以黔首为忧。"张衡《思玄赋》："夕惕若厉以省愆兮，惧余身之未敕。"《后汉书·方术传·谢夷吾》："臣以顽驽，器非其畴，尸禄负乘，夕惕若厉，愿乞骸骨。"南朝梁武帝《净止赋》："负宸临朝，冕毓四海，昧旦乾乾，夕惕若厉。"《周书·武帝纪》："洎于小子，弗克遵行，惟斯不安，夕惕若厉。"其行文皆以"夕惕若厉"为句。全祖望笺注《困学纪闻》卷一《易》时说："汉人皆以'厉'字连上，无异读者，如张竦、班固、张衡文，不一而足，是必田何以来，句法如此，不止《淮南》也。"段玉裁注《说文解字·夕部》"夤"字时也说："凡汉人引《周易》'夕惕若厉'，不暇枚举。"此外，王弼、孔颖达等易学大家也都以"夕惕若厉"为句来解释九三爻辞之旨。清代翟均廉《周易章句证异》说："荀爽虞翻王弼'夕惕若厉'句，陆德明、孔颖达、郭雍、冯椅、徐在汉、毛奇龄从之。"
④ ［清］惠士奇：《惠氏易说》，四库全书本。

唐以前人的读法为优。

以下从文字训释入手,试做解读。

"终日",《周易正义》释为"终竟此日",也就是整个白天。"夕",指夜晚,殷商卜辞即以"夕"为全夜的通称,先秦典籍中也不乏这样的用例。"终日"与"夕"在时间上相对,一日一夜。

"乾乾与惕",是理解爻辞的关键所在,代表了"君子"应该具备的两种心理意识。

乾乾之"乾",即卦名之"乾",其字本义为上出、上升、上达、上进。《说文解字》说:"乾,上出也,从乙;乙,物之达也;倝声。"朱骏声《说文通训定声》说:"达于上者谓之乾。"①《释名》说:"乾,进也,行不息也。"从文字构形来看,"乾"字偏旁从"倝",朝暮之"朝"字也以它为偏旁。罗振玉《增订殷墟书契考释》说:"🈳,此朝暮之朝字,日已出🈳中而月犹未没,是朝也。"②吴大澂《说文古籀补》也说:"🈳,日出在草间。"③由此可见,"乾"字之偏旁"倝",象日出草中之义。"乾"字的主要成分是"倝"。《说文解字》说:"倝,日始出光倝倝也。""倝"的意思是日始出光芒四射的样子,也含有日之上出之义。"乾"字又从"乙"。在甲骨文中,"乙"象植物破土而出、屈曲生长的样子。《说文解字》说:"乙,象春草木冤曲而出,阴气尚强,其出乙乙也。"又说:"乙,物之达也。"《白虎通义·五行》说:"乙者,物蕃屈有节欲出。"④《史记·律书》说:"乙者,言万物生轧轧也。"⑤太阳喷薄而出,光芒四射,植物破土而出,屈曲生长,都是不可阻挡的自然规律,体现出强健的向上的力量。而"乾"字从"倝"从"乙"的独特构形,正是着眼于太阳喷薄而出、植物破土而出的相似性,巧妙地表达了上出、上达、上升、上进之义。⑥

---

① [清]朱骏声:《说文通训定声》,武汉市古籍书店影印,1983年,第716页。
② 罗振玉:《增订殷墟书契考释》,转引自《汉语大字典》(三卷本)中,四川辞书出版社、湖北辞书出版社,1995年,第2084页"朝"字条。
③ [清]吴大澂:《说文古籀补》,转引自蒋人杰编纂《说文解字集注》,上海古籍出版社,1996年,第1419页。
④ [清]陈立撰,吴则虞点校:《白虎通疏证》,新编诸子集成本,中华书局,1994年,第175页。
⑤ 邹得金整理:《名家注评史记》中,天津人民出版社,2010年,第432页。
⑥ 按,卦名之"乾",学界也存在多种不同观点,其一,闻一多《璞堂杂识》认为,"乾斡一字。古称北斗一曰斡,又谓天随斗转,故以斡为天之象征而称天为斡,……乾即斡字,故乾为天。……'终日乾乾,反复道也',正谓北斗旋转,周而复始,终古不息也。"(《闻一多全集》二,生活·读书·新知三联书店,1982年,第583页)何新《诸神的起源——中国远古神话与历史》承其说,进一步认为,"斡者,旋转之物也。斡古读管。管、旋、乾三字皆叠韵,故相通。古人称天为斡(即乾),又称作'旋',称作'圜'。……天乃旋转体,日夜转动不已。"(三联书店,1986年,第305页)其二,赵建伟《说乾》认为,"'乾'本义为'日光气'","日之升落表现为日出、日中、日昃,恰与《乾》卦六爻潜、飞、亢的运行轨迹相合,……不同时间和背景的日光气又分别呈现出潜龙、跃龙、飞龙等不同状貌。"(《中国人民大学学报》1997年第3期)其三,王化平《〈易经〉新释四则》认为,"《周易》乾卦之'乾'字本字作'倝','倝'字初始义为旗杆。旗杆之形象与乾卦刚直之象相似,故以'倝'为卦名","卦名后来写作'乾',其实是假借字形,并非本字。"(《周易研究》2017年第1期)与上述新说相较,许慎《说文解字》的"上出"说与卦象、卦义最为切合,故本节文字用之。

有时人们又用"健"来解释"乾"字之义，如《易传·说卦传》说："乾，健也。"《易纬·乾坤凿度》说："乾训健，壮健不息。"①《释名·释天》说："乾，健也，健行不息也。"《广雅·释诂》也说："乾，健也。""健"之义为"强"。《说文》曰："健，伉也。"《汉书·宣帝纪》颜师古注："伉，强也。"②《增韵》曰："健，强有力也。"其实，"乾"之"健"义，正由上出、上达、上升、上进之义引申而来，段玉裁注《说文》"乾"字"上出"之义时说："此'乾'字之本义也。自有文字以后，乃用为卦名。而孔子释之曰：健也。健之义生于上出。"③

"乾"字重叠构成复音词"乾乾"，表示"乾"的程度更深、更大。《吕氏春秋·士容》："乾乾乎取舍不悦而心甚素朴。"高诱注："乾乾，进不倦也。"④"进不倦"就是努力不懈。《汉书·王莽传》："终日乾乾。"颜师古注："乾乾，自强之意。"⑤《文选·韦昭〈博弈论〉》："圣朝乾乾。"李周翰注："乾乾，勤心也。"⑥《广雅·释训》："乾乾，健也。"王夫之《周易内传》："乾乾，乾而又乾，健之笃也。"⑦乾乾，就是健而又健，即勤勉不懈、自强不息之意。

"惕"字在三国魏张揖编纂的《广雅》、南朝梁顾野王编纂的《玉篇》中皆释为"惧"，郑玄注《乾》卦时也说："惕，惧也。"但是简单地以"惧"释"惕"，似乎还未能揭示出爻辞的深意。东汉许慎所著中国第一部字典《说文解字》则说："惕，敬也。"《说文》所说的"敬"其实就是"警"，与我们今天所说的"敬"有所不同。《诗经·大雅·常武》："既敬既戒，惠此南国。"郑玄笺："敬之言警也。"⑧《诗·周颂·敬之》："敬之敬之。"马瑞辰《毛诗传笺通释》："敬之本义即警也。"⑨《管子·小问》："敬之以礼乐。"张佩纶云："敬、警通，警亦作儆。"⑩闻一多《周易义证类纂》也说："敬儆警本同字，古无儆警字，但以敬为之。"⑪由此可见，"敬"是"警"的初文，"警"则是

---

① [清]李道平：《周易集解纂疏》引，十三经清人注疏丛书本，中华书局，1994年，第27页。
② [汉]班固撰，[唐]颜师古注：《汉书》四，吉林人民出版社，1998年，第2532页。
③ [汉]许慎撰，[清]段玉裁注：《说文解字注》，上海古籍出版社，1981年，第1294页。
④ 陈奇猷：《吕氏春秋新校释》下册，上海古籍出版社，2002年，第1710页。
⑤ [汉]班固撰，[唐]颜师古注：《汉书》四，吉林人民出版社，1998年，第2698页。
⑥ [南朝梁]萧统编，[唐]李善、吕延济、刘良、张铣、吕向、李周翰注：《六臣注文选》，中华书局，1987年，第975页。
⑦ 傅云龙等主编：《船山遗书》第一卷，北京出版社，1999年，第5页。
⑧ [汉]毛亨传，[汉]郑玄笺，[唐]孔颖达疏：《毛诗正义》卷十八，《十三经注疏》上册，中华书局，1980年，第57页。
⑨ [清]马瑞辰撰，陈金生点校：《毛诗传笺通释》，清人十三经注疏丛书本，中华书局，1989年，第1096页。
⑩ 黎翔凤：《管子校注》中，新编诸子集成本，中华书局，2004年，第963页。
⑪ 《闻一多全集》二，生活·读书·新知三联书店，1982年，第57页。

"敬"的后起分化字。

甲骨文中无"敬"字，但有"敬"的异体字"苟"和"芍"，写作"𦥯"，像狗蹲踞耸耳之状。郭沫若《两周金文辞大系考释》说："敬即警之初文，自来用狗以警卫，故字从苟从攴，……省之则单著狗形作芍若苟，即可知为敬为警。"①徐中舒《怎样考释古文字》说："狗为人守夜，又随猎人追捕猛兽，经常要做儆戒或警惕的准备，有时还要发生警恐，敬就是从这些意义中引申出来的。"②从郭沫若和徐中舒先生的考释中可以看出，"敬"作为"苟"或"芍"，一开始就表现为对外部事物的警惕戒备之心，也就是对外在事物表现出一种时刻准备应对的心理状态，一种不懈怠、不放纵的心理状态。《说文》曰："苟，自急敕也。"按照《说文》的说法，"敕"就是"诫"的意思，所谓"自急敕"，就是自我严格约束之意。"苟"是"敬"的异体字，所以"敬"和"苟"一样也有"自急敕"之意。《诗经·大雅·常武》曰："既敬既戒，惠此南国。"将"敬"与"戒"相提并论，正说明二字之义是相通的。

"敬"的首要意义是警惕戒备，如《逸周书·谥法解》所说："夙夜警戒曰敬。"③但对事物的警惕戒备必然表现为态度与行为上的谨慎小心，所以《说文》说："敬，肃也。"《释名·释言语》说："敬，警也。恒自肃警也。"《玉篇》说："敬，慎也。"唐杨倞注《荀子·强国》"王者敬日"时说："敬谓不敢慢也。"④承培元《〈说文〉引经证例》说："敬与警同，言自警敕。"⑤清人阮元在《研经室续集·释敬》中说："敬字从苟从攴……苟即敬也。加攴以明击敕之义也。警从敬得声得义，故《释名》曰：'敬，警也，恒自肃警也。'此训最先最确，盖敬者言终日肃警，不敢怠逸放纵也。"⑥刘师培在《理学字义通释》"恭·敬"条中说："盖未作事之先，即存不敢怠慢之心，是之谓敬。"⑦郭沫若《先秦天道观之进展》也说："敬者警也，本意是要人时常努力，不可有丝毫的放松。"⑧都指出了"敬"字谨慎小心、肃警无逸的重要内涵。《论语·

---

① 《郭沫若全集》考古编第八卷，科学出版社，2002年，第61—62页。
② 徐中舒：《怎样考释古文字》，转引自常中豪主编《古文字学论集》初编，香港中文大学，1983年，第8—9页。
③ 黄怀信：《逸周书校补译注》，西北大学出版社，1996年，第295页。
④ [清]王先谦：《荀子集解》下，新编诸子集成本，中华书局，1988年，第304页。
⑤ [清]承培元：《〈说文〉引经证例》，续修四库全书222册，上海古籍出版社，1995年。
⑥ [清]阮元：《释敬》，《研经室集·续集》，中华书局，1993年，第1016页。
⑦ 刘师培：《清儒得失论》，吉林人民出版社，2013年，第117页。
⑧ 《郭沫若全集》历史编第一卷，人民出版社，1982年，第336页。

颜渊》中有"君子敬而无失"语,俞樾《群经平议》说:"失,当读为佚。"①"佚"义为放纵,与"逸"通。《论语》以"敬"与"失(佚)"对举,正说明"敬"与"佚"相反,为肃警无逸之义。

警惕戒备源于恐惧,从这一点来看,"敬"和"惧"是相通的。事实上,在上古汉语中,"惧"更侧重于表示由于害怕而产生的警惕、戒惧心理。②张自烈《正字通》:"惧,戒惧。"《论语·述而》:"必也临事而惧,好谋而成者也。"邢昺《论语注疏》曰:"必须临事而能戒惧。"③朱熹《四书集注》曰:"惧,谓敬其事。"④因此,《广雅》《玉篇》以"惧"释"惕"和《说文》以"敬"释"惕"其实也并不矛盾。南宋朱熹也强调"敬"的畏谨义,他认为"敬只是一个畏字",⑤敬"只是有所畏谨,不敢放纵",⑥敬"只是随事专一,谨畏,不放逸耳"⑦,"小心畏谨便是敬"。⑧由此可见,《乾》卦爻辞中的"惕"即"敬",代表的是一种戒慎恐惧的心理状态,体现了行动主体强烈的自觉性和自律性。

"厉",义为危险、祸患。《玉篇》:"厉,危也。"《广雅·释诂》:"厉,危也。"《艮》卦九三曰:"艮其限,列其夤,厉薰心。"《象》曰:"艮其限,危薰心也。"即以"危"训"厉"。《韩诗外传》引此爻则径作"危薰心"。⑨

爻辞说"夕惕若厉",孔颖达《周易正义》解释说:"若,如也;厉,危也。言寻常忧惧恒如倾危。"⑩《后汉书·方术传·谢夷吾传》李贤注也说:"夕惕若厉,言君子终日乾乾,至于夕,犹怵惕戒惧,若危厉。"⑪在"惕"与"厉"之间着一"若"字,就表明君子夜晚并非真的面对危险,而是说象面对危险一样保持"戒慎恐惧"的心态。这与《礼记·中庸》"君子戒慎乎其所不睹,恐惧乎其所不闻"的著名论断是相通的。朱熹《四书集注》解释说:"君子之心常存敬畏,虽不见闻,亦不敢忽。"⑫意思是

---

① [清]俞樾:《群经平议》,《续修四库全书一七八·经部·群经总义类》,上海古籍出版社,1996年,第504页。
② 参见赵君《先秦"畏"、"惧"语义、功能考》,《新闻爱好者》2010年第10期。
③ [魏]何晏注,[宋]邢昺疏:《论语注疏》卷七,《十三经注疏》下册,中华书局,1980年,第2482页。
④ [宋]朱熹:《四书章句集注》,中华书局,2011年,第92页。
⑤ [宋]黎靖德编、杨绳其、周娴君校点:《朱子语类》第一卷,岳麓书社,1997年,第188页。
⑥ [宋]黎靖德编、杨绳其、周娴君校点:《朱子语类》第一卷,岳麓书社,1997年,第188页。
⑦ [宋]黎靖德编、杨绳其、周娴君校点:《朱子语类》第一卷,岳麓书社,1997年,第188页。
⑧ [宋]黎靖德编、杨绳其、周娴君校点:《朱子语类》第一卷,岳麓书社,1997年,第508页。
⑨ 屈守元:《韩诗外传笺疏》,巴蜀书社,1996年,第135页。
⑩ [魏]王弼,[晋]韩康伯注,[唐]孔颖达疏:《周易正义》卷一,《十三经注疏》上册,中华书局,1980年,第13页。
⑪ [南朝宋]范晔撰,[唐]李贤等注:《后汉书》第十册,中华书局,1965年,第2715页。
⑫ [宋]朱熹:《四书章句集注》,中华书局,2011年,第20页。

说，君子对于自己未睹未闻之事也要保持敬畏之心。王阳明在《答舒国用》一文中进一步解释说："夫君子之所敬畏者，非有所恐惧忧患之谓也，乃戒慎不睹，恐惧不闻之谓耳。……君子之戒慎恐惧，惟恐其昭明灵觉者（即良知）或有所昏昧放逸，流于非僻邪妄而失其本体之正耳。……尧舜之兢兢业业，文王之小心翼翼，皆敬畏之谓也。"①认为君子之所敬畏，并非真的有所恐惧，而是为"立德""达道"所应持有的一种谨慎小心的心态。孙希旦《礼记集解》也说："人之治其身心，莫切乎敬，自不睹不闻以至于应接事物，无一时一事之可以不主乎敬。"②爻辞"夕惕若厉"言说的正是这样一种"戒慎恐惧"的心态。

"无咎"是《周易》中的特殊语汇，属占断之辞，共出现93次之多。《周易》中的"咎"字含有"灾殃""凶祸""罪过""过失"等多种含义，在本爻中当为"罪过""过失"之义。《尚书·洪范》："其作汝用咎。"孔颖达疏："咎是过之别名。"③《诗·小雅·伐木》："微我有咎。"《毛传》："咎，过也。"④《诗·小雅·北山》："或惨惨畏咎。"《郑笺》："咎，犹罪过也。"⑤《广韵·有韵》："咎，愆也，过也。"无咎，从字面意义上说，即没有过失，不犯过错。《系辞传》上说："无咎者，善补过也。"朱震《汉上易传》说："无咎者，本实有咎，善补过而至于无咎。"⑥这是以"补过"为"无咎"的前提条件，认为"无咎"的意思是原本有咎，由于悔改补过而才得无咎。王亭之《周易象数例解》认为"此说尚未精审"，其引"王子畏先生说无咎义"，分析归纳了"无咎"在不同卦爻辞中的五种语义内涵，其中第一种是："本有咎，先事而防，咎因以无。此如乾九三：'君子终日乾乾，夕惕若厉，无咎。'"⑦其实早在王弼的《周易略例》中就提出了类似的看法："凡言无咎者，本皆有咎也。防得其道，故得无咎也。"⑧这是以"防"为"无咎"的前提条件，认为在特定情况下，每个人都可能犯错，能够"先事而防""防得其道"，就可以避免过失，不犯于咎。这种解释确实非常精审，王业荣

---

① 吴光等编校：《王阳明全集》上，上海古籍出版社，2012年，第161页。
② [清]孙希旦：《礼记集解》，十三经清人注疏丛书本，中华书局，1989年，第3—4页。
③ [汉]孔安国传，[唐]孔颖达疏：《尚书正义》卷十二，《十三经注疏》上册，中华书局，1980年，第190页。
④ [汉]毛亨传，[汉]郑玄笺，[唐]孔颖达疏：《毛诗正义》卷九，《十三经注疏》上册，中华书局，1980年，第411页。
⑤ [汉]毛亨传，[汉]郑玄笺，[唐]孔颖达疏：《毛诗正义》卷十三，《十三经注疏》上册，中华书局，1980年，第463页。
⑥ [宋]朱震：《汉上易传》卷七，《十八名家解周易》第四辑，长春出版社，2009年，第370页。
⑦ 王亭之：《周易象数例解》，复旦大学出版社，2013年，第66页。
⑧ 楼宇烈：《周易注校释》，中华书局，2012年，第290页。

《读周易王氏略例》认为此"即孔子所谓惧以终始其要无咎也"。①

如此，爻辞的完整意涵应是：君子白天要勤勉不懈，自强不息，晚上也要像身处危境一样保持警惕、戒慎之心，这样就可以避免过错的发生。"终日乾乾"是为了进德修业而及时努力，"夕惕若厉"则是为了避免过失而预先设防。张衡《思玄赋》说"夕惕若厉以省愆兮，惧余身之未敕"，②刘廙《政论》说"夕惕若厉，慎其愆矣"，③王应麟《困学纪闻》说："《乾》以惕无咎，《震》以恐致福。"④牛钮《日讲易经解义》说："大抵圣人教人学《易》，归于知惧，不独处危地为然，天下事未有不成于敬而败于肆者。凡卦言'惕'、言'厉'……，皆危其辞，以使人免过者也，故曰'惧以终始，其要无咎'。"⑤上述典籍对《周易》的援引和阐释，皆深得爻旨。

如果按照宋以后人的说法，读为"夕惕若，厉无咎"，那么爻辞言说的只是夜晚时保持对外在事物的警惕戒备之心，危险来临就能避免祸及其身。很明显，这样断读，远不及"夕惕若厉"所传达的自我警敕、避免过失的义理更为厚重深长。

值得注意的是，爻辞中所反映的君子勤勉不懈、自强不息的精神境界以及戒慎敬畏、自我警敕的心理意识，在与《周易》同时代的《尚书》《诗经》以及西周早期的金文中多有流露。如《诗经·大雅·烝民》："夙夜匪懈，以事一人。"《韩奕》："夙夜匪懈，虔共尔位。"《周颂·闵予小子》："维予小子，夙夜敬止。"《尚书·舜典》："夙夜惟寅（敬）。"《泰誓》："予小子夙夜祗惧。"《旅獒》："夙夜罔或不勤。"《冏命》："怵惕惟厉，中夜以兴，思免厥愆。"金文《逆簋》："敬乃夙夜，用屏朕身。"《秦公镈》："余夙夕虔敬朕祀。"显然，"终日乾乾，夕惕若厉"和《诗经》、《尚书》、金文中的"夙夜匪懈""夙夜祗惧""怵惕惟厉，中夜以兴""敬乃夙夜""夙夕虔敬"等都表现出颇为一致的思想，甚至在某些用词上也很相似。于省吾说："经传及金文凡言夙夜，皆寓早夜勤慎之意。"⑥其说甚是。由此可见，"终日乾乾，夕惕若厉"应是周人对君子人格的一贯要求和普遍认识，这种勤慎之德在西周初年就已深受重视，正如台湾学者崔光宙所说："敬字就是贯穿周初生活的一种谨慎而认真的精神状

---

① 《湖北文征》第十二卷，湖北人民出版社，2014年，第245页。
② [南朝梁]萧统编，[唐]李善注：《文选》上册，岳麓书社，2002年，第461页。
③ [清]严可均辑：《全三国文》上，商务印书馆，1999年，第348页。
④ [宋]王应麟：《困学纪闻》，上海古籍出版社，2015年，第1页。
⑤ [清]牛钮等撰：《日讲易经解义》，海南出版社，2012年，第34页。
⑥ 于省吾：《泽螺居诗经新证》，中华书局，1982年，第81页。

态。"①因此,传统经注把"夕惕若厉"理解为"向夕之时,犹怀忧惕……恒如倾危",②是有据可循、合理可信的。

上世纪七十年代长沙马王堆汉墓出土的帛书《易传》中,有两段解说《乾》卦九三爻辞的文字,与传统观点有所不同,引起一些学者的关注。帛书易传《二三子问》说:"《卦》曰:'君子终日键键,夕惕若厉,无咎。'孔子曰:'此言君子务时,时至而动□□□□□屈力以成功,亦日中而不止,时年至而不淹。君子之务时,猷驰驱也。故曰:'君子终日键键。'时尽而止之以置身,置身而静。故曰:'夕惕若厉,无咎。'"③帛书易传《衷篇》说:"子曰:……'君子终日键键',用也;'夕惕若厉,无咎',息也。《易》曰:'君子终日键键,夕惕若厉,无咎。'子曰:'知息也,何咎之有?'"④帛书中与传本"惕"字对应的汉字模糊不清,有学者根据残画释作"沂",读为析,认为析有解除之义,引申为安闲休息。⑤ 有学者则根据残画释作"泥",为"尼"之假借。《尔雅·释诂下》:"尼,定也。"郭璞注:"尼者,止也,止亦定。"《玉篇·尸部》:"尼,息也。"⑥二者对爻辞义理的训释基本相同,皆认为九三爻辞应断读为:"君子终日乾乾,夕惕若,厉无咎。""终日乾乾"是说君子在"时至"的情况下要抓住时机,顺时而动,奋发有为,自强不息;"夕惕若"是说君子在"时尽"的情况下要静止下来,养精蓄锐,休养生息,待时而动。这样,能动能静,一切依时而行,即使面临险境,也能免遭咎害。《淮南子·人间训》中有一段征引九三爻辞的文字,和帛书《易传》的观点颇为一致:"故'君子终日乾乾,夕惕若厉,无咎'。'终日乾乾',以阳动也;'夕惕若厉',以阴息也。因日以动,因夜以息,惟有道者能行之。"⑦马振

---

① 崔光宙:《先秦儒家礼乐教化思想在现代教育上的涵义与实施》,台北,私立东吴大学中国学术著作奖助委员会,1985年,第34页。
② [魏]王弼、[晋]韩康伯注,[唐]孔颖达疏:《周易正义》卷一,《十三经注疏》上册,中华书局,1980年,第13页。
③ 廖名春:《马王堆帛书周易经传释文》,《易学集成》第三卷,四川大学出版社,1998年,第3027页。
④ 廖名春:《马王堆帛书周易经传释文》,《易学集成》第三卷,四川大学出版社,1998年,第3039—3040页。
⑤ 于豪亮《帛书〈周易〉》(《文物》1984年第3期)隶定该字为"沂",邓球柏《帛书周易校释》(湖南人民出版社,1986年)、陈松长《马王堆简帛文字编》(文物出版社,2001年)、李学勤《简帛佚籍与学术史》(江西教育出版社,2001年)等皆从此说。廖明春《〈易〉乾坤两卦卦爻辞五考》(《周易研究》1999年第1期)则进一步认为"沂"当读为析,析有解除之义,引申为安闲休息。
⑥ 马王堆汉墓帛书整理小组《马王堆帛书〈六十四卦〉释文》(《文物》1984年第3期)隶定该字为"泥",刘大钧《疑难卦爻辞辨析》(《周易概论》,巴蜀书社,2008年)、张立文《帛书周易注译》(中州古籍出版社,1992年)等从其说。秦桦《再说"夕惕若"》(复旦大学出土文献与古文字研究中心网站论文,2008年7月21日)进一步认为,"泥"当为"尼"之假借,表示止息之义。
⑦ 何宁《淮南子集释》下,新编诸子集成本,中华书局,1998年,第1296页。

彪《周易学说》又引马其昶的话说:"《白虎通》以阳动释乾,以阴静释夕惕,与淮南同旨。"①这说明,帛书《易传》等对九三爻辞的解释,曾是汉代流行的一种见解。

笔者以为,虽然帛书《易传》及《淮南子》对九三爻辞的解释与传统经注有所不同,但并不能因此而断然否认甚至摒弃传统经注的解释。首先,无论把帛书中模糊不清的残画释作"沂"还是"泥",都仅仅是一种主观的猜测,我们在古文献中看不到任何把爻辞写作"夕沂(析)若厉"或"夕泥(尼)若厉"的迹象。即使是和帛书《易传》观点颇为一致的《淮南子·人间训》,其征引九三爻辞也是写作"夕惕若厉"。其次,即使帛书《易传》确实写作"沂"或"泥",但"沂""泥""惕"三字古音相近,可以相通,②我们同样可以得出"沂"或"泥"假借为"惕"的结论。其三,上文已经证明,传统经注把"夕惕若厉"理解为"向夕之时,犹怀忧惕……恒如倾危",也是有据可循,合理可信的。

事实上,造成这种差异的原因,很可能是因为当时不同学派诠释和征引《易》卦爻辞的角度不同。九三爻辞中的"日乾"与"夕惕"相对成义。"日乾"是"动",是"用",是白天勤勉不懈,努力用事;"夕惕"是"静",是"息",是夜晚在静息状态下仍然抱持警惕、戒慎之心。帛书《易传》及《淮南子》是着眼于"夕惕"的静息状态,并把"终日乾乾"与"夕惕若厉"视为因时而动、因时而止、"动静不失其时"的君子之道,带有明显的引申生发性质。这样,日、夕之"时"就不再是简单的时间问题,而成了时机、时运、时势的象征性表达。传统经注则着眼于静息状态下的自我警省与戒慎,并把"夕惕若厉"视为君子"无咎"的重要前提。这种解释更为深刻,更为符合经文的原旨。帛书《易传》及《淮南子》的观点在后世默默无闻,这应是最重要的原因,诚如清代学者何焯所说:"以惕为息,最为浅陋,先儒所以不之取。"③邓秉元《周易义疏》也说:"释'夕惕若'为休息,虽可通,在义理上实不如……'惕'字为佳,盖乾本健,即其休止亦不当暗黙无为,而当即止而健也。"④清代钱澄之的《田间易学》曾对《淮南子》与传统经注的不同观点进行了调和,对我们理解经文很有启发:"君子与日俱动,与夜俱静,静不是休息,乾乾其有事也。惕若者,无事而有事也。世称龙善睡,物莫能害之,惟其善警惕也。"⑤

---

① 马振彪:《周易学说》,花城出版社,2002年,第4页。
② 参见陈居渊《周易今古文考证》,商务印书馆,2016年,第15页。
③ [清]何焯批注《困学纪闻》语。[宋]王应麟《困学纪闻》,上海古籍出版社,2015年,第2页。
④ 邓秉元:《周易义疏》,上海古籍出版社,2011年,第18页。
⑤ [清]钱澄之:《田间易学》,黄山书社,1998年,第167页。

# 《乾》之九四：或跃在渊，无咎

学界对《乾》卦九四爻辞的训释也存在分歧，争议的焦点就在于对"或"字的理解。

《乾》卦《文言传》说："'或'之者，疑之也。"古代学者据此将九四爻辞"或跃在渊"之"或"训为"惑"，视为疑惑不定之辞。如孔颖达《周易正义》说："或，疑也。跃，跳跃也。言九四阳气渐进，似若龙体欲飞，犹疑惑也。"①"经称或是疑惑之辞，欲进欲退，犹豫不定，故疑之也。"②朱熹《周易本义》也说："或者，疑而未定之辞。"③而现代学者的观点，基本上是在《正义》《本义》基础上引申发挥，大致可概括为两类。其一是释"或跃"为欲跃而犹疑，如刘大钧、林忠军《周易经传白话解》认为，"或跃在渊"是"指龙在渊中欲跃而未跃之势。或，惑。古二字通用"。④陈鼓应、赵建伟《周易今注今译》进一步认为，"'或'是将然之辞。'或跃'谓将欲跳跃而尚在犹疑"。⑤其二是释"或跃"为"或跃"或"在渊"，如黄寿祺、张善文《周易译注》认为，"或：这里用作副词，表示不确定之义"，爻辞意为"或者腾跃上进，或者退处在渊"。⑥廖明春《〈周易〉经传十五讲》承其说，将爻辞释为，"或飞腾而起，或退处于渊，一切都依时而定，必无咎害"。⑦事实上，这两种解释都存在很大问题。

首先，无论是以"欲跃而犹疑"还是以"或跃，或在渊"来解释"或跃在渊"，都不

---

① ［魏］王弼、［晋］韩康伯注，［唐］孔颖达疏：《周易正义》卷一，《十三经注疏》上册，中华书局，1980年，第13页。
② ［魏］王弼、［晋］韩康伯注，［唐］孔颖达疏：《周易正义》卷一，《十三经注疏》上册，中华书局，1980年，第17页。
③ 萧汉明、林忠军：《〈周易本义〉导读》，齐鲁书社，2003年，第81页。
④ 刘大钧、林忠军：《周易经传白话解》，上海古籍出版社，2006年，第29页。
⑤ 陈鼓应、赵建伟：《周易今注今译》，商务印书馆，2005年，第5页。
⑥ 黄寿祺、张善文：《周易译注》，上海古籍出版社，2004年，第3、4页。
⑦ 廖名春：《周易经传十五讲》，北京大学出版社，2004年，第72页。

符合古代的语言习惯。九四"跃在渊"与九二"见……在田"、九五"飞……在天"句式相同，都是描写龙的活动状态。《诗经·小雅·鹤鸣》有"鱼在于渚，或潜在渊"之句，贾太宏《诗经通释》译为："鱼儿游在沙洲边，时而下潜到深渊。"①"或潜在渊"与"或跃在渊"句式相同，只不过一说鱼之潜、一说龙之跃而已。以此为参照，可以看出，爻辞中的"或"字应为时间副词，表示动作行为的发生不定时，可译为有时、时或、时而、偶尔。帛书《衷》篇解释此爻时说："恒跃则凶。"②或跃无咎，恒跃则凶，则"或"与"恒"义正相对。"或"为偶尔，"恒"为经常。爻辞的意思不过是说，龙时而在渊水中腾跃而起，没有咎害。《象》曰："或跃在渊，进无咎也。""进"正是就龙的时或腾跃而言。

其次，《文言传》中的"或之者，疑之也"完全可以有另一种解读："或"义为时或、偶尔，两个"之"字均代指龙之腾跃，而"疑"并不是对"或"字的训释，其意为，龙时或腾跃，是因为对自己的跃飞能力尚心存疑虑。

从义理上看，《乾》卦爻辞是"借龙比君子之德"。初九之"潜"是比喻眼下君子尚隐居未出，静处未动，德行素养尚修而未成，所以君子暂时不能施展才用，轻举妄动。《文言传》说："君子以成德为行，日可见之行也。'潜'之为言也，隐而未现，行而未成，是以君子弗用也。"九二之"见"是比喻君子出潜离隐，久潜稍出。九五之"飞"是比喻君子际会风云，获得显达。而九四之"跃"则象征君子德业渐成，跃跃欲试。"跃"不同于九五爻的"飞"，飞是离渊而去，上达云天，跃是飞的准备动作，是欲飞而未飞的状态。干宝曰："跃者，暂起之言，既不安于地，而未能飞于天也。"③朱熹曰："跃者，无所缘而绝于地，特未飞而。"④《文言传》说："或跃在渊，自试也。"龙时而在渊水中腾跃而起，正象征着君子德业渐成，自试身手，自我检验。帛书易传《衷》篇曰："易曰：或跃在渊，无咎。子曰：恒跃则凶，君子跃以自见，道以自成。"⑤认为龙在渊水中的时或腾跃，是"跃以自见，道以自成"。"见"读为"现"，"道"读为"导"。龙在渊水中的时或腾跃，象征着君子偶试身手，展示才能，导引自己最终成就德业。这与《文言传》"进德修业，欲及时也"的思想是相合的。

---

① 贾太宏：《诗经通释》，西苑出版社，2016年，第275页。
② 廖明春：《马王堆帛书周易经传释文》，《易学集成》第三卷，四川大学出版社，1998年，第3040页。
③ [清]李道平：《周易集解纂疏》引，十三经清人注疏丛书本，中华书局，1994年，第32页。
④ 萧汉明、林忠军：《〈周易本义〉导读》，齐鲁书社，2003年，第81页。
⑤ 廖明春：《马王堆帛书周易经传释文》，《易学集成》第三卷，四川大学出版社，1998年，第3040页。

# 《坤》之初六：履霜，坚冰至

"履"，义为踩踏。郑玄《三礼目录》说："践而行之曰履。"①程颐《程氏易传》说："履，践也……履物为践。"②朱熹《周易本义》说："履，有所蹑而进之意也。"③

"霜"，古人认为是阴液或阴气所凝。蔡邕《月令章句》说："露者，阴液也。释为露，结为霜。"④《大戴礼记·曾子天圆》说："阴气盛则凝为霜雪。"⑤

"履霜"，为古代之常言，《诗经·魏风·葛屦》有"纠纠葛屦，可以履霜"，《礼记·祭义》有"霜露既降，君子履之"，⑥古乐中还有《履霜操》，当然其用意各不相同。

爻辞意为：踩到微霜，就知道坚冰凝结的寒冬即将到来。

从义理的角度说，《坤》卦作为六十四卦中唯一的纯阴之卦，六爻皆阴，是六十四卦的阴性代表，而此爻为《坤》卦初六，处于下卦之初，代表阴气的萌芽、开始阶段，所以爻辞拟之为阴气或阴液开始凝结成霜。《日讲易经解义》说："阴生于下，是犹阴气始凝而为霜也。"⑦就自然气象而言，此时虽非严寒，却预示着坚冰凝结的严寒季节即将到来。朱熹《周易本义》说："霜，阴气所结，盛则水冻而为冰。此爻阴始生于下，其端甚微，而其势必盛，故其像如履霜则知坚冰之将至也。"⑧古人由此推阐出社会人生中的吉凶祸福都是由积而成的渐变之理，并以此教导人们要见微知著，防微杜渐。《日讲易经解义》说："此一爻，是示人以防微之道也。""坤之初

---

① [汉]郑玄注，[唐]孔颖达疏：《礼记正义》卷一，《十三经注疏》上册，中华书局，1980年，第1229页。
② 梁韦弦：《〈程氏易传〉导读》，齐鲁书社，2003年，第99页。
③ 萧汉明、林忠军：《〈周易本义〉导读》，齐鲁书社，2003年，第94页。
④ [清]陈梦雷等编纂：《古今图书集成》第2册，《历象汇编·乾象典·露部杂录》引，中华书局、巴蜀书社，1985年。
⑤ [清]王聘珍：《大戴礼记解诂》，十三经清人注疏丛书本，中华书局，1983年，第99页。
⑥ [汉]郑玄注，[唐]孔颖达疏：《礼记正义》卷四十七，《十三经注疏》下册，中华书局，1980年，第1592页。
⑦ [清]牛钮等：《日讲易经解义》，海南出版社，2012年，第63页。
⑧ 萧汉明、林忠军：《〈周易本义〉导读》，齐鲁书社，2003年，第82页。

六,阴始生于下,其端甚微,而一阴既萌,则其势日浸月长,必至于极盛,如寒气初结,止见为霜,而识微之君子,当履霜之时,即知异日坚冰之至已肇于此。思患预防,可勿凛凛乎?"又说:"初之取象于履霜者,何也? 天下事皆始于微而成于著。……有世道之责者,失防于始,而徒欲维挽于终,不亦可危之甚哉!"①

《易传·文言》在说明这种由霜至冰的渐变规律时,便引申到齐家治国的广阔视野里,进行了十分精辟的分析:"积善之家,必有余庆;积不善之家,必有余殃。臣弑其君,子弑其父,非一朝一夕之故,其所由来者渐矣! 由辩之不早辩也。《易》曰:'履霜,坚冰至。'盖言顺也。"朱熹《周易本义》认为,"古字'顺''慎'通用",此处的"顺"字"当作'慎',言当辨之于微"。② 这一解释是很有道理的。《升》卦《象传》"君子以顺德",陆德明《经典释文》曰:"顺,本又作慎。"③《礼记·礼器》"顺之至也",《经典释文》曰:"顺,亦作慎。"④《大戴礼记·哀公问五义》"言既顺之",王聘珍《解诂》曰:"顺,读曰慎。"⑤ 由此可见,《文言》中的"顺"也应读为"慎"。《文言》认为,善恶之事,都有一个从小到大、从微至著的积累变化过程。像臣子杀害国君、儿子杀害父亲这种大逆不道的行为,并不是一天两天所酿成的,而是积怨日深,终至爆发的结果。只有辨之于早,及时发现苗头,才能防患于未然。《坤》卦初六"履霜,坚冰至"言说的就是防微慎始之义。

古人引用此爻,都是从这一角度来立论发挥。如《淮南子·齐俗训》:"故《易》曰:'履霜,坚冰至。'圣人之见终始微言。"⑥《后汉书·宦者列传》:"《易》曰:'履霜,坚冰至。'云所从来久矣。"李贤注:"《易》曰'履霜,坚冰至。'盖言慎也。言初履霜而坚冰至者,以喻物渐而至大也。"⑦《资治通鉴》卷一《周纪》:"夫事未有不生于微而成于著。圣人之虑远,故能谨其微而治之;众人之识近,故必待其著而后救之。治其微,则用力寡而功多;救其著,则竭力而不能及也。《易》曰:'履霜,坚冰至。'《书》曰:'一日二日万几。'谓此类也。"⑧而"见霜知冰""履霜知冰""履霜之萌""履霜之渐""履霜之戒""履霜之警"等更成了古人常用的成语。如《淮南子·说山

---

① [清]牛钮等:《日讲易经解义》,海南出版社,2012年,第63页。
② 萧汉明、林忠军:《〈周易本义〉导读》,齐鲁书社,2003年,第266页。
③ [唐]陆德明:《经典释文·周易音义》,《十三经注疏》上册,中华书局,1980年,第102页。
④ [唐]陆德明撰,黄焯断句《经典释文·礼记音义》,中华书局,1983年,第184页。
⑤ [清]王聘珍:《大戴礼记解诂》,十三经清人注疏丛书本,中华书局,1983年,第10页。
⑥ 何宁:《淮南子集释》中,新编诸子集成本,中华书局,1998年,第765页。
⑦ [南朝宋]范晔撰,[唐]李贤等注:《后汉书》,中华书局,1965年,第2539页。
⑧ 张宏儒、沈志华主编:《文白对照全译资治通鉴》一,改革出版社,1995年,第2页。

训》:"圣人见霜而知冰。"①《后汉书·蔡邕传》:"是以君子推微达著,寻端见绪,履霜知冰,践露知暑。时行则行,时止则止。"②《后汉书·酷吏列传》:"夫涓流虽寡,浸成江河;爝火虽微,卒能燎野。履霜有渐,可不惩革。"③《魏书》:"皇天有以睹履霜之萌,而为之成象久矣。"④宋欧阳修《新唐书·高宗纪赞》:"高宗溺爱衽席,不戒履霜之渐,而毒流天下,贻祸邦家。"⑤元脱脱《宋史·魏砥传》:"乞申严其禁,以谨履霜之戒。"⑥李平书《且顽老人七十岁自叙》:"盖履霜之警,早觉于当初也。"⑦

---

① 何宁:《淮南子集释》下册,新编诸子集成本,中华书局,1998年,第1143页。
② [南朝宋]范晔撰,[唐]李贤等注:《后汉书》,中华书局,1965年,第1987页。
③ [南朝宋]范晔撰,[唐]李贤等注:《后汉书》,中华书局,1965年,第2495页。
④ 《二十五史卷四魏书、北齐书、周书》,中国文史出版社,2003年,第521页。
⑤ 《二十五史卷七新唐书》,中国文史出版社,2003年,第14页。
⑥ 《二十五史卷十宋史下》,中国文史出版社,2003年,第2042页。
⑦ 李平书:《且顽老人七十岁自叙》,转引自冯绍霆《李平书传》,上海书店出版社,2014年,第209页。

# 《坤》之六二：直方，大，不习，无不利

《坤》卦六二是《周易》中的名爻，曾被人们广为征引和讨论，朱熹曾说："《坤》卦中惟这一爻最纯粹。"①但是对于爻辞文字的训释和义理的解读却存在着许多分歧，有待进一步释读。

从文字的表层意思来看，"直方"与"大"都是对大地自然特征的描述，反映了远古时期人们对大地的基本认知。

"直方"是言说大地的平直方正。古人认为天圆地方，《管子·内业》说："戴大圆而履大方。"注："圆，天也。""方，地也。"②《吕氏春秋·圜道》说："天道圜，地道方。"③《淮南子·兵略》说："方者，地也。"④《周易折中》说："方者，坤之德。"⑤《周易尚氏学》说："方者，地之体。"⑥地呈方形，其边则为直线状，所以称为"直"。《礼记·深衣篇》正义引郑玄注曰："直也，方也，地之性。"⑦《周易正义》说："地势方直。"⑧

"大"是言说大地的广大辽阔，承载万物。孔颖达《周易正义》说："无物不载，是其大也。"⑨

许多易学著作都把"直方大"连读，视为并列结构，笔者以为，这种观点是值得

---

① [清]李光地：《周易折中》引，巴蜀书社，2014年，第36—37页。
② 黎翔凤：《管子校注》，新编诸子集成本，中华书局，2004年，第939页。
③ 陈奇猷：《吕氏春秋新校释》上册，上海古籍出版社，2002年，第174页。
④ 何宁：《淮南子集释》下，新编诸子集成本，中华书局，1998年，第1050页。
⑤ [清]李光地：《周易折中》，巴蜀书社，2014年，第37页。
⑥ 尚秉和：《周易尚氏学》，九州出版社，2005年，第59页。
⑦ [汉]郑玄注，[唐]孔颖达疏：《礼记正义》卷五十八，《十三经注疏》下册，中华书局，1980年，第1664页。
⑧ [魏]王弼、[晋]韩康伯注，[唐]孔颖达疏：《周易正义》卷一，《十三经注疏》上册，中华书局，1980年，第18页。
⑨ [魏]王弼、[晋]韩康伯注，[唐]孔颖达疏：《周易正义》卷一，《十三经注疏》上册，中华书局，1980年，第18页。

商榷的。《周易》中的很多卦爻辞都是以韵语的形式出现,①宋代音韵学家吴棫的《韵补》就曾指出"爻辞或用韵",②现代学者郭沫若《〈周易〉时代的社会生活》一文也有"爻辞多半是韵文"③的论断。就《坤》卦六二爻辞而言,也早有学者指出了其用韵特征,如元人熊朋来《经说》就曾引述郑氏《古易》云:"《坤》爻辞'履霜''直方''含章''括囊''黄裳''玄黄'叶韵。"④从这一角度看,"直方大"并不是并列结构,"直方"和"大"应各自成句。大地平直方正,所以能广大辽阔,承载万物。"直方"是"大"的前提和基础,"大"是"直方"的结果。没有"直方",则无"大"可言。程颐《程氏易传》说:"先直方,由直方而大也。"⑤朱熹说:"惟直方故能大。"⑥《周易折中》也说:"因直以成方,因方以成大。"⑦

王弼《周易注》释《坤》卦六二爻说:"居中得正,极于地质。"⑧认为六二爻位居于下卦之中,得位之正,所以最充分地体现了地的品质——"直、方、大"。从《周易》"以物象而明人事"⑨的角度说,这是在强调人类也要"极于地质""与天地合其德",⑩要像大地一样,以正直、端方的品德来行事为人。因此,在中国古代,"直方"被赋予了丰富而深刻的道德意蕴,受到古人的推崇。

"直",指人的品德行为正直。《老子》说:"圣人……直而不肆。"⑪《韩非子·解老》说:"所谓直者,义必公正,公心不偏党也。"⑫《荀子·修身》说:"是谓是,非谓非,曰直。"⑬《长沙马王堆帛书五行》第十五章说:"中心辩焉,而正行之,直也。"⑭这种"直道"理念贯穿于古人修德、行仁的目标之中,有着强烈的实践指向。

---

① 参见金周生《〈周易〉爻辞韵语的检讨》,《易学与儒学国际学术研讨会论文集》(易学卷),2005 年 8 月,山东大学易学与中国古代哲学研究中心编印。
② [宋]吴棫:《韵补》,中华书局,1985 年。
③ 《郭沫若全集》历史编第一卷,人民出版社,1982 年,第 61 页。
④ 转引自[明]孙堂《汉魏二十一家易注》(陈居渊校点《儒藏》精华编一,北京大学出版社,2009 年)、[清]惠栋《九经古义》(四库全书本)。
⑤ 梁伟弦:《〈程氏易传〉导读》,齐鲁书社,2003 年,第 63 页。
⑥ [宋]黎靖德编、杨绳其、周娴君校点:《朱子语类》第三卷,岳麓书社,1997 年,第 1560 页。
⑦ [清]李光地:《周易折中》,巴蜀书社,2014 年,第 37 页。
⑧ 楼宇烈:《周易注校释》,中华书局,2012 年,第 13 页。
⑨ [魏]王弼、[晋]韩康伯注,[唐]孔颖达疏《周易正义》卷一,《十三经注疏》上册,中华书局,1980 年,第 18 页。
⑩ 《周易·乾·文言》语。[魏]王弼、[晋]韩康伯注,[唐]孔颖达疏《周易正义》卷一,《十三经注疏》上册,中华书局,1980 年,第 17 页。
⑪ 陈鼓应:《老子注译及评介》,中华书局,1984 年,第 289 页。
⑫ 梁启雄:《韩子浅解》上册,中华书局,1982 年,第 147 页。
⑬ [清]王先谦:《荀子集解》上,新编诸子集成本,中华书局,1988 年,第 24 页。
⑭ 魏启鹏:《马王堆汉墓帛书〈德行〉校释》,巴蜀书社,1991 年,第 14 页。

《庄子·人间世》认为："内直者,与天为徒。"①《论语》主张"直道而事人"②"直道而行"③,《孟子·滕文公上》认为"不直,则道不见"④,《大戴礼记》倡导"信而好直",⑤朱熹《四书章句集注》强调"直内而修身"⑥"立心以直"。⑦"德"的异体字"悳",从直从心会意,即表示正直是心之本相,内心正直即是德。⑧

"方",指人的品德行为端方适宜,合乎理义,讲究原则。《老子》说:"圣人方而不割。"⑨《韩非子·解老》说:"所谓方者,内外相应也,言行相称也。"⑩《文子·微明》说:"行方者,立直而不挠。"⑪《淮南子·主术训》说:"凡人之论,……智欲圆而行欲方。"⑫又说:"行方者,有不为也。"注曰:"非正道不为也。"⑬

古籍中又常常以"方直"或"直方"为文,如《逸周书·官人解》:"直方而不毁,廉洁而不厉,强立而无私,曰有经者也。"⑭《楚辞·远游序》:"屈原履方直之行,不容于世。"⑮《韩诗外传》:"廉洁直方,疾乱不治。"⑯《贾子·道术》:"方直不曲谓之正。"⑰其中的"方""直"皆指人的品德行为而言。

《坤》卦《文言传》正是从道德的层面来阐发"直方"的:"'直'其正也,'方'其义也。君子敬以直内,义以方外。"程颐说:"直言其正也,方言其义也。君子主敬以直其内,守义以方其外。敬立而内直,义形而外方。"⑱朱熹说:"敬立而内自直,义形而外自方。"⑲蔡清《周易蒙引》说:"此'正''义'二字,皆以见成之德言。然直

---

① [清]郭庆藩:《庄子集释》上,新编诸子集成本,中华书局,2004年,第143页。
② [魏]何晏注,[宋]邢昺疏:《论语注疏》卷十八,《十三经注疏》下册,中华书局,1980年,第2528页。
③ [魏]何晏注,[宋]邢昺疏:《论语注疏》卷十五,《十三经注疏》下册,中华书局,1980年,第2518页。
④ [汉]赵岐注,[宋]孙奭疏:《孟子注疏》卷五下,《十三经注疏》下册,中华书局,1980年,第2707页。
⑤ 按,[清]王聘珍《大戴礼记·卫将军文子》读为"其为公车尉也信,而好直其功也",似有误。[清]孔广森《大戴礼记补注》读为"其为公车尉也,信而好直,其功也",于义更胜,今从之。
⑥ [宋]朱熹:《四书章句集注》,中华书局,2011年,第9页。
⑦ [宋]朱熹:《四书章句集注》,中华书局,2011年,第80页。
⑧ 刘宝俊:《战国竹简"悳"字形义考辩》,《语言研究》2014年第1期。
⑨ 陈鼓应:《老子注译及评介》,中华书局,1984年,第289页。
⑩ 梁启雄:《韩子浅解》上册,中华书局,1982年,第147页。
⑪ 王利器:《文子疏义》,新编诸子集成本,中华书局,2000年,第321页。
⑫ 何宁:《淮南子集释》中,新编诸子集成本,中华书局,1998年,第688页。
⑬ 何宁:《淮南子集释》中,新编诸子集成本,中华书局,1998年,第691页。
⑭ 黄怀信撰:《逸周书汇校集注》,上海古籍出版社,2007年,第790页。
⑮ [汉]王逸注,[宋]洪兴祖补注:《楚辞章句补注》,吉林人民出版社,2005年,第164页。
⑯ 屈守元:《韩诗外传笺疏》,巴蜀书社,1996年,第45页。
⑰ [汉]贾谊著,阎振益等校注:《新书校注》,新编诸子集成本.中华书局,2000年,第303页。
⑱ 梁韦弦:《〈程氏易传〉导读》,齐鲁书社,2003年,第66页。
⑲ [宋]黎靖德编,杨绳其、周娴君校点:《朱子语类》第三卷,岳麓书社,1997年,第1561页。

不自直,必由于敬;方不自方,必由于义。……直,即心无私;方,即事当理。"①"直"是说品性正直无私,是对人内在心性的规范要求;"方"是说行为端方当理,是对人外在行为的规范要求,也是直的外在表现,直与方是内外统一的。君子敬慎不苟就能促使内心正直无私,遵守义理就能促使行为端方当理。

而从这种道德寓意层面来说,大,则是宏大、盛大,是人具有直方之德所体现出来的恢宏开阔、包容万物的气度气象。君子正直而端方,所以能恢宏开阔,包容万物,就像大地平直方正,所以能广大辽阔、承载万物。

"不习"二字之义,现代学者的解释异说纷呈,或释为不重复,②或释为不娴熟、不熟悉,③或释为不折败,④或释为不习卜,⑤或释为不学习,⑥或释为不偷袭,⑦或释为不重叠,⑧让人不知所从。而古代学者的解释则颇为一致,而且今天看来,依然合理可信。如王弼《周易注》释为"任其自然","不假修营"。孔颖达《周易正义》释为"自然而生,不假修营"。⑨ 程颐《程氏易传》释为"不习,谓其自然,在坤道则莫

---

① [清]李光地:《周易折中》引,巴蜀书社,2014年,第577页。
② 闻一多《周易义证类纂》认为,"直方盖即省方","省方即巡狩","巡狩之事,劳民伤财,不宜常行,故曰'不习,无不利'"。这实质上就是释"不习"为不重复。(参见《闻一多全集》第2册,第41页,生活·读书·新知三联书店,1982年)陆宝千《易经文义通解》将爻辞释为"地道广大,直方而行,不必反复调转方向"。(参见该书第25页,台北广文书局有限公司,2003年)张朋《春秋易学研究》将爻辞译为"正直,端方,弘大,不重复,无所不利"。(参见该书第159页,上海人民出版社,2012年)
③ 高亨《周易大传今注》说:"直,……持也。方,并船也。习,熟练也。爻辞言:人操行舟渡河,因方舟不易倾覆,虽不熟练于操舟之术,亦无不利。"(齐鲁书社,1998年,第61页)刘大钧《周易概论》释此爻为:"直行横行皆一望无际,不熟悉也没有不利的。"(参见该书第314页,巴蜀书社,2008年)
④ 廖名春《〈周易〉乾坤两卦卦爻辞考五考》认为,"习"本字为"摺",即"折",爻辞是说"做到正直而方正,就能宏大,就能不折败,就能无所不利"。(《周易研究》1999年第1期)
⑤ 高亨《周易古经今注》认为,"(不习)当指筮与卜之不相习也。人之行事,既直且方,则筮与卜虽不相习,亦无不利。"(上海书店,1991年,第9页)王逸《〈易·坤〉"大不习"新证》认为,爻辞当以"大不习"为句,"大"是程度副词,"习"义为习卜,其正确解释义是"很没有必要重复占卜"。(《船山学刊》2012年第2期)张彭《〈周易〉古经四卦疑难卦爻辞新解》认为,"爻辞'不习,无不利',即不进行连续占卜,就没有什么不利的"。(曲阜师范大学硕士学位论文,2017年,第10页)
⑥ 黄寿祺、张善文《周易译注》说:"习,犹言'学习'。"其释爻辞为:"正直、端方、宏大,不学习也未必不获利。"(上海古籍出版社,2004年,第26页)
⑦ 于省吾《双剑誃易经新证》认为,"'直方大,不习,无不利'应读作'值方大,不袭,无不利',方大二字连读,言当方国盛大之时,不侵袭之,故无所不利也。"(上海书店出版社,1999年,第13页)臧守虎《〈易经〉读本》认为,"习,通'袭',突然袭击,爻辞意为,"正直、端方、广大,不突然袭击,没有什么不利"。(中华书局,2007年,第13页)
⑧ 黄天骥《周易辨原》认为,"习"通"袭",袭有重叠之义。爻辞是说,地面平坦,道路笔直,大而不重叠,没有出现高高低低、坑坑洼洼的丘丘堃堃,走路的人当然是无往而不利。(广东人民出版社,2008年,第22—23页)
⑨ [魏]王弼、[晋]韩康伯注,[唐]孔颖达疏:《周易正义》卷一,《十三经注疏》上册,中华书局,1980年,第18页。

之为而为也"。① 朱熹《周易本义》释为"不待学习"。② 沈该《易小传》释为"初无假于修习也"。③ 来知德《周易集注》释为"不待学习而自然直方大也"。④ 胡煦《周易函书约注》释为："直、方、大，皆顺德之自然，非由学习，故曰'不习'。"⑤ 李光地《周易折中》释为："因直以成方，因方以成大，顺天理之自然，而无所增加造设于其间，故曰不习无不利。习者，重习也，乃增加造设之意。"⑥ 以上各家的解释基本相同，都是说人的"直方"的品性一如大地的"直方"的特性，不是经过后天经营修习得到的，是"自然而生，不假修营"的。

帛书《易传·衷》论及坤卦六二爻辞时说："《易》曰：'直方大，不习，吉。'子曰：'生文武也，虽强学，是弗能及之矣。'"⑦ "生"通性，指本性，天生之性。《荀子·性恶》说："凡性者，天之就也，不可学，不可事。"⑧ "文武"，指《衷》篇前文所说的文德、武德。在帛书《易传》中，孔子以阴柔、阳刚之性界定人的文武之性，即文武之德，以阴柔为文、阳刚为武，认为"直方大，不习，吉"是比喻圣人具备阴柔、阳刚的完美本性，即文、武的完美德性，一般人即使努力学习，也不能赶上他们。因为这种天赋之性，"不习而备"⑨，不是后天勉强力学所能达到的。这与王弼等人的解释是相通的。陆九渊《与曾宅之》一文曾引述《孟子》语论此爻曰："所不虑而知者，其良知也；所不学而能者，其良能也。此天之所与我者，我固有之，非由外铄我也。"⑩ 内直外方的德性正如人的良知良能，乃天之所与，非由外铄。

---

① 梁韦弦：《〈程氏易传〉导读》，齐鲁书社，2003年，第63页。
② 萧汉明、林忠军：《〈周易本义〉导读》，齐鲁书社，2003年，第82页。
③ [清]李光地：《周易折中》引，巴蜀书社，2014年，第36页。
④ [明]来知德集注：《周易》，国学典藏本，上海古籍出版社，2013年，第22页。
⑤ [清]胡煦：《周易函书约注》卷二，《十八名家解周易》第三辑，长春出版社，2009年，第116页。
⑥ [清]李光地：《周易折中》，巴蜀书社，2014年，第37页。
⑦ 廖明春：《马王堆帛书周易经传释文》，《易学集成》第三卷，四川大学出版社，1998年，第3040页。
⑧ [清]王先谦：《荀子集解》下，新编诸子集成本，中华书局，1988年，第435页。
⑨ 廖明春：《马王堆帛书周易经传释文》，《易学集成》第三卷，四川大学出版社，1998年，第3037页。
⑩ 《陆九渊集》，中华书局，1980年，第5页。

# 《坤》之六四：括囊，无咎无誉

"括"，扎紧，束紧。《广雅·释诂》："括，结也。"《方言》："括，闭也。"

"囊"，大口袋。《说文》："囊，橐也。"《诗·公刘》毛传："小曰橐，大曰囊。"

"誉"，称誉，赞誉。《说文·言部》："誉，称也。"段玉裁注："称当作偁，转写失之也。偁，举也。誉，偁美也。"①《论语·卫灵公》："子曰：'吾之于人也，谁毁谁誉？如有所誉者，其有所试矣。'"邢昺疏："誉，谓称扬。"②朱熹集注："毁者，称人之恶而损其真；誉者，扬人之善而过其实。"③

爻辞说：束紧囊口，没有灾患，也无称誉。

《周易》卦象中的第四爻位，多数情况下象征着比较难处的凶险时位，所谓"四多惧"，而本爻正处于"多惧"的爻位，所以爻辞以束紧囊口，则内无所出，外无所入为喻，来言说人当凶险危疑之时应谨守慎出、明哲自保的道理，认为这样做虽无成事之誉，但也无妄动之咎。《周易正义》说："囊所以贮物，以譬心藏知也。闭其知而不用，故曰括囊。功不显物，故曰无誉，不与物忤，故曰无咎。"④《程氏易传》说："四居近五之位，……危疑之地也。若晦藏其知，如括结囊口而不露，则可得无咎。"⑤孔颖达和程颐所说的"知"就是"智"，指人的思想智慧。在中国古代，"知"与"智"二字是可以相通的。《临》卦六五"知临"，陆德明《经典释文·周易音义》曰："知，音智。"⑥《荀子·正名》："故知者之言也，虑之易知也，行之易安也，持之易

---

① [汉]许慎撰，[清]段玉裁注：《说文解字注》，上海古籍出版社，1981年，第190页。
② [魏]何晏注，[宋]邢昺疏：《论语注疏》卷十五，《十三经注疏》下册，中华书局，1980年，第2518页。
③ [宋]朱熹：《四书章句集注》，中华书局，2011年，第155页。
④ [魏]王弼、[晋]韩康伯注，[唐]孔颖达疏：《周易正义》卷一，《十三经注疏》上册，中华书局，1980年，第18页。
⑤ 梁韦弦：《〈程氏易传〉导读》，齐鲁书社，2003年，第64页。
⑥ [唐]陆德明：《经典释文·周易音义》，《十三经注疏》上册，中华书局，1980年，第100页。

立也。"杨倞注"知者"之"知"曰："知，读为智。"①《周礼·地官·大司徒》郑玄注："知，明于事。"②刘熙《释名·释言语》："智，知也，无所不知也。"人的思想智慧必须借助于语言行动才能得以表达和显现。"括囊"就是比喻人处危疑之地，就像贮物于囊，束紧囊口，闭藏不露一样，把思想智慧深藏心底，不显露于外。《象》曰："括囊无咎，慎不害也。"《文言》曰："天地闭，贤人隐。易曰：'括囊，无咎无誉。'盖言谨也。"《日讲易经解义》曰："四之括囊，所谓能慎者也。慎其身而不轻出，斯不辱身；慎其事而不轻举，斯不偾事；慎其言而不轻发，斯不失言，何害之有？惟其无害，是以无咎。"③其对"括囊"的解读都是立足于谨慎自保之上。

《易传》中曾多次提到"慎言"的问题。如《系辞传下》说："言行，君子之枢机，枢机之发，荣辱之主也。言行，君子之所以动天地也，可不慎乎？"又说："乱之所生也，则言语以为阶，……是以君子慎密而不出也。"《颐》卦《象传》也说："君子以慎言语，节饮食。"《易传》对言语不当可能导致的灾祸，有很清醒的认识，所以一再强调慎言。慎言是为了避祸，应从尽量不言做起。帛书《易传·衷篇》在解释《坤》卦六四爻辞时，也把"括囊"喻指的谨慎自保，具体化为对言语的谨慎，认为"括囊"就是不言。《衷》篇云："君子言于无罪之外，不言于有罪之内……有口能敛之，无舌罪，言不当其时，则闭慎而观。《易》曰：'括囊，无咎。'子曰：'不言之谓也。'"④《衷》篇认为，只有少言或不言，才能从根源上杜绝祸患，君子出言必须把握好时机，时机不对，当闭口不言，否则就会招致祸端，"括囊，无咎"说的就是不言免祸的道理。这种解读在汉代产生了一定影响。如《潜夫论·贤难第五》说："故所谓贤难也者，非贤难也，免（免祸）则难也。……此智士所以钳口结舌、括囊共默而已者。"⑤虽然是引《易》诠理，但其对爻辞的理解与《衷》篇是一致的。括囊不言当然是避免灾祸、明哲保身的一种良策，但慎言并不等于不言。《系辞传上》说："君子之道，或出或处，或默或语。"君子应适时而出，适时而言。《大戴礼记·卫将军文子》说："国家有道，其言足以生；国家无道，其默足以容。"⑥《坤》卦六四的括囊不言，只是因为君子身处凶险危疑之地，不得其时而已。《黄石公素书·正道章第

---

① [清]王先谦：《荀子集解》下，新编诸子集成本，中华书局，1988年，第426页。
② [汉]郑玄注，[唐]贾公彦疏：《周礼注疏》卷十，《十三经注疏》上册，中华书局，1980年，第707页。
③ [清]牛钮等：《日讲易经解义》，海南出版社，2012年，第67页。
④ 廖明春：《马王堆帛书周易经传释文》，《易学集成》第三卷，四川大学出版社，1998年，第3041页。
⑤ [汉]王符著，[清]汪继培笺，彭铎校正：《潜夫论笺校正》，新编诸子集成本，中华书局，1985年，第47页。
⑥ [清]王聘珍：《大戴礼记解诂》，十三经清人注疏丛书本，中华书局，1983年，第114页。

三》说:"括囊顺会,所以无咎。"张商英注曰:"君子语默以时,出处以道;括囊而不见其美,顺会而不发其机,所以免咎。"①可谓深得爻辞的意旨。

帛书易传《二三子》在论及《坤》卦六四爻辞的"括囊"时,则主张箴小人之口,宣圣人之言:"易曰:括囊,无咎无誉。孔子曰:此言箴小人之口也。小人多言,多过,多是,多患。""二三子问曰:独无箴于圣人之口乎?孔子曰:圣人之言也,德之首也。圣人之有口也,犹地之有川浴(谷)也,财用所由出也;犹山林陵泽也,衣食家用所由生也。圣人一言,万世用之。唯恐其不言也,有何箴焉?"②孔子认为,缄默不言的德性要求只是对小人而言,而不能用于圣人,圣人的说教是人类理性及道德的最高依凭,是人类生活的指路明灯,所以圣人不但不必慎言,还要多言。《荀子·非相》认为君子必辩,于言无厌;括囊不言,乃腐儒所为,与帛书《易传》的观点颇为相近:"凡言不合先王,不顺礼义,谓之奸言;虽辩,君子不听。法先王,顺礼义,党学者,然而不好言,不乐言,则必非诚士也。故君子之于言也,志好之,行安之,乐言之,故君子必辩。凡人莫不好言其所善,而君子为甚。故赠人以言,重于金石珠玉;观人以言,美于黼黻文章;听人以言,乐于钟鼓琴瑟。故君子之于言无厌。鄙夫反是,好其实,不恤其文,是以终身不免埤污庸俗。故《易》曰:'括囊,无咎无誉。'腐儒之谓也。"③当然,帛书和《荀子》的观点都带有援《易》诠理、引申生发的性质,与爻辞的原旨已拉开了距离。

---

① [汉]黄石公著,刘金松等注译:《素书全集》,海潮出版社,2010年,第106页。
② 廖明春:《马王堆帛书周易经传释文》,《易学集成》第三卷,四川大学出版社,1998年,第3027页。
③ [清]王先谦:《荀子集解》上,新编诸子集成本,中华书局,1988年,第83—84页。

# 《坤》之上六：龙战于野，其血玄黄

《坤》卦上六爻辞的解释，历来也存在争议。从王弼《周易注》、孔颖达《周易正义》、程颐《程氏易传》、朱熹《周易本义》到清代集大成的《易》著《周易折中》，乃至现代的一些注家如高亨、金景方、吕绍纲、徐志锐、周振甫等人的易著，都从阴盛逼阳、阴阳争斗的角度立论，释"龙战"为阴阳二气之交战；而许慎、惠士奇、朱骏声、尚秉和、黄寿祺、张善文等则释为阴阳二气之交合、交媾。笔者以为，交战说其实有悖于"阴阳合和而万物生""生生之谓易"的《易》学宇宙观，而交合说则更切合义理。本节文字试为申说。

"龙"，泛言雌雄之龙，在此喻指阴阳二气。《论衡·订鬼》："龙，阳物也，故时变化。"①《楚辞·七谏·谬谏》："龙举而景云往。"王逸注："龙，介虫，阴物也。"②《春秋元命苞》："龙之言萌也，阴中之阳，故云龙举而云兴。"③皆表明在古人的观念中，龙本就具有阴阳的双重性质。马王堆帛书《二三子问》："孔子曰：龙大矣，……高尚行乎星辰日月而不眺，能阳也；下纶穷深渊之渊而不沫，能阴也。"④则是以龙之升天潜渊显示其阴阳属性的变化。在《乾》卦中，龙比喻阳刚之气，《周易集解》引《子夏传》曰："龙，所以象阳也。"又引马融曰："物莫大于龙，故借龙以喻天之阳气也。"⑤但实际上，孤阴不生，孤阳不长，阴阳二气是互根互存，彼此消长的，正如《朱子语类》所说："阴阳虽是两个字，然却是一气之消息，一进一退，一消一长，进处便是阳，退处便是阴，长处便是阳，消处便是阴。只是这一气之消长，做出古今天

---

① 黄晖：《论衡校释》三，新编诸子集成本，中华书局，1990年，第942页。
② [汉]王逸注，[宋]洪兴祖补注：《楚辞章句补注》，吉林人民出版社，2005年，第261页。
③ 安居香山、中村璋八辑本：《纬书集成》，河北人民出版社，1994年，第633页。
④ 廖明春：《马王堆帛书周易经传释文》，《易学集成》第三卷，四川大学出版社，1998年，第3025页。
⑤ [清]李道平：《周易集解纂疏》，十三经清人注疏丛书本，中华书局，1994年，第28页。

地间无限事来。所以阴阳做一个说亦得,做两个说亦得。"①所以龙即可象征阳气,也可象征阴气。本爻"龙战于野"中的"龙",就是喻指阴阳二气。

"战",义为交合,交媾。《小尔雅·广言》:"战,交也。"《国语·郑语》:"夏之衰也,褒人之神化为二龙以同于王庭。"韦昭注曰:"共处曰同。"②《山海经·海内经》:"伯陵同吴权之妻阿女缘妇。"郭璞注曰:"同犹通,言淫之也。"③闻一多《伏羲考》据此认为,"同"即是"交合之谓"。④《史记·夏本纪》记此事说:"夏后氏德衰,诸侯畔之,天降龙二,有雌雄。"⑤而《论衡·异虚》记此事则说"二龙战于庭",⑥战之交媾义十分明显。所以"龙战"所代表的就是阴阳交合,天地氤氲。《说文·壬部》:"壬,位北方也,阴极阳生,故《易》曰:'龙战于野',战者,接也。"⑦"接",即交接,交合。《说文·手部》:"接,交也。"《广雅·释诂》:"接,合也。"辛介夫《周易解读》说:"接合之接,古读如迭,今陕西关中,正谓男女交合为迭合。"⑧清儒惠士奇《易说》最早采用了许慎的说法,认为"战者接也,阴阳交接,卦无伤象"。⑨朱骏声《六十四卦经解》也说:"战之为言,接也。阴阳交接和会,大生广生。"⑩尚秉和:《周易尚氏学》盛赞此说,以为"识过前人远矣",并引《乾凿度》《九家易》《易林》等进一步证明"战"训"接",有阴阳"和合""交接"之义。⑪ 今人黄寿祺、张善文《周易译注》亦主此说,认为:"'战'犹言'接',龙战指阴阳交合。此句说明上六阴气至盛,阴极阳来,二气交互和合,故有'龙战'之象。"⑫

"血",本指二龙交合后所遗下的精液,即《系辞》"男女构精"之"精"。《国语》记载"二龙同于王庭"时说龙遗漦而去,旧注释"漦"为血、为"津"、为"龙之精气",其实都是就龙之精液而言。"龙战"既喻指阴阳交合,天地氤氲,则"血"当喻指天地混合之色。《文言》说:"夫'玄黄'者,天地之杂也。天玄而地黄。"《说文》说:

---

① [宋]黎靖德编,杨绳其、周娴君校点:《朱子语类》第三卷,岳麓书社,1997年,第1687页。
② [战国]左丘明撰,[三国吴]韦昭注:《国语》,中国史学要籍丛刊本,上海古籍出版社,2015年,第346页。
③ 袁珂:《山海经校注》,上海古籍出版社,1980年,第464页。
④ 《闻一多全集》一,生活·读书·新知三联书店,1982年,第17页。
⑤ 邹得金整理:《名家注评史记》上,天津人民出版社,2010年,第37页。
⑥ 黄晖:《论衡校释》一,新编诸子集成本,中华书局,1990年第215页。
⑦ [汉]许慎撰,[清]段玉裁注:《说文解字注》,上海古籍出版社,1981年,第1297页。
⑧ 辛介夫:《周易解读》,陕西师范大学出版社,1998年,第101页。
⑨ [清]惠士奇:《惠氏易说》,四库全书本。
⑩ [清]朱骏声著,胡双宝点校:《六十四卦经解》,国家图书馆出版社,2008年,第18页。
⑪ 尚秉和:《周易尚氏学》,九州出版社,2005年,第62页。
⑫ 黄寿祺、张善文:《周易译注》,上海古籍出版社,2004年,第29页。

"杂,五采相合也。"《周易尚氏学》说:"万物出生之本,由于血;血者,天地所遗氤氲之气。天玄地黄,'其血玄黄'者,言此血为天地所和合,故能生万物也。"①

《易》之道诚如朱熹所言,无非"阴阳",《系辞传上》说:"一阴一阳之谓道。"阴与阳是《周易》哲学的基础,缺一不可,故曰乾天坤地,乾父坤母,乾阳坤阴。《系辞传下》说:"天地氤氲,万物化醇,男女构精,万物化生。"《淮南子·天文训》说:"阴阳合和而万物生。"②阴阳二气交感合会,成就天地万物,"生生之谓易",这无疑是《易》理之第一要义。由此可见,"战"之交合寓义深切易理。而紧承《乾》《坤》的《屯》卦则记录了阴阳交合、孕育万物的艰难历程,其《彖》曰:"刚柔始交而难生。"刚柔,《穀梁传》杨士勋疏曰:"柔刚者,即阴阳之别名也。……是刚则阳,柔则阴也。"③《坤》至上六,"龙战于野",象征阴阳方始相交,《屯》卦《彖》辞"始交而难生",恰是"龙战于野,其血玄黄"的绝妙注脚,交即战也。帛书易传《二三子》说:"《易》曰:'龙战于野,其血玄黄。'孔子曰:'此言大人之广德而施教于民也。夫文之孝,采物毕存者,其唯龙乎?德义广大,法物备具者,[其唯]圣人乎?'龙战于野'者,言大人之广德而下接民也。'其血玄黄'者,见文也。圣人出法教以导民,亦犹龙之文也,可谓玄黄矣,故曰龙。见龙而称莫大焉。"④"龙战于野"是以雄龙与雌龙在野外交接交媾比喻阴阳和合,阳为君,为圣人,阴为民,所以帛书易传又进一步推阐为"下接民",即君合民,圣人教化百姓。这虽是引申生发,已远离了爻辞的意旨,但其释"战"为"接"还是非常明显的。⑤

---

① 尚秉和:《周易尚氏学》,九州出版社,2005年,第62页。
② 何宁:《淮南子集释》上,新编诸子集成本,中华书局,1998年,第244页。
③ [晋]范宁注,[唐]杨士勋疏:《春秋谷梁传注疏》卷五,《十三经注疏》下册,中华书局,1980年,第2381页。
④ 廖明春:《马王堆帛书周易经传释文》,《易学集成》第三卷,四川大学出版社,1998年,第3026页。
⑤ 参见白海荣《〈周易〉神韵的文化透视——《坤》"龙战于野"的再认识》,《管子学刊》2008年第4期。本节文字吸纳了其中的部分观点,并进行了补充修正。

# 《坤》之用六：利永贞

古今《易》著对《坤》卦用六爻辞"利永贞"的解释都显得模棱浮泛,少有深入分析阐发。其中比较有代表性的观点是释"贞"为"正固",如黄寿祺、张善文的《周易译注》释为"利于永久守持正固",①马恒君《周易正宗》释为"利于永守正固",②廖明春《周易经传十五讲》则释为"利于永远固守不动",③更突出了"贞"之"固"义。这种解释沿袭了朱熹以"贞"为"正而固"的说法,但并没有揭示"贞"在《坤》卦语境中的具体含义,还有待我们进一步探讨。

就文字本身而言,"贞"既有"正"义,也有"固"义。在早期文字中,贞与鼎本为同一个字,借鼎的形状表示端正不移,引申之,则贞有"正"义,也有"定"义。④ 朱熹《周易本义》说："贞,正而固也。"⑤则是综合了贞字的正与固(定)二义。就《坤》卦用六爻辞而言,当释为"定""固"。《释名·释言语》："贞,定也。"俞樾《春秋名字解诂补义》："是贞有固义。"⑥《荀子·儒效》说："万物莫足以倾之之谓固。"⑦从文字表层来说,"利永贞"即宜于永久静定不变,稳固不动。

从全卦来看,用六之"利永贞"与卦辞之"安贞吉"在义理上是前后相应的。安,义为静、定,与"贞"义同。《尔雅·释诂》曰："安,定也。"《说文·宀部》曰："安,静也,从女在宀下。""安"字以女坐在宀(房子)下之状,会静如处女之意。"安贞吉"意即静定不动则吉,与"利永贞"的意旨是相同的。

---

① 黄寿祺、张善文:《周易译注》,上海古籍出版社,2004 年,第 30 页。
② 马恒君:《周易正宗》,华夏出版社,2007 年,第 64 页。
③ 廖明春:《〈周易〉经传十五讲》,北京大学出版社,2004 年,第 74 页。
④ 参见本书"《乾》之卦辞:元亨利贞"一节对"贞"字的考释。
⑤ 萧汉明、林忠军:《〈周易本义〉导读》,齐鲁书社,2003 年,第 80 页。
⑥ [清]俞樾:《春秋名字解诂补义》,《皇清经解续编》第 5 册,上海书店,1988 年,第 1017 页。
⑦ [清]王先谦:《荀子集解》上,新编诸子集成本,中华书局,1988 年,第 133 页。

那么，在《坤》卦的语境中，"安贞吉"与"利永贞"的真正内涵究竟应该如何理解呢？

首先，从卦象来看，八卦中"坤"卦的卦象为☷，叠三阴，象征阴气下凝为地。①《黄帝内经素问·阴阳应象大论》说："积阴为地。"②《淮南子·天文训》说："重浊者凝滞而为地。"③《说文·土部》说："元气初分，轻、清、阳为天；重、浊、阴为地。"④而六十四卦中的《坤》卦卦象是由两个单卦"坤"相重而成，地下有地，正象征着大地的深厚稳固。⑤

其次，从卦名来看，《坤》卦之"坤"从土从申，为形声兼会意字。"土"在甲骨文中象地上有土块形，表泥土之义。"申"字不仅表声，同时也表达特定的意义。在甲骨文、金文中，"申"字作ᔑ、ᔿ，皆象闪电舒张形，篆文将闪电形拉直，写作𢑚，隶变后楷书写作"申"，表示伸直、伸展、延伸之义（此义后来另加义符"亻"写作"伸"）。凡从申取义的字皆与伸直、伸展、延伸之义有关，如"伸"表示把肢体舒展开；"䀐"表示把眼睛张开；"呻"表示把声音拉长；"抻"表示用手把物拉长。"坤"字从土从申，正会泥土延伸之意。泥土的积聚延伸，形成了地之辽阔与深厚，借用虞翻的话说就是"坤为积土"。⑥ 以"坤"字作为卦名书写符号，不仅表达了地的基本名义，同

---

① 参见张善文《八卦名义略说》，《湖南科技学院学报》2008年第6期。
② [清]张志聪：《黄帝内经素问集注》，中医非物质文化遗产临床经典名著丛书本，中国医药科技出版社，2014年，第17页。
③ 何宁《淮南子集释》上，新编诸子集成本，中华书局，1998年，第166页。
④ [汉]许慎撰，[清]段玉裁注：《说文解字注》，上海古籍出版社，1981年，第1195页。
⑤ 按，《坤》卦卦象为☷☷，上坤下坤，即由两个单卦"坤"（☷）相重而成。《象》曰："地势，坤。君子以厚德载物。"长期以来，人们一直把"地势坤"连读，把"坤"释为顺，如孔颖达《周易正义》："地势方直是不顺也，其势承天，是其顺也。"朱熹《周易本义》："言其势之顺，则见其高下相因之无穷。"这都是因为《坤》卦卦名的复杂与变化而引起的误读。"地势坤"之"坤"为卦名，不管如何书写，无疑都是取071义为名，而不是取顺义为名。而六十四卦中的《坤》卦是由两个单卦"坤"相重而成，地下有地，正象征着地势深厚，俗语中即有"天高地厚"之说。因此地势之"势"，不是指"承天"之势，也不是指"顺"势，而是指"大地层层相因而至极厚"之势。《坤》卦卦辞"地势坤"应读为："地势，坤。"其义为：地势深厚，这便是《坤》卦的意象。《象传》作者正是基于这种认知，才由《坤》卦卦象推阐出"君子以厚德载物"的训诫。
⑥ [清]李道平：《周易集解纂疏》引，十三经清人注疏丛书本，中华书局，1994年，第172页。

时也涵盖了大地辽阔深厚的基本特征。①

坤为地,地之德不仅在于直方而深厚,更在于静定而不动。这种观念是古人的一种十分普遍的认识,在先秦两汉的文献典籍中屡见记载。《老子》说:"地得一以宁。……地无以宁,将恐废。"②《庄子·天道》说:"其动也天,其静也地。""静而与阴同德,动而与阳同波。"③《庄子·天运》说:"天其运乎,地其处乎。"郭向注:"不运而自行也,不处而自止也。"成玄英疏:"天禀阳气,清浮在上,无心运行而自动;地禀阴气,浊沉在下,亦无心宁静而自止。"④《文子·上德》说:"地承天,故定宁。地定宁,万物形。"⑤《淮南子·原道训》说:"是故能天运地滞,转轮而无废。"⑥《管子·心术》说:"天之道虚,地之道静。虚则不屈,静则不变,不变则无过,故曰'不伐'。"⑦《黄帝四经·十六经·果童》说:"地俗德以静,而天正名以作。"⑧《皇帝四经·称》说:"诸阴者法地,地之德安徐正静,柔节先定,善予不争,此地之度而雌之节也。"⑨《后汉书·杨震传》说:"地者阴精,当安静承阳。"⑩《后汉书·五行志》说:"地者阴也,法当安静。"⑪

《周易》言说的坤之德包括顺、柔、后、厚、方等多种,其中自然也有静。《文言

---

① 按,在"坤"字用为《坤》卦卦名的统一书写形式之前,"𡿫""川"与"巛"也曾是《坤》卦卦名的书写形式。如在马王堆汉墓出土的帛书《周易》经传中,《坤》卦之"坤"皆作"川"。在屈万里《汉石经周易残字集证》所收录的汉代熹平石经《周易》残字中,《坤》卦之"坤"都写作"𡿫"。在宋人洪适《隶释》所收录的汉魏碑碣中,乾坤之"坤"或作"𡿫",或作"巛",或作"川"。"巛"与"𡿫"都是"川"字的不同写法。作为《坤》卦之名,不管如何书写,无疑都是取地义为名。川有河川之义,也有陆地、原野之义。如古人称渭河平原为"秦川",称阴山下的原野为敕勒川,《晋书》卷125记有"勇士川",而肥沃、平坦的盛产粮食的田野则被称为"米粮川"。张相《诗词曲语辞汇释》卷六说:"川,陆地也。"清光绪辛巳年《宜阳县志》说:"两山夹田曰川。"至今人们仍称平坦的陆地为平川、一马平川。从卦名的角度说,"川"与"坤"不仅都有地之义,其读音也是相同或相通的。王引之《经义述闻》说:"古坤、川之声,并与顺相近。"《诗经·大雅·云汉》:"旱既太甚,涤涤山川,旱魃为虐,如惔如焚,我心惮暑,忧心如薰。"其中"甚""焚""薰"与"川"为韵;《汉书·叙传下》:"昔在上圣,昭事百神,类帝禋宗,望秩山川。"其中"川"与"神"为韵,皆可证明"川"于古音读"顺",而不读之"川"。《诗经·皇矣》郑笺:"串夷即昆夷,或作畎夷。"《汉书·匈奴传》:"畎夷又名昆夷。"均可证明畎—串—川的汉代读音仍与"昆"(音同于"坤")相同。所以李富孙《易经异文释》引葆琛曰:"古音坤川同类,故字可通用。""川""巛"等字虽然具有地之义,但同时更有水之义,易与坎水相重;而"坤"字更能突出地的名义和特征。很可能因为这一差异,后世的人们摒弃了"川""巛""𡿫",而以"坤"作为《坤》卦卦名的统一书写形式。
② 陈鼓应:《老子注译及评介》,中华书局,1984年,第218页。
③ [清]郭庆藩:《庄子集释》中,新编诸子集成本,中华书局,2004年,第462页。
④ [清]郭庆藩:《庄子集释》中,新编诸子集成本,中华书局,2004年,第493—494页。
⑤ 王利器:《文子疏义》,新编诸子集成本,中华书局,2000年,第294页。
⑥ 何宁:《淮南子集释》上,新编诸子集成本,中华书局,1998年,第5页。
⑦ 黎翔凤:《管子校注》中,新编诸子集成本,中华书局,2004年,第770页。
⑧ 陈鼓应:《黄帝四经今注今译》,商务印书馆,2007年,第241页
⑨ 陈鼓应:《黄帝四经今注今译》,商务印书馆,2007年,第394页。
⑩ [南朝宋]范晔撰,[唐]李贤等注:《后汉书》,中华书局,1965年,第1765页。
⑪ [南朝宋]范晔撰,[唐]李贤等注:《后汉书》,中华书局,1965年,第3328页。

传》说:坤"至静而德方"。《周易正义》说:"地体不动,是至静。"①《易纂言》说:"坤体岿然不动,故曰至静。"②"安贞""永贞"正是就坤地"至静"之德而言。虞翻曰:"坤道至静,故安。"③李道平《周易集解纂疏》:"《文言》曰'至静而德方',惟静故'安'。"④《象》曰:"安贞之吉,应地无疆。"之所以"安贞"就会获得吉祥,就是因为合于坤地至静贞固的特性。《汉书·杜周传》中有一句名言:"天道贵信,地道贵贞。不信不贞,万物不生。"⑤信,是指天的周期性运动变化,贞,则指地的定宁静滞,自止不动。地势深厚方直,地体静定不动,才使得"万物资生",这也就是《文子·上德》所谓"地定宁,万物形。"

---

① [魏]王弼、[晋]韩康伯注,[唐]孔颖达疏:《周易正义》卷一,《十三经注疏》上册,中华书局,1980年,第18页。
② [清]李光地:《周易折中》引,巴蜀书社,2014年,第575页。
③ [清]李道平:《周易集解纂疏》引,十三经清人注疏丛书本,中华书局,1994年,第75页。
④ [清]李道平:《周易集解纂疏》,十三经清人注疏丛书本,中华书局,1994年,第75页。
⑤ [汉]班固撰,[唐]颜师古注:《汉书》三,吉林人民出版社,1998年,第1836页。

# 《屯》之初九：磐桓,利居贞,利建侯

《周易》第三卦名"屯",读为 zhūn,义为艰难,危难。《说文·屮部》说:"屯,难也。象草木之初生,屯然而难。从'屮'贯'一'屈曲之也。'一',地也。《易》曰:'刚柔始交而难生。'"段玉裁《说文解字注》说:"《说文》多说'一'为地……象形也。'屮贯一'者,木克土也;'屈曲之'者,未能申也。"①"屯"字的构形是"从屮贯一"而"屈曲之"。一,为地的象形。屮,音"彻",《说文》释为"草木初生",徐铉云:"屮,上下通也,象草木萌芽,通彻地上也。"②"屈曲之"则指"屯"字所从之"屮"尾部作弯曲状。所以"屯"字的构形是以草木刚刚萌生,柔嫩的根茎在泥土的重压下,屈曲未能伸展的情状,表示万物始生之艰难。这也正是《屯》卦之"屯"的本义。朱熹《周易本义》云:"屯,六画卦之名也,难也,物始生而未通之意,故其为字,象屮串地始出而未申也。"③项安世《周易玩辞》云:"屯者,始难之卦也。"④卦中六爻,就是围绕物之"始生",时之"草创",以各种物象阐明"始难"之旨,揭示处"屯"之道。初九爻辞"磐桓,利居贞,利建侯"言说的则是"草创"之初的艰难情状及应对策略。⑤

---

① [汉]许慎撰,[清]段玉裁注:《说文解字注》,上海古籍出版社,1981年,第57页。
② 《康熙字典》寅集"屮"部"屮"字条引,成都古籍书店,1980年。
③ 萧汉明、林忠军:《〈周易本义〉导读》,齐鲁书社,2003年,第84页。
④ [宋]项安世:《周易玩辞》卷二,《十八名家解周易》第一辑,长春出版社,2009年,第116页。
⑤ 按,卦名"屯"字之义,当今学界意见不一,大致可以概括为如下三种观点:第一种可称为"屯难说",这是传统观点和当下的主流观点,本节文字已作申说,此不赘述。第二种可称为"屯聚说",如高亨《周易古经今注》说:"《广雅·释诂》:'屯,聚也。'《楚辞·离骚》:'屯余车其千乘兮。'王注:'屯,陈也。'盖屯乃聚列之义,故王训陈。本卦屯字皆聚义也。"陈鼓应、赵建伟《周易今注今译》认为,《屯》卦的卦名出自六五爻辞的"屯其膏",可概括该卦主旨。"屯"字用为动词谓"聚",用为名词则谓"聚落",即村落、部落。黄天骥《周易辨原》进一步认为:"《屯》卦的屯,是聚留、聚合的意思。……屯就是屯田、屯兵的屯,加上邑旁,便是邨,亦即村,是从事农业生产的人聚居的地方。……《屯》卦的六句爻辞……描写了村落里发生的事件。"台湾学者郑吉雄曾作长文《〈周易〉"屯"卦音义辨正》,力辟"屯聚说"之非,认为《屯》卦之"屯"必须读为"屯难"字而非"屯聚"字。(《周易研究》2009年第3期)第三种可称为"屯春说",如傅道彬《〈屯〉卦考》认为:后世以艰难释屯是引申的意义,不是原始的意义,不为确诂。从文字学上说,"屯"是春草破土而出的象形,是"春"的本字,既为声,也为意。从哲学上说,《周易·屯》卦是以春天之象阐释抽象的意义。春天为谋事之始,春之德在于生。古人从春天草木生长中获得启示,而草创事业,经营四方,不得安居。从民俗学上说,《屯》卦爻辞是以"春婚"的礼俗阐释春天"尚生"的意义。(《北京大学学报》2005年第4期)王晖《试论屯卦与屯字及其先周的社会政治生活》一文虽然对卦义的解释与傅有别,但也认为"屯"是"春"的初文,二者音、义相同。(《汉中师院学报》1990年第2期)此说虽新,然从卦爻辞通贯之义考察,仍不免于牵强,故仅列于此,以供参考。

"磐桓",为叠韵连绵词,①在古代通常写作"盤桓",今简化字作"盘桓"。《经典释文》:"磐,本亦作盤,又作槃。"②《周易集解》引虞翻、荀爽皆作"盤桓"。③《冀州从事张表碑》作"盤桓利贞"。④ 字又作般桓。汉石经"磐"作"般"。《尔雅·释言》也引作"般桓"。惠栋《九经古义·周易古义》曰:"古盤字皆作般。"⑤《说文》曰:"般,辟也,象舟之旋。"可见"般"有盘旋之义,当为正字;磐、盤、槃等皆为同音通假之字,而后人多用"盤"字。桓亦有旋转之义。《列子·黄帝》云:"鲵旋之潘为渊。"殷敬顺《列子释文》"旋"作"桓",并云:"桓,盤桓也,一本作旋,谓盤旋也。"⑥任大椿《列子释文考异》云:"凡山水以桓名,皆有盤桓之义。《水经注》云:'桓是陇阪名,其道盤桓旋曲而上,故名曰桓。'阪以桓名,与水以桓名,皆以盤桓为义,与《释文》旋之作桓可以互证。而盤桓二字古多训为旋。"⑦是"磐""桓"二字均有旋转、旋曲之义,合而组成叠韵连绵词,意为盘旋不前,徘徊不进。《经典释文》引马融曰:"槃桓,旋也。"⑧《周易集解》引荀爽曰:"盤桓者,动而退也。"⑨《周易正义》曰:"磐桓,不进之貌。"⑩

"居",义为止、停,即《系辞传下》"变动不居,周流六虚"之"居"。"贞",义为静、定。

爻辞说:徘徊难进之时,宜于停止不动,宜于封建诸侯。

"磐桓"是形容初九处屯难之世,草创之初,立足未稳,羽翼未丰,力量薄弱,举动艰难,徘徊不进。王弼《周易注》说:"处屯之初,动则难生,不可以进,故磐

---

① 按,易学史上"磐桓"之训也存在异说,如明来知德《周易集注》云:"磐,大石也,'鸿渐于磐'之磐也。桓,大柱也,《檀弓》所谓'桓楹'也。震阳木桓之象也。张横渠以磐桓犹言柱石是也。马融以磐旋释磐桓,后来儒者皆如马融之释,其实非也。八卦正位,震在初,乃爻之极善者。国家屯难,得此刚正之才,乃倚之以为柱石者也,故曰磐桓。"何楷《古周易订诂》云:"磐,大石也。桓,柱也。磐桓,以大石为柱。"高亨《周易大传今注》云:"磐,大石。桓疑借为垣,墙也。……爻辞言:以大石为院墙,是居处安固之象。"黄天骥《周易辨原》承高亨之说释为"用大石块筑起墙垣"。臧守虎《〈易经〉读本》则云"磐"指大石头,"桓"指大木柱,意为盖新房。这些异说皆因不明"磐桓"为叠韵连绵词而望文生义。
② [唐]陆德明:《经典释文·周易音义》,《十三经注疏》上册,中华书局,1980年,第99页。
③ [清]李道平:《周易集解纂疏》,十三经清人注疏丛书本,中华书局,1994年,第99页。
④ [清]严可均辑:《全后汉文》下,商务印书馆,1999年,第1020页。
⑤ [清]惠栋:《九经古义》,四库全书本。
⑥ [唐]殷敬顺:《列子释文》,转引自杨伯峻《列子集释》,新编诸子集成本,中华书局,1997年,第74页。
⑦ [清]任大椿:《列子释文考异》,转引自杨伯峻《列子集释》,新编诸子集成本,中华书局,1997年,第74页。
⑧ [唐]陆德明:《经典释文·周易音义》,《十三经注疏》上册,中华书局,1980年,第99页。
⑨ [清]李道平:《周易集解纂疏》,十三经清人注疏丛书本,中华书局,1994年,第99页。
⑩ [魏]王弼、[晋]韩康伯注,[唐]孔颖达疏:《周易正义》卷一,《十三经注疏》上册,中华书局,1980年,第19页。

桓也。"①

"利居贞"是进一步强调卦辞"勿用有攸往"之义,戒人不要轻举妄动,盲目冒进,遽图发展。

"利建侯"即《象传》所谓"宜建侯",意为宜于建立诸侯。这是在国家政治生活的层面立论,强调处草创屯难之时,首要任务应是建立诸侯,而封建诸侯的一个重要目的,就是要以诸侯列国形成对新生政权的藩卫、环护、辅佐之势,建立新的统治秩序,以巩固国本。闻一多《周易义证类纂》说:"古者封建侯国,所以为王都之外藩而扞蔽之。"②此即《尚书·康王之诰》所谓"建侯树屏",③《诗经·大雅·板》所谓"大邦维屏"。④唐代赵蕤《长短经·七雄略》说:"天下,大器也;群生,重蓄也。器大不可以独理,蓄重不可以自守。故划野分疆,所以利建侯也;亲疏相镇,所以关盛衰也。"⑤程颐《程氏易传》也说:"天下之屯,岂独力能济?必广资辅助,故利建侯也。"⑥《象传》说初九的"建侯"是"以贵下贱,大得民也",这是从另一个角度肯定了"建侯"的意义。王弼《周易注》说:"屯难之时,阴求于阳,弱求于强,民思其主之时也。"⑦程颐《程氏易传》说:"初以阳爻在下,乃刚明之才,当屯难之世,居下位者也。……能自处卑下,所以大得民也。"⑧《白虎通·封公侯》说:"王者即位,先封贤者,忧民之急也。故列土为疆,非为诸侯;张官设府,非为卿大夫,皆为民也。《易》曰:'利建侯。'此言因所利故利之。"⑨从爻位的角度看,初九为阳爻,居于三阴爻之下,象征着受封的贤者由京师来到封地,由王者身边来到百姓中间(即所谓"以贵下贱"),努力安民,谦恭聚民,自然会受到百姓拥护,正如刘沅《周易恒解》所说:"建侯者,俯从民望,以贵下贱,大得斯民愿治之心也。"⑩由此可见,"利建侯"正是君子经纶济世、处屯求通的重要举措,卦辞、爻辞及象传再三言之,足见其在屯难草创之时的重大意义。

---

① 楼宇烈:《周易注校释》,中华书局,2012年,第19页。
② 《闻一多全集》二,生活·读书·新知三联书店,1982年,第30页。
③ [汉]孔安国传,[唐]孔颖达疏:《尚书正义》卷十九,《十三经注疏》上册,中华书局,1980年,第244页。
④ [汉]毛亨传,[汉]郑玄笺,[唐]孔颖达疏:《毛诗正义》卷十七,《十三经注疏》上册,中华书局,1980年,第550页。
⑤ 周斌:《〈长短经〉校正与研究》,巴蜀书社,2003年,第301页。
⑥ 梁韦弦:《〈程氏易传〉导读》,齐鲁书社,2003年,第67页。
⑦ 楼宇烈:《周易注校释》,中华书局,2012年,第18页。
⑧ 梁韦弦:《〈程氏易传〉导读》,齐鲁书社,2003年,第68—69页。
⑨ [清]陈立撰,吴则虞点校:《白虎通疏证》,新编诸子集成本,中华书局,1994年,第141—142页。
⑩ 马振彪:《周易学说》引,花城出版社,2002年,第57页。

# 《屯》之六二：屯如邅如，乘马班如，匪寇婚媾。女子贞不字，十年乃字

历代《易》注对《屯》卦六二爻辞的文字训释及义理解读也存在着诸多分歧，有必要加以辨析厘清。

"屯如邅如"之"屯邅"是双声连绵词，在古代有多种写法。或作"屯亶"，如《汉书·叙传上》班固《幽通赋》："纷屯亶与蹇连兮，何艰多而智寡。"颜师古注："易屯卦六二爻辞曰'屯如亶如'。"①或作"迍邅"，如蔡邕《述行赋》："途迍邅其蹇连兮，潦污滞而为灾。"②其古代音义悉皆相同。《集韵》说："屯亶，难行不进貌。"又说："迍邅，难行不进貌。"《经典释文》引马融注"邅如"也说："难行不进之貌。"③

"乘马"是先秦文献中常见的合成词，读为 shèngmǎ，原意指四匹马。《诗经·大雅·韩奕》："其赠维何？乘马路车。"孔《疏》云："其赠之物维有何乎？乃有所乘之四马与所驾之路车。"④《左传·襄公十九年》："贿荀偃束帛，加璧乘马。"杜预注："四马为乘。"⑤战国以前，马专门用来驾车，不单骑乘。因为一辆车须四匹马来驾驭，所以古人称四匹马为"乘""乘马"，也称一车四马为"乘""乘马"。《诗经·陈风·株林》："驾我乘马，说于株野。"⑥《郑风·大叔于田》："大叔于田，乘乘马。"⑦

---

① [汉]班固撰，[唐]颜师古注：《汉书》四，吉林人民出版社，1998年，第2795页。
② 费振刚等：《全汉赋校注》，广东教育出版社，2005年，第912页。
③ [唐]陆德明：《经典释文·周易音义》，《十三经注疏》上册，中华书局，1980年，第99页。
④ [汉]毛亨传，[汉]郑玄笺，[唐]孔颖达疏：《毛诗正义》卷十八，《十三经注疏》上册，中华书局，1980年，第571页。
⑤ [晋]杜预注，[唐]孔颖达疏：《春秋左传正义》卷三十四，《十三经注疏》下册，中华书局，1980年，第1968页。
⑥ [汉]毛亨传，[汉]郑玄笺，[唐]孔颖达疏：《毛诗正义》卷七，《十三经注疏》上册，中华书局，1980年，第379页。
⑦ [汉]毛亨传，[汉]郑玄笺，[唐]孔颖达疏：《毛诗正义》卷四，《十三经注疏》上册，中华书局，1980年，第337页。

《屯》之六二：屯如邅如，乘马班如，匪寇婚媾。女子贞不字，十年乃字

都是说乘驾四匹马拉的车。爻辞中的"乘马"就是指四匹马拉的车。王夫之《周易内传》说："车驾四马曰乘。"①最为得解。

"班"，通"般"。《经典释文》说："郑本作般。"②吕祖谦《古易音训》说："晁氏曰：般，古文作班。"③在先秦典籍中，般、班二字往往通用。《尚书·大禹谟》："班师振旅。"《广雅疏证》说："班与般通。"④《左传·襄公十八年》："有班马之声。"《校勘记》说："郭注《尔雅·释言》引作'般马之声'。案班、般古字通。"⑤就爻辞之意来说，当以"般"为正字，"班"为假借字，读为 pán，义为盘旋。《说文》："般，辟也，象舟之旋。"此即初九"磐桓"（般桓）之"磐"（般）。《子夏传》说："班如者，谓相牵不进也。"⑥马融说："班，班旋不进也。"⑦蔡邕《述行赋》"乘马蹯而不进兮"，⑧正是化用爻辞之意。

"匪"通非。"寇"，义为行凶劫掠。《尚书·舜典》"寇贼奸宄"，《史记集解》引郑玄注曰："强取为寇。"⑨

"匪寇婚媾"一语除本爻外，在《贲》卦六四、《睽》卦上九爻辞中都曾出现，实质上反映了早期社会曾经存在的一种婚姻习俗。梁启超《中国文化史》说："夫寇与婚媾，截然二事，何至相混？得无古代婚媾所取之手段，与寇无大异耶？"⑩事实的确如此。人类社会由母系社会进入父系社会时期，族内婚被禁止，族外婚开始实行，而最初的族外婚就是通过血淋淋的战争，以掠夺强取的方式来完成的，文化史上称为掠夺婚或劫夺婚。后来这种通过战争来掠夺女人的风气逐渐演变为抢劫婚俗，"抢"变成了一种民间表演，只具有仪式化的象征意义。如《文献通考》所记乌桓婚俗："其嫁娶先私通，掠将女去，或半岁或百日，然后遣媒人送马牛羊，以为聘

---

① 傅云龙等主编：《船山遗书》第一卷，北京出版社，1999 年，第 21 页。
② [唐]陆德明：《经典释文·周易音义》，《十三经注疏》上册，中华书局，1980 年，第 99 页。
③ [宋]吕祖谦：《古易音训》，黄灵庚等主编《吕祖谦全集》第二册，浙江古籍出版社，2008 年，第 2 页。
④ [清]王念孙：《广雅疏证》，中华书局，1983 年，第 130 页。
⑤ [晋]杜预注，[唐]孔颖达疏：《春秋左传正义》卷三十四，《十三经注疏》下册，中华书局，1980 年，第 1967 页。
⑥ [魏]王弼、[晋]韩康伯注，[唐]孔颖达疏《周易正义》卷一引，《十三经注疏》上册，中华书局，1980 年，第 19 页。
⑦ [魏]王弼、[晋]韩康伯注，[唐]孔颖达疏《周易正义》卷一引，《十三经注疏》上册，中华书局，1980 年，第 19 页。
⑧ 费振刚等：《全汉赋校注》，广东教育出版社，2005 年，第 912 页。
⑨ 参见[清]孙星衍《尚书今古文注疏》上，十三经清人注疏丛书本，中华书局，1986 年，第 64 页。
⑩ 陈顾远：《中国婚姻史》引，商务印书馆，2014 年，第 62 页。

币。"①《隋书·北狄传》记契丹婚俗:"二家相许竟,辄盗妇将去,然后送牛马为聘。"②《渤海国志长编》记渤海婚俗:"男女婚娶多不以礼,必先攘窃以奔,亡后二百余年犹然。"③

"贞",义为定、固,没有变化。

"字"字之义,是《周易》卦爻辞研究中的又一文字公案。自北宋耿南仲《周易新讲义》据《礼记·曲礼》"女子许嫁笄而字"解为"许嫁"④之后,从南宋朱熹直至现代的易学大家如高亨、黄寿祺等,大都承袭其说,并认为这种解释与上文"婚媾"之义正相呼应。事实上,从字义演变的角度考察,这种观点是值得商榷的。

"字"的本义为生育、孕育。《说文·子部》:"字,乳也。从子在宀下。"段玉裁注:"人及鸟生子曰乳。"⑤《广雅·释诂》:"乳,生也。"《一切经音义》引《苍颉》:"乳,字也。"⑥"字"字从子在宀下,就是用屋里有子会生养孩子之意。这一义项在先秦、两汉文献中曾被广泛使用。如《墨子·节用上》:"若纯三年而字,子生可以二三年矣。"⑦《列子·黄帝》:"字育常时,年谷常丰。"⑧《山海经·中山经》:"其上有木焉,名曰黄棘,黄华而圆叶,其实如兰,服之不字。"郭璞注:"字,生也。"⑨《论衡·气寿篇》:"妇人疏字者子活,数乳者子死。"⑩《太玄·事次四》:"男女事,不代之字。"范望注曰:"男而女事,犹为不宜,况于字育,故不代也。"⑪《史记·平准书》:"乘字牝者,傧而不得聚会。"朱骏声曰:"字牝,孕字之牝也。"⑫《汉书·严安传》:"六畜遂字。"颜师古注:"字,生也。"⑬由生育、孕育之义又引申出爱、抚育、养育之义。文字的"字"也是取"孳乳而浸多"之义。⑭ "女子贞不字"正是取用"字"之本义。

---

① [宋]马端临:《文献通考》第十四册,中华书局,2011年,第9469页。
② 《二十五史卷五南史、北史、隋书》,中国文史出版社,2003年,第1037页。
③ 金毓黻:《渤海国志长编》,社会科学战线杂志社翻印,1982年,第379页。
④ [宋]耿南仲:《周易新讲义》卷二,《十八名家解周易》第三辑,长春出版社,2009年,第341页。
⑤ [汉]许慎撰,[清]段玉裁注:《说文解字注》,上海古籍出版社,1981年,第1298页。
⑥ 徐时仪校注:《一切经音义三种校本合刊》,上海古籍出版社,2012年,第134页。
⑦ [清]孙诒让:《墨子闲诂》上,新编诸子集成本,中华书局,2001年,第162页。
⑧ 杨伯峻:《列子集释》,新编诸子集成本,中华书局,1997年,第45页。
⑨ 袁珂:《山海经校注》,上海古籍出版社,1980年,第143页。
⑩ 黄晖:《论衡校释》一,新编诸子集成本,中华书局,1990年,第29页。
⑪ [汉]扬雄:《太玄经》,广州出版社,2003年,第55页。
⑫ [清]朱骏声:《说文通训定声》,武汉市古籍书店影印,1983年,第164页。
⑬ [汉]班固撰,[唐]颜师古注:《汉书》三,吉林人民出版社,1998年,第1918页。
⑭ 《说文解字叙》语,[汉]许慎撰,[清]段玉裁注:《说文解字注》,上海古籍出版社,1981年,第1317页。

《屯》之六二：屯如邅如，乘马班如，匪寇婚媾。女子贞不字，十年乃字

《礼记·曲礼》"女子许嫁，笄而字"一句与上一句"男子二十冠而字"意思相同，其"字"都是名字的字。古代男女出生时只起名，男子到了二十岁举行冠礼，再起一个字。女子已经许嫁，十五岁举行笄礼，或尚未许嫁，到二十岁举行笄礼，也要再起一个字。从此人们要用字来称呼他们，表示他们已经成年，可以结婚生儿育女，有为人父母之道了。由于女子成年许嫁才命字，所以唐代以后人们又称待嫁为待字。如唐代佚名《米氏女墓志铭》："呜呼，长及笄年，未聘待字，从兄亲弟，泣血哀号。"①"字"本身并无许嫁之义，这一含义是由双音词"待字"节缩而来。而且"字"衍生出许嫁、出嫁之义，已是迟至宋以后的事了，如宋代叶适《林伯和墓志铭》："邻女将字而孤，养视如己子，择对嫁之。"②至明末张自烈的《正字通·子部》才正式收录了这一义项："字，女子许嫁曰字。"③

爻辞说，坎坷难行，车马团团打转，不是强盗打劫，而是求婚的车队。女子婚后没有变化，不怀孕生子，十年后才怀孕生子。

项安世《周易玩辞》说："屯者，始难之卦也。"④六二爻辞就是以婚育生活的艰难为例，进一步阐明事物之初的艰难。"屯如""邅如""班如"三个词凸显了迎亲过程中的重重艰难，而婚媾之始，女子不孕，十年乃孕，更是一个鲜活的"初生屯然而难"的象征，正如王引之《经义述闻》所说："'不字'者，屯邅之象。"⑤

---

① 周绍良主编：《全唐文新编》第 5 部第 5 册，吉林文史出版社，1999 年，第 15455 页。按，《全唐文新编》文题作《唐故米氏》，并注明下缺。此据《唐文拾遗》卷六七补。
② 《叶适集》卷一五，中华书局，1961 年，第 288 页。
③ [明]张自烈：《正字通·子部》，转引自《汉语大字典》(三卷本)上，四川辞书出版社、湖北辞书出版社，1995 年，第 1010 页。
④ [宋]项安世：《周易玩辞》卷二，《十八名家解周易》第一辑，长春出版社，2009 年，第 116 页。
⑤ [清]王引之：《经义述闻》上，《读书札记丛刊》第二集，世界书局，1975 年，第 8 页。

# 《屯》之六三：即鹿无虞，惟入于林中，君子几，不如舍，往吝

"即"，义为接近、追逐。《广雅·释诂》曰："即，就也。"《周易集解》引虞翻曰："即，就也。"①即鹿也就是逐鹿。宋蔡渊《周易经传训解》："即鹿，逐鹿也。"②

"虞"，虞人，为古时掌管山泽苑囿的官吏，在贵族行猎时，为之驱赶鸟兽，有时甚至亲自参与射猎。《尚书·舜典》："益，汝作朕虞。"孔传："虞，掌山泽之官。"③《左传·昭公二十年》："十二月，齐侯田于沛，招虞人以弓，不进。"杜预注："虞人，掌山泽之官。"④《孟子·滕文公下》："昔齐景公田，招虞人以旌，不至，将杀之。"赵岐注："虞人，守苑囿之吏也。"⑤《周易集解》引虞翻曰："虞谓虞人，掌禽兽者。"⑥

"即鹿无虞，惟入于林中"，意即追逐山鹿没有虞人引导，只是空入茫茫林海中。⑦

---

① [清]李道平：《周易集解纂疏》，十三经清人注疏丛书本，中华书局，1994年，第101页。
② [宋]蔡渊：《周易经传训解》，四库全书本。
③ [汉]孔安国传，[唐]孔颖达疏：《尚书正义》卷三，《十三经注疏》上册，中华书局，1980年，第131页。
④ [晋]杜预注，[唐]孔颖达疏：《春秋左传正义》卷四十九，《十三经注疏》下册，中华书局，1980年，第2093页。
⑤ [汉]赵岐注，[宋]孙奭疏：《孟子注疏》卷六，《十三经注疏》下册，中华书局，1980年，第2710页。
⑥ [清]李道平：《周易集解纂疏》，十三经清人注疏丛书本，中华书局，1994年，第101页。
⑦ 按"鹿"字之义，还有释为"麓"者，如陆德明《经典释文》云："鹿，王肃作麓，云山足。"李鼎祚《周易集解》引虞翻曰："艮为山，山足称麓。麓，林也。"李道平《周易集解纂疏》引《穀梁传》"林属于山为鹿"云："鹿与麓通也。"《风俗通·山泽篇》云："《尚书》尧禅舜，'纳于大麓'。麓，林属于山者也。……《易》称'即鹿无虞，以纵禽也。'"显然是解"鹿"为"麓"。王毅《〈周易〉屯卦"即鹿无虞"辨证》亦认为"'鹿'当通'麓'，指林木丛生的山脚"。（《古籍整理研究学刊》2013年，第1期）此说与爻义不合，刘大钧《周易概论》、邓秉元《周易义疏》等早有辩驳，此不赘述。

《屯》之六三：即鹿无虞，惟入于林中，君子几，不如舍，往吝

"几"字之义的训释，分歧尤多，迄今为止的易学史上曾有过不下于10种说法。① 刘大钧先生认为，"'几'，在此当读作'冀'，作企冀解。《汉书·五行志中》：'以成王之宝圭湛于河，几以获神助。'颜师古注：'几，读曰冀。'《汉书·郊祀志下》：'将以望祀蓬莱之属，几至殊庭焉。'颜师古注：'殊庭，蓬莱中仙人庭也。几，读曰冀。''天子犹羁縻不绝，几遇其真。'（同上）颜师古注：'几，读曰冀。皆为其证。"②笔者以为，这一解释，最为有见。在先秦典籍中，也不乏这样的用例。《论语·子路》："定公问：'一言可以兴邦，有诸？'孔子对曰：'言不可以若是其几也。'"朱熹集注："几，期也。《诗》曰：'如几如式。'言一言之间，未可以如此而必期其效。"③《左传·宣公十二年》："王曰：'其君能下人，必能信用其民矣，庸可几乎！'"《正义》曰："庸，用也。几读如冀。言用可冀幸而得之乎？"④

"君子几，不如舍"，意即君子企望（得到鹿），不如舍弃。

《淮南子·缪称训》曾引《屯》卦六三爻辞以证说其义理："《易》曰：'即鹿无虞，惟入于林，君子几，不如舍，往吝。'其施厚者其报美，其怨大者其祸深；薄施而厚望，畜怨而无患者，古今之未有也。"⑤"其施厚者其报美"，是说所施恰当，所报也美。"薄施而望厚者……古今之未有也。"是说施望相悖，古今难成。这里所讲的所施与所望、所报的关系含有目标同方法、愿望同策略的关系。就爻辞来说，即鹿并得鹿是目标与愿望，有虞是方法与策略。而无虞而即鹿，也就是"薄施而望厚"，是"古今之未有"的事情。君子与其抱着这样的期望，就不如舍弃，因为继续下去，结果就是"往吝"。所以，"君子几"之"几"，意思就是企望、期冀，也就是"薄施而望厚"之"望"。

---

① "几"字之训，众说纷纭。或释为"终"，如高诱注《淮南子·缪称训》引《屯》卦六二爻辞："几，终也。……即入林中，几终不如舍之。"或释为句中语助词，如王弼《周易注》："几，辞也。"孔颖达《周易正义》从其说。或释为"近"，如《经典释文》："几，子夏传作近。"《周易集解》引虞翻注："几，近。"徐山《周易词义与结构分析》："几为近义，和'即鹿'的'即'义相同。"或释为"机"，解为弩牙，如《经典释文》引郑玄曰："郑作机，云弩牙也。"或释为几微，即事物的征兆，如程颐《周易程氏传》："君子见事之几微，不若舍而勿逐。"朱熹、尚秉和、金景芳等皆取此说。或释为"机会"，解为见机行事，黄寿祺、程石泉、陈鼓应等皆持此说。或释为机智、机警，如李镜池《周易通义》："几，借为机，机智。"吴辛丑《周易讲读》亦持此说。或读为"祈"，训为"求"，如高亨《周易古经今注》："几、祈古通用。……君子几不如舍，言君子求鹿不如舍之也。"或训为"危"，如吴国源《〈屯〉卦六三爻辞"君子几"新释》："'几'，训为'危'……'君子几'即'君子危'，意思是君子有危险。"（《周易研究》，2011年第3期）然细玩诸说，皆不及刘大均先生"期冀"说更为切合义理，故不取。
② 刘大钧：《周易概论》，巴蜀书社，2008年，第158—159页。
③ [宋]朱熹：《四书章句集注》，中华书局，2011年，第136—137页。
④ [晋]杜预注、[唐]孔颖达疏：《春秋左传正义》卷二十三，《十三经注疏》下册，中华书局，1980年，第1878页。
⑤ 何宁：《淮南子集释》中，新编诸子集成本，中华书局，1998年，第707—708页。

"吝"也是《周易》的特殊用语,在经文中凡20见。计有"贞吝""小有吝""吝""小吝""有它吝""终吝""往吝""往见吝""以往吝"等种种说法。《说文》曾两次引"以往吝","口"部引作"吝",并云:"吝,恨惜也。""辵"部引作"遴",并云:"遴,行难也。"马宗霍《说文解字引经考》云:"遴从粦声,吝从文声,古音同在真部,故通用。"①在《周易》经文中,"吝"字之义应视具体的语境而定,不可强求一解。尚秉和《周易尚氏学》说:"凡言'往吝'者,宜从'行难'义。"②这种说法可谓中允。

"往吝"意即再往前追逐就会行动困难。

从语言层面看,爻辞言说的是田猎逐鹿之事。追逐野鹿而无虞人为向导,势必困于山林之中,在这种情况下,君子还企望得到鹿,就不如尽早舍弃。因为穷追不舍,必然会陷入困境。其深层义理则是告诫人们,凡做事盲目冒进,求之不已,都是取吝之道,不宜为之。正如牛钮《日讲易经解义》所说:"此一爻是为躁进者示戒也。……六三阴柔居下……乃好动轻进,自取困穷,如逐鹿而无虞人导之,惟有陷入于林莽之中而已。"③"即鹿无虞"在古代还演化成一则成语,用来比喻草率从事、盲目冒进之举,如范晔《后汉书·何进传》:"陈琳入谏曰:'《易》称即鹿无虞,谚有掩目捕雀。夫微物尚不可欺以得志,况国之大事岂可以诈立乎。'"④宋苏轼《上神宗皇帝书》:"今欲凿空寻访水利,所谓即鹿无虞,岂惟徒劳,必大烦扰。"⑤

---

① 马宗霍:《说文解字引经考》,转引自侯乃峰《〈周易〉文字汇校集释》,台湾古籍出版公司,2009年,第33页。
② 尚秉和:《周易尚氏学》。九州出版社,2005年,第71页。
③ [清]牛钮等:《日讲易经解义》,海南出版社,2012年,第81页。
④ [南朝宋]范晔撰,[唐]李贤等注:《后汉书》,中华书局,1965年,第2249页。
⑤ 张志烈等主编:《苏轼全集校注》第13册,河北人民出版社,2010年,第2875—2876页。

# 《屯》之九五：屯其膏，小贞吉，大贞凶

"屯"，在本爻中读为 tún，义为聚集、囤积，与卦名之"屯"（zhūn）虽同为一字，但音义有别。

"膏"是膏泽、油脂，《韵会》曰："凝者曰旨，泽者曰膏。"引申则指恩惠、恩泽。李鼎祚《周易集解》引崔觐释为"膏泽之惠"，①孔颖达《周易正义》也说："膏，谓膏泽恩惠之类。"②

"屯其膏"，即囤积财货，少有施予。《象》曰："'屯其膏'，施未光也。"邓秉元《周易义疏》曰："其象如灾害之时而囤其高粱美物，其施未能光大也。"③帛书易传《二三子》曰："〔卦曰：屯其膏，小〕贞吉，大贞凶。孔子曰：屯……守财弗施则〔凶〕。"④其中的缺字较多，其准确意义难以把握，但可以肯定，帛书易传《二三子》是将"屯其膏"释为"守财弗施"，而且是予以否定的。

"小"与"大"，均指囤积财货的程度而言。

"贞"，义为当，与作为占断之辞的"贞"有别。《巽》卦上九"丧其资斧，贞凶"，王引之《经义述闻》曰："贞，当也。贞凶者，当凶也。《洛诰》我二人共贞，《释文》引马注曰，贞，当也。《离骚》摄提贞于孟陬兮，谓当孟陬之月也。"⑤《广雅·释诂三》："贞，当也。"《豫》卦六五"贞疾"，日本宇多天皇《周易抄》释为："贞者，当。"⑥俞樾《群经平议·周易》也说："贞之言当也。"⑦

---

① ［清］李道平：《周易集解纂疏》，十三经清人注疏丛书本，中华书局，1994年，第103页。
② ［魏］王弼、［晋］韩康伯注，［唐］孔颖达疏：《周易正义》卷一，《十三经注疏》上册，中华书局，1980年，第20页。
③ 邓秉元：《周易义疏》，上海古籍出版社，2011年，第54页。
④ 廖明春：《马王堆帛书周易经传释文》，《易学集成》第三卷，四川大学出版社，1998年，第3028页。
⑤ ［清］王引之：《经义述闻》上，《读书札记丛刊》第二集，世界书局，1975年，第8页。
⑥ 转引自［日］河野贵美子《〈周易〉在古代日本的继承与展开》，《中国典籍与文化》，2010年第1期。
⑦ ［清］俞樾：《群经平议》，《续修四库全书一七八·经部·群经总义类》，上海古籍出版社，1996年，第10页。

"小贞吉,大贞凶",即囤积财货,少量则吉,过度则凶。帛书易传《缪和》篇释"小贞吉,大贞凶"为"小之犹可,大之必凶",与此正相吻合。

九五爻处上卦之中,象征君位,卦辞"屯其膏"言说的就是处尊居上者,在屯难之时,贪聚财货,不能广施,必遭凶祸的道理。帛书易传《缪和》篇说:"吕昌问先生曰:易屯之九五曰:屯亓膏,小,贞吉;大,贞凶。将何谓也?夫易,上圣之治也。古君子处尊思卑,处贵思贱,处富思贫,处乐思劳。君子能思此四者,是以长又亓利,而名与天地俱。今易曰屯亓膏,此言自闰者也。夫处上立厚而不自血下,小之犹可,大之必凶。"①《缪和》篇认为,《屯》卦九五爻辞的"屯其膏",言说的是一种"处上立厚而不自血(恤)下"的"自闰(润)"行为,这样作,"小之犹可,大之必凶"。因为这是处尊、处贵、处富、处乐而不思卑、思贱、思贫、思劳,是居上者自肥自厚而不施惠下民,所以少量屯膏尚可获吉,大量屯膏必遭凶险。王弼等人的解释与帛书易传颇有相通之处。王弼《周易注》说:"处屯难之时,居尊位之上,不能恢弘博施,无物不与,拯济微滞,亨于群小,而系应在二,屯难其膏,非能光其施者也。"②程颐《周易程氏传》说:"人君之尊,虽屯难之世,于其名位,非有损也。唯其施为有所不行,德泽有所不下,是屯其膏,人君之屯也。"③王弼、程颐皆释"屯其膏"为人君自利自厚,不能恢弘博施,恤利下民,与帛书《易传》所说的"处上立厚而不自血(恤)下"的"自闰(润)"是相通的。

《汉书·谷永传》所载谷永上书曾引用《屯》卦九五爻辞:"诸夏举兵,萌在民饥馑而吏不恤,兴于百姓困而赋敛重,发于下怨离而上不知。《易》曰:'屯其膏,小贞吉,大贞凶。'……王者遭衰难之世,有饥馑之灾,不损用而大自润,故凶;……《论语》曰:'百姓不足,君孰予足?'愿陛下……流恩广施,振赡困乏……诸夏之乱,庶几可息。"孟康注云:"膏者,所以润人肌肤,爵禄亦所以养人者也。……遭屯难饥荒,君当开仓廪振百姓,而反吝则凶。"④谷永援引《易》辞"屯其膏,小贞吉,大贞凶",以证说"王者遭衰难之世,有饥馑之灾,不损用而大自润,故凶",与帛书《易传》所说的"处上立厚而不自恤下……大之必凶"是一致的。《魏书·甄琛传》所记当时成语"出纳之吝,有司之福;施惠之难,人君之祸",⑤其实也表达了同样的含义。

---

① 廖明春:《马王堆帛书周易经传释文》,《易学集成》第三卷,四川大学出版社,1998年,第3047页。
② 楼宇烈:《周易注校释》,中华书局,2012年,第19页。
③ 梁韦弦:《〈程氏易传〉导读》,齐鲁书社,2003年,第71页。
④ [汉]班固撰,[唐]颜师古注:《汉书》四,吉林人民出版社,1998年,第2330—2331页。
⑤ 《二十五史卷四魏书、北齐书、周书》,中国文史出版社,2003年,第327页。

# 《屯》之上六：乘马班如，泣血涟如

"泣血"，指无声哭泣，泪如血出。《诗经·小雅·雨无正》："鼠思泣血，无言不疾。"毛传："无声曰泣血。"孔疏："《说文》：'哭，哀声也。''泣，无声出泪也。'则无声谓之泣矣。连言血者，以泪出于目，犹血出于体，故以泪比血。《礼记》曰：'子皋执亲之丧，泣血三年。'注云'无声而血出'是也。"①王夫之《周易内传》曰："陨泪无声曰泣血。"②

"涟如"，泪流不止的样子。《说文》曰："涟，泣下也。"《诗经·卫风·氓》："不见复关，泣涕涟涟。"王先谦《诗三家义集疏》曰："《鲁》说曰：涟涟，流貌也。《韩》说曰：涟涟，泪下貌。"③《楚辞·九叹·忧苦》："涕流交集兮，泣下涟涟。"王逸注："涟涟，流貌也。"④帛书本、阜阳汉简本"涟"作"连"。《战国策·齐策四》："管燕连然流涕。"鲍彪注："'连'与'涟'同，泣下也。"⑤

上六处全卦的最上位，是一卦之末。《易》例以上位为穷极之位，《屯》之上六象征着人处屯难之极、当须改变之时。但上六是阴柔之质，象征着人才德不足，无法改变现状，摆脱困境，只能驾马盘旋，泣下涟涟。正如《周易集解》引《九家易》所说："忧难不解，故泣血涟如也。"⑥南宋学者吕祖谦对此爻的分析最为精彩："屯极则当通，乱极则当治也。上居《屯》之极，正是一机会。然上六阴柔，欲有为而才不足，坐失机会，故乘马班如，泣血涟如也。"⑦牛钮《日讲易经解义》也有类似论述：

---

① [汉]毛亨传，[汉]郑玄笺，[唐]孔颖达疏：《毛诗正义》卷十二，《十三经注疏》上册，中华书局，1980年，第448页。
② 傅云龙等主编：《船山遗书》第一卷，北京出版社，1999年，第22页。
③ [清]王先谦撰，吴格点校：《诗三家义集疏》，十三经清人注疏丛书本，中华书局，1987年，第294页。
④ [汉]王逸注，[宋]洪兴祖补注：《楚辞章句补注》，吉林人民出版社，2005年，第305页。
⑤ 诸祖耿：《战国策集注汇考》中，江苏古籍出版社，1985年，第627页。
⑥ [清]李道平：《周易集解纂疏》，十三经清人注疏丛书本，中华书局，1994年，第104页。
⑦ [清]钱澄之：《田间易学》引，黄山书社，1998年，第226页。

"从来天道人事,穷极则通,乱极则治。上六居屯之极,正有可亨之机,乃阴柔无才,又无辅助,因循不进,坐失事几,徒为无益之忧惧而已,有'乘马班如,泣血涟如'之象。"① 正是基于这种义理,古人常常引用或化用此爻来言说小人处非其位、终必招辱的道理。如《淮南子·缪称训》:"小人在上位,如寝关曝纩,不得须臾宁,故《易》曰:'乘马班如,泣血涟如。'言小人处非其位,不可长也。"②《潜夫论·忠贵》:"此等之俦,虽见贵于时君,然上不顺天心,下不得民意,故卒泣血号咷,以辱终也。"③《盐铁论·非鞅》:"小人先合而后忤,初虽乘马,卒必泣血。"④《抱朴子·广警》:"才小任大,则泣血涟如。"⑤

---

① [清]牛钮等:《日讲易经解义》,海南出版社,2012年,第83页。
② 何宁:《淮南子集释》中,新编诸子集成本,中华书局,1998年,第710页。
③ [汉]王符撰,[清]汪继培笺注,彭铎校正:《潜夫论笺校正》,新编诸子集成本,中华书局,1985年,第111页。
④ 王利器:《盐铁论校注》上,新编诸子集成本,中华书局,1992年。第95页
⑤ 杨明照:《抱朴子外篇校笺》下,新编诸子集成本,中华书局,1997年,第356页。

# 《蒙》之卦辞：蒙，亨。匪我求童蒙，童蒙求我；初筮告，再三渎，渎则不告。利贞

《蒙》卦卦辞是《周易》本经最长的卦辞之一，也是最有名的卦辞之一。其义理可分以下四个层面来解读。

其一，"蒙，亨"。

"蒙"是形声兼会意字，篆文从艹，从冡。《说文》："冡，覆也。""冡"为会意字，会以物覆豕之意，本义为覆盖。"冡"字上部从冂，从一。根据《说文》的解释，"冂"表示覆盖的意思，"冂"下又加"一"，则表示"重覆"，所以"冡"表示的不是一般的覆盖，而是厚重的覆盖。"冡"是"蒙"的初文。在文字演化过程中，"冡"作了偏旁，不再单用，其义便借"蒙"来表示。《诗经·鄘风·君子偕老》："蒙彼绉絺，是绁袢也。"《毛传》："蒙，覆也。"①《小尔雅·广诂》："蒙，覆也。"②《方言》："蒙，覆也。"③段玉裁《说文解字注》："凡蒙覆、僮蒙之字今字皆作蒙，依古当作冡。蒙行而冡废矣。"④朱骏声《说文通训定声》："冡，经传皆以蒙为之。"⑤"蒙(冡)"字本义为覆盖，蒙覆则暗，所以凡从"蒙(冡)"取义的字，如朦、濛、幪、曚、矇等，皆与蒙覆、黑暗、看不清等义有关。

卦名之"蒙"，正是由蒙覆之义引申，指人生初始、教化未开、无知无识、不明事理的幼稚状态，就像被物遮蔽蒙覆，处于黑暗之中。苏轼《东坡易传》说："蒙者，有蔽于物而已。"⑥《康熙字典》"蒙"字条引明魏校《六书精蕴》说："冡，幼学未通也。"

---

① [汉]毛亨传，[汉]郑玄笺，[唐]孔颖达疏：《毛诗正义》卷三，《十三经注疏》上册，中华书局，1980年，第314页。
② 杨琳：《小尔雅今注》，汉语大词典出版社，2002年，第9页。
③ [清]钱绎撰集，李发舜、黄建中点校：《方言笺疏》，中华书局，1991年，第428页。
④ [汉]许慎撰，[清]段玉裁注：《说文解字注》，上海古籍出版社，1981年，第637页。
⑤ [清]朱骏声：《说文通训定声》，武汉市古籍书店影印，1983年，第57页。
⑥ [宋]苏轼：《东坡易传》卷一，《十八名家解周易》第三辑，长春出版社，2009年，第8页。

……群生蚩蚩,有物蔽覆,暗者当求明也。"①朱骏声《六十四卦经解》说:"字当作'冡',覆也。作蒙者,假借。"②《周易学说》引李士鉁曰:"物生必蒙,故果木有甲孚蔽之;人蒙无知,亦若有蔽之者。木之甲不自解,待雷雨解之;人之蒙不自说,待人说之。"③皆深得"蒙"字之解。

在中国古代,"蒙"是一个与"圣"相对的概念。"蒙"是人心智未通的初始状态,清代王夫之《张子正蒙注·绪论》说:"蒙,知之始也。"④"圣"则是人智的最高升华状态,是睿智通达的终极境界。《尚书·洪范》说:"睿作圣。"传曰:"于事无不通谓之圣。"正义曰:"郑玄《周礼注》云:'圣,通而先识也。'是言识事在于众物之先,无所不通,以是名之为圣。圣是智之上,通之大也。"⑤《大戴礼记·四代》曰:"圣,智之华也。"⑥"蒙"与"圣"正处于人智发展的两端。孔颖达《尚书正义》说:"性不通晓,则行必蒙闇,故蒙对圣也。"⑦王弼《周易注》说:"明莫若圣,昧莫若蒙。"⑧

《蒙》卦言说的是启蒙育智的道理,《蒙》卦之"亨"就是指在人蒙稚之时,若合理启发,精心培育,养之以正,就能由蒙入圣,获致亨通。《周易集解》引干宝曰:"蒙,为物之稚也。施之于人,则童蒙也。苟得其运,虽蒙必亨,故曰'蒙,亨'。"⑨《康熙字典》引《六书精蕴》曰:"冡,幼学未通也。养之以正,作圣胚胎也。"⑩

其二,"匪我求童蒙,童蒙求我"。

"匪",通非。我,指启蒙之师。童,郑玄曰:"人幼稚曰童,未冠之称。"⑪"童蒙",指人年幼无知、教化未开的蔽覆黑暗状态。

卦辞说,不是我向蒙昧的幼童求而教之,而是蒙昧的幼童求教于我。

卦辞中提出了"我"与"童蒙"两个相对的概念,揭示了教育教学过程是由教导

---

① [明]魏校:《六书精蕴》,转引自《康熙字典》子集下"冖"部"冡"字条。成都古籍书店,1980年。
② [清]朱骏声著,胡双宝点校:《六十四卦经解》,国家图书馆出版社,2008年,第24页。
③ 马振彪:《周易学说》,花城出版社,2002年,第66页。
④ [宋]张载著,[清]王夫之注:《张子正蒙》,上海古籍出版社,2000年,第81页。
⑤ [汉]孔安国传,[唐]孔颖达疏:《尚书正义》卷十二,《十三经注疏》上册,中华书局,1980年,第188—189页。
⑥ [清]王聘珍:《大戴礼记解诂》,十三经清人注疏丛书本,中华书局,1983年,第169页。
⑦ [汉]孔安国传,[唐]孔颖达疏:《尚书正义》卷十二,《十三经注疏》上册,中华书局,1980年,第192页。
⑧ 楼宇烈:《周易注校释》,中华书局,2012年,第22页。
⑨ [清]李道平:《周易集解纂疏》,十三经清人注疏丛书本,中华书局,1994年,第105页。
⑩ [明]魏校:《六书精蕴》,转引自《康熙字典》子集上"冖"部"冡"字条。成都古籍书店,1980年。
⑪ [汉]郑玄著,[宋]王应麟辑,[清]惠栋考补:《增补郑氏周易》,《十八名家解周易》第一辑,长春出版社,2009年,第5页。

《蒙》之卦辞：蒙，亨。匪我求童蒙，童蒙求我；初筮告，再三渎，渎则不告。利贞

者(我)和学习者(童蒙)两方面的活动所组成，而教学双方的关系应是"匪我求童蒙，童蒙求我"。

卦辞作者首先强调了教师以道自守、待求而教的施教原则。教学活动的实质，是蒙昧的学生受教于明道的教师，而不是明道的教师受教于蒙昧的学生。所以应该由学生主动向教师求教，而不是教师主动向学生求而教之。正如《周易正义》所说："明者不求于暗，即匪我师德之高明往求童蒙之暗，但暗者求明，明者不谘于暗。"①亦如《日讲易经解义》所说："师道不可轻亵，有来学，无往教，匪我主教者先求童蒙而强为启迪，乃童蒙虚心逊志先来求我，以决疑辨惑也。"②如果教师不求而教，就会显得好为人师，自矜其能，就会失去师道的尊严，导致学生轻师贱道。借用韩愈《知名箴》中的话说，就是"不请而教，谁云不欺"。③

这种以道自守、待求而教的观念被儒家教育思想所继承和发扬。《荀子·劝学》说："不问而告谓之傲，问一告二谓之囋。傲，非也，囋，非也。君子如响。"王先谦《荀子集解》说："俞樾曰：《论语·季氏篇》'言未及之而言谓之躁'，《释文》曰：'鲁读躁为傲。'"④囋，卢文绍释为"多言"。⑤荀子认为，不问而告，主动施教，则流于浮躁，有失教者的尊严。君子应端然如钟，待叩而鸣，大叩则大鸣，小叩则小鸣，即所谓"如响"。《墨子·公孟》说："公孟子谓子墨子曰：'君子共己以待，问焉则言，不问焉则止。譬若钟然，扣则鸣，不扣则不鸣。'"⑥《礼记·学记》说："善待问者如撞钟，扣之以小者则小鸣，扣之以大者则大鸣。"⑦这与荀子非傲非囋、君子如响的观点是一致的。《吕氏春秋·孟夏纪》说："疾学在于尊师，师尊则言信矣，道论矣。故往教者不化，招师者不化；自卑者不听，卑师者不听。"高诱注曰："《易》曰：'非我求童蒙，童蒙来求我。'故往教之师不见化从也，童蒙当求师而反招师，亦不宜化，师之道也。"李宝洤注曰："往教者，师道失，故不能化；招师者，不敬师，故亦不能化。"⑧往教是教师自卑自贱，招师则是卑师贱师，这两种情形都有损于师道尊

---

① [魏]王弼、[晋]韩康伯注，[唐]孔颖达疏：《周易正义》卷一，《十三经注疏》上册，中华书局，1980年，第20页。
② [清]牛钮等：《日讲易经解义》，海南出版社，2012年，第84页。
③ [唐]韩愈：《韩昌黎全集》，北京燕山出版社，1996年，第378页。
④ [清]王先谦：《荀子集解》上，新编诸子集成本，中华书局，1988年，第13页。
⑤ [清]王先谦：《荀子集解》上，新编诸子集成本，中华书局，1988年，第14页。
⑥ [清]孙诒让：《墨子闲诂》下，新编诸子集成本，中华书局，2001年，第449页。
⑦ [汉]郑玄注，[唐]孔颖达疏：《礼记正义》卷三十六，《十三经注疏》下册，中华书局，1980年，第1524页。
⑧ 陈奇猷：《吕氏春秋新校释》上册，上海古籍出版社，2002年，第202页。

严,因而不可能达到言信道论的教化目的。《礼记·曲礼上》说:"礼闻来学,不闻往教。"孔颖达注曰:"凡学之法,当就其师处,北面伏膺,……不可以屈师亲来就己。"①这就是说,只有学生登门求学,而不能教师登门施教,否则就有悖于尊师之礼。《白虎通·辟雍》曰:"天子之大子,诸侯之世子,皆就师于外者,尊师重先王之道也。故《曲礼》曰:'闻有来学,无往教也。'《易》曰:'匪我求童蒙,童蒙求我。'"②

其次,"匪我求童蒙,童蒙求我"也强调了教育活动中受教育者的主动性、自觉性原则。在教与学这一对矛盾中,学是内因,教是外因,外因只有通过内因才能够发挥作用。学生在思想上产生了强烈的求知欲,行动上表现出高度的积极性和主动性,真诚问学,虚心求教,教师则因势利导,诲人不倦,达到师生之间的志趣相应,这样教学活动才能有效进行,并取得良好效果。林希元《易经存疑》曰:"童蒙不求我,则无好问愿学之心,安能得其来而使之信?我求而诚或未至,则无专心致志之勤,安能警其惰而使之听?"③项安世《周易玩辞》曰:"待其求而后教之,由其心相应而不违,……致一以导之,则其受命也如响。"④

这一教学原则在儒家教育思想中也得以发扬。《论语·述而》曰:"子曰:'不愤不启,不悱不发。'"郑玄注曰:"孔子与人言,必待其人心愤愤,口悱悱,乃后启发为说之,如此则识思之深也。"⑤朱熹《四书集注》曰:"愤者,心求通而未得之意。悱者,口欲言而未能之貌。启,谓开其意。发,谓达其辞。"⑥当人苦学冥思而仍然心里蔽塞不通,言说不清,前来求问时,才去启发他,使他开蒙通塞,这样求学是真诚来求,这样启发他,才能令其思深识远而解悟透彻。这与《蒙》卦"童蒙求我"的教育思想是相通的。司马光《温公易说》曰:"'非我求童蒙,童蒙来求我。'孔子曰:'不愤不启,不悱不发。'夫人不求我而强教之,则志不应而言不从矣。"⑦

其三,"初筮告,再三渎,渎则不告"。

"筮",指用蓍草占卦以卜问吉凶。《说文》曰:"筮,易卦用蓍也。"《周礼·春官·大宗伯》郑玄注:"问蓍曰筮,其占《易》。"⑧《广韵》:"龟曰卜,蓍曰筮。"《西游

---

① [汉]郑玄注,[唐]孔颖达疏:《礼记正义》卷一,《十三经注疏》上册,中华书局,1980年,第1231页。
② [清]陈立撰,吴则虞点校:《白虎通疏证》,新编诸子集成本,中华书局,1994年,第255页。
③ [清]李光地:《周易折中》引,巴蜀书社,2014年,第46页。
④ [宋]项安世:《周易玩辞》卷二,《十八名家解周易》第一辑,长春出版社,2009年,第44页。
⑤ [魏]何晏注,[宋]邢昺疏:《论语注疏》卷七,《十三经注疏》下册,中华书局,1980年,第2482页。
⑥ [宋]朱熹:《四书章句集注》,中华书局,2011年,第92页。
⑦ [宋]司马光:《温公易说》卷一,《十八名家解周易》第四辑,长春出版社,2009年,第9页。
⑧ [汉]郑玄注,[唐]贾公彦疏:《周礼注疏》卷十七,《十三经注疏》上册,中华书局,1980年,第755页。

《蒙》之卦辞：蒙，亨。匪我求童蒙，童蒙求我；初筮告，再三渎，渎则不告。利贞

记》第三十七回："龟所以卜，蓍所以筮。"①

"告"，即《诗经·小雅·小旻》"我龟既厌，不我告犹"之"告"。《经典释文》引郑玄曰："告，示也，语也。"②汉熹平石经及马王堆帛书《周易》"告"字皆作"吉"，当为形近之误。"吉"字在卦爻辞中凡五十一见，绝无"不吉"之辞例。③

"渎"，亵渎、渎慢。《礼记·表记》郑玄注："渎之言亵也。"④《左传·昭公元年》"渎齐盟"，杜预注："渎，慢也。"⑤《系辞》"下交不渎"，《周易集解》引侯果曰："下交不致渎慢。"⑥帛书易传《缪和》篇引作"读"，并云："读弗敬。"⑦"读"通"渎"，亵渎、渎慢就是"弗敬"，这与郑玄等人的解释是相通的。

卦辞说，初次占问，神灵会告诉你正确的结果，如果再三占问同一件事情，就亵渎了神灵，亵渎了神灵，神灵就不会再告诉你结果了。

从字面看，这是讲占筮问卜。就占筮而言，占筮的结果代表神明的指示，不相信初筮的结果而再三地占筮，也就是不相信神明的指示，是对神明的亵渎，也表明求占者心无诚敬，因此神也就不会再回答其所问。《汉书·艺文志》说："娄烦卜筮，神明不应。故筮渎不告，《易》以为忌；龟厌不告，《诗》以为刺。"⑧

占筮的作用在于答疑解惑、指示迷津，实际上是一种最原始的教育方式，所以占筮的原则也就是教育的原则。卦辞"初筮告，再三渎，渎则不告"实质上就是以问卜求筮比喻童蒙向蒙师问疑求决，其深层含义是说，初次祈问施以教诲，接二连三地滥问是渎乱学务，渎乱就不予施教。学生初次祈问时，心怀诚敬，其志专一，为师者理当为之授业解惑；而再三询问同样或同类的问题，则是心志不专，懒散不思，轻慢无礼，故不予施教。程颐《程氏易传》曰："初筮告，谓至诚一意以求已则告之；再三则渎慢矣，故不告也。"⑨俞琰《周易集说》曰："初筮则其志专一，故告。再三则

---

① ［明］吴承恩著，［明］李卓吾批评，古众校点：《西游记》上，齐鲁书社，2014年，第447页。
② ［唐］陆德明：《经典释文·周易音义》，《十三经注疏》上册，中华书局，1980年，第99页。
③ 刘新华《是"初筮吉"，还是"初筮告"——〈周易〉蒙卦卦辞异文辨析》（《周易研究》2008年第3期）有详说。
④ ［汉］郑玄注，［唐］孔颖达疏：《礼记正义》卷五十四，《十三经注疏》下册，中华书局，1980年，第1638页。
⑤ ［晋］杜预注，［唐］孔颖达疏：《春秋左传正义》卷四十一，《十三经注疏》下册，中华书局，1980年，第2020页。
⑥ ［清］李道平：《周易集解纂疏》，十三经清人注疏丛书本，中华书局，1994年，第649页。
⑦ 廖名春：《马王堆帛书周易经传释文》，《易学集成》第三卷，四川大学出版社，1998年，第3048页。
⑧ ［汉］班固撰，［唐］颜师古注：《汉书》二，吉林人民出版社，1998年，第1275页。
⑨ 梁韦弦：《〈程氏易传〉导读》，齐鲁书社，2003年，第72页。

· 53 ·

烦渎,故不告。盖童蒙之求师,与人之求神,其道一也。"①《日讲易经解义》曰:"求我之心,真实纯一,如初筮之诚,则宜迎其机而告之。庶言不烦教易人,若至再至三,则烦琐而渎矣。渎则求教之心不切,即告之亦必无益,故隐而不告。"②

《公羊传·定公十五年》徐彦疏所引郑玄《易》注,则引用孔子的名言阐述了卦辞中隐含的启发教育原则:"弟子初问则告之以事义,不思其三隅,相况以反解而筮者,此勤师而功寡,学者之灾也。渎筮则不复告,欲令思而得之,亦所以利义而干事是也。"③孔子的教育原则是告诸往而知来,举其近而知远,触类旁通,举一反三,"举一隅不以三隅反,则不复也",④这与"再三渎,渎则不告"是相通的。当然,"不告""不复"并非真的"不告""不复",不再施教,而是"欲令思而得之"。正如《周易学说》引李士鉁所说:"然非吝也,蓄极求通,一言顿解,故不告以俟之。"⑤

其四,"利贞"。

"贞"义为正,"利贞"即宜于守正。王弼《周易注》说:"蒙之所利,乃利正也。"孔颖达《周易正义》说:"贞,正也。言蒙之为义,利以养正。"⑥程颐《程氏易传》说:"发蒙之道,利以贞正。"⑦卦辞认为,启蒙教育宜于养正,即培养正确的道德观念。教育是培养正义品德最直接有效的方式,而童蒙时期正是培养正义品德的最佳时机。《彖传》说:"蒙以养正。"程颐《程氏易传》说:"以纯一未发之蒙而养其正,乃作圣之功也……养正于蒙,学之至善也。"⑧所谓"蒙以养正"或"养正于蒙",就是指在儿童思想中错误的价值观念尚未萌发、人格尚处于塑造期时,即用正确的方法对儿童施以正确的道德观、价值观教育,从小培养其优良品格。这样的教育是造就圣人的功业。王夫之发挥了这一思想,认为:"圣功久矣大矣,而正之惟其始,蒙者,知之始也。其始不正,未有能成章而达者。"⑨

---

① [清]李光地:《周易折中》,巴蜀书社,2014年,第46页。
② [清]牛钮等:《日讲易经解义》,海南出版社,2012年,第84—85页。
③ [汉]何休注,[唐]徐彦疏:《春秋公羊传注疏》卷二十六,《十三经注疏》下册,中华书局,1980年,第2343页。
④ [魏]何晏注,[宋]邢昺疏:《论语注疏》卷七,《十三经注疏》下册,中华书局,1980年,第2482页。
⑤ 马振彪:《周易学说》,花城出版社,2002年,第64页。
⑥ [魏]王弼、[晋]韩康伯注,[唐]孔颖达疏:《周易正义》卷一,《十三经注疏》上册,中华书局,1980年,第20页。
⑦ 梁韦弦:《〈程氏易传〉导读》,齐鲁书社,2003年,第72页。
⑧ 梁韦弦:《〈程氏易传〉导读》,齐鲁书社,2003年,第73页.
⑨ [宋]张载著,[清]王夫之注:《张子正蒙》,上海古籍出版社,2000年,第81页。

# 《蒙》之初六:发蒙,利用刑人,用说桎梏,以往吝

"发蒙"一词,在两汉时期就已是文献中的常用语汇。①《广雅·释诂》曰:"发,去也。"又曰:"发,开也。""发蒙"即"发去其蒙",②去掉蒙覆之物。《庄子·田子方》曰:"丘子于道也,其犹醯鸡与?微夫子之发吾覆也,吾不知天地之大全也。"郭庆藩《庄子集释》疏曰:"醯鸡,醋瓮中之蠛蠓,每遭物盖瓮头,故不见二仪也。亦犹仲尼遭圣迹蔽覆,不见事理。若无老子为发覆盖,则终身不知天地之大全,虚通之妙道也。"③所以"发蒙"义同于"发覆"。

"利用"一词是《周易》经文中的常用语汇,如《需》卦的"利用恒",《谦》卦的"利用侵伐""利用行师",《观》卦的"利用宾于王",《噬嗑》的"利用狱",《困》卦的"利用享祀""利用祭祀"等,其义为利于,宜于。

"刑"指刑法、刑罚。《蒙》卦为言说教育的专卦,所以这里的"刑"当指古代的"教刑",即教学中的惩罚措施。《尚书·舜典》:"扑作教刑。"孔安国传曰:"扑,榎楚也。不勤道业则挞之。"④孔颖达《正义》称之为"师儒教训之刑"。⑤ 宋蔡沈《尚书集传》曰:"扑作教刑者,夏、楚二物,学校之刑也。"⑥《礼记·学记》曰:"夏、楚二

---

① 如《素问·举痛论》:"令验于已而发蒙解惑,可得而闻乎?"《气穴论》:"余非圣人之易语也,世言真数开人意,今余所访问者真数,发蒙解惑,未足以论也。"《礼记·哀公问》:"昭然若发矇矣。"《楚辞·沉江》:"将方舟而下流兮,冀幸君之发矇。"王逸注:"矇,一作蒙。"洪兴祖补注:"《说文通训定声》:'矇,假借为冢(蒙)。'"枚乘《七发》:"发蒙解惑,不足以言也。"汉扬雄《长杨赋》:"大哉体乎,允非小子之所能及也!乃今日发蒙,廓然已昭矣。"
② [魏]王弼、[晋]韩康伯注,[唐]孔颖达疏:《周易正义》卷一,《十三经注疏》上册,中华书局,1980年,第20页。
③ [清]郭庆藩:《庄子集释》中,新编诸子集成本,中华书局,2004年,第716—717页。
④ [汉]孔安国传,[唐]孔颖达疏:《尚书正义》卷三,《十三经注疏》上册,中华书局,1980年,第128页。
⑤ [汉]孔安国传,[唐]孔颖达疏:《尚书正义》卷三,《十三经注疏》上册,中华书局,1980年,第129页。
⑥ 王春林:《书集传研究与校注》,人民出版社,2012年,第197页。

物,收其威也。"郑玄注:"夏,榎也;楚,荆也。二者所以扑挞犯礼者。"孔颖达疏:"学者不劝其业,师者则以夏、楚二物以答挞之。所以然者,欲令学者畏之,收敛其威仪也。"①"扑"由夏、楚两种树木的枝条制成,类似于后世的戒尺或教鞭,用以惩戒违犯学规的学生,以克制约束学生的仪容行为举止。"刑"在此用作动词,指以教刑惩戒、教戒人。

"说"为"脱"的假借字。焦循《易章句》说:"说,读如脱去之脱。"②在先秦典籍中,这种通假现象很常见。《诗经·大雅·瞻卬》:"彼宜有罪,女覆说之。"朱熹《诗集传》说:"说,音脱,赦也。"③王符《潜夫论·述赦》引诗"说"字正作"脱"。《左传·定公四年》:"初罪必尽说。"《春秋左传词典》说:"说,同脱……解脱,开脱。"④"用说"即以脱。

"桎梏",音 zhìgù,为古代的木制刑具,《说文》:"桎,足械也。""梏,手械也。"

爻辞说,启发蒙稚,宜于用刑罚警戒人,使其免犯罪恶,不至于桎梏加身。但长此以往使用刑罚措施,则有悔吝。

初六为《蒙》卦初爻,象征启蒙教育的开始。爻辞提出,要以刑罚对童蒙进行教戒。《象》传说:"利用刑人,以正法也。"强调以刑罚进行教戒,是为了严正法度。严正法度的目的自然是为了使童蒙知所敬畏,收敛顽劣,进德修业,一心向学。王宗传《童溪易传》说:"所谓刑人者,正其法以示之,立其防束,晓其罪戾,而豫以禁之,使蒙蔽者知所戒惧,欲有所纵而不敢为,然后渐知善道,可得而化之也。"⑤清代牛钮等撰《日讲易经解义》说:"发初之蒙利用刑人者,所以正治蒙之法,使之有所畏惧,而不敢犯也。"⑥从长远来说,"利用刑人"则是为了使童蒙避免将来犯下罪恶,刑具加身。正如项安士《周易玩辞》所说:"刑之于小,所以脱之于大。此圣人用刑之本心也。所以正法,非所以致刑也."⑦北宋程颐《程氏易传》则更为明确地指出了《蒙》卦经传中所蕴含的"明刑弼教""以法为教"思想:"治蒙之始,立其防限,明其罪罚,正其法也。使之由之,渐至于化也。或疑发蒙之初,遽用刑人,无乃

---

① [汉]郑玄注,[唐]孔颖达疏:《礼记正义》卷三十六,《十三经注疏》下册,中华书局,第1522页。
② [清]焦循著,陈居渊校点:《雕菰楼易学五种》,凤凰出版社,2012年,第11页。
③ [宋]朱熹集注:《诗集传》,上海古籍出版社,1980年,第220页。
④ 杨伯峻、徐提编:《春秋左传词典》,中华书局,1985年,第821页。
⑤ [清]李光地:《周易折中》,巴蜀书社,2014年,第46页。
⑥ [清]牛钮等:《日讲易经解义》,海南出版社,2012年,第87页。
⑦ [宋]项安世:《周易玩辞》卷二,《十八名家解周易》第一辑,长春出版社,2009年,第44页。

不教而逐乎？不知立法制刑，乃所以教也。盖后世之论刑者，不复知教化在其中矣。"①

确有一些易学家认为，童蒙教育不应施以刑罚，因此对"利用刑人"提出新的解说。如明代黄正宪《易象管窥》释为"利用正身以仪刑之"；②尚秉和《周易尚氏学》释为"宜树之模型，使童蒙有所法式"；③黄寿祺、张善文：《周易译注》释为"利于树立典型教育人"。④ 近年出版的易著中，这种说法仍在流行。其实，如果从教育史的角度考察，把"刑"释为刑罚是有充分理据的。

教育的惩罚性是人类早期教育的普遍特征，在中外早期教育史上一直具有统治地位。古埃及的教育观念认为："孩子的耳朵是长在背上，你不打他就不听。"⑤《圣经》说："愚蒙迷住孩童的心，用管教的杖可以远远赶除。""杖打和责备能加增智慧。"⑥《吕氏春秋·荡兵篇》说："家无怒笞，则竖子婴儿之有过也立见；国无刑罚，则百姓之悟相侵也立见。……故怒笞不可偃于家，刑罚不可偃于国。"⑦《汉书·刑法志》也说："鞭扑不可弛于家，刑罚不可废于国。"⑧而民间广为流传的一些谚语如"不打不成人，黄荆条子出好人""不打不成人，打到做官人""棍棒底下出孝子"等，更表明了这种惩罚性教育观念在中国传统社会流布之深。汉字中"教"的原始字形也表明，教育伊始就包含了惩罚的信息。

"教"字甲骨文作🅐，金文作🅑，篆文作🅒，古体字形作"教"，左边从"爻"从"子"，右边从"攴"。"子"为蒙昧的孩童。"爻"代表道理、知识。《说文》曰："爻，交也。象《易》六爻交头也。"段玉裁注引《周易·系辞传》曰："爻也者，效天下之动者也。"《易》中阴阳相荡，六爻运行，包含了天下所有道理，即所谓"《易》道广大"，则"教"字从"爻"从"子"之意，正如《蒙》卦所示，是要启发蒙稚，而启发的内容就是向他们传习天下的道理、知识，使其进德修业，成人致立。"教"字右边所从之"攴"，甲骨文从又(手)，象手持刑杖棍棒击打形。《说文》曰："攴，小击也。从又卜声。""攴"是"扑"的初文，段玉裁注"击"字曰："'攴'之隶变为'扑'，'手'即'又'

---

① 梁韦弦：《〈程氏易传〉导读》，齐鲁书社，2003年，第74页。
② [明]黄正宪：《易象管窥》，四库存目本。
③ 尚秉和：《周易尚氏学》，九州出版社，2005年，第74页。
④ 黄寿祺、张善文：《周易译注》，上海古籍出版社，2004年，第48页。
⑤ 转引自王天一等《外国教育史》上册，北京师范大学出版社，1993年，第23页。
⑥ 转引自孙孔懿《教育时间学》，江苏教育出版社，1993年，第78页。
⑦ 陈奇猷：《吕氏春秋新校释》上册，上海古籍出版社，2002年，第388页。
⑧ [汉]班固撰，[唐]颜师古注：《汉书》，吉林人民出版社，1998年，第853页。

也,'又'下曰'手也',因之鞭棰等物皆谓之扑。"①这是说"扑"为"攴"之隶变,义为"小击","小击"常以鞭棰等物为工具,故"鞭棰等物皆谓之扑"。雷浚《说文外编》说:"《说文》无扑字,部首攴,小击也,从又,卜声。此扑之正字。"②王筠:《说文释例》说:"《尚书》'扑作教刑',《说文》无扑字,攴即是也。"③而《广韵》又说:"攴,楚也。"直接把"攴"解释为"夏楚"。徐锴《说文解字系传》释"教"字所从之"攴"时也说:"攴,所执以教道人也。"④所以"教"字所从之"攴",正是"扑作教刑"之意。《蒙》卦"利用刑人"与"教"字所会之意一样,都是强调教者在教学过程中当辅以教刑,执法不苟,以纠正学生的过失,避免学生犯错。这与古代"明刑弼教""以法为教"的观念是一致的。

当然,早期教育的惩罚性并不能掩蔽教育与惩罚之间的对立,因为这种惩罚主要是身体上的惩罚,本身是违犯人性的,它不仅会给童蒙带来身体上的伤害,还会造成童蒙心理上的逆反,使教育效果和教育目的背道而驰。刘向《说苑·杂言》引述孔子的话说:"鞭扑之子,不从父之教;刑戮之民,不从君之政。"⑤《蒙》卦虽然强调童蒙教育"利用刑人",但同时又告诫人们"以往吝"。王弼《周易注》解释说:"以往吝,刑不可长也。"⑥一味使用惩罚性措施会带来不良后果,这说明古人很早就认识到了惩罚性教育的局限。清代一些学者解《易》,就悟出了《蒙》卦"以往吝"的深意。如宋书升《周易要义》说:"盖言治蒙之道,始当范之以法,继则宽舒以善导之,不当专以严厉迫切从事也。"⑦张尔岐《周易说略》说:"利用刑人以威之,使之知惩。然又不可一于严……若一循夫严之道以往而不舍,则在彼既有所不堪,而吾之教亦有所不行矣。"⑧牛钮《日讲易经解义》也说:"若徒恃严威,往而不舍,在我既失张弛之道,蒙者即欲为善,其道无由,吝其能免乎。"⑨

《蒙》卦上九爻辞"击蒙;不利为寇,利御寇"表达了与初六爻辞相同的教育

---

① [汉]许慎撰,[清]段玉裁注:《说文解字注》,上海古籍出版社,1981年,第1072页。
② [清]雷浚:《说文外编》,转引自黄绍箕等《中国教育史》卷一"扑作教刑"条,福建教育出版社,2011年,第30页。
③ [清]王筠:《说文释例》,转引自《汉语大字典》(三卷本)上,四川辞书出版社、湖北辞书出版社,1995年,第1447页"攴"字条。
④ [南唐]徐锴:《说文解字系传》,转引自《汉语大字典》(三卷本)上,四川辞书出版社、湖北辞书出版社,1995年,第1459页"教"字条。
⑤ [汉]刘向撰,向宗鲁校正:《说苑校正》,中华书局,1987年,第432页。
⑥ 楼宇烈:《周易注校释》,中华书局,2012年,第22页。
⑦ [清]宋书升:《周易要义》,齐鲁书社,1988年,第12页。
⑧ [清]张尔岐:《周易说略·老子说略》,齐鲁书社,1993年,第36页。
⑨ [清]牛钮等:《日讲易经解义》,海南出版社,2012年,第87页。

理念。

"击",指"挞""扑"(支)。《礼记·内则》:"父母怒,不悦,而挞之流血,不敢疾怨。"郑玄注:"挞,击也。"①《周礼·地官·闾胥》:"凡事,掌其比、觥、挞罚之事。"郑玄注:"挞,扑也。"②《说文》:"击,支也。""支,小击也。"段玉裁注:"支训小击,击则兼大小言之。"③宋育仁《说文部首笺正》:"小击古谓之挞。"④所以"击蒙"就是以夏楚击打童蒙,施以教刑,如清代罗典《凝园读易管见》所说:"击蒙,盖夏楚加之之意。"⑤施以教刑的目的是对违反学规的童蒙加以惩戒,使其觉悟,以勤道业。

"寇"的本义为行凶施暴,其字从支,从宀,从元。宀为房子,元为人头,会手持棍棒在屋中打人行凶之意,所以《说文·支部》说:"寇,暴也。"为寇,意即施暴,指对童蒙施以教刑时,挞伐过甚。

"御",通"禦",惠栋《九经古义》卷四《尚书古义》:"古禦字作御,古文《春秋传》皆然。"⑥"禦"之本义是一种祈免灾祸的祭祀活动,"后人用此为禁禦字",⑦所以又有了禁止、阻止、制止、防止之义。《尔雅·释言》:"禦,禁也。"《广雅·释诂》:"禦,止也。"《周易集解》引虞翻:"禦,止也。"清李道平篡疏:"'禁'有'止'义,故云'禦,止也'。"⑧晋陆机《五等论》:"世治足以敦风,道衰足以御暴。"⑨御寇,意即御暴,指对童蒙施以教刑时,防止挞伐过甚。爻辞说,挞罚不勤道业的童蒙,不宜过于暴猛,应该禁止像施暴一样刚猛过甚的挞罚。

《蒙》卦之义,在于揭示启发蒙稚的道理。上九以阳刚处《蒙》卦之终,象征"蒙师"高居上位,以严厉的措施惩戒不勤道业的童蒙,即施以教刑,所以爻辞说"击蒙"。吴澄《易纂言》说:"上九刚极不中,其于蒙也乃击之,治之以猛者也。"⑩但惩戒的目的归根到底是为了教育,因此教刑的施用必须得当适度,把握好分寸。挞罚过甚,如同施暴,不仅会伤害童蒙的身心,还会带来相反的教育效果,所以爻辞又以

---

① [汉]郑玄注,[唐]孔颖达疏:《礼记正义》卷二十七,《十三经注疏》下册,中华书局,第1462页。
② [汉]郑玄注,[唐]贾公彦疏:《周礼注疏》卷十二,《十三经注疏》上册,中华书局,第719页。
③ [汉]许慎撰,[清]段玉裁注:《说文解字注》,上海古籍出版社,1981年,第1072页。
④ 宋育仁:《说文部首笺正》,转引自《汉语大字典》(三卷本)上,四川辞书出版社、湖北辞书出版社,1995年,第1447页"支"字条。
⑤ [清]罗典:《凝园读易管见》,岳麓书社,2013年,第37页。
⑥ [清]惠栋:《九经古义·尚书古义》,四库全书本。
⑦ [汉]许慎撰,[清]段玉裁注:《说文解字注》,上海古籍出版社,1981年,第33页。
⑧ [清]李道平:《周易集解纂疏》,十三经清人注疏丛书本,中华书局,1994年,第111页。
⑨ [南朝梁]萧统编,[唐]李善注:《文选》,岳麓书社,2002年,第1609页。
⑩ [清]李光地:《周易折中》,巴蜀书社,2014年,第49页。

"不利为寇,利御寇"告诫"蒙师","击蒙"要适当有度,严厉而不暴虐。这与初六爻辞"利用刑人……以往吝"的意旨前后相应。《象》曰:"利用御寇,上下顺也。"蒙师的惩戒适当而不暴虐,会使童蒙心生敬畏,觉悟自新,努力向学,蒙师与童蒙之间的关系也就和谐顺当了。

# 《需》之卦辞：需，有孚，光亨；贞吉；利涉大川

《周易》第五卦名"需"，"需"义为须待、等待。卦中言说的就是等待时机的道理。《彖传》说："需，须也。险在前也，刚健而不陷，其义不困穷矣。"这是结合上下卦象解释卦名之义。《需》之上卦为坎，坎，险也，象征险难在前，时故当须；下卦为乾，乾，健也，象征刚健之人知险能断，①置身险后，不犯难行，等待时机。如此则不致于路困途穷。《周易集解》引何妥曰："此明得名由于坎也，坎为险也，有险在前，不可妄涉，故须待时然后动也。"②王安石《卦名解》曰："《需》，亦险在前也，其不为乾健而进也……待时而进耳，故为《需》。"③程颐《程氏易传》曰："卦之大意，须待之义……乾健之性，必进者也，乃处坎险之下，险为之阻，故须待而后进也。"④都准确揭示了《需》卦命名之义。卦辞"需，有孚，光亨；贞吉；利涉大川"则揭示了须待之时应当遵守的基本原则和方法。

"孚"字在《周易》经文中共出现三十九次，表达了一个十分重要的观念：信。"孚"为会意字，甲骨文从爪、从子，会抱子哺乳之形。"子"在甲骨文里为幼儿状。母亲抱子哺乳是一种绝对真诚而不虚伪的慈爱之举，由此又引申出"诚信"之义。⑤《尔雅·释诂》曰："孚，信也。"刑昺疏："谓诚实不欺也。"⑥《朱子语类》引程颐曰："存于中为孚，见于事为信。"⑦"孚"所代表的诚信是存在于人内心的自律准则。"有孚"即有诚信。

---

① 《系辞传下》："乾，天下之至健也，德行恒易以知险。"
② [清]李道平：《周易集解纂疏》，清人十三经注疏丛书本，中华书局，1994年，第113页。
③ 宁波等校点：《王安石全集》下，吉林人民出版社，1996年，第683页。
④ 梁韦弦：《〈程氏易传〉导读》，齐鲁书社，2003年，第76页。
⑤ 参见徐山《释"孚"》，《周易研究》，2007年第4期。
⑥ [晋]郭璞注，[宋]邢昺疏：《尔雅注疏》卷一，《十三经注疏》下册，中华书局，1980年，第2569页。
⑦ [宋]黎靖德编，杨绳其、周娴君校点：《朱子语类》第三卷，岳麓书社，1997年，第1676页。

"光",读为"广",义为广大。今本《易传》中多见"光大"一词,义皆为广大。光、广通假,于古有征。光亨,即大为亨通。王引之《经义述闻》曰:"光之为言,犹广也。……《周颂·敬之》传及《周语》注并曰,光,广也。《尧典》光被四表,汉《成阳灵台碑》光作广。《荀子·礼论》积厚者流泽广,《大戴礼·礼三本篇》广作光。《需·彖辞》有孚光亨,光亨犹大亨也。"①

"贞吉",即贞则吉,意为坚守不动,就会吉利。

"利涉大川"是《周易》卦爻辞中的常用语,在《需》《同人》《蛊》《大畜》《益》《涣》《中孚》《颐》《未济》等九卦中都曾出现。大川,指大河巨流。《庄子·大宗师》:"冯夷得之,以游大川。"成玄英疏:"大川,黄河也。"②"利涉大川"就是朱熹所谓"假借虚设"③之辞,其表层语义是说利于涉越江河,深层寓意则是说利于去做艰难之事。卦辞作者选择"涉大川"来喻指艰难之事,和周人当时的生活环境是密切相关的。

周人活动的主要区域是黄河流域,那个时代,渡水工具十分落后,横亘于大地上的大河巨流,形成了难以涉越的天堑。《淮南子·氾论训》说:"古者大川名谷,衡(通"横")绝道路,不通往来也。"④因此,对于周人而言,"大川"也就意味着"困难""艰险"。"大川"在《周易》经文中出现了十一次,并且都出现在占断语中,都是比喻艰难险阻。欧阳修《画舫斋记》说:"《周易》之象,至于履险蹈难,必曰涉川。"⑤《周易》卦爻辞中称说"利涉大川",通常都是对卦(爻)德、卦(爻)象中体现出具备履险济难的主、客观条件的肯定,蕴含着激励人们勇于排险克难、开拓进取、建功立业的积极意义。

任何事物的发生、发展都有一个过程,因此在条件不具备的时候,就需要积蓄能量,等待时机。《需》卦言说的就是待时的道理。王安石《卦名解》说:"待时而进耳,故为需。"⑥卦辞强调,在须待之时,心怀诚信,就会大为亨通,坚守不动,就会吉利。如此,才有利于最终涉越大河巨流,度过艰难险阻。《周易集解》引何妥曰:"大川者,大难也。须之待时,本欲涉难,既能以信而待,故可以'利涉大川'矣。"⑦

---

① [清]王引之:《经义述闻》上,《读书札记丛刊》第二集,世界书局,1975年,第9页。
② [清]郭庆藩:《庄子集释》上,新编诸子集成本,中华书局,2004年,第249页。
③ [宋]黎靖德编,杨绳其、周娴君校点:《朱子语类》第三卷,岳麓书社,1997年,第1656页。
④ 何宁:《淮南子集释》中,新编诸子集成本,中华书局,1998年,第915页。
⑤ 李之亮笺注:《欧阳修集编年笺注》(三),巴蜀书社,2007年,第71页。
⑥ 宁波等校点:《王安石全集》下,吉林人民出版社,1996年,第683页。
⑦ [清]李道平:《周易集解纂疏》,清人十三经注疏丛书本,中华书局,1994年,第113页。

《需》之卦辞：需，有孚，光亨；贞吉；利涉大川

朱熹曰："需者，宁耐之意，以刚遇险，时节如此，只当宁耐以待之。且如涉川者，多以不能耐致覆溺之祸。故《需》卦首言'利涉大川'。"①项安世《周易玩辞》曰："有孚光亨者，需之理也；贞吉者，需之道也；利涉大川者，需之效也。"②认为心怀诚信，坚守不动，是须待的原则和方法，"利涉大川"是须待的最终效果，这一解释，颇有识见，深得易理。

---

① ［宋］黎靖德编，杨绳其、周娴君校点：《朱子语类》第三卷，岳麓书社，1997年，第1569页。
② ［宋］项安世：《周易玩辞》卷二，《十八名家解周易》第一辑，长春出版社，2009年，第45页。

## 《需》之九二：需于沙，小，有言，终吉

本卦名"需"，卦中六爻有五爻以"需"开头，并且以"需"为中心词，因此如何理解"需"字之义，也是理解卦义和爻义的关键所在。"需"是会意字，甲骨文作"𠕛"、金文作"𩂪"，从雨，从天（大）。天（大）为人的象形，所以"需"字构形是雨在人头上。篆文"需"字下边的人形讹为"而"。《说文·雨部》曰："需，䎦也。遇雨不进，止䎦也。从雨，而声。"①《说文》是就篆文进行解说，对字形的分析有误，但对字义的分析是正确的。"需"字会人在行进或劳作过程中遇雨，停止而等待之意，用以表示普遍意义上的等待。《左传·哀公六年》："需，事之下也。"杨伯峻《春秋左传注》注云："即今言等待。"②《周易·需卦》谈论的是在事物发展过程中敬慎待时的道理，卦名之"需"以及爻辞之"需"，都是取用"需"字本义，所以古代学者皆以等待

---

① 在上古汉语中，"须"字也用来表示等待之义。如《诗·邶风·匏有苦叶》："人涉卬否，卬须我友。"《传》曰："人皆涉，我友未至，我须待之而不涉。"屈原《九歌·少司命》："夕宿兮帝之郊，君谁须兮云之际？"王逸注曰："言司命之去，暮宿于天帝之郊，谁待于云之际乎，幸其有意而顾己。"《仪礼·士昏礼》："某敢不敬须。"郑玄注："须，待也。"这里的"须"字实为"需"的假借，段玉裁《说文解字注》说："俗假'须'为'需'。"朱骏《说文假借义正》也说："当为'需'字假借。"此义项后来另加义符"立"来表示，写作"䇓"，《说文·立部》："䇓，待也。从立须声。"《尔雅·释诂》："䇓，待也。"但这个表等待义的后起专用字并未广泛流行，古籍作者仍借"须"字表等待之义。
② 杨伯峻：《春秋左传注》第四册，中华书局，1990 年，第 1634 页。

之义训释卦名及爻辞之"需"。① 如《彖》曰:"需,须也。"《周易正义》曰:"需者,待也。"②《程氏易传》曰:"需者,须待也。"③《周易本义》曰:"需,待也。"④

"沙",即沙滩,为近水之地,是本爻中须待的具体环境,比喻离险不远。

"小"字传统读法皆与"有言"相连,读为"小有言","小"表示程度的"略微","小有言"通常被解释为略受言语中伤。事实上,这种读解是值得商榷的。在帛书《周易》中,"小"作"少"。《说文·小部》:"少,不多也。"段玉裁注:"不多则小,故古少、小互训通用。"⑤古代小、少形音义相近,常相通用。《大戴礼记·保傅》:"简闻小诵。"《群书考索·三少》引作"简闻少诵"。俞樾《群经平议》说:"小当作少。简闻者,闻之简而不详也,少诵者,诵之少而不多也。古字少、小通用。"⑥王凤阳《古辞辨》认为:"'少'除表数目少之外,还作副词,表示时间的短暂。"⑦帛书《周易》对"小""少"在经文中的用例有严格区别,本爻中的"小"当依帛书《周易》以

---

① 按,关于《需》卦之"需",现代学界也有不同理解,大致可以概括为三种观点。其一可称为需待说,本节文字已作申说,此不赘述。其二可称为需濡说,尚秉和《周易尚氏学》认为:"需"为古文"濡",由此引申出濡滞、需待之义。《归藏易》"需"作"溽",同"濡"。(九州出版社,2005 年,第 77 页)陈鼓应、赵建伟《周易今注今译》认为,"'需'字当为'濡'之本字,……由濡渍而引申有滞留、稽留之义。《诗·匏有苦叶》毛传'濡,渍也',又《孟子·公孙丑下》注'濡滞,犹稽也'。爻辞之'需'(濡)即取稽留之义。"(商务印书馆,2005 年,第 72 页。)李镜池《周易通义》认为,"需"是"濡"的本字,卦中"需"字皆为濡湿、沾濡之义。其三可称为需儒说。需儒说源于学界对儒的起源问题的探讨。最早将儒和《需》卦联系起来的是章太炎的《原儒》和胡适的《说儒》等文,其说虽然仅仅是推测、附会之辞,但却启发了后来的学者在探讨儒的起源或《需》卦本义时将儒与需联系起来。如徐中舒《论甲骨文中所见的儒》一文认为,早期的"儒"就是"需","需"字所从之"天"或"大",在古文字中都是人的正面站立之形,"需"整个字就是以水冲洗沐浴濡身的形象。这是由于儒的本职是为人相礼、祭祖事神,必须斋戒沐浴。《需》卦中的"需于某,大约是在某处执行儒的职务",就是以儒者的身份从事祭祖事神、充当司仪的活动。(《先秦史论稿》,巴蜀书社,1992 年)刘银昌《从〈周易·需〉卦看孔前之儒》认为:"《周易·需》卦所凸显出的更多的是早期术士之儒的一些相礼、祭祖事神特征,虽然它也表现出了一些后世儒家的特征,如执著之恒德、执中守正、善于司礼等,但其术士性无疑是第一位的。"(《社会科学家》2006 年第 3 期)傅剑平《〈周易·需卦〉探源》认为,"需"是古代巫术之士操作其术的动作行为,即祭享和占筮之类。《需》卦是一组六爻围绕"饮食之道"的占筮。(《中国文化》1992 年第 2 期)与上述观点相类,刘大钧、林忠军《周易经传白话解》认为,"需与雩字形相近,又同为虞韵平声,因而在上古是相通的。故需本义为求雨之祭。后引申为等待、需要等义。"(上海古籍出版社,2006 年,第 37 页)黄天骥《周易辨原》进而认为,"需与雩通假,那么,《需》卦的本义就是旱祭的记录"。(广东人民出版社,2008 年,第 61 页)需濡说与需儒说虽不乏新意,但笔者以为皆未达经旨,故不作申说。

② [魏]王弼、[晋]韩康伯注,[唐]孔颖达疏:《周易正义》卷二,《十三经注疏》上册,中华书局,1980 年,第 23 页。

③ 梁伟弦:《〈程氏易传〉导读》,齐鲁书社,2003 年,第 76 页。

④ 萧汉明、林忠军:《〈周易本义〉导读》,齐鲁书社,2003 年,第 87 页。

⑤ [汉]许慎撰,[清]段玉裁注:《说文解字注》,上海古籍出版社,1981 年,第 104 页。

⑥ [清]俞樾:《群经平议》,《续修四库全书一七八·经部·群经总义类》,上海古籍出版社,1996 年,第 281 页。

⑦ 王凤阳:《古辞辨》,吉林文史出版社,1993 年,第 964 页。

"少"为本字,并独立断读,①作为"需于沙"的时间副词,表示时间的短暂,与初九"利用恒"的"恒"对文见义。

"有言"在《周易》经文中出现多次,通常被解释为言语中伤,如孔颖达《周易正义》释为"责让之言",②朱熹《周易本义》释为"言语之伤"。③ 北宋的程颐虽然也将"有言"解为"言语之伤",但他又最早把"有言"视为与厉、凶、灾、眚、吝等一类的表示断占的特殊用语,称为"患难之辞"。④ 现代学者高亨《周易古经今注》认为"有言"之"言"乃"訁"字之误,为"诃谴之义",但同时也把"有言"划归为"断占之辞"。⑤ 笔者以为,程颐、高亨对"有言"之义的解释虽然不够准确,但其对"有言"的定性归类无疑是可取的。

闻一多《周易义证类纂》认为,"有言"当读为"有愆",即有过失。"《易》凡言'有言',读为有愆,揆诸辞义,无不允洽。《需》九二'需于沙,小有言,终吉','言'与'吉'对文以见义,犹《蛊》九三'小有悔,无大咎'也。"⑥笔者以为,此说最为有见。《需》卦《象传》释此爻曰:"需于沙,衍在中也。""衍"即"愆"。孔广森《经学卮言》曰:"衍盖古文愆字之省。二爻云'衍在中',三爻云'灾在外',意正相对。《周易》多古文。《损象传》:'惩忿窒欲。'释文惩作征。《系辞》:'言天下之至赜而不可恶也。'荀爽本恶作亚。并省不着心者。"⑦其实不仅《易传》中的"惩"或作"征"、"恶"或作"亚"可证"衍"是"愆"的省文,在古文献中还可以找到"衍""愆"同声通假的例证。如《左传·昭公二十一年》:"乐大心、丰愆、华牼御诸横。"陆德明《经典释文》曰:"愆,本或作衍。"⑧由此可见,《需》卦《象传》其实就是以"有愆"释"有言"的。甲骨卜辞中也有"有言"的辞例,何景成《古文献新证二则》认为,其含义和《周易》中的"有言"相同,当读为"有愆","可以为闻一多先生的说法提供佐证"。⑨秦俟《利用出土文献校读周易经文》结合丰富的新出土简帛文献,对"有言"进行了

---

① 本节文字采纳了吴国源《〈需〉卦九二爻辞"小"义新解》中的有关论述,并进行了补充论证,参见《中国哲学史》2009年第3期。
② [魏]王弼、[晋]韩康伯注,[唐]孔颖达疏:《周易正义》卷二,《十三经注疏》上册,中华书局,1980年,第24页。
③ 萧汉明、林忠军:《〈周易本义〉导读》,齐鲁书社,2003年,第87页。
④ 梁伟弦:《〈程氏易传〉导读》,齐鲁书社,2003年,第78页。
⑤ 高亨:《周易古经今注》,上海书店,1991年,第23页。
⑥ 《闻一多全集》(二),生活·读书·新知三联书店,1982年,第63页。
⑦ [清]孔广森撰,张诒三点校:《经学卮言(外三种)》,中华书局,2017年。
⑧ [唐]陆德明撰,黄焯断句:《经典释文·春秋左氏音义》,中华书局,1983年,第286页。
⑨ 何景成:《古文献新证二则》,《中国文字研究》2016年第2期。

翔实的考释论证，认为："'言'在战国卜筮文献中都表示不好的占断，跟'祟''戚'等含义用法相近。""'言'是一种虽有不利，却不严重的坏事，所以《周易》爻辞才会说'小有言，终吉''有言，无咎'。""随着'愆'字的出现，分化了'言'原来所具有的'过错''愆咎'义项，'言'开始单纯表示'言语''言说'意义，其古老义项'过错''愆咎'仅局限在占卜文献中出现了。"①这可以视为对闻一多"有愆"说的有力补证。

爻辞说，在水边沙滩等待，不可死守久留，虽然会有一些过失，但终究是吉利的。

《需》卦总体上是言说耐心等待的道理，从"需于郊"到"需于沙"再到"需于泥"，等待的环境与条件在不断地发生变化。《周易折中》引龚焕曰："郊、沙、泥之象，视坎水远近而为言者也。"②梁寅《周易参义》曰："《需》下三爻，以去险远近为吉凶。"③"需于郊"是比喻初九在《需》卦之初，距坎水之险尚远，处邑外旷平之境，等待时所处的环境有利，宜于持久守恒，没有咎害。"需于沙"是说九二在水边沙地等待，已接近坎水之险，不如平旷的郊野那样便于行动，遭受攻击时容易进退失据，九三"需于泥，致寇至"就是教训，所以此时的"需"不宜"恒"而宜"少"。

---

① 秦倞:《利用出土文献校读〈周易〉经文》，复旦大学硕士论文，2008年，第135页。
② [清]李光地:《周易折中》，巴蜀书社，2014年，第51页。
③ [清]李光地:《周易折中》，巴蜀书社，2014年，第50页。

# 《讼》之卦辞:讼,有孚窒惕。中吉,终凶。利见大人,不利涉大川

《讼》卦卦辞是《周易》中最长的卦辞之一,其义理可以分三个层次加以解读,三个层次分别从三个角度谈论了对争讼之事的看法。

其一,"讼,有孚窒惕"。

"讼"为形声字,《说文解字》说:"讼,争也。从言,公声。"又说:"以手曰争,以言曰讼。""讼"字从言,表示以言语相争之义。从公,则不仅是声符,同时也是义符,有公众、公家、公理之义,表示这种言语相争是在公众面前或公堂上进行,由公众或公家来评断是非曲直。陆德明《经典释文》说:"讼,……争也,言之于公也。"①宋冯椅《厚斋易学》说:"讼,两相争而言之于公也。"②清李士鉁《周易注》说:"讼,争也,字从言公,言之于公以辨曲直也。"③所以讼就是人与人之间有纠纷而对簿公堂,以言相争求辨其曲直之义,是一种必须经公家秉公判断的司法活动。清崔述《讼论》说:"自有生民以来,莫不有讼,讼也者,事势所必趋,人情之所断不免者也。"④《讼》卦谈论的就是争讼的问题。

"有孚窒惕"是《周易》诠释中异说最多的卦辞之一,从断句到释义,都有许多

---

① [唐]陆德明:《经典释文·周易音义》,《十三经注疏》上册,中华书局,1980年,第99页。
② [宋]冯椅:《厚斋易学》,四库全书本。
③ 马振彪:《周易学说》引,花城出版社,2002年,第80页。
④ 顾颉刚编订:《崔东壁遗书》,上海古籍出版社,1983年,第701页。

《讼》之卦辞：讼，有孚窒惕。中吉，终凶。利见大人，不利涉大川

不同的说法，现代学者的解读更是众说纷纭，让人难以适从。①帛书《周易》此句写作"有孚洫宁"，为我们释读卦辞之义提供了重要线索。

有孚，与《需》卦卦辞之"有孚"义同，指有诚信。

"窒"，遏制，阻止。《说文》："窒，塞也。""塞，隔也。"李道平《周易集解纂疏》引虞翻曰："窒，塞止也。"②

"惕"字从心，指内心的警惕、戒备、恐惧。

"窒惕"与《周易·损·大象》"君子以惩忿窒欲"中的"窒欲"句式相同。"窒"为动词谓语，"惕"和"欲"皆为宾语，是"塞止"的对象。"窒惕"就是塞止内心的戒备、恐惧。

爻辞说，只要具有诚信之德，就会消除人们相互设防的戒惧心理，就会消除争讼之事。

"有孚"则能"窒惕"，"有孚"是前提条件，"窒惕"是必然结果。《泰》卦六四"不戒以孚"，即"以孚不戒"，言凭借诚信，邻里之间就不会再相互戒惧防范，与"有孚窒惕"的含义相同。

在帛书《周易》中，"有孚窒惕"作"有孚洫宁"。洫，通恤（卹）。段玉裁注《说文解字·血部》"卹"字说："卹与心部恤音义皆同，古书多用卹字，后人多改为恤。"③闻一多《周易义证类纂》"敬之"条说："《书·盘庚》曰：'永敬大恤。'即永警

---

① 按，唐代陆德明《经典释文》即已指出卦辞有两种断读方式，"或在惕字上，或在下"，即一种是在"窒惕"中间断读，读为"讼，有孚窒，惕中吉，终凶"，或读为"讼，有孚，窒，惕，中吉，终凶"，一种是在"窒惕"后断读，读为"讼，有孚窒惕，中吉，终凶"。断读不同，自然释义有别。王弼《周易注》："窒，谓窒塞也。能惕，然后可以获中吉。"孔颖达《周易正义》："凡讼之体，不可妄兴，必有信实物被止塞，而能惕惧，中道而止，乃得吉也。"朱熹《周易本义》："有孚而见窒，能惧而得中。"仔细玩味，王弼、孔颖达、朱熹其实都是"在惕字上"断读，并把"惕"视为获中得吉的重要前提。现在出版的各种标点本《周易注》《周易正义》《周易本义》对此均有所失察，而断为"有孚窒惕"。现代的易学著述皆以"窒惕"连读，但训释各异，歧解颇多，约有如下数种：其一，从王注孔疏，并加以修正，如黄寿祺、张善文《周易译注》释为，争讼"是诚信被窒塞，心有惕惧所致，持中不偏可获吉祥。"（上海古籍出版社，2004年，第62页）其二，闻一多《璞堂杂识》认为，"窒"当读为怪，怪有惧义，"窒惕"就是"怪惕"，双声连语，复辞同义。（《闻一多全集》二，生活·读书·新知三联书店，1982年，第590页）李镜池《周易通义》，高亨《周易大传今注》，陈鼓应、赵建伟《周易今注今译》皆承其说。其三，于省吾《双剑誃易经新证》认为，"'窒惕'乃'至易'之叚字也。……'易'读'难易'之'易'。'有孚至易'即有孚甚易也。"（《双剑誃群经新证》，上海书店出版社，1999年，第15页）其四，屈万里《读易三种》认为，"从马、郑作'至惕'为长，谓讼至而惕惧也。"（《屈万里全集》第一册，台北联经出版社，1983年，第60页）其五，刘大钧、林忠军《周易经传白话解》从郑玄说，认为"窒"通"咥"，义为觉悔；"有孚窒惕"即"有诚信，后悔害怕"。（上海古籍出版社，2006年，第39页）其六，廖明春《〈周易〉"惕"义考》认为，"'惕'训为止、息……'窒惕'当为复词同义，同是塞止之意。卦辞是说争讼，诚信被止息，眼前虽有利，但最终却有凶险。"（《〈周易〉经传与易学史续论》，中国财富出版社，2012年，第43页）以上诸说，虽不乏新见，但仍不免于牵强。

② [清]李道平：《周易集解纂疏》，十三经清人注疏丛书本，中华书局，1994年，第119页。
③ [汉]许慎撰，[清]段玉裁注：《说文解字注》，上海古籍出版社，1981年，第400页。

· 69 ·

大恤,恤与卹通,亦警也。《庄子·徐无鬼篇》'若卹若失'李注曰：'卹失皆警悚若飞也。'《文选·七发》'则卹然足以骇矣'注曰：'卹,警恐貌。'"①"恤（卹）"有警悚、警恐之义,与"惕"字之义相通。宁,义为止息。与"窒"之义相通。《国语·晋语八》："闻子与龢未宁。"韦昭注："宁,息也。"②《文选·何晏〈景福殿赋〉》："惟岷越之不静,悟征行之未宁。"李周翰注："宁,息也。"③可见"卹宁"就是"窒惕",只是颠倒了词序,换了一种表达方式。《小畜》六四曰："有孚,血去惕出。"《经典释文》引马融曰："当作恤,忧也。"④"恤"实即"卹",与帛书《周易》"洫宁"之"洫"义同。"血"（卹）与"惕"、"去"与"出"皆重文同义。爻辞说,彼此都施予诚信,疑惧和戒惕就会消失。所以"有孚,血去惕出"也就是"有孚窒惕""有孚洫宁",其所表达的义理是完全相同的。

"有孚窒惕"言说的是"结信止讼"之道,强调了诚信对于消除人与人之间讼争的重要作用。信是中国传统的道德伦理规范,是古代社会维护秩序的重要工具。信的基本要求是在处理人际关系时真诚无欺,忠实于自己的诺言和义务。诚信的缺失会给社会带来动荡和纷争。《左传·文公四年》："弃信而坏其主,在国必乱,在家必亡。"⑤《吕氏春秋·贵信》："君臣不信,则百姓诽谤,社会不宁。处官不信,则少不畏长,贵贱相轻。赏罚不信,则民易犯法,不可使令。交友不信,则离散忧怨,不能相亲。百工不信,则器械苦伪,丹漆不贞。"⑥保持诚信,人与人之间就会互不相欺,消除戒惧,和睦相处,不起争端。《礼记·礼运》说："讲信修睦,谓之人利；争夺相杀,谓之人患。故圣人所以治人七情,修十义,讲信修睦,尚辞让,去争夺,舍礼何以治之？"⑦所以古人都把"讲信修睦"视为息讼、止讼的重要手段。明代海瑞《兴革条例》说："不知讲信修睦,不知推己及人,此讼之所以日繁而莫可止也。"⑧王守仁《申谕十家牌法》说："务令讲信修睦,息讼罢争,日渐开导,如此则小民亦知争

---

① 《闻一多全集》二,生活·读书·新知三联书店,1982年,第57页。
② [战国]左丘明撰,[三国吴]韦昭注：《国语》,中国史学要籍丛刊本,上海古籍出版社,2015年,第303页。
③ [南朝梁]萧统编,[唐]李善等注,俞绍初等点校：《新校订六家注文选》第二册,郑州大学出版社,2014年,第707页。
④ [唐]陆德明：《经典释文·周易音义》,《十三经注疏》上册,中华书局,1980年,第99页。
⑤ [晋]杜预注,[唐]孔颖达疏：《春秋左传正义》卷十八,《十三经注疏》下册,中华书局,1980年,第1840页。
⑥ 陈奇猷：《吕氏春秋新校释》下册,上海古籍出版社,2002年,第1311—1312页。
⑦ [汉]郑玄注,[唐]孔颖达疏：《礼记正义》卷二十二,《十三经注疏》下册,中华书局,1980年,第1422页。
⑧ 陈义钟编校：《海瑞集》上,中华书局。1962年,第114页。

斗之非,而词讼亦可简矣。"①而清代的律令中更明确地规定了"结信止讼"的要求。②《讼》卦中的"有孚窒惕"应是"讲信修睦""结信止讼"思想的最早渊源,只不过其"信"是以"孚"来表述的。

其二,"中吉,终凶"。

"中",是中道,即适中、持中。

"终",是穷、极之义。《庄子·大道》:"于大不终。"成玄英疏:"终,穷也。"③《广雅·释诂》:"终,极也。""终,穷也。"《诗经·周颂·噫嘻》:"终三十里。"陈奂传疏:"终之为言极也。"④

卦辞说,争讼之事,持中不偏,适可而止,可获吉祥;若走极端,健讼不止,则有凶险。

"中吉,终凶"言说的是人们在争讼之事中所应持有的态度。卦虽名"讼",但并不是鼓励人们争讼,而是希望人们息讼、无讼。迫不得已而讼,也不可过甚,应见伸则已,适可而止。如果争讼不息,互不相让,穷追猛打,就会带来凶险。《周易正义》曰:"'终凶'者,讼不可长。"⑤清代著名的家训著作《朱子家训》曾引用《讼》卦卦辞强调极讼致凶的道理:"居家戒争讼,讼则终凶。"⑥可谓深得爻旨。

其三,"利见大人,不利涉大川"。

卦辞说,此时宜于出现"大人"来决讼。不宜做重大事情。

《周易》中的"大人",根据黄寿祺先生的观点,一般有两种含义:其一,指有道德有作为的人;其二,指有道德并居高位的人。⑦《讼》卦中的大人,主要指有道德并居高位的人。《彖传》说:"利见大人,尚中正也。"侯果说:"大人,谓五也。断决必中,故利见也。"⑧认为解决争讼的"大人"应该具有中正之德。

《周易》中频繁出现的"利见大人",是中国贤人治国思想的最早表述,是中国人治思想的渊源。《讼》卦中的"利见大人"主张,从法文化的角度看,则是中国古

---

① 吴光等编校:《王阳明全集》上,上海古籍出版社,2012年,第516页。
② 《御定渊鉴类函·政术部·禁令二》,四库全书本。
③ [清]郭庆藩:《庄子集释》上,新编诸子集成本,中华书局,2004年,第486页。
④ [清]陈奂:《毛诗传疏》,转引自迟文浚主编《诗经百科辞典》中,辽宁人民出版社,1998年,第640页"三十里"条。
⑤ [魏]王弼、[晋]韩康伯注,[唐]孔颖达疏《周易正义》卷二,《十三经注疏》上册,中华书局,1980年,第24页。
⑥ 李楠编著:《中国古代家训》,中国商业出版社,2015年,第102页。
⑦ 黄寿祺、张善文:《周易译注》,上海古籍出版社,2004年,第2页。
⑧ [清]李道平:《周易集解纂疏》,十三经清人注疏丛书本,中华书局,1994年,第120页。

代清官情结的最早表述。从历代学者对"利见大人"的解释中,可以清楚地看到古代士人对清官决讼的期许。魏王弼《周易注》说:"无善听者,虽有其实,何由得明?"①要想使诉讼得到公正结果,就必须由"善听之主"来裁决案件。唐孔颖达《周易正义》说:"所以于讼之时,利见此大人者,以时方斗争,贵尚居中得正之主而听断之。"②宋程颐《程氏易传》说:"讼者,求辨其是非也;辨之当,乃中正也,故利见大人,以所尚者中正也。听者非其人,则或不得其中正也。"③宋胡瑗《周易口义》说:"利见大人者,夫争讼之所由兴,皆由情意之相违戾,上下之不和同。斗讼一生,奸伪万状,然刑狱之情至幽至隐,必得大才大德之人以明断其事,则情伪利害是非曲直可晓然而决矣。何则?盖大人者才识明达智虑通晓,虽幽隐纤芥,皆能察辨之。故讼者往求而决之宜矣。"④在胡瑗看来,官员要想合理解决争讼,不仅要具备中正之德,还必须具备断案所应该具备的才能。明代大学士丘濬《大学衍义补·慎刑宪》就《讼》卦卦辞及九五爻辞进一步发挥道:"刑狱之原,皆起于争讼。民生有欲,不能无争,争则必有讼。苟非听讼者中而听不偏,正而断合理,则以是为非,以曲作直者有矣。民心以是不平,初则相争,次则相斗,终则至于相杀,而祸乱之作由此始也。是以为治者,必择牧民之官,典狱之吏,非独以清刑狱之具,亦所以遏争斗之源而防祸乱之生也。"⑤丘濬从人性的角度肯定了诉讼的合理性,同时也将解决诉讼的希望寄托在官吏的素质上,与《讼》卦的思想是一脉相承的。

---

① 楼宇烈:《周易注校释》,中华书局,2012年,第28页。
② [魏]王弼、[晋]韩康伯注,[唐]孔颖达疏:《周易正义》卷二,《十三经注疏》上册,中华书局,1980年,第24页。
③ 梁韦弦:《〈程氏易传〉导读》,齐鲁书社,2003年,第81页。
④ [宋]胡瑗:《周易口义》卷二,《十八名家解周易》第五辑,长春出版社,2009年,第291页。
⑤ [明]丘濬:《大学衍义补》下,《中国经学史基本丛书》第4册,上海书店出版社,2012年,第181页。

# 《讼》之九二：不克讼，归而逋，其邑人三百户，无眚

"克"，犹言胜。《礼记·礼器》："我战，则克。"郑玄注："克，胜也。"①克讼，即胜诉；不克讼，即败诉。

"逋"，音 bū，义为逃亡，逃匿。"归而逋"即"逋而归"的倒装。因"逋""户"二字同属古鱼部，爻辞作者为求叶韵而颠倒语序，将"逋而归"易为"归而逋"。《周易集解》引荀爽曰："三不克讼，故逋而归。"②即作如此解读。

"邑"是周朝分封的国邑，按照尊卑等级，有大小之分。《说文》："邑，国也，从口；先王之制，尊卑有大小。"王筠《说文句读》："邑之名，古大而今小。……皆聚落之称矣。"③《左传·庄公二十八年》："凡邑，有宗庙先君之主曰都，无曰邑。"④邑是大夫的采邑，大夫可以收取并享受自己封地中的赋税。《国语·晋语四》："公食贡，大夫食邑，士食田，庶人食力。"⑤这里指败诉者凭祖上恩荫所受封的领地。

"邑人"，是先秦文献中的常用词，指邑中百姓。《比》卦九五爻辞有"邑人不诫"，《无妄》卦六三爻辞有"邑人之灾"。

"三百户"，是小邑的等级规模。孔颖达《周易正义》："三百户者，郑注《礼记》云：'小国，下大夫之制。'"⑥朱骏声《六十四卦经解》："小国之下大夫采邑，方一

---

① [汉]郑玄注，[唐]孔颖达疏：《礼记正义》卷二十三，《十三经注疏》下册，中华书局，1980年，第1434页。
② [清]李道平：《周易集解纂疏》，十三经清人注疏丛书本，中华书局，1994年，第123页。
③ [清]王筠：《说文解字句读》，转引自宗福邦等主编《故训汇纂》，商务印书馆，2003年，第2318页。
④ [晋]杜预注，[唐]孔颖达疏：《春秋左传正义》卷十，《十三经注疏》下册，中华书局，1980年，第1782页。
⑤ [战国]左丘明撰，[三国吴]韦昭注：《国语》，中国史学要籍丛刊本，上海古籍出版社，2015年，第246页。
⑥ [魏]王弼、[晋]韩康伯注，[唐]孔颖达疏：《周易正义》卷二，《十三经注疏》上册，中华书局，1980年，第24页。

成,其定税三百家,故三百户也。"①《论语·宪问》:"夺伯氏骈邑三百。"孔安国《论语孔氏训解》:"伯氏食邑三百家,管仲夺之。"②刘挟《论乡保》:"盖古有以三百户为邑者,《论语》'骈邑三百',《讼》卦'邑人三百户'是也。"③

"眚",读为 shěng,本义为眼睛生翳,《说文·目部》:"眚,目病生翳也。"章炳麟《新方言·释形体》:"今谓目病生点曰眚。"④又喻指日月之蚀,进一步引申为灾。五代徐锴《说文系传·目部》:"眚,《春秋左传》曰'日月之眚',谓日月有蚀若目有翳也。"清徐灏《说文解字注笺》:"眚,灏谓灾眚之义即由此引申。"⑤《广韵·梗韵》:"眚,灾也。"《经典释文》曰:"眚,马云:灾也。"⑥

古代学者对于九二爻辞义理的解读,主要有两种观点。其一,王弼《周易注》曰:"若能以惧,归窜其邑,乃可以免灾。"⑦这是说,九二争讼失败,逃窜速归,其所居之地是三百户人家的小城邑,可以使其免除灾难。《春秋穀梁传·庄公九年》说:"十室之邑,可以避难;百室之邑,可以隐死。"⑧九二虽然争讼失利,惹火烧身,但他还拥有三百户人家的城邑,可脱身安居,平安自保。其二,《周易折中》引荀爽曰:"君不争则百姓无害也。"⑨项安世《周易玩辞》曰:"一家好讼,则百家受害。言三百户无眚者,见安者之众也。"⑩俞琰《周易集说》曰:"既逋,则近己者皆无连坐之患,故曰'其邑人三百户无眚'。"⑪这是说,九二争讼失败,逃窜而去,其所居之三百户人家的小城邑,因而免除了灾难。这两种说法都很有道理,但从争讼者的角度看,王弼的说法似更为可取。《易林·观之遁》曰:"内执柔德,止讼以默;守邑赖德,祸灾不作。"⑫明显是按前一种解释化用了《讼》卦九二爻辞。

《象传》释九二爻曰:"不克讼,归逋窜也;自下讼上,患至掇也。"所谓"自下讼

---

① [清]朱骏声著,胡双宝点校:《六十四卦经解》,国家图书馆出版社,2008年,第32页。
② [魏]何晏注,[宋]邢昺疏:《论语注疏》卷十四,《十三经注疏》下册,中华书局,1980年,第2510页。
③ 《湖北文征》第八卷,湖北人民出版社,2014年,第182页。
④ 章太炎:《新方言》,转引自《汉语大字典》(三卷本)中,四川辞书出版社、湖北辞书出版社,1995年,第2480页"眚"字条。
⑤ [清]徐灏:《说文解字注笺》,转引自《汉语大字典》(三卷本)中,四川辞书出版社、湖北辞书出版社,1995年,第2480页"眚"字条。
⑥ [唐]陆德明:《经典释文·周易音义》,《十三经注疏》上册,中华书局,1980年,第99页。
⑦ 楼宇烈:《周易注校释》,中华书局,2012年,第29页。
⑧ [晋]范宁注,[唐]杨士勋疏:《春秋谷梁传注疏》卷五,《十三经注疏》下册,中华书局,1980年,第2383页。
⑨ [清]李光地:《周易折中》,巴蜀书社,2014年,第54页。
⑩ [宋]项安世:《周易玩辞》卷二,《十八名家解周易》第一辑,长春出版社,2009年,第47页。
⑪ [清]李光地:《周易折中》,巴蜀书社,2014年,第54页。
⑫ [汉]焦延寿著,尚秉和注,常秉义点校:《焦氏易林注》,光明日报出版社,2006年,第214页。

上"是从爻位说的角度立论,指居下位的九二和居上位的九五皆为阳爻,不能构成彼此和谐的阴阳之应,象征两强相遇不相应而争讼。王弼《周易注》曰:"自下讼上,宜其不克。"①掇,音 duō,义为拾掇、拾取。《周易集解》引荀爽曰:"下与上争,即取患害,如拾掇小物而不失也。"②《周易集解纂疏》曰:"取患害如拾掇小物,言至易也。"③《周易正义》曰:"掇犹拾掇也。自下讼上,悖逆之道,故祸患来至,若手自拾掇其物,言患必来也。"④

九二"不克讼"而"归逋窜",是因为"自下讼上",违背了等级制度。清初晏斯盛《易翼宗》云:"九二阳刚,上对九五,刚与刚敌讼矣。然九五位尊,九二位卑,以卑抗尊,必不克也。"⑤中国古代社会是等级社会,严禁以卑讼尊是古代诉讼观念中的一个重要内容。《国语·周语》云:"父子将狱,是无上下也。"⑥《论语·子路》云:"父为子隐,子为父隐,直在其中矣。"⑦这种观念在汉代以后作为一个重要的法制内容被纳入了封建法典,汉宣帝地节四年诏书、《唐律疏议·斗讼律》、《宋刑统》、《大明律·干名犯义》等都明确规定了对以卑讼尊行为的处罚,体现了中国传统法文化对社会等级制度的维护。自《象传》以来,古代学者对《讼》卦九二爻辞的解释也都反映了这种诉讼观念。宋代俞琰《周易集说》云:"下不可以讼上也,自下讼上,以卑抗尊,能胜之乎?不能胜也。不能胜则祸患至矣。祸患之至,岂非自作弗靖以掇取之乎?掇谓自取之速也。"⑧元代胡震《周易衍义》云:"二五相应之地,而两刚不相与,相讼者也。然五君也,二臣也,其可敌乎?不克讼者,义不克也。……夫上下之分,天冠地履之不可易也。父有不直,子无证父之理;兄有不直,弟无证兄之理;上有不直,下无诉上之理。子而证父,未问所证之事,先有证父之曲;弟而证兄,未问所证之事,先有证兄之曲;下而诉上,未问所诉之事,先有诉上之曲。"⑨清代牛钮《日讲易经解义》云:"上尊下卑,有一定之分,若以下讼上,既乖于

---

① 楼宇烈:《周易注校释》,中华书局,2012 年,第 29 页。
② [清]李道平:《周易集解纂疏》,十三经清人注疏丛书本,中华书局,1994 年,第 123 页。
③ [清]李道平:《周易集解纂疏》,十三经清人注疏丛书本,中华书局,1994 年,第 123 页。
④ [魏]王弼、[晋]韩康伯注,[唐]孔颖达疏:《周易正义》卷二,《十三经注疏》上册,中华书局,1980 年,第 24 页。
⑤ [清]晏斯盛:《易翼宗》,四库全书本。
⑥ [战国]左丘明撰,[三国吴]韦昭注:《国语》,中国史学要籍丛刊本,上海古籍出版社,2015 年,第 39 页。
⑦ [魏]何晏注,[宋]邢昺疏:《论语注疏》卷十三,《十三经注疏》下册,中华书局,1980 年,第 2507 页。
⑧ [宋]俞琰:《周易集说》,四库全书本。
⑨ [元]胡震:《周易衍义》,四库全书本。

分而不相安,又绌于势而不自下,以之树怨贾祸,患之至也,不犹自取之乎?"①以下讼上,以卑讼尊,首先就犯了大逆不道之罪,所以不仅不能取得胜利,还会给自己招来祸患,甚至还会受到法律的惩罚。这种诉讼观念在中国古代社会根深蒂固,甚至对当今的中国社会仍然存在着一定的影响。

---

① [清]牛钮等:《日讲易经解义》,海南出版社,2012年,第100页。

# 《讼》之上九：或锡之鞶带，终朝三褫之

"锡"与"赐"同音通假，所以古代典籍往往假"锡"为"赐"。《春秋公羊传·庄公元年》："王使荣叔来锡桓公命。锡者何？赐也。"①《仪礼·燕礼》郑玄注："古文'赐'作'锡'。"②《尔雅·释诂》："锡，赐也。"段玉裁《说文解字注》曰："凡经传云锡者，赐之假借也。"③

"鞶"，音 pán，为革制的大带。《说文·革部》："鞶，大带也。《易》曰：'或锡之鞶带。'男子带鞶，妇人带丝。从革般声。"《礼记·内则》："男唯女俞，男鞶革，女鞶丝。"孔颖达疏引服虔注："鞶，大带。"④《左传·桓公二年》："鞶厉游缨，昭其数也。"杜预注："鞶，绅带也，一名大带。"⑤朱熹《周易本义》曰："盘带，命服之饰。"⑥命服为周天子赐予元士至上公九种不同命爵的衣服。《诗经·小雅·采芑》："服其命服，朱芾斯皇。"朱熹注："命服，天子所命之服也。"⑦所以，鞶带就是古代男子命服腰部所系的革制大带，具有标志身份、地位、等级、权利的作用，也是荣誉的象征。赐给大带，实际上就是赐予命服，所以爻辞说"锡之鞶带"，《象》辞则说"受服"。赐予命服，实际上也就是赐予爵位官职。

"终朝"，即终日，就是一天之内。《周易尚氏学》云："与《乾》三'终日'同

---

① [汉]何休注，[唐]徐彦疏：《春秋公羊传注疏》卷六，《十三经注疏》下册，中华书局，1980年，第2225页。
② [汉]郑玄注，[唐]贾公彦疏：《仪礼注疏》卷十五，《十三经注疏》上册，中华书局，1980年，第1024页。
③ [汉]许慎撰，[清]段玉裁注：《说文解字注》，上海古籍出版社，1981年，第514页。
④ [汉]郑玄注，[唐]孔颖达疏：《礼记正义》卷二十八，《十三经注疏》下册，中华书局，1980年，第1471页。
⑤ [晋]杜预注，[唐]孔颖达疏：《春秋左传正义》卷五，《十三经注疏》下册，中华书局，1980年，第1742页。
⑥ 萧汉明、林忠军：《〈周易本义〉导读》，齐鲁书社，2003年，第89页。
⑦ [宋]朱熹集注：《诗集传》，上海古籍出版社，1980年，第116页。

义。"①"三",喻多次。

"褫",音 chǐ,义为夺,剥夺。《说文》:"褫,夺衣也。"沈涛《说文古本考》:"褫本夺衣,故字从衣。而引申之,凡夺物皆谓之褫。"②《墨子·非儒下》:"孔某穷于陈蔡之间……子路……褫人衣以沽酒,孔某不问酒之所从来而饮。"③《经典释文》又说:"褫……郑本作'拕'。"④荀爽、虞翻、侯果、翟元等亦作"拕"。⑤《淮南子·人间训》:"秦牛缺径于山中,而遇盗,夺之车马,解其橐笥,拕其衣被。"高诱注:"拕,夺也。"⑥说明郑玄等作"拕",实因"拕""褫"字异而义同。段玉裁注《说文》"褫"字时说:"'拕'者,'褫'之假借字。"⑦

爻辞说,偶或凭借胜诉得到官服大带的赏赐,但一天之内却被多次剥夺。

这是强调上九以阳刚居《讼》之终,象征人刚勇不已,强讼不止,虽会因一时取胜而受赐厚禄,也将终朝之间多次被夺。王弼《周易注》说:"处《讼》之极,以刚居上,讼而得胜者也;以讼受赐,荣何可保? 故终朝之间,褫带者三也。"⑧朱熹《周易本义》说:"以刚居《讼》极,终讼而能胜之,故有受命赐服之象。然以讼得之,岂能安久? 故又有终朝三褫之象。其占为终讼无理,而或取胜,然其所得终必失之。圣人为戒之意深矣。"⑨靠争讼取得职位,而不是靠德能和政绩,得之非道,是不值得敬重的。穷争极讼,积怨过深,自然也长不了。所以《象》传说:"以讼受服,亦不足敬也。"《周易正义》说:"以其因讼得胜,受此锡服,非德而受,亦不足可敬,故终朝之间,三被褫脱也。"⑩

贱讼思想一直是中国古代社会的主流法观念,无讼境界则是中国古代统治者的理想追求。《论语·颜渊》:"子曰:'听讼,吾犹人也,必也使无讼乎!'"范宁注曰:"听讼者,治其末,塞其流也。正其本,清其源,则无讼矣。"⑪杨时注曰:"圣人不

---

① 尚秉和:《周易尚氏学》,九州出版社,2005 年,第 85 页。
② [清]沈涛:《说文古本考》,转引自《汉语大字典》(三卷本)中,四川辞书出版社、湖北辞书出版社,1995 年,第 3108 页"褫"字条。
③ [清]孙诒让:《墨子闲诂》上,新编诸子集成本,中华书局,2001 年,第 303－304 页。
④ [唐]陆德明:《经典释文·周易音义》,《十三经注疏》上册,中华书局,1980 年,第 99 页。
⑤ 参见徐芹庭《周易举正评述》,中国书店,2009 年,第 188 页。
⑥ 何宁:《淮南子集释》下,新编诸子集成本,中华书局,1998 年,第 1287 页。
⑦ [汉]许慎撰,[清]段玉裁注:《说文解字注》,上海古籍出版社,1981 年,第 711 页。
⑧ 楼宇烈:《周易注校释》,中华书局,2012 年,第 29 页。
⑨ 萧汉明、林忠军:《〈周易本义〉导读》,齐鲁书社,2003 年,第 89 页。
⑩ [魏]王弼、[晋]韩康伯注,[唐]孔颖达疏:《周易正义》卷二,《十三经注疏》上册,中华书局,1980 年,第 25 页。
⑪ [宋]朱熹:《四书章句集注》,中华书局,2011 年,第 130 页。

以听讼为难,而使民无讼为贵。"①由此可见,在听讼的方法上,孔子与常人无异,但是,在诉讼观念上,他追求的是一种无讼的境界,因此他主张从源头上消除讼争。《商君书·垦令》说:"重刑而连其罪,则褊急之民不斗,很刚之民不讼。"②主张通过严刑峻法来减少和消灭争讼。《韩非子·解老》说:"狱讼繁,仓廪虚,而有以淫侈为俗,则国之伤也,若以利剑刺之。"③认为狱讼繁多会败坏社会风气,给国家的繁荣和稳定带来伤害。贾谊《论定制度兴礼乐疏》认为,"百姓素朴,狱讼衰息"是国家政治清明的表征。④唐玄宗在《诫勖内外郡官诏》中说:"国之设法,本以闲邪。"认为国家制定法律,其初衷并非为人们诉讼而设,而是为了防患于未然,"使令行禁止,讼息刑清"。⑤其实这种贱讼、无讼思想早在《周易》中就已得到阐发,所以古人常常引用《讼》卦的卦爻辞来言说息讼、止讼的道理。如作于五代时期的《上虞雁埠章氏家训》"戒争讼"条说:"好争非君子之道。争之不已,则必致讼,讼岂必胜哉?且讼者之辞,多鲜实情,最足坏人心术。费财破家,何益之有?……若以非礼讼人,尤为不可。故易《讼》卦,终讼受服,犹有终朝三褫之戒。"⑥宋代黄干《临川劝谕文》也说:"所争甚微,所失甚大;其讼愈工,其祸愈酷。故易曰:'不永所事,讼不可长也。'又曰:'以讼受服,亦不足敬也。'盖言人不可争讼,讼而虽胜,亦不足以为贵也。"⑦

---

① [宋]朱熹:《四书章句集注》,中华书局,2011年,第130页。
② 蒋礼鸿:《商君书锥指》,新编诸子集成本,中华书局,1986年,第13页。
③ 梁启雄:《韩子浅解》上册,中华书局,1982年,第165页。
④ 《贾谊集》,上海人民出版社,1975年,第200页。
⑤ [宋]宋敏求:《唐大诏令集》,商务印书馆,1959年,第572页。
⑥ 费成康:《中国的家法族规》,上海社会科学院出版社,1998年,第247页。
⑦ 《黄勉斋先生文集》,中华书局,1985年,第151页。

# 《师》之卦辞：师，贞，丈人吉，无咎

《周易》第七卦名"师"。"师"为会意字，繁体作"師"，《说文》："師，二千五百人为师。从帀，从𠂤。𠂤，四帀，众意也。"孔广居《说文疑疑》："𠂤，俗作堆，积聚也，聚则众……故𠂤有众意。帀，俗作匝，周遍也，寡则不周，故匝有众意。众必有长以率之教之，故又为师长字。"①"師"字由表"积聚"之义的"𠂤"和表"周遍"之义的"帀"构成，来会"众"意，"众"就是"师"字的本义。《公羊传》桓公九年解释"京师"一词说："京者何？大也；师者何，众也。天子之居必以众大之辞言之。"②《谷梁传》文公九年解释"京师"一词也说；"京，大也；师，众也。言周必以众与大言之也。"③"众"的意思就是很多人。古代的军队自然是由众多的人构成，所以古人称二千五百人的军队建制为师，也泛称军队为师。《周易集解》引何晏曰："师者，军旅之名，故《周礼》云'二千五百人为师'也。"④《左传·隐公十年》："癸亥，克之，取三师焉。"杜预注："师者，军旅之通称。"⑤朱熹《周易本义》曰："师，兵众也。"⑥《彖传》和《序卦传》则直接以"众"训"师"。《彖传》曰："师，众也。"《序卦传》曰："师者，众也。"自然指的是兵众。《师》卦以"师"命名，谈论的就是出师用兵的道理。

《师》之卦辞曰："师，贞，丈人吉，无咎。"

---

① ［清］孔广居：《说文疑疑》，转引自《汉语大字典》（三卷本）上，四川辞书出版社、湖北辞书出版社，1995年，第740页"师"字条。
② ［汉］何休注，［唐］徐彦疏：《春秋公羊传注疏》卷五，《十三经注疏》下册，中华书局，1980年，第2219页。
③ ［晋］范宁注，［唐］杨士勋疏：《春秋谷梁传注疏》卷十一，《十三经注疏》下册，中华书局，1980年，第2408页。
④ ［清］李道平：《周易集解纂疏》，十三经清人注疏丛书本，中华书局，1994年，第128页。
⑤ ［晋］杜预注，［唐］孔颖达疏：《春秋左传正义》卷四，《十三经注疏》下册，中华书局，1980年，第1735页。
⑥ 萧汉明、林忠军：《〈周易本义〉导读》，齐鲁书社，2003年，第90页。

《师》之卦辞：师，贞，丈人吉，无咎

"贞"，义为正。《尚书·太甲下》："一人元良，万邦以贞。"孔传云："贞，正也。"①《子夏传》云："贞，正也。"卦辞着一"贞"字，在于强调用兵的前提在于"正"，所谓"动众以正"。②《彖》曰："师，众也。贞，正也。能以众正，可以王矣。"能率领众人为正义而战，行不失正，则可以称王天下。程颐《程氏易传》云："师之道，以正为本，兴师动众以毒天下，而不以正，民弗从也，强驱之耳。"③《日讲易经解义》说："兴师动众，必由仁义以张挞伐，是贞之为言正也。"④由此可见，《师》卦重视"贞""正"，也就是强调兴师作战的目的必须正确，应该是顺天应人，吊民伐罪，伸张正义，而不是以强凌弱，以众暴寡，肆意侵夺。只有进行正义的战争，才能得到人民的支持。中国古代兵家思想，莫不以师出以义为其立论根据。《孟子》云："征之为言，正也。"⑤《司马法·仁本第一》云："古者以仁为本，以义治之之谓正。……是故杀人安人，杀之可也；攻其国，爱其民，攻之可也；以战止战，虽战可也。"⑥这种思想完全可以追溯到《师》卦中所提倡的"贞"。

"丈人"是对年长者的尊称。《大戴礼记·易本命》："丈者长也。"⑦《广雅》："长，老也。"在先秦两汉典籍中，"丈人"一词是常用语汇，如《论语·微子》："子路从而后，遇丈人以杖荷蓧。"包咸《论语包氏章句》曰："丈人，老人也。"⑧黄侃《论语义疏》曰："丈人者，长宿之称也"⑨《列子·说符篇》《吕氏春秋·异宝》《淮南子·修务训》等文中的"丈人"，张湛、高诱等皆注为"长老"。⑩《颜氏家训·书证》也说："丈人，亦长老之目。"⑪《汉书·匈奴传》颜师古注曰："丈人，尊老之称也。"⑫《师》卦所谓"丈人"，当不仅指年高，更重要的是强调其德高威重，犹言"贤明长者"，兼具"德"与"长"的性质，正如俞正燮《癸巳类稿》对"长者"之义的解释："长

---

① [汉]孔安国传，[唐]孔颖达疏：《尚书正义》卷八，《十三经注疏》上册，中华书局，1980年，第165页。
② [唐]独孤授：《师贞丈人赋》，马积高主编《历代辞赋总汇》第2册，湖南文艺出版社，2014年，第1710页。
③ 梁韦弦：《〈程氏易传〉导读》，齐鲁书社，2003年，第84页。
④ [清]牛钮等：《日讲易经解义》，海南出版社，2012年，第104页。
⑤ [汉]赵岐注，[宋]孙奭疏：《孟子注疏》卷十四，《十三经注疏》下册，中华书局，1980年，第2773页。
⑥ 《武经七书》，中华典藏传世文选丛书本，西苑出版社，2003年，第17页。
⑦ [清]王聘珍：《大戴礼记解诂》，十三经清人注疏丛书本，中华书局，1983年，第254页。
⑧ [魏]何晏注，[宋]邢昺疏：《论语注疏》卷十八，《十三经注疏》下册，中华书局，1980年，第2529页。
⑨ [清]程树德：《论语集释》，新编诸子集成本，中华书局，1990年，第1273页。
⑩ 《列子·说符》："虎丘丈人。"张湛注："丈人，长老者。"《吕氏春秋·异宝》："见一丈人。"高诱注："丈人，长老者也。"《淮南子·修务训》："夫项托七岁，为孔子师，……以年之少，为闻丈人说。"高诱注："丈人，长老之称也。"
⑪ 王利器：《颜氏家训集解》，新编诸子集成本，中华书局，1993年，第477页。
⑫ [汉]班固撰，[唐]颜师古注：《汉书》四，吉林人民出版社，1998年，第2527页。

者有三义……德行高，三也。"①《风俗通义》曰："《易》曰：'师，贞，丈人吉。'非徒尊老，亦须德行先人也。"②所谓"德行先人"就是德行超过他人。郑玄曰："丈之言长，能御众，有正人之德，以法度为人之长……谓天子诸侯主军者。"③这一解释最为得当。卦辞说"丈人吉，无咎"，意在强调出师胜负的关键在于择将得当与否，必须用有威望尊严、可以信托的贤明长者统兵率众，才能获吉，没有咎害。王弼《周易注》曰："丈人，严庄之称也。为师之正，丈人乃吉也。"④孔颖达《周易正义》曰："丈人，谓严庄尊重之人。言为师之正，唯得严庄丈人监临主领，乃得'吉无咎'。若不得丈人监临之，众不畏惧，不能齐众，必有咎害。"⑤程颐《程氏易传》曰："故师以贞为主，其动虽正也，帅之者必丈人。……丈人者，尊严之称，帅师总众，非众所尊信畏服，则安能得人心之从？"⑥

将帅之才德优劣，是决定战争胜负的重要因素之一，所以古人十分重视军队将帅问题。《六韬·龙韬·论将第十九》云："故兵者，国之大事，存亡之道，命在于将。将者，国之辅，先王之所重也，故置将不可不察也。"⑦《孙子兵法·作战篇》云："故知兵之将，民之司命，国家安危之主也。"⑧《孙子兵法·谋攻篇》云："夫将者，国之辅也，辅周则国必强，辅隙则国必弱。"⑨将帅的作用既然关乎战争胜败，国家安危，那么对将帅的才智、品德就不能不提出很高的要求。《孙子兵法·计篇》云："将者，智、信、仁、勇、严也。"三国曹操注曰："将宜五德备也。"唐李筌注曰："此五者，为将之德，故《师》有'丈人'之称也。"⑩认为《师》卦中的"丈人"就是符合将帅才智、品德的人。

---

① 《俞正燮全集》第一册，黄山书社，2005年，第514页。
② 王利器：《风俗通义校注》下册，中华书局，1981年，第620页。
③ [汉]郑玄著，[宋]王应麟辑，[清]惠栋考补：《增补郑氏周易》卷上，《十八名家解周易》第一辑，长春出版社，2009年，第6页。
④ 楼宇烈：《周易注校释》，中华书局，2012年，第33页。
⑤ [魏]王弼、[晋]韩康伯注，[唐]孔颖达疏：《周易正义》卷二，《十三经注疏》上册，中华书局，1980年，第25页。
⑥ 梁韦弦：《〈程氏易传〉导读》，齐鲁书社，2003年，第84页。
⑦ 《武经七书》，中华典藏传世文选丛书本，西苑出版社，2003年，第50页。
⑧ 钮国平：《孙子详解》，上海古籍出版社，2013年，第18页。
⑨ 钮国平：《孙子详解》，上海古籍出版社，2013年，第25页。
⑩ 麦田、王盈：《孙子解说》，华夏出版社，2007年，第10页。

# 《师》之初六：师出以律，否臧凶

"师出以律"是《周易》经文研究中的又一公案，争论的焦点在于对"律"字之义的训释。早期的易学家如王弼、孔颖达等皆释"律"为法，至唐代的《史记正义》《索引》等则释"律"为音律，惠栋《周易述》、闻一多《周易义证类纂》等都承袭了这种说法。在当代的易学及法学著作中仍然是两说并存，各有解人。笔者以为，从《师》卦本身及《左传》引用的情况看，训"律"为"法"似更有说服力，本节文字试为申说。

"律"的最初含义当为音律之律。《国语·周语下》伶州鸠论律时说："律所以立均出度也。"① 律就是音乐体系中的音高标准。"立均"相当于今天所说的"定调"，即确定音阶中各音的位置和音高；"出度"就是确定各音的发音弦管长度。由于律是音乐的根本因素，音乐的演奏和发声必须严格依律进行，因此音律之律已有行动一致整齐规范之义，如段玉裁《说文解字注》所说"律者，所以范天下之不一而归于一"。② 由此又引申出系累、约束、限制、纪律、戒律之义。《左传·桓公二年》："百官于是乎戒惧而不敢易纪律。"③《释名·释典艺》："律，累也，累人心使不得放肆也。"④《尔雅·释诂》："律，法也。""律，常也。"邢昺疏："律者，常法也。"⑤ 林栗《周易经传集解》："法律本于吹律，……后世法令通谓之律，取其无差忒也。"⑥ 甲骨

---

① [战国]左丘明撰，[三国吴]韦昭注：《国语》，中国史学要籍丛刊本，上海古籍出版社，2015年，第85页。
② [汉]许慎撰，[清]段玉裁注：《说文解字注》，上海古籍出版社，1981年，第157页。
③ [晋]杜预注，[唐]孔颖达疏：《春秋左传正义》卷五，《十三经注疏》下册，中华书局，1980年，第1743页。
④ 王国珍：《〈释名〉语源疏证》，上海辞书出版社，2009年，第237页。
⑤ [晋]郭璞注，[宋]邢昺疏：《尔雅注疏》卷一，《十三经注疏》下册，中华书局，1980年，第2569页。
⑥ [宋]林栗：《周易经传集解》，四库全书本。

卜辞中有"师惟律用"一语,据考证,其中的"律"字即为纪律、号令、军法之义。①《尚书·洪范》记有"八政"之说,并云"八曰师"。朝鲜本《洪范》于"八曰师"后有"师曰律……律乃有功"之文,其中的"律"字也应指纪律、号令而言。②"师出以律"的"律"就是指军队中的纪律、号令,其意为军队出征要以律令来约束,王弼《周易注》说:"齐众以律,失律则散,故'师出以律'。"③

据《左传·宣公十二年》记载,楚庄王侵郑,郑求救于晋,晋乃使荀林父统帅中军,先縠为副帅,率兵救郑。先縠不听帅令,擅自渡河,破坏了晋军的统一行动。晋军下军大夫知庄子便引《师》卦"师出以律"为依据,对副帅先縠进行批评,并说:"有律以如己也,故曰律。"④军队依律令而动,进退行止就像自己一个人一样,所以才叫律令。这与《尉缭子·兵教上》"令民从上令,如四肢应心也"⑤含义非常接近。由此可见,《左传》正是在纪律、规则的意义上引用"师出以律"的。

"否",即"不"。清翟均廉《周易章句证异》说:"晁氏曰:刘、荀、陆、一行作'不'。朱子曰:是也。刘遵曰:否,古'不'字。"⑥徐芹庭《周易举正评述》说:"盖'不'、'否'二字古音相近,义亦相同,故《说文》云:'否,不也。'"⑦马王堆帛书《周易》正作"不"。

"臧",音 zàng。《说文》曰:"臧,善也。从臣,戕声。"《尔雅·释诂》曰:"臧,善也。"杨树达《释臧》曰:"盖臧本从臣从戈会意,后乃加爿声……甲文臧字皆象以戈刺臣之形,据形求义,初盖不得为善。以愚考之,臧当以臧获为本义也。……战败者被获为奴,不得横恣,故臧引申有善义。"⑧"臧"字从戈从臣(侧目),表示以戈刺目。古代抓到俘虏,便刺瞎一目罚以为奴隶。所以"臧"的本义是战争中被俘罚为奴隶的人。作为奴隶则不得横恣,变得驯服听命,所以"臧"又引申为顺遂、良善

---

① 参见肖楠《试论卜辞中的师和旅》,《古文字研究》第六辑,中华书局,1981年;刘海年、杨一凡主编《中国珍稀法律典籍集成》甲编第一册,科学出版社,1994年,第228—229页;曾宪义《中国法制史》,中国人民大学出版社,2000年,第23页;侯欣一主编《中国法律思想史》,中国政法大学出版社,2012年,第12—13页。
② 《玉函山房辑佚书·目耕贴》。参见李民《〈尚书〉与古史研究》中的有关论述,中州书画社,1983年,第78—79页。
③ 楼宇烈:《周易注校释》,中华书局,2012年,第33页。
④ [晋]杜预注,[唐]孔颖达疏:《春秋左传正义》卷二十三,《十三经注疏》下册,中华书局,1980年,第1880页。
⑤ 华陆综:《尉缭子注译》,中华书局,1979年,第70页。
⑥ [清]翟均廉:《周易章句证异》卷一,四库全书本。
⑦ 徐芹庭:《周易举正评述》,中国书店,2009年,第189页。
⑧ 杨树达:《积微居小学述林》,中华书局,1983年,第59页。

之义。

"不臧"为古代常用语,《尚书·冏命》:"发号施令,罔有不臧。"孔传:"言文武发号施令,无有不善。"[1]《诗经·邶风·雄雉》:"百尔君子,不知德行。不忮不求,何用不臧。"朱熹《诗集传》:"臧,善也。言凡尔君子,岂不知德行乎？若能不忮害又不贪求,则何所为而不善哉!"[2]《左传·宣公十二年》知庄子引用《师》卦时说:"执事顺成为臧,逆为否。"[3]认为下级(执事)服从命令(顺成)就是"臧",不听从命令(逆)便是"否臧",则显然是着眼于"臧"的顺遂之义。《左传·襄公三年》说:"师众以顺为武。"[4]军令不顺,无法统一指挥,就不可能取得胜利,所以爻辞可释为,军队出征要以律令来约束,不遵从律令就会有凶祸。

---

[1] [汉]孔安国传,[唐]孔颖达疏:《尚书正义》卷十九,《十三经注疏》上册,中华书局,1980年,第246页。
[2] [宋]朱熹集注:《诗集传》,上海古籍出版社,1980年,第20页。
[3] [晋]杜预注,[唐]孔颖达疏:《春秋左传正义》卷二十三,《十三经注疏》下册,中华书局,1980年,第1879—1880页。
[4] [晋]杜预注,[唐]孔颖达疏:《春秋左传正义》卷二十九,《十三经注疏》下册,中华书局,1980年,第1931页。

# 《师》之六三：师或舆尸，凶

对于本爻的训释，历来有三种不同的说法。最为流行的说法是训"尸"为尸体，训"舆尸"为以车载尸，比喻兵败。① 其次是训"舆"为众，训"尸"为主，认为"舆尸"乃军中号令不统一之意。② 第三种说法则训"尸"为木主、神主。从《师》卦本身以及商周时期的历史与制度来看，第三种说法似更有道理。

"尸"当为木主、神主，也就是代表已死先人的牌位。《庄子·逍遥游》："庖人虽不治庖，尸祝不敢越樽俎而代之。"成玄英疏："尸者，太庙中神主也。"③皮日休《正尸祭》："尸象其生，极其敬也。"④"尸"在楚竹书《周易》中作"𡰥"，⑤在马王堆帛书《周易》中作"𡰣"，⑥皆从"示"。《说文》曰："示，神事也。凡示之属皆从示。"在甲骨文中，"示"写作丅，像用木石作成的神主，所以凡从"示"取义的字皆与鬼神、祭祀等义有关。⑦ 竹书、帛书《周易》的"尸"字皆从"示"，说明其本义当为尸主、神主，而非尸体之"屍"。

按照商周时期的制度，凡天子、诸侯出师征伐，太师要帅有司人员在军中设立

---

① 如王弼《周易注》曰："（六三）以阴处阳，以柔乘刚，进则无应，退无所守，以此用师，宜获'舆师'之败。"孔颖达《周易正义》、朱熹《周易本义》等皆主此说。
② 程颐《程传易传》即主此说，认为"舆尸"乃军中号令不统一之意："师旅之事，任当专一。必专其事，乃有功。若使众人主之，凶之道也。"清朱骏声《六十四卦经解》云："舆，车也。一车有七十五人，故舆有众多义。尸，主也。"清惠上奇《易说》云："六三：'师或舆尸，凶。'《战国策》曰：'宁为鸡尸，勿为牛从。'然则为尸者，九二也。一阳为尸，群阴为从，三体柔而志刚，不为从而欲为尸，故凶。"洪颐煊《读书丛录》云："谓或以众主师，则无功，故凶。"宋书升，《周易要义》云："象而言'舆尸'，谓不当用群史之属干权而掣之肘也。"薛嘉颖《易经精华》亦以各种经籍中的"舆尸"为"众主"释此爻。今人金景芳《周易讲座》亦主此说。
③ ［清］郭庆藩：《庄子集释》上，新编诸子集成本，中华书局，2004年，第26页。
④ ［唐］皮日休：《皮子文薮》，上海古籍出版社，1981年，第74页。
⑤ 马承源主编：《上海博物馆藏战国楚竹书》（三），上海古籍出版社，2003年，第19页。
⑥ 裘锡圭主编：《长沙马王堆汉墓简帛集成》（三），中华书局，2004年，第26页。
⑦ 参见谷衍奎《汉字源流字典》，华夏出版社，2003年，第97—98页；王朝忠《汉字形义演释字典》，四川辞书出版社，2006年，第172—173页；翟惠林《基础汉字形音义说解》，甘肃人民出版社，2011年，第646页。

用于祭祀的军社,用车运载社主和庙主,随时供奉。《周礼·春官·小宗伯》:"若大师,则帅有司而立军社,奉主车。"郑玄注:"有司,大祝也。王出军,必先有事于社及迁庙,而以其主行,社主曰军社,迁主曰祖。"贾公彦疏:"帅有司而立军社者,谓小宗伯帅领有司大祝而立军社,载于齐车以行。"①《礼记·曾子问》:"曾子问曰:'古者师行,必以迁庙主行乎?'孔子曰:'天子巡狩,以迁庙主行,载于齐车,言必有尊也。'"②这里的"迁庙主"即郑玄所谓"迁主",是新迁入祧庙的先祖之牌位。陈澔《礼记集说》曰:"迁庙主,谓新祧庙之主也。"③据古代文献记载,武王伐纣,就是载着文王木主出征的。《史记·周本纪》说:"武王伐纣,为文王木主,载以车,中军。武王自称太子发,言奉文王以伐,不敢自专。"④《史记·伯夷列传》说:"西伯卒,武王载木主,号为文王,东伐纣。"⑤《史记·龟策列传》则写作"载尸以行"。⑥《楚辞·天问》:"武发杀殷何所悒,载尸集战何所急?"王逸注:"尸,主也。集,会也。言武王伐纣,载文王木主,称太子发,急欲奉行天诛,为民除害也。"⑦《淮南子·齐俗训》:"武王伐纣,载尸而行。"⑧《盐铁论·复古第六》:"武王继之,载尸以行,破商擒纣,遂成王业。"⑨所以《师》卦中的"舆尸"当即"载尸",也就是用车运载先王的木主。爻辞的写作是以商周古制和有关史实为依据的,正如宋郑刚中《周易窥余》所说:"舆,载也。尸,神主也。古者行师必载庙社之主,所以示三军以不敢专赏罚之义。"⑩闻一多《璞堂杂识》也说:"'舆尸'犹载尸,疑此用武王事。不则当时有此习俗,《易》所言,即不实指武王,,亦可与武王事互相印证也。"⑪

马王堆汉墓出土的帛书易传《昭力》篇对《师》卦六四爻辞的解读为此说提供了重要佐证。《昭力》篇说:"易曰:'师左次,无咎。'师也者,人之聚也。次也者,君之立(位)也。见事而能左(佐)其主,何咎之又(有)?"⑫这是读"左"为"佐",义为

---

① [汉]郑玄注,[唐]贾公彦疏:《周礼注疏》卷十九,《十三经注疏》上册,中华书局,1980年,第767页。
② [汉]郑玄注,[唐]孔颖达疏:《礼记正义》卷十八,《十三经注疏》下册,中华书局,1980年,第1393页。
③ [元]陈澔:《礼记集说》,北京古籍出版社,1996年,第767页。
④ 邹德金整理:《名家注评史记》上,天津古籍出版社,2010年,第51页。
⑤ 邹德金整理:《名家注评史记》中,天津古籍出版社,2010年,第785页。
⑥ 邹德金整理:《名家注评史记》下,天津古籍出版社,2010年,第1238页。
⑦ [汉]王逸注,[宋]洪兴祖补注:《楚辞章句补注》,吉林人民出版社,2005年,第116页。
⑧ 何宁:《淮南子集释》中,新编诸子集成本,中华书局,1998年,第793页。
⑨ 王利器:《盐铁论校注》上,新编诸子集成本,中华书局,2015年,第85页。
⑩ [宋]郑刚中:《周易窥余》卷二,《十八名家解周易》第一辑,长春出版社,2009年,第323页。
⑪ 《闻一多全集》二,生活·读书·新知三联书店,1982年,第584页。
⑫ 廖明春:《马王堆帛书周易经传释文》,《易学集成》第三卷,四川大学出版社,1998年,第3054页。

佐佑、左护；而训"次"为位。在古汉语中，"次"确有位之义。《尚书·胤征》："沈乱于酒，畔官离次。"孔颖达疏："离其所居位次。"①晋桓温《上疏废殷浩》："不能恭慎所任，恪居职次。"②所谓"职次"，就是职位。甲骨文中有"咸次""大甲次"，于省吾认为是指巫咸、大甲受祭时的"神主位次言之"。③《国语·楚语下》："是使制神之处位次主。"韦昭注："次主，次其尊卑先后。"④《昭力》篇释"次"为"君之位"，其所指也应是先君的神位，即供奉六三爻所谓"尸"的坛位。《周礼·春官·肆师》："凡师甸，用牲于社宗，则为位。"郑玄注："社，军社也。宗，迁主也。"贾公彦疏："师，谓出师征伐；甸，谓四时田猎。二者在外，或有祈请，皆当用牲社及宗时，皆肆师为位祭也。"⑤郑锷进一步解释说："言社者，主也。宗者，迁庙之主。……载主而行不在国之常位，而祭不可以无位，无位则鬼神无所依，故为位，然后祭。"⑥由此可见，《昭力》篇所说的"位"，当是古人出师在外举行祭祀时临时设置的供奉社主和迁主的坛位。爻辞说，军队佐护先君之位，没有咎责。

《观》卦《彖》传说："圣人以神道设教，而天下服矣。"在宗法制社会，已死的君主仍然是高高在上的，所以现世的君主出师征伐，也要借先君的名义行使赏罚之权，武王伐纣，也要载着文王的木主，以示不敢自专。而其根本目的则是利用宗族共同的祖先崇拜来凝聚军心，强化将士为宗族拼死决战的精神。如果"次"指的是现世的君主，而不是先君之位，那么"左"（佐）就是再自然不过的事情，爻辞根本不必特书"师左次"而又强调"无咎"了。

卦辞对"师或舆尸"的占断是"凶"。这种占断当和古人对武王载尸伐纣一事的历史认识有关。据《史记·伯夷列传》记载，武王载尸伐纣之时，"伯夷、叔齐扣马而谏，曰：'父死不葬，爰及干戈，可谓孝乎？以臣弑君，可谓仁乎？'"⑦武王伐纣，正在父丧期间，又属以下犯上，与当时人的伦理观念有所不合，而且战争虽然最终

---

① ［汉］孔安国传，［唐］孔颖达疏：《尚书正义》卷七，《十三经注疏》上册，中华书局，1980年，第158页。
② ［清］严可均辑：《全晋文》下，商务印书馆，1999年，第1259页。
③ 于省吾：《甲骨文字释林》，中华书局，1979年，第418页。
④ ［战国］左丘明撰，［三国吴］韦昭注：《国语》，中国史学要籍丛刊本，上海古籍出版社，2015年，第371页。
⑤ ［汉］郑玄注，［唐］贾公彦疏：《周礼注疏》卷十九，《十三经注疏》上册，中华书局，1980年，第769页。
⑥ ［清］秦蕙田：《五礼通考》，台湾圣环图书公司，1994年，第239页引。
⑦ 邹德金整理：《名家注评史记》中，天津古籍出版社，2010年，第785页。

获胜,却是以血流漂杵的惨烈凶杀为代价的,[①]所以难免招致非议。史书上记有伯夷、叔齐扣马而谏的故事,一些典籍中记有武王伐纣星象不吉[②]、占卜大凶[③]的传说,屈原《天问》还有"武发杀殷何所悒,载尸集战何所急"的诘问,[④]这些故事、传说和诗句的深层意蕴,正是古人对武王"载尸集战"一事的非议。爻辞"师或舆尸"的写作是以武王伐纣的有关史事为依据的,所以"凶"的占断,也应该体现了爻辞作者对武王"载尸集战"一事的基本评判,颇有《老子》"胜而不美"[⑤]之义。

---

① 《尚书·武成》记牧野之战有"血流漂杵"之说,《孟子·尽心》曰:"尽信书则不如无书,吾于《武成》,取二三策而已矣。仁人无敌于天下,以至仁伐至不仁,而何其血之流杵也?"孟子之辩,正说明古人对伐纣战争的惨烈血腥早有微词。

② 《荀子·儒效》:"武王之诛纣也,行之日以兵忌,东面而迎太岁。"《尸子》:"武王伐纣,鱼辛谏曰:岁在北方,不北征。武王不从。"《淮南子·兵略训》:"武王伐纣,东面而迎岁。"

③ 《论衡·卜筮篇》:"武王伐纣,卜筮之'逆',占曰'大凶'。"《说苑·权谋》:"武王伐纣……卜而龟熸,散宜生又谏曰:'此其妖与!'"

④ 姜亮夫《天问问例述》认为"武发杀殷何所悒,载尸集战何所急"是"以问疑而为谴责":"何所悒,何所急,语法为疑问,而其义则所悒者至于弑杀,所急者至于载父之尸,此责之切也。"《姜亮夫全集》第八册,云南人民出版社,2003年,第333页。

⑤ 陈鼓应:《老子注译及评介》,中华书局,2009年,第191页。

# 《比》之九五：显比，王用三驱，失前禽，邑人不诫，吉

《周易》第八卦名"比"。"比"为会意字，甲骨文作𠤎𠤎，金文作𠤎𠤎，从二匕相并。"匕"在甲骨文中象一个跪拜的人形，二匕相并会夫妇比肩亲近之意。①《说文·比部》曰："比，密也。二人为从，反从为比。"其对字形的分析不够准确。"比"与"从"虽然都从二人，但取义角度不同。"从"为二立人相并，意在表示相跟随。"反从"为二人相背，字为"北"。"比"则为二跪拜之人，象夫妇比肩亲近之形，其本义为夫妇比并匹合。由夫妇比并匹合，又引申为近密、亲合、亲辅。《玉篇》："比，近也，亲也。"《象传》："比，辅也。"

《比》卦位列《师》卦之后，《序卦传》解释说："众必有所比，故受之以比。比者，比也。"韩康伯注："众起而不比，则争无由息；必相亲比，而后得宁也。"②程颐《程氏易传》进一步解释说："比，亲辅也。人之类，必相亲辅，然后能安。故即有众，则必有所比，比所以次师也。"③《比》卦讲的就是人与人之间相互亲比、团结、联合的道理，所以卦辞直言"比，吉"，首先从总体上肯定了互相亲比、互助合作的重要性和合理性。初爻"有孚比之"着重强调了诚信对于亲比之道至关重要的作用。六二、六四两爻的内比、外比是分别言说内部团结、外部联合以壮大自己实力的问题。九五爻的"显比"则是显扬、彰示亲比之意。朱熹《周易本义》："一阳居尊，刚健中正，卦之群阴，皆来比己，显其比而无私。"④即释"显"为显示、显扬之义。而"王用三驱，失前禽，邑人不诫"正是"显比"的具体方式。

---

① 参见谷衍奎《汉字源流字典》，北京，华夏出版社，2003 年，第 55 页。
② 楼宇烈：《周易注校释》，中华书局，2012 年，第 262 页。
③ 梁韦弦：《〈程氏易传〉导读》，齐鲁书社，2003 年，第 88 页。
④ 萧汉明、林忠军：《〈周易本义〉导读》，齐鲁书社，2003 年，第 92 页。

《比》之九五：显比，王用三驱，失前禽，邑人不诫，吉

"三驱"，是古代的一种从三方驱围的田猎方式，即所谓"三驱之礼"。《左传·桓公四年》杜预注："冬猎曰狩，行三驱之礼。"《正义》引郑注："禽在前来者，不逆而射之，旁去又不射，唯背走者顺而射之，不中则已，是皆所以失之。用兵之法亦如之，降者不杀，奔着不御。"①王弼《周易注》曰："夫三驱之礼，禽逆来趣己，则舍之；背己而走，则射之。爱于来而恶于去也，故其所施常失前禽也。"②孔颖达《周易正义》曰："王用三驱失前禽者，此假田猎之道以喻显比之事。凡三驱之礼，禽向己者则舍之，背己者则射之，是失于前禽也。"③程颐《程氏易传》曰："三驱之礼，乃礼所谓天子不合围也。成汤祝纲，是其义也。天子之畋，围合其三面，前开一路，使之可去，不忍尽物，好生之仁也。……禽兽前去者皆免矣，故曰'失前禽'。"④综上所述，所谓"三驱之礼"，乃指古代天子或国王射猎时，采取"不合围"的方式，人们从射猎者左、右、后三个方向把禽兽驱赶到射猎者前面，射猎者前面留一条禽兽可以逃跑的通道，如南齐褚澄等所谓"三面着人驱禽"，⑤宋朱震《汉上易传》所谓"三面驱之，阙其一面"⑥，清边廷英《周易通义》所谓"田猎之事，只用三驱，开其一面"。⑦对于迎面而来或左右奔突的禽兽，皆舍而不射，对于背己而走的禽兽则射之，不中则已，任其逃生，即所谓"失前禽"。

"失"，同佚，谓放纵，放走。《庄子·徐无鬼》："若卹若失。"陆德明《经典释文》曰："失，音逸。司马本作佚。"⑧《论语·颜渊》："君子敬而无失。"俞樾《群经平议》曰："失，当读为佚。"⑨《汉书·杜周传》："贤俊失在岩穴，大臣怨于不以。"王念孙《读书杂志》曰："失，读为放佚之佚，谓贤俊自放于岩穴，非谓朝廷失之也。古多以失为佚。"⑩"禽"，泛指禽兽。

"邑人"，即邑中百姓，是先秦文献中的常用词，此指"王"的属下，即陪同狩猎

---

① [晋]杜预注，[唐]孔颖达疏：《春秋左传正义》卷六，《十三经注疏》下册，中华书局，1980年，第1747页。
② 楼宇烈：《周易注校释》，中华书局，2012年，第38页。
③ [魏]王弼、[晋]韩康伯注，[唐]孔颖达疏：《周易正义》卷二，《十三经注疏》上册，中华书局，1980年，第26页。
④ 梁韦弦：《〈程氏易传〉导读》，齐鲁书社，2003年，第92页。
⑤ [魏]王弼、[晋]韩康伯注，[唐]孔颖达疏：《周易正义》卷二，《十三经注疏》上册，中华书局，1980年，第26页。
⑥ [宋]朱震：《汉上易传》卷一，《十八名家解周易》第四辑，长春出版社，2009年，第269页。
⑦ [清]边廷英：《周易通义》，《四库未收书辑刊》第7辑，北京出版社，2000年，第74页。
⑧ [唐]陆德明撰，黄焯断句：《经典释文·庄子音义》，中华书局，1983年，第392页。
⑨ [清]俞樾：《群经平议》，《续修四库全书一七八·经部·群经总义类》，上海古籍出版社，1996年，第504页。
⑩ [清]王念孙：《读书杂志》，"高邮王氏四种"丛书之二，江苏古籍出版社，1985年，第327页

的人。

"诚",汉石经、《周易集解》本皆作"戒",帛书《易经》亦作"戒"。是"诚"同戒备之"戒",谓有所戒备以拦截前逃之猎物。朱熹《周易本义》曰:"如天子不合围,开一面之网,来者不拒,去者不追,故为'用三驱,失前禽';而'邑人不诚'之象,盖虽私属亦喻上意,不相警备以求必得也。"①

爻辞说,显扬亲比之意,王射猎时行三驱之礼,放走了前面的禽兽,属下邑人也不戒备拦截,吉祥。

孔颖达认为,九五爻辞是"假田猎之道以喻亲比之事"。这种看法是有道理的。古代田猎中"三驱之礼"的用意,并非如王弼所说是"爱于来而恶于去",而是要体现王者好生之仁德。有好生之仁德,才会使远国前来亲比归附,此即程颐所说"成汤祝纲是其义也"。边廷英《周易通义》也说:"三面驱之,开其一面,亦如汤之解网之意也。"②"成汤祝纲"或"汤之解网"之事,古籍多有记载。《吕氏春秋·孟冬纪·异实》曰:"汤见祝网者,置四面,其祝曰:'从天坠者,从地出者,从四方来者,皆离(罹)吾网。'汤曰:'嘻!尽之矣。非桀其孰为此也?'汤收其三面,置其一面,更教祝曰:'昔者蛛蝥作网罟,今之人学纾(绪),欲左者左,欲右者右,欲高者高,欲下者下,吾取其犯命者。'汉南之国闻之曰:'汤之德及禽兽矣!'四十国归之。人置四面,未必得鸟,汤去其三面,置其一面,以网其四十国,非徒网鸟也。"③《淮南子·人间训》曰:"汤教祝网者,而四十国朝;文王葬死人之骸,而九夷归之……故圣人行之于小,则可以覆大矣;审之于近,则可以怀远矣。"④"成汤祝网"是讲古代君王有好生之德,则远国归附,与九五爻辞"王用三驱,失前禽""假田猎之道以喻亲比之事"的义理是相通的,所以帛书易传《缪和》便将二者联系在一起:"汤出巡守,东北有火。曰:'彼何火也?'有司对曰:'渔者也。'汤遂至[之,曰]:'子之祝何?'曰:'古代[蛛]蝥作网,今之人缘序,左者右者,尚者下者,率突乎土者,皆来吾网。'汤曰:'不可,我教子歆之,曰:古者蛛蝥作网,今之缘序,左者使左,右者使右,尚者使尚,下者使下,[不用命者,乃入吾网]。'诸侯闻之曰:'汤之德及禽兽鱼鳖矣。'故贡皮币以进者卅有余国。易卦其义曰:'显比,王用参殴,失前禽,邑不戒,

---

① 萧汉明、林忠军:《〈周易本义〉导读》,齐鲁书社,2003年,第92页。
② [清]边廷英:《周易通义》,《四库未收书辑刊》第7辑,北京出版社,2000年,第74页。
③ 陈奇猷:《吕氏春秋新校释》上册,上海古籍出版社,2002年,第567—568页。
④ 何宁:《淮南子集释》下,新编诸子集成本,中华书局,1998年,第1300—1301页。

《比》之九五：显比，王用三驱，失前禽，邑人不诫，吉

吉。'此之谓也。"①可见爻辞的义理在于，王者通过狩猎时行三驱之礼，表现出好生之德、仁义之心，从而显扬其真诚亲比之意，这样四方远国自然会前来归附，所以爻辞断为"吉"。

---

① 廖明春：《马王堆帛书周易经传释文》，《易学集成》第三卷，四川大学出版社，1998年，第3052页。

# 《小畜》初九:复自道,何其咎,吉

"复",义为返回。《玉篇》云:"复,今作復。""复"为"復"之古文,义与"復"无别。"复"有返、还、归、回、往来之义。《说文》曰:"復,行故道也。""復,往来也。"段玉裁注云:"《辵部》曰:返,还也。还,复也。皆训往而仍来。"①《尔雅·释言》说:"復,反也。"《杂卦传》也说:"复,反也。"

"道",通导。《论语·为政篇》:"子曰:'道之以政,齐之以刑,民免而无耻;道之以德,齐之以礼,有耻且格。'"朱熹集注:"道,音导,……犹引导,谓先之也。"②《礼记·月令》:"以教道民,必躬亲之。"《经典释文》:"道,音导。"③《汉书·五行志》"视不过结襘之中,所以道容貌也。……貌不道容而言不昭矣。"颜师古注:"道,读曰导。"④《汉书·沟洫志》:"它小渠及陂山通道者,不可胜言也。"颜师古注:"道,引也。道读曰导。"⑤帛书易传《衷》篇:"易曰:或跃在渊,无咎。子曰:恒跃则凶,君子跃以自见,道以自成。"⑥其中的"道"也当读为"导"。

"何",通荷,为荷之本字。《说文》:"何,儋也。"徐铉曰:"儋何即负何也。……今俗别作擔荷,非是。"段玉裁《说文解字注》说:"何俗作荷,犹佗之俗作驼,儋之俗作擔也。"⑦朱珔《说文假借义证》说:"古担负字作何,今作荷,读上声。《论语》'荷蕢',《释文》:'荷,本作何。'是荷为何之假借。"⑧王夫之《周易稗疏》说:"旧说以'何'为语助诘问之辞。若云'何咎之有',则不当云'何其',若云'何其咎之甚

---

① [汉]许慎撰,[清]段玉裁注:《说文解字注》,上海古籍出版社,1981年,第155页。
② [宋]朱熹:《四书章句集注》,中华书局,2011年,第55页。
③ [唐]陆德明撰,黄焯断句:《经典释文·礼记音义》,中华书局,1983年,第175页。
④ [汉]班固撰,[唐]颜师古注:《汉书》,吉林人民出版社,1998年,第1020页。
⑤ [汉]班固撰,[唐]颜师古注:《汉书》,吉林人民出版社,1998年,第1224页。
⑥ 廖名春:《马王堆帛书周易经传释文》,《易学集成》第三卷,四川大学出版社,1998年,第3040页。
⑦ [汉]许慎撰,[清]段玉裁注:《说文解字注》,上海古籍出版社,1981年,第667页。
⑧ [清]朱珔:《说文假借义证》,转引自陈居渊《周易今古文考证》,商务印书馆,2015年,第97页。

也'，则《象传》不得云'其义吉'。……'何'字之义，本训担也，负也，从人从可。人所可胜之任则担负以行也。"①其《周易内传》也说："何本负何之何，从人从可，人所可任而载之也。"②

"咎"，过错，罪责。《广韵·有韵》："咎，愆也，过也。"《尚书·洪范》："其作汝用咎。"孔颖达疏："咎是过之别名。"③《诗经·小雅·伐木》："微我有咎。"《毛传》："咎，过也。"④《诗经·小雅·北山》："或惨惨畏咎。"《郑笺》："咎，犹罪过也。"⑤

爻辞说，自我引导而返回，并承担罪责。

《小畜》卦初九云"复自道"，《复》卦初九云"不远复"，二者义有相通，可以互参。"复"，义为返还、回归，在人事层面可以象征回复正道。不远复，则象征一个人离开正道不远，很快就回来了。《象传》曰："不远之复，以修身也。"认为走得不远就回复正道，是善于省察、修正自身的错误。程颐《程氏易传》曰："不远而复者，君子所以修其身之道也。学问之道无它也，唯其知不善，则速改以从善而已。"⑥"复自道"言说的也是回复正道的问题，但是爻辞更强调了回复正道的主观因素"自道"（自导）。这种"自导"之"复"与《礼记》中所强调的"自反"是相通的。《礼记·学记》云："知不足然后能自反矣。"郑玄注云："自反，求诸己也。"⑦这里的"求"是责备、责求之义。《论语·卫灵公》："君子求诸己，小人求诸人。"何晏《论语集解》曰："君子责己，小人责人。"⑧《孟子·离娄》："行有不得者，皆反求诸己。"杨伯峻《孟子译注》释为："任何行为如果没有得到预期的效果都要反躬自责。"⑨由此可见，郑玄所说的"自反"，就是自我反省，也就是自责于己，与《复》卦初九《象传》所谓的"修身"是相通的。《小畜》初九的回归是由于自我感悟、自我省察、自我引导所致，所以才有"独任其咎"的自觉。

---

① 傅云龙等主编：《船山遗书》第一卷，北京出版社，1999 年，第 243 页。
② 傅云龙等主编：《船山遗书》第一卷，北京出版社，1999 年，第 33 页。
③ ［汉］孔安国传，［唐］孔颖达疏：《尚书正义》卷十二，《十三经注疏》上册，中华书局，1980 年，第 190 页。
④ ［汉］毛亨传，［汉］郑玄笺，［唐］孔颖达疏：《毛诗正义》卷九，《十三经注疏》上册，中华书局，1980 年，第 411 页。
⑤ ［汉］毛亨传，［汉］郑玄笺，［唐］孔颖达疏：《毛诗正义》卷十三，《十三经注疏》上册，中华书局，1980 年，第 463 页。
⑥ 梁韦弦：《〈程氏易传〉导读》，齐鲁书社，2003 年，第 164—165 页。
⑦ ［汉］郑玄注，［唐］孔颖达疏：《礼记正义》卷三十六，《十三经注疏》下册，中华书局，1980 年，第 1521 页。
⑧ ［魏］何晏注，［宋］邢昺疏：《论语注疏》卷十五，《十三经注疏》下册，中华书局，1980 年，第 2518 页。
⑨ 杨伯峻：《孟子译注》上册，中华书局，1984 年，第 167 页。

从中国古代早期文献引用这则爻辞的情况来看，如上解读是可以得到支持的。《荀子·大略篇》："《易》曰：'复自道，何其咎。'《春秋》贤穆公，以为能变也。"①穆公即秦穆公。据《左传》僖公三十三年记载，秦穆公不听老臣蹇叔的劝告，出兵袭郑，结果被晋军伏击，败于崤山，事后自己能总结教训，悔过自责，所以《春秋》给予赞扬，"以为能变"。《荀子》引《小畜》初九爻辞论说此事，显然是解"自道"为"自导"，解"何其咎"为"荷其咎"。

《春秋繁露·玉英篇》："故齐桓非直弗受之先君也，乃率弗宜为君者而立，罪亦重矣。然而知恐惧，敬举贤人而以自覆盖，知不背要盟以自煎浣也，遂为贤君，而霸诸侯。使齐桓被恶而无此美，得免杀戮乃幸已，何霸之有！鲁桓忘其忧而祸逮其身，齐桓忧其忧而立功名。推而散之，凡人有忧而不知忧者，凶。有忧而深忧之者，吉。《易》曰：'复自道，何其咎。'此之谓也。"②鲁桓公和齐桓公都是以篡立，但两公的结局却迥然有别。鲁桓公以"忘其忧"而"见弑"，而齐桓公则"知恐惧""忧其忧"，敬举贤人以弥补过失，坚守盟约以洗雪缺点，不仅得免杀戮，还成就了霸业。《春秋繁露》引《小畜》初九爻辞论说此事，显然也是解"自道"为"自导"，解"何其咎"为"荷其咎"。马振彪《周易学说》引马其昶曰："穆公悔过，齐桓忧其忧，皆所谓能任咎者。"③

---

① ［清］王先谦：《荀子集解》下，新编诸子集成本，中华书局，1988年，第498页。
② ［清］苏舆撰，钟哲点校：《春秋繁露义证》，新编诸子集成本，中华书局，1992年，第72页。
③ 马振彪：《周易学说》，花城出版社，2002年，第108页。

## 《履》之卦辞:履虎尾,不咥人,亨

"履"为会意字,篆文作履,从尸(人),从彳(街道),从夂(脚),从舟(似舟之方头鞋),会人穿上像舟一样的方头鞋在街上行走之意。隶变后楷书写作履。《说文·履部》:"履,足所依也。从尸,从彳,从夂,舟象履形。一曰尸声。""履"的本义为穿鞋行走,引申则泛指践行。徐灏《说文解字注笺》:"履,践也,行也。此古义也。"①朱俊声《说文通训定声》:"此字本训践,转注为所以践之具也。"②郑玄《三礼目录·礼序》:"践而行之曰履。"③程颐《周易程氏传》说:"履,践也……履物为践。"④朱熹《周易本义》说:"履,有所蹑而进之意也。"⑤在早期典籍如《诗经》《仪礼》等书中,"履"只用为动词义。

"尾",义为后。《广雅·释诂四》:"尾,后也。"《战国策·秦策五》:"王若能为此尾,则三王不足四,五伯不足六。"高诱注:"尾,后也。"⑥王安石《易泛论》:"尾,后也。"⑦"履虎尾"即"履于虎尾",行走于老虎之后。

"咥",音dié,咬啮。《广雅·释诂三》:"咥,啮也。"其本义为笑。《文选·潘岳〈西征赋〉》注引郑本作"噬",并云:"齿也。"《说文》云:"噬,啗也。"《玉篇》云:"齿,噬也。"扬雄《方言》云:"噬,食也。"徐芹庭《周易举正评述》云:"由是则'噬'为本字,郑易用之,'咥'则以古音近,故假借用之。"⑧

---

① [清]徐灏:《说文解字注笺》,转引自《汉语大字典》(三卷本)上,四川辞书出版社、湖北辞书出版社,1995年,第980页"履"字条。
② [清]朱骏声:《说文通训定声》,转引自《汉语大字典》(三卷本)上,四川辞书出版社、湖北辞书出版社,1995年,第980页"履"字条。
③ [汉]郑玄注,[唐]孔颖达疏:《礼记正义》卷一,《十三经注疏》上册,中华书局,1980年,第1229页。
④ 梁韦弦:《〈程氏易传〉导读》,齐鲁书社,2003年,第99页。
⑤ 萧汉明、林忠军:《〈周易本义〉导读》,齐鲁书社,2003年,第94页。
⑥ 诸祖耿:《战国策集注汇考》上,江苏古籍出版社,1985年,第428页。
⑦ 宁波等校点:《王安石全集》下,吉林人民出版社,1996年,第681页。
⑧ 徐芹庭:《周易举正评述》,中国书店,2009年,第195页。

《履》卦言说的是人生行履问题,卦爻辞中多次出现的"履虎尾"就是比喻人在行履过程中可能遭遇的险境。王弼《周易注》曰:"履虎尾者,言其危也。"①牛钮《日讲易经解义》说:"凡人处事,当是非利害之冲,皆危机之所伏,如猛虎在前而人蹑其后,为履虎尾之象。夫虎尾而履之,未有不咥人者,亦甚危矣。"②卦辞则是以"履虎尾,不咥人"来言说"虽履其危而不见害"③的道理。牛钮《日讲易经解义》说:"卦辞言人之所履,虽有危机,而贵有善于处危之道也。"④而"履虎尾,不咥人"的关键就在于,践履者虽身处险境,但心怀恐惧戒慎,能处险不乱,化险为夷。九四爻说:"履虎尾,愬愬,终吉。""愬愬"就是恐惧而戒慎之义。《汉书·石奋传》:"童仆愬愬如也,唯谨。"颜师古注:"此愬读与闛闛同,谨敬之貌也。"⑤陆德明《经典释文》云:"马本作虩虩,……云恐惧也 。"王弼《周易注》:"虩虩,恐惧之貌也。"⑥据此可知,"愬""虩"二字音同义近而互假,为恐惧而戒慎之义。爻辞强调,行走于老虎之后,保持恐惧戒慎之心,就不会被老虎咬啮。这实质上就是对卦辞意旨的进一步说明。王宗传《童溪易传》说:"吉凶相逢,皆自所履始。是以君子恐惧戒敬,不敢失足。《书》云:'若蹈虎尾。'"⑦洪鼒《读易索隐》也说:"人之践履当常存敬畏,如曾子所谓'战战兢兢,如临深渊,如履薄冰',至易箦而始免,舜之兢兢业业,禹之孜孜,汤之慄慄危惧,文王之小心翼翼,皆是履虎尾之意。"⑧都是对卦辞义理的引申发挥。

---

① 楼宇烈:《周易注校释》,中华书局,2012年,第45页。
② [清]牛钮等:《日讲易经解义》,海南出版社,2012年,第123页。
③ [魏]王弼、[晋]韩康伯注,[唐]孔颖达疏:《周易正义》卷二,《十三经注疏》上册,中华书局,1980年,第27页。
④ [清]牛钮等:《日讲易经解义》,海南出版社,2012年,第123页。
⑤ [汉]班固撰,[唐]颜师古注:《汉书》三,吉林人民出版社,1998年,第1533页。
⑥ 楼宇烈:《周易注校释》,中华书局,2012年,第189页。
⑦ 马振彪:《周易学说》引,花城出版社,2002年,第115页。
⑧ [明]洪鼒:《莲谷先生读易索隐》,四库存目本。

# 《履》之九二：履道坦坦，幽人贞吉

"道"，即道路。朱熹曰："履道，道即路也。"①《说文解字·辵部》："道，所行道也。……一达谓之道。"陈淳《北溪字义》曰："道，犹路也。……人所通行方谓之路，一人独行不得谓之路。……众人所共由底方谓之道。"②

"坦"，义为平直，宽阔。《说文解字》曰："坦，宽也，平也，安也。"《庄子·秋水》："明乎坦途，故生而不说，死而不祸。"③《文子·上德》："大道坦坦，去身不远。"④

"幽人"的训释也存在分歧，比较流行的说法有两种，一是幽系之人，⑤二是幽隐之人。⑥但是按照这两种说法来解读爻辞，爻辞的意旨仍然晦暗难明。所以有必要对"幽人"进行重新释读。

《说文》曰："幽，隐也。从山中丝，丝亦声。"在甲骨文、金文中，"幽"字上为丝，下为火。罗振玉《增订殷墟书契考释》说："古金文幽字皆从火从丝。"⑦容庚《金文编》也说："幽，从火，不从山。"⑧"丝"由两个"幺"字构成。《说文·幺部》说："幺，小也。"朱骏声《说文通训定声》曰："此字当从半糸。糸者丝之半，幺者糸

---

① [宋]黎靖德编，杨绳其、周娴君校点：《朱子语类》第三卷，岳麓书社，1997年，第1579页。
② [宋]陈淳著，熊国祯、高流水点校：《北溪字义》，中华书局，1983年，第38页。
③ [清]郭庆藩：《庄子集释》（中），新编诸子集成本，中华书局，2004年，第568页。
④ 王利器：《文子疏义》，新编诸子集成本，中华书局，2000年，第294页。
⑤ 此说出现较早，如唐李鼎祚《周易集解》引虞翻曰："在狱中，故称幽人。"李道平《周易集解纂疏》曰："幽人者，幽系之人也。《尸子》曰'文王幽于羑里'，《荀子》曰'公侯失礼则幽'。"高亨《周易古经今注》曰："幽人谓囚人，今呼为囚徒。"
⑥ 此说约始于唐，孔颖达《周易正义》曰："'幽人贞吉'者，既无险难，故在幽隐之人，守正得吉。"朱熹《周易本义》曰："履道平坦，幽独守贞之象。"黄寿祺《周易译注》曰："幽人，幽静安恬者。"陈鼓应《周易今注今译》曰："幽人，幽隐之士。"
⑦ 罗振玉：《增订殷墟书契考释》，转引自《汉语大字典》（三卷本）上，四川辞书出版社、湖北辞书出版社，1995年，第1094页"幽"字条。
⑧ 容庚：《金文编》，转引自《汉语大字典》（三卷本）上，四川辞书出版社、湖北辞书出版社，1995年，第1094页"幽"字条。

之半,细小幽微之谊。"①《说文》:"丝,微也。从二幺。"段玉裁注:"二幺者,幺之甚也。"②这是说"丝"字为"幺"形的叠加,故其"微"义比"幺"的"小"义在程度上则更进一步。张舜徽《说文解字约注》说:"孙诒让曰:'古文幽字皆不从山,疑从古文火省。'马叙伦曰:'幽隐以双声为训。……义当为火微也。今杭州谓火微音正为幽。引申为凡微之称。'舜徽按:马说是也。幽有暗义,今湖湘间称火不大、镫不明皆谓之幽。自小篆改所从之山为山水之山,而本义晦。"③其说甚是。在甲金文中,作为文字部件的山与火形近易混,《说文》误以为从山,隶楷也从古火字变形,象山字。由此可见,"幽"的本义就是晦黯不明。《玉篇》:"幽,不明也。"《正韵》:"幽,暗也。"《小尔雅》:"幽,冥也。""幽人"就是幽暗不明之人,也就是盲人。九二爻说"幽人",六三爻则说"眇能视";《归妹》九四爻又说"眇能视,利幽人之贞","幽人"总是与"眇"连在一起。"眇"为一目失明,正表明"幽人"当为盲人。

爻辞说,行走在平坦、宽阔的大道上,目盲之人坚守正道也会获得吉祥。

"履道"与"履虎尾"不同。虎尾本非人应经行之处,"履虎尾"已有失常道。君子小心敬慎,才能化险为夷;眇跛之人鲁莽强行则难免被咥之凶。而"道"则为人之所履,"人所通行方谓之路","众人所共由底方谓之道。""履道"未失其常,有当行之理,象征行事符合礼法规范。所以即使是目盲之人,行走在"人所共由"的平坦、宽阔的大道上,也会获得吉祥。

---

① [清]朱骏声:《说文通训定声》,转引自《汉语大字典》(三卷本)上,四川辞书出版社、湖北辞书出版社,1995年,第1092页"幺"字条。
② [汉]许慎撰,[清]段玉裁注:《说文解字注》,上海古籍出版社,1981年,第304页。
③ 张舜徽:《说文解字约注》第二册,华中师范大学出版社,2009年,第951页

# 履之六三：眇能视，跛能履，履虎尾，咥人，凶；武人为于大君

"眇"，音 miǎo，义为一目失明。《说文》曰："眇，一目小也。从目，从少。""眇"字从"目"从"少"，《说文》释为"一目小"，古"小""少"通用，所以"一目小"即"一目少"，就是盲一目。《篇海类编·身体类·目部》："眇，偏盲。"《正韵》："眇，偏盲也。"《汉书·杜钦传》："钦字子夏，少好经书，家富而目偏盲。"颜师古注："偏盲者，患一目也。"①《三国志·魏·陈思王植传》注引《魏略》："丁掾好士也，即使其两目盲，尚当与女，何况但眇？"②正谓"眇"为盲一目。来知德《周易集注》："眇者，偏盲也，一目明一目不明也。"③最为得解。

"跛"，音 bǒ，义为一足残废。《说文》："跛，行不正也。"一足残废，自然行不能正。《礼记·礼器》："有司跛倚以临祭，其为不敬大矣。"郑玄注："偏任为跛。"④胡瑗《周易口义》："跛者，足之偏也。"⑤《篇海类编·身体类·足部》："跛，足偏废。"《黄帝内经素问》卷八吴昆注："一足偏引谓之跛。"⑥在爻辞中，"跛能履"紧承"眇能视"而言，若全盲则不能视，全瘫则不能履。王弼《周易注》说："故以此为明，眇目者也；以此为行，跛足者也；以此履危，见'咥'者也。"⑦孔颖达《周易正义》说："以此视物，犹如眇目自谓能视，不足为明也；以此履践，犹如跛足自谓能履，不足与

---

① [汉]班固撰，[唐]颜师古注：《汉书》三，吉林人民出版社，1998年，第1832页。
② [晋]陈寿撰，[南朝宋]裴松之注：《三国志》上，中国史学要籍丛刊本，上海古籍出版社，2011年，第512页。
③ [明]来知德集注：《周易》，国学典藏本，上海古籍出版社，2013年，第250页。
④ [汉]郑玄注，[唐]孔颖达疏：《礼记正义》卷二十四，《十三经注疏》下册，中华书局，1980年，第1442页。
⑤ [宋]胡瑗：《周易口义》卷四，《十八名家解周易》第五辑，长春出版社，2009年，第397页。
⑥ 刘之谦等：《黄帝内经素问吴注评释》，中医古籍出版社，1988年，第173页。
⑦ 楼宇烈：《周易注校释》，中华书局，2012年，第46页。

之行也。"①"不足为明""不足与行"正是解"眇"字为一目偏盲,"跛"字为一足偏废。

"能",通"而",李鼎祚《周易集解》即作"而"。在上古汉语中,"能""而"互通。《战国策·齐策四》:"如此者三人而治可为管商之师。"《吕氏春秋·不侵》作"如此者三人能治可为管商之师"。②《淮南子·原道训》:"用弱而强,转化推移,得一之道,而以少正多。"高诱注:"而,能也。"③《墨子·天志篇》:"少而视之黑谓黑,多视之黑谓白……少能尝之甘谓甘,多尝之甘谓苦。"孙诒让《墨子闲诂》引王引之曰:"能犹而也,能与而古声相近,故义亦相同。"④《说文·而部》段玉裁注:"古音能与而同,假而为能。"⑤

"武人",为古汉语成词,义为武士、勇武之人。《诗经·小雅·渐渐之石》:"武人东征,不遑朝矣。"⑥《国语·晋语》:"武人不乱,智人不诈,仁人不党。"⑦《礼记·月令》:"赏军帅武人于朝。"郑玄注:"武人谓环人之属有勇力者。"⑧《巽》卦初六"进退,利武人之贞"之"武人",与此义同。

为,帛书《易经》作"迥",《乾》卦"用九"、《坤》卦"用六",帛书《易经》作"迥九""迥六",如此,则"为""用"相通,"为"就是"用"的意思。"武人为于大君"即"武人用于大君"。

"大君",也是古汉语成词,《周易》经文凡三见,帛书《易经》一见。《战国策·楚策三》:"窃慕大君之义,而善君之业。"金正炜曰:"大君……犹王之称大王也。"⑨《战国策》之"大君"指楚王,《履》卦之"大君"与《师》卦等一样,指天子。

爻辞说,眇目强看,跛足强行,如此行走于老虎之后,会被老虎咬啮,凶险。勇武之人为君王所用。

---

① [魏]王弼、[晋]韩康伯注,[唐]孔颖达疏:《周易正义》卷二,《十三经注疏》上册,中华书局,1980年,第28页。
② 郭人民:《战国策校注系年》,中州古籍出版社,1988年,第231页。
③ 何宁:《淮南子集释》下,新编诸子集成本,中华书局,1998年,第49页。
④ [清]孙诒让:《墨子闲诂》上,新编诸子集成本,中华书局,2001年,第219页。
⑤ [汉]许慎撰,[清]段玉裁注:《说文解字注》,上海古籍出版社,1981年,第812页。
⑥ [汉]毛亨传,[汉]郑玄笺,[唐]孔颖达疏:《毛诗正义》卷十五,《十三经注疏》上册,中华书局,1980年,第499页。
⑦ [战国]左丘明撰,[三国吴]韦昭注:《国语》,中国史学要集丛刊本,上海古籍出版社,2015年,第281页。
⑧ [汉]郑玄注,[唐]孔颖达疏:《礼记正义》卷十六,《十三经注疏》上册,中华书局,1980年,第1373页。
⑨ 诸祖耿:《战国策集注汇考》(中),江苏古籍出版社,1985年,第812页。

《象》曰:"'眇能视',不足以有明也;'跛能履',不足以与行也;'咥人之凶',位不当也。"一目失明则视物不正,一足残废则行路不正。目眇强视,足跛强行,是强不能以为能,随时有可能陷入困境之中。如此行走于老虎之后,自然会招致咥啮之凶。这是居位不当、自视不明、逞强争胜造成的恶果,正如牛钮《日讲易经解义》所说:"本无见事之明,如眇不能视,强自以为视;本无任事之才,犹跛不能履,强自以为能履。以此作事,动与祸随,犹虎在前而履其尾,必至咥人而凶也。"①"武人为于大君"就属于这种情况。《象》曰:"'武人为于大君',志刚也。"武士因为有勇力,而被国君任用,效力左右,但武士刚强有余,阴柔不足,鲁莽少文,疏于礼仪,随时有可能触犯君王而惹祸上身。明代吕坤《呻吟语》说:"世有十态,君子免焉:无武人之态——粗豪。"②吕坤认为,世上有十种人的情态是君子应该避免的,其中的第一种便是"武人"的粗豪鲁莽之态。这种粗豪鲁莽之态,常常会使人逞强争胜,失于敬慎小心,陷于危险境地,就像目眇足跛之人"履虎尾"一样。

---

① [清]牛钮等:《日讲易经解义》,海南出版社,2012年,第126页。
② 朱伟奇等主编:《清言小品菁华》,海天出版社,2013年,第92页。

# 《泰》之初九：拔茅，茹以其汇；征吉

"茅"，茅草，其叶形直长尖锐如矛，故其字音义从矛。李时珍《本草纲目·草部·白茅》说："茅叶如矛，故谓之茅。""茅有白茅、菅茅、黄毛、香茅、芭茅数种，叶皆相似。"①

"茹"，根相牵引之状。王弼《周易注》说："茅之为物，拔其根而相牵引者也。茹，相牵引之貌。"楼宇烈《〈周易注〉校释》说："'茹'，借为'挐'，《说文》：'挐，牵引也。'"②李时珍《本草纲目·草部·白茅》说："其根牵连，故谓之茹。"③

"以"，及。王引之《经传释词》："以，犹及也。《易》小畜九五曰：富以其邻。虞翻注曰：以，及也。……泰初九曰：拔茅茹以其汇。言及其汇也。"④

"汇"，义为类。《广雅·释诂》："汇，类也。"扬雄《太玄经·周》："物继其汇。"范望注："汇，类也。言万物各继续其类，周复其道。"⑤《经典释文》："汇，音胃，类也。"⑥

爻辞说，拔起茅草，根系牵连带着同类，征进吉祥。

《泰》卦卦形是下乾上坤，初九、九二、九三皆为阳爻，所谓"三阳开泰"。按照《易》例，阳为君子，卦中以"茅"比喻初九之爻象，作为君子之象征。茅又称为白茅、茅菅、万根草。是一种靠根系滋生的多年生草本植物。其根状茎比较粗壮，在土中匍匐蔓延，既长又多，有时可达2、3米。拔起一棵茅草，就会带出多棵茅草。爻辞以此为喻，意在说明，当泰之时，天下有道，君子应兼济天下，有所作为，如果得

---

① 王庆国：《〈本草纲目〉（金陵本）新校注》，中国中医药出版社，2013年，第451—452页。
② 楼宇烈：《周易注校释》，中华书局，2012年，第50页。
③ 王庆国：《〈本草纲目〉（金陵本）新校注》，中国中医药出版社，2013年，第451页。
④ [清]王引之撰，黄侃、杨树达批本：《经传释词》，岳麓书社，1984年，第7—8页。
⑤ [汉]扬雄：《太玄经》，广州出版社，2003年，第10页。
⑥ [唐]陆德明：《经典释文·周易音义》，《十三经注疏》上册，中华书局，1980年，第99页。

到擢拔,则递相推荐引进,使其他人连带得到起用。程颐《程氏易传》曰:"初以阳爻居下,是有刚明之才而在下者。……时既泰,则志在上进也。君子之进必与朋类相牵援,如茅之根然。拔其一则牵连而起矣。茹,根之相牵连者,故以为象。汇,类也。贤者以其类进,同志以行其道,是以吉也。"①李光《读易详说》曰:"君子欲有所为,非一人之力能独济也。必当拔用贤才,引其朋类,同心同德,萃于朝廷,然后太平之功可得而成也。孔子曰:茅之为物薄,而用可重也。可羞于王公,可荐于神明,以象贤者有洁白之质也。茹者,根也。茅之生也,根相牵连。汇者,类也。征者,进也。进必以正,故曰征也。君子、小人,各有其类。拔其一,则皆相连而起,有茹之象。"②皆深得爻旨。

后"拔茅连茹"成为常用的典故,用来比喻互相引荐,一人提升就连带引进许多人。如三国孟达《在魏奏荐王雄》云:"臣闻明君以求贤为业,忠臣以进善为效,故《易》称'拔茅连茹',《传》曰'举尔所知'。"③宋黄庭坚《祭司马温公文》:"所进忠贤,拔茅连茹,去其奸佞,迹无遗根。"④明李贽《续藏书·逊国名臣·文学博士方公》:"拔茅连茹,随汇并进。"⑤曾国藩《覆方子白书》:"如有文可为牧令,武可为将领者,望无惜时时汲引,冀收拔茅连茹之效。"⑥"汇征""拔茅汇征""连茹汇征"等也成为表达相同含义的成语。如唐陆瑰《沧浪濯缨赋》:"进德修业兮已矣,拔茅汇征兮良在兹。"⑦宋邓肃《次韵》二首:"汇征那敢私连茹,勇退何妨在急流。"⑧《明史·王元翰传》:"近虽奉诏叙录,未见连茹汇征。"⑨《幼学琼林·科第》:"易推连茹,进贤乃汇征之途。"⑩

---

① 梁韦弦:《〈程氏易传〉导读》,齐鲁书社,2003 年,第 104 页。
② [宋]李光:《读易详说》,四库全书本。
③ [清]严可均:《全三国文》下,商务印书馆,1999 年,第 614 页。
④ 郑永晓:《黄庭坚全集辑校编年》上,江西人民出版社,2008 年,第 447 页。
⑤ 张建业主编:《李贽全集注》第九册《续藏书注》,社会科学出版社,2010 年,第 211 页。
⑥ 《曾国藩全集》第二十三册,岳麓书社,2011 年,第 634 页。
⑦ 周绍良主编:《全唐文新编》第四部第一册,吉林文史出版社,1999 年,第 8627 页。
⑧ 傅璇宗等主编:《全宋诗》第三十一册,北京大学出版社,1991 年,第 19688 页。
⑨ 《二十五史卷十三明史》,中国文史出版社,2003 年,第 1284 页。
⑩ [明]程登吉:《幼学琼林》,无障碍读国学丛书本,吉林大学出版社,2010 年,第 32 页。

# 《否》之九五：休否，大人吉；
# 其亡其亡，系于苞桑

　　《否》之九五，是《周易》中最有名的爻辞之一，曾被人们反复讨论，广为征引，爻辞中所蕴含的"惧危能安"的哲理，对后世产生了颇为深刻的影响。但事实上，"系于苞桑"的具体含义究竟应该如何理解，"惧危能安"的哲理是如何表达的，这些问题一直存在争议，值得我们进一步探究。

　　从义理上看，爻辞可以分为两个层次来解读。

　　其一是"休否，大人吉"。

　　"休"，作动词，犹言休止。

　　"否"，读为 pǐ，义为闭塞不通。《广雅》："否，隔也。"《汉书·刘向传》："否者，闭而乱也。"[1]《匡谬正俗》："否者，蔽固不通之称。"[2]《经典释文》："否，闭也，塞也。"[3]《周易集解》引崔觐曰："否，不通。"[4]

　　爻辞说，休止否闭不通的局面，大人能担此重任，获得吉祥。

　　《否》卦之"否"虽然是以闭塞不通为义，但《否》卦的核心却是讲说治否的道理，教人当否之时，如何转否成泰，化凶为吉。九五爻辞说"休否"而不说"否休"，实质上就是强调了人的主观能动作用可以促进否泰的转化过程。九五爻所象征的大人阳刚中正且居尊位，完全有条件、有能力完成"休否"的大任，获致吉祥。胡瑗《周易口义》说："夫以大人之德，能消天下之否而反于泰。"[5]程颐《程氏易传》说：

---

[1] ［汉］班固撰，［唐］颜师古注：《汉书》，吉林人民出版社，1998年，第1379页。
[2] 刘晓东：《匡谬正俗评议》，山东大学出版社，1999年，第285页。
[3] ［唐］陆德明：《经典释文·周易音义》，《十三经注疏》上册，中华书局，1980年，第99页。
[4] ［清］李道平：《周易集解纂疏》，十三经清人注疏丛书本，中华书局，1994年，第173页。
[5] ［宋］胡瑗：《周易口义》卷三，《十八名家解周易》第五辑，长春出版社，2009年，第307页。

"五以阳刚中正之德居尊位,故能休息天下之否,大人之吉也。"①朱熹《周易本义》说:"阳刚中正以居尊位,能休时之否,大人之事也。"②牛钮《日讲易经解义》说:"否至于五,乃否将尽之时也。九五阳刚中正,以居尊位,为能拨乱世而反之正,以休息天下之否,此惟德位兼隆之大人乃能当此而吉也。"③都强调了大人的"休否"之能。

其二是"其亡其亡,系于苞桑"。

"其",王引之《经传释词》说:"其,犹将也。"④杨树达《词诠》也说:"其,时间副词,将也。"⑤这种用法在早期典籍中常见,如《尚书·皋陶谟》"无旷庶官,天工人其代之"、⑥《尚书·微子》"今殷其沦丧"、⑦《尚书·牧誓》"称尔戈,比尔干,立尔矛,予其誓"等,⑧其中的"其"字皆为"将"义。

"苞桑"之寓意历来有两种说法,一种说法是比喻坚固。《文选·曹冏〈六代论〉》:"《易》曰:'其亡,其亡,系于苞桑。'周德其可谓当之矣!"李善注引郑玄曰:"苞,植也。否世之人,不知圣人有命,咸曰:其将亡矣!其将亡矣!而圣乃自系于植桑不亡矣。"⑨郑玄释"苞"为"植",但"植"为何义,"植桑"当作何解,历代易著未见深究。其实"植"当为"积"字之误,其义为草木丛生。《尔雅》:"苞,积也。"郝懿行义疏:"《鸨羽》释文:'苞,积也。'正义及《书·禹贡》正义并引孙琰曰:'物丛生曰苞,齐人名曰积。'《文选·六代论》注引《易》郑注云:'苞,植也。'植即积之形讹耳。"⑩由此可见,郑玄是解苞桑为积桑,即丛生的桑树,认为爻辞是以此比喻坚固,"自系于植桑"就可以坚固不亡。这种解释得到后世不少学者的认同,如胡瑗《周易口义》说:"桑之为物,其根干皆相迫结而坚固者也。'苞'即丛生也。夫以大人之德,能消天下之否而反于泰。虽然,且当常谓危亡之在前,不敢遑安,而曰其亡矣!其亡矣!如此之戒,则社稷盘固如系于苞桑之上,而不可拔也。"⑪程颐《程氏易传》说:"否既休息,渐将反泰,不可便为安肆,当深虑远戒,常虞否之复来,曰其

---

① 梁韦弦:《〈程氏易传〉导读》,齐鲁书社,2003年,第110—111页。
② 萧汉明、林忠军:《〈周易本义〉导读》,齐鲁书社,2003年,第97页。
③ 牛钮等:《日讲易经解义》,海南出版社,2012年,第140页。
④ [清]王引之撰,黄侃、杨树达批本:《经传释词》,岳麓书社,1984年,第109页。
⑤ 杨树达:《词诠》,中华书局,1982年,第160页。
⑥ [汉]孔安国传,[唐]孔颖达疏:《尚书正义》卷四,《十三经注疏》上册,中华书局,1980年,第139页。
⑦ [汉]孔安国传,[唐]孔颖达疏:《尚书正义》卷十,《十三经注疏》上册,中华书局,1980年,第177页。
⑧ [汉]孔安国传,[唐]孔颖达疏:《尚书正义》卷十一,《十三经注疏》上册,中华书局,1980年,第183页。
⑨ [南朝梁]萧统编,[唐]李善注:《文选》下册,岳麓书社,2002年,第1571页。
⑩ 安作璋主编:《郝懿行集》四《尔雅义疏》,齐鲁书社,2010年,第3067页。
⑪ [宋]胡瑗:《周易口义》卷三,《十八名家解周易》第五辑,长春出版社,2009年,第307页。

亡矣,其亡矣。其系于苞桑,谓为安固之道,如维系于苞桑也。桑之为物,其根深固,苞谓丛生者,其固尤甚,圣人之戒深矣。"①《朱子语类》说:"有戒惧危亡之心,则便有苞桑系固之象。该能戒惧危亡,则如系于苞桑,坚固不拔矣。"②也有学者释"苞"为"本",如《周易集解》引陆绩曰:"包,本也。言其坚固不亡,如以巽绳系也。"③孔颖达《周易正义》也说:"苞,本也。凡物系于桑之苞本则牢固也。……桑之为物,其根众也,众则牢固之义。"④虽然对"苞"字的释义与郑玄、程颐等人有别,但在以苞桑喻坚固的义理阐释上则是一致的。

这种解释影响很大,曾被人们普遍接受,所以在古代的书面语言中,每每以"苞桑""苞桑磐石""苞桑系固"等比喻国本坚固。如《南史·宋纪上·武帝》:"扶危静乱,道固于苞桑。"⑤宋黄庭坚《和谢公定征南谣》:"谋臣异时坐致寇,守臣今日愧苞桑。"⑥明罗懋登《西洋记》第四十九回:"我国家苞桑磐石,永保无虞。"⑦康有为《上清帝第二书》:"民心固结,国势自系于苞桑矣。"⑧

另一种说法是比喻不牢固,岌岌可危。明代杨慎《升庵经说》云:"今之解者以苞桑为固结之喻,非也。苞桑岂固结之物乎?盖古人朽索六马、虎尾春冰之类也。"⑨并举唐代陆贽《收河中后请罢兵状》为证:"邦国之杌陧艰屯,绵绵联联,若苞桑缀旒,幸而不殊者屡矣。势之危窘,十足寒心。"认为"此得其解"。缀旒是古代书面语中的常用典故。旒是旗帜、冠冕上的垂饰,缀旒是以悬垂的珠玉比喻国家危殆。《文选·潘勖〈册魏公九锡文〉》:"当此之时,若缀旒然,宗庙乏祀,社稷无位。"张铣注:"旒,冠上垂珠,而缀于冠者,言帝室之危,如旒之悬然,辞也。"⑩《文选·刘琨〈劝进表〉》:"国家之危,有若缀旒。"吕延济注:"旒,冕旒,上缀珠下垂而危,言国家似之。"⑪它如晋葛洪《抱朴子·君道》:"或于安而思危,或在崄而自逸;或功成治

---

① 梁韦弦:《〈程氏易传〉导读》,齐鲁书社,2003年,第111页。
② [宋]黎靖德编,杨绳其、周娴君校点:《朱子语类》第三卷,岳麓书社,1997年,第1582页。
③ [清]李道平:《周易集解纂疏》,十三经清人注疏丛书本,中华书局,1994年,第178页。
④ [魏]王弼、[晋]韩康伯注,[唐]孔颖达疏:《周易正义》卷二,《十三经注疏》上册,中华书局,1980年,第29页。
⑤ 《二十五史卷五南史、北史、隋史》,中国文史出版社,2003年,第9页。
⑥ 郑永晓:《黄庭坚全集辑校编年》上,江西人民出版社,2008年,第132页。
⑦ [明]罗懋登:《三宝太监西洋记》中,中国古典文学名著丛书本,华夏出版社,2013年,第421页。
⑧ 戴逸主编:《康有为诗文选》,巴蜀书社,2011年,第127页。
⑨ 王文才等主编:《杨升庵丛书》(第二册),天地出版社,2002年,第546页。
⑩ [南朝梁]萧统编,[唐]李善、吕延济、刘良、张铣、吕向、李周翰注:《六臣注文选》,中华书局,1987年,第664页。
⑪ [南朝梁]萧统编,[唐]李善、吕延济、刘良、张铣、吕向、李周翰注:《六臣注文选》,中华书局,1987年,第700页。

定而匪怠匪荒,或缀旒累卵而不觉不寤。"①《魏书·萧宝夤传》:"大将覆军于外,小将怀贰于内,事危累卵,势过缀旒。"②戴邈《上表请立学校》:"自倾国遭无妄之祸,社稷有缀旒之危。"③白居易《隋堤柳》:"上荒下困势不久,宗社之危如缀旒。"④等等。杨慎认为,陆贽以缀旒、苞桑并举,正说明苞桑和缀旒一样并非"固结之物"。其实早在陆贽之前,北周庾信《代人乞致仕表》已有类似用例:"臣弥当顿颔,病不俟年,盈量穷涯,满而招损,逾时每乖于勿药,永日犹系于苞桑。"⑤言乞致仕之人病体沉重,整日就像"系于苞桑"一样,随时可能坠落丧亡。这说明,以《否》卦九五"系于苞桑"比喻岌岌可危的说法亦早已有之。

这种说法自明代以后逐渐被一些《易》著所采纳,如来知德《周易集注》说:"其亡其亡者,念念不忘其亡,惟恐其亡也。……丛生曰苞,丛者聚也,柔条细弱,群居成丛者也。……桑止可取叶养蚕,不成其木,已非樟楠松柏之大矣。又况丛聚而生,则至小而柔者也。以国家之大,不系于磐石之坚固,而系于苞桑之柔小,危之甚也,即危如累卵之意。"⑥清代朱骏声《六十四卦经解》则进一步明确地把"苞桑"解作丛桑条:"又丛生也,无主干之名,言苞桑微弱,不堪重系也,与《诗》'苞杞苞栩'同。苞,积也,谓条也。"⑦尚秉和《周易尚氏学》也采纳了这种说法:"盖系在大木,方能巩固。桑而丛生,其柔可知。系于柔木,其危可知。其亡,其亡,系于苞桑者,言时时虑亡,如系于苞桑之不足恃也。"⑧

大概是基于这种理解,在古代还演化出"苞桑戒"之典,如《晋书·韦谀传》:"愿诛屏降胡,去单于之号,深思圣王苞桑之诫也。"⑨宋徐钧《臧宫》:"君王自守苞桑戒,不侈边功纪汗青。"⑩宋潘中父《题钓台》:"归欤宜审苞桑戒,勿念洁身增叹嘅。"⑪《三国演义》第十三回:"人君当守苞桑戒,太阿谁执全刚维。"⑫所谓"苞桑戒",实即覆亡之戒。钱钟书《谈艺录·南北文学风格之别》曰:"元遗山以骚怨弘

---

① 杨明照:《抱朴子外篇校笺》上,新编诸子集成本,中华书局,1991年,第246页。
② 《二十五史卷四魏书·北齐书·周书》,中国文史出版社,2003年,第283页。
③ [清]严可均辑:《全晋文》中,商务印书馆,1999年,第1229页。
④ 丁如明等校点:《白居易全集》,上海古籍出版社,1999年,第37页。
⑤ [清]倪璠:《庾子山集注》第二册,中华书局,1980年,第524页。
⑥ [明]来知德集注:《周易》,国学典藏本,上海古籍出版社,2013年,第70页。
⑦ [清]朱骏声著,胡双宝点校:《六十四卦经解》,国家图书馆出版社,2008年,第57页。
⑧ 尚秉和:《周易尚氏学》,九州出版社,2005年,第117页。
⑨ [唐]房玄龄等著:《晋书》三,中华书局,1996年,第1575页。
⑩ [宋]徐钧:《史咏》,四川大学古籍所编《宋集珍本丛刊》第87册,线装书局,2004年,第749页。
⑪ [清]厉鹗辑:《宋诗纪事》三,上海古籍出版社,2013年,第1725页。
⑫ 罗贯中:《三国演义》(校注本),中央编译出版社,2014年,第116页。

衍之才,崛起金季,苞桑之惧,沧桑之病,发于声诗,情并七哀,变穷百态。"①其所谓"苞桑之惧",实即亡国之惧。

比较而言,笔者以为后一种说法更有理据。

首先从文字训诂来看,"苞"确有丛生之义。《尚书·禹贡》"草木渐苞",孔安国传:"苞,丛生。"②《商颂·长发》"苞有三蘖",马瑞辰《毛诗传笺通释》:"苞者,木丛生之名。"③《曹风·下泉》"浸彼苞蓍",朱熹《集传》:"苞,草丛生也。"④《唐风·鸨羽》"集于苞栩",《毛传》:"苞,稹也。"《郑笺》:"稹者,根相迫迮梱致也。"《正义》引孙炎曰:"物丛生曰苞,齐人名曰稹。"⑤朱熹《集传》:"苞,丛生也。"⑥《秦风·晨风》"山有苞栎",《鲁诗》"苞"作"枹",《尔雅·释木》:"朴,枹者。"郭璞注:"朴属丛生者为枹。"⑦帛书《周易》"苞桑"正作"枹桑"。由此可见,无论作"苞桑""枹桑",还是作"稙(稹)桑",其所指是一致的,皆为"丛生桑"。《京氏易传》陆绩注:"苞桑则丛桑也。"⑧张载《横渠易说》:"苞桑,从下丛生之桑……河朔之桑,多从根斩条取叶,其生丛然。"⑨《太平御览·木部四》曰:"'其亡,其亡,系于苞桑。'苞桑,丛生桑也。"⑩清卫杰《蚕桑萃编》所记桑树种类中即有"丛生桑"。

从现代植物学角度说,丛生桑是桑树的一种,又称为桑朴、条桑、条墩桑,灌木树形,无主干,成墩状,枝条丛生,细长直柔,其桑叶可采摘饲养家蚕,其枝条可刈割编织农具。这种桑树分布较广,主要集中在现在的冀、鲁、晋、陕四省。⑪《诗经·豳风·七月》:"蚕月条桑,取彼斧斨;以伐远扬,猗彼女桑。"毛传:"女桑,荑桑

---

① 周振甫等:《钱钟书〈谈艺录〉读本》,中央编译出版社,2013年,第449页。
② [汉]孔安国传,[唐]孔颖达疏:《尚书正义》卷六,《十三经注疏》上册,中华书局,1980年,第148页。
③ [清]马瑞辰撰,陈金生点校:《毛诗传笺通释》,十三经清人注疏丛书本,中华书局,1989年,第1181页。
④ [宋]朱熹集注:《诗集传》,上海古籍出版社,1980年,第89页。
⑤ [汉]毛亨传,[汉]郑玄笺,[唐]孔颖达疏:《毛诗正义》卷六,《十三经注疏》上册,中华书局,1980年,第365页。
⑥ [宋]朱熹集注:《诗集传》,上海古籍出版社,1980年,第71页。
⑦ [晋]郭璞注,[宋]邢昺疏:《尔雅注疏》卷九,《十三经注疏》下册,中华书局,1980年,第2637页。
⑧ 郭彧:《〈京氏易传〉导读》,齐鲁书社,2002年,第69页。
⑨ 丁原明:《〈横渠易说〉导读》,齐鲁书社,2004年,第75页。
⑩ [宋]李昉:《太平御览》第四册,中华书局,1995年,第4239页。
⑪ 参见薛忠民等《陕北沙地桑资源类型——桑朴子》,《北方蚕业》,2012年第3期;邹吉录等《条桑引种造林》,《内蒙古林业》1997年第4期;徐允信等《我国北方地区条墩桑概述》,《山西农业科学》1992年第7期。

也。"①《尔雅·释木》:"女桑,桋桑。"郭璞注:"今俗呼桑树小而条长者为女桑树。"②马瑞辰《毛诗传笺通释》:"女桑,乃树名,桑之小者为女桑。……桋桑亦女桑之别名。"③所谓女桑也应是指枝条细长直柔的丛生桑而言。

《否》卦九五爻辞"其亡,其亡,系于苞桑"正是着眼于丛生桑"柔条细弱""不堪重系"的特点,来言说"惧危能安"的道理。《系辞传下》曾引述孔子语论此爻曰:"危者安其位者也,亡者保其身者也,乱者有其治者也。是故君子安而不忘危,存而不忘亡,治而不忘乱,是以身安而国家可保也。《易》曰:'其亡,其亡,系于苞桑。'"《周易集解》引崔觐注曰:"有危之虑则能安其位不失也","有亡之虑则能保其存者也","有防乱之虑则能有其治者也"④,君子常怀危亡之虑则能"身安而国家可保也",而"其亡,其亡,系于苞桑"正是"危亡之虑"的形象化表达。

---

① [汉]毛亨传,[汉]郑玄笺,[唐]孔颖达疏:《毛诗正义》卷八,《十三经注疏》上册,中华书局,1980年,第390页。
② [晋]郭璞注,[宋]邢昺疏:《尔雅注疏》卷九,《十三经注疏》下册,中华书局,1980年,第2637页。
③ [清]马瑞辰撰,陈金生点校:《毛诗传笺通释》,十三经清人注疏丛书本,中华书局,1989年,第456页。
④ [清]李道平:《周易集解纂疏》,十三经清人注疏丛书本,中华书局,1994年,第646—647页。

# 《同人》之卦辞:同人于野,亨, 利涉大川,利君子贞

　　《周易》第十三卦名"同人"。"同"为会意字,甲骨文作㠯,金文作㠯,从凡,从口。"凡"象高圈足的木盘,"口"象器物形。"凡"覆于"口"上,会"会合"之意。徐灏《说文解字注笺》曰:"口者,器物也。凡覆之,则会合为一矣。"①"同"的本义为会合,聚集。《说文》:"同,合会也。"《诗·豳风·七月》:"同我妇子,馌彼南亩。"郑玄笺:"同,犹聚也。"②《诗经·豳风·七月》:"嗟我农夫,我稼既同,上入执宫功。"郑玄笺:"既同,言已聚也。"③所谓"同人",就是合同于人,也就是聚合众人、收聚人心的意思。《同人》卦讲的就是合同于人的道理,强调人与人之间的协同合会必须宽广无私,合于君子之正道,才能发挥积极作用。卦辞"同人于野,亨,利涉大川,利君子贞"言说的就是《同人》卦的主旨要义。

　　"野",即野外。在古代,"野"有其特定指向。《说文·里部》说:"野,郊外也。"《门部》说:"邑外谓之郊,郊外谓之野。"《尔雅·释地》说:"邑外谓之郊,郊外谓之牧,牧外谓之野。"④《诗经·鲁颂·駉》毛传也说:"邑外曰郊,郊外曰野。"⑤由此可见,"郊"在"邑"外,"野"则远在"郊"外,范围比"郊"大得多。陈瓘《了斋易说》曰:"野者,远于郊邑之地也。"⑥

---

　　① 参见高景成《常用字字源字典》,语文出版社,2008年,第269页;郑春兰《汉字由来》,四川辞书出版社,2012年,第266页;翟惠林《基础汉字形音义说解》,甘肃人民出版社,2011年,第694页。
　　② [汉]毛亨传,[汉]郑玄笺,[唐]孔颖达疏:《毛诗正义》卷八,《十三经注疏》上册,中华书局,1980年,第389页。
　　③ [汉]毛亨传,[汉]郑玄笺,[唐]孔颖达疏:《毛诗正义》卷八,《十三经注疏》上册,中华书局,1980年,第391页。
　　④ [晋]郭璞注,[宋]邢昺疏:《尔雅注疏》卷七,《十三经注疏》下册,中华书局,1980年,第2616页。
　　⑤ [汉]毛亨传,[汉]郑玄笺,[唐]孔颖达疏:《毛诗正义》卷二十,《十三经注疏》上册,中华书局,1980年,第609页。
　　⑥ [宋]陈瓘:《了斋易说》,四库全书本。

《同人》之卦辞：同人于野，亨，利涉大川，利君子贞

爻辞说，在野外聚合众人，亨通，利于涉越大河巨流，利于君子坚守正道。

卦辞中的"同人于野"，与爻辞中的"同人于门""同人于宗""同人于郊"，表面上都是说同人的地点，实质上则是讲同人的范围。同人的地点由"门"到"野"，由近而远，实质上表明了同人的范围不断扩大，人数不断增多，境界不断提升。

初九曰："同人于门，无咎。"门不仅是连接内外的通道，更是内外界线的象征。在家门内和同于人，也就是聚合家人。马振彪《周易学说》云："初爻言同人于门，是同于门内，一家之人同气相亲之象。"①打仗亲兄弟，上阵父子兵，家和万事兴，聚合家人，同心戮力，当然没有咎害，所以爻辞断为"无咎"。但如此同人，毕竟范围有限，过于狭隘，难成大事，所以《小象传》说："出门同人，又谁咎也！"对"同人于门"的做法表示了不满，同时也告诉人们，同人不必局限于门庭亲情，走出门去，广泛同人，壮大力量，成就事业，又有谁会咎责呢。帛书《二三子》说："卦曰：同人于门，无咎。[孔子曰：此言]亓所同，唯[亓门人]而已矣，小德也□□。"②也是批评"同人于门"的做法只能算是"小德"而非"大德"。

六二曰："同人于宗，吝。""宗"指宗族。"同人于宗"与"同人于门"相较，虽然范围有所扩大，但也只不过是五十步和百步之别，二者相去无几，聚合的范围仍然狭隘有限，所以爻辞断为"吝"。帛书《二三子》说："[卦曰：同人于]宗，贞蔺。孔子曰：此言亓所同，唯亓室人而已[矣]。□□□□□，故曰贞蔺。"③孔颖达《周易正义》说："和同于人在于宗族，不能弘阔，是鄙吝之道。"④梁寅《周易参义》说："所同者止于宗党，而不能及远，吝之道也。"⑤洪秀全《原道醒世训》也说："在易同人于野则亨，量大之谓也；同人于宗则吝，量小之谓也。"⑥都对这种只"同"其"室人"的"同人于宗"的狭隘做法进行了批评，强调在同人的过程中，应避免这种宗族主义或宗派主义的倾向。

而卦辞说"同人于野，亨"，特取"野"喻指同人所达到的最大范围和最高境界。孔颖达《周易正义》曰："野，是广远之处。借其'野'名，喻其广远；言合同于人必须

---

① 马振彪：《周易学说》，花城出版社，2002年，第145页。
② 廖明春：《马王堆帛书周易经传释文》，《易学集成》第三卷，四川大学出版社，1998年，第3028页。
③ 廖明春：《马王堆帛书周易经传释文》，《易学集成》第三卷，四川大学出版社，1998年，第3028页。
④ [魏]王弼、[晋]韩康伯注，[唐]孔颖达疏：《周易正义》卷二，《十三经注疏》上册，中华书局，1980年，第29页。
⑤ [元]梁寅：《周易参义》，通志堂经解本。
⑥ 广东省太平天国研究会、广州市社会科学研究所编：《洪秀全集》，广东人民出版社，1985年，第13页。

宽广，无所不同，用心无私，处非近狭，远至于野，乃得亨通。"①

"利涉大川"则进一步表明，聚合众人，同心同德，有利于克服困难，成就大业。帛书《二三子》说："卦曰：同人于野，亨，利涉大川。孔子曰：此言大德之好远也。所行囗囗囗囗远，和同者众，以济大事，故曰［利涉大川］。"②孔颖达《周易正义》说："与人同心，足以涉难，故曰'利涉大川'也。"③牛钮《日讲易经解义》说："同人于野，则旷远而无私。……所同无私，则足以致人之亲辅、来人之信从，何举不遂？何往不济？凡事皆亨，虽事之大而难者，如大川之险，亦利于涉矣。"④

但聚众也可以谋乱，所以卦辞又强调，聚合众人，只利于君子坚持正道。君子才德兼备，能够聚合并领导众人从事正义的事业。孔颖达《周易正义》曰："与人和同，易涉邪僻，故'利君子贞'也。"⑤牛钮《日讲易经解义》说："卦辞言同于人者，当大公无私，而贵合于君子之正道也。"⑥

九三、九四、九五三爻通过一场战事对卦辞"同人于野，利涉大川，利君子贞"作了形象的说明。这是一场防卫战，是一场抵抗外敌入侵的正义战争。九三爻说："伏戎于莽，升其高陵，三岁不兴。"伏莽之戎应指来犯之敌，邓梦文《八卦馀生》曰："有同则必有异，有君子则必有小人，世事之不齐，类如此。方大同之时，而已有戎窥伺于侧矣。"⑦"升其高陵"是说伏莽之戎登上高处发动进攻，"兴"应训为成。⑧"三岁不兴"的原因就在于我方"同人"，团结一心，众志成城。九四爻说："乘其墉，弗克攻，吉。""乘"应训为增高。⑨ 我方修葺加高城墙，使前来进犯的敌人无法攻占，吉祥。九五爻说："同人，先号咷，而后笑，大师克相遇。"虽然我方的抵抗艰苦

---

① ［魏］王弼、［晋］韩康伯注，［唐］孔颖达疏：《周易正义》卷二，《十三经注疏》上册，中华书局，1980年，第29页。
② 廖明春：《马王堆帛书周易经传释文》，《易学集成》第三卷，四川大学出版社，1998年，第3028页。
③ ［魏］王弼、［晋］韩康伯注，［唐］孔颖达疏：《周易正义》卷二，《十三经注疏》上册，中华书局，1980年，第29页。
④ ［清］牛钮等：《日讲易经解义》，海南出版社，2012年，第142页。
⑤ ［魏］王弼、［晋］韩康伯注，［唐］孔颖达疏：《周易正义》卷二，《十三经注疏》上册，中华书局，1980年，第29页。
⑥ ［清］牛钮：《日讲易经解义》，海南出版社，2012年，第142页。
⑦ ［明］邓梦文：《八卦馀生》，四库存目本
⑧ "兴"有成功之义。《国语·楚语上》："教备而不从者，非人也，其可兴乎？"韦昭注："兴，犹成也。"《尚书大传》："秋养耆老而春食孤子，乃勃然招乐，兴于大鹿之野。"郑玄注："兴，成也。"
⑨ 乘，义为增高。《说文》曰："乘，覆也。"李孝定《甲骨文字集释》说："乘之本义为登、为升，引申之为加其上。许训覆也，与加其上同意。"由此，乘又可引申为升高、加高之义。闻一多《周易义证类纂》："乘，犹增也。《淮南子·泛论训》篇注曰：'乘，加也。'……《诗·七月》'亟其乘屋'，乘亦训增，谓增加其屋之苫盖。……'乘其墉，弗克攻'，谓增高其城墉，使敌来不能攻，故为吉占。"

卓绝,但最终大部队赶来,打败了来犯之敌,与守城将士胜利会师。三、四、五爻的战争之喻,可以看做是卦辞"利涉大川"的另一种表达方式,也是在强调"同人"的重要意义。欧阳修《画舫斋记》说:"《周易》之象,至于履险蹈难,必曰涉川。"[1]外敌入侵,对任何邦国来说都是一场灾难。《同人》卦告诉我们,只要"同人于野","通天下之志",就可以履险蹈难,打败来犯之敌。

---

[1] 李之亮:《欧阳修集编年笺注》三,巴蜀书社,2007年,第71页。

# 《谦》之初六：劳谦，君子有终，吉

《周易》第十五卦名"谦"。"谦"为形声兼会意字，《说文解字》说："谦，敬也。从言，兼声。"杨树达《积微居小学述林》认为："此许君泛训，非胜义也。愚以兼声声类求之，谦盖谓言之不自足者也。知者，兼声之字多含薄小不足之义。"①其说甚是。谦字所从之"兼"，不仅表声，同时也表达特定的意义。《说文·秝部》："兼，并也。从又持秝。兼，持二禾，秉，持一禾。""又"为手的象形字，"兼"字以手持二禾的构形会并有之意。但在古代语言中，二禾又构成了一个表达特定意义的汉字"秝"，读为"lì"。《说文》："秝，稀疏适也。从二禾，读若历。"段玉裁注："《玉篇》曰：'秝，稀疏厤厤然。'盖凡言历历可数……当作秝"②二禾为"秝"，有稀疏、稀少之义。"兼"字手持二禾的构形，也可以会所获稀少、不足之意。只是会所获稀少、不足之意的"兼"没有象会并有之意的"兼"那样作为一个独立的表意文字单独使用，而仅仅是作了其他一些汉字的义符。所以"兼声之字多含薄小不足之义"，如慊、歉、嗛、谦、廉等。"谦"字从言，从兼，其本义为"言之不自足"，也就是说话恭谨，不自满。

元代熊禾《张以谦字说》说："谦，美德也。"③《周易·谦》卦正是从道德的层面谈论谦德的。作为一种美德，"谦"的含义非常丰富，论其大端，主要有二：

其一是自轻、自损、自虚、自抑。《杂卦传》曰："谦轻。"韩康伯注："谦者，不自重大。"④谦是轻己重人。裴骃《史记集解》引王肃曰："谦，自谦损也。"⑤《字汇·言

---

① 杨树达：《几微居小学述林》，中华书局，1983年，第10页
② ［汉］许慎撰，［清］段玉裁注：《说文解字注》，上海古籍出版社，1981年，第594页。
③ 李修生主编：《全元文》第十八册，江苏古籍出版社，2000年，第559页。
④ ［魏］王弼、［晋］韩康伯注，［唐］孔颖达疏：《周易正义》卷九，《十三经注疏》上册，中华书局，1980年，第96页。
⑤ 邹得金整理：《名家注评史记》中，天津人民出版社，2010年，第422页。

部》:"谦,不自满也。"北齐刘昼《刘子·明谦》曰:"谦者在于降己,以高下卑,以圣从鄙。"①朱熹《朱子语类》曰:"谦则抑己之高而卑以下人。"②谦德的一个重要表征就是低调、克制、不显扬、不张狂、不炫耀、不自傲,"己之虽有,其状若无,己之虽实,其容若虚",③通过损抑降低自己高出普遍水准的德性才能来达到与世俗的平衡,以示对他人的尊重。

其二是卑退辞让。《左传·昭公五年》杜预注:"谦道卑退。"孔颖达疏:"谦是卑退之意。"④《经典释文》曰:"谦,卑退为义,屈己下物也。"⑤《玉篇》曰:"谦,逊让也。"卑退辞让是基于谦德表现出来的具体的处事态度,其基本精神是把方便、好处、利益留给别人,给他人的生存发展让出弹性空间。《论语·学而》刑昺疏云:"先人后己谓之让。"⑥贾谊《新书·道术》云:"厚人自薄谓之让。"⑦《尚书·尧典》:"允恭克让。"郑玄注:"推贤尚善曰让。"⑧古人给予谦让之德以极高的评价。《国语·周语》说:"德莫若让。"⑨《左传·文公元年》说:"卑让,德之基也。"⑩《左传·昭公十年》又说:"让,德之主也,让之谓懿德。"⑪《礼记·曲礼上》说:"博闻强识而让,敦善行而不殆,谓之君子。"⑫

轻虚损抑与卑退辞让是谦德密切相关的两个方面,自轻、自虚、自损、自抑是人卑退辞让的前提条件,卑退辞让是人自轻、自虚、自损、自抑付之于行的结果,所以古代学者对谦德的解释,往往包含了这两个重要方面。孔颖达《周易正义》说:"谦者,屈躬下物,先人后己。"⑬胡瑗《周易口义》说:"谦者,卑退而不自骄盈之谓

---

① 杨明照校注、陈应鸾增订:《增订刘子校注》,巴蜀书社,2008年,第543页。
② [宋]黎靖德编,杨绳其、周娴君校点:《朱子语类》第三卷,岳麓书社,1997年,第1588页。
③ [唐]吴兢撰,裴汝诚译注:《贞观政要译注》,上海古籍出版社,2007年,第184页。
④ [晋]杜预注,[唐]孔颖达疏:《春秋左传正义》卷四十三,《十三经注疏》下册,中华书局,1980年,第2041页。
⑤ [唐]陆德明:《经典释文·周易音义》,《十三经注疏》上册,中华书局,1980年,第100页。
⑥ [魏]何晏注、[宋]邢昺疏:《论语注疏》卷一,《十三经注疏》下册,中华书局,1980年,第2458页。
⑦ [汉]贾谊著,阎振益等注:《新书校注》,新编诸子集成本,中华书局,2000年,第303页。
⑧ [汉]孔安国传,[唐]孔颖达疏:《尚书正义》卷二,《十三经注疏》上册,中华书局,1980年,第119页。
⑨ [战国]左丘明撰,[三国吴]韦昭注:《国语》,中国史学要籍丛刊本,上海古籍出版社,2015年,第74页。
⑩ [晋]杜预注,[唐]孔颖达疏:《春秋左传正义》卷十八,《十三经注疏》下册,中华书局,1980年,第1837页。
⑪ [晋]杜预注,[唐]孔颖达疏:《春秋左传正义》卷四十五,《十三经注疏》下册,中华书局,1980年,第2058页。
⑫ [汉]郑玄注,[唐]孔颖达疏:《礼记正义》卷三,《十三经注疏》上册,中华书局,1980年,第1248页。
⑬ [魏]王弼、[晋]韩康伯注,[唐]孔颖达疏:《周易正义》卷二,《十三经注疏》上册,中华书局,1980年,第30页。

也。"①程颐《程氏易传》说:"有其德而不居,谓之谦。"②朱熹《周易本义》说:"谦,有而不居之义。"③有其实而不居其名,有其才而不居其位,这就是谦德。

　　谦德与古人所崇尚的"礼"密不可分。《系辞传》在谈到《谦》卦时提出一个重要论断:"谦以制礼。"孔颖达《周易正义》疏曰:"性能谦顺,可以裁制于礼。"④《周易折中》引陆九渊曰:"自尊大,则不能由礼,卑以自牧,乃能自节制以礼也。"⑤这是说,施行谦德,可以控制人在各种情形下都依礼而行,谦德与礼的精神具有深刻的内在一致性,所以《史记·乐书》说"礼主其谦"。⑥ 礼是敬的仪式,敬是礼的灵魂,古礼的要义就是教人克制自己,尊敬他人。《孝经·广要道》说:"礼者,敬而已矣。"⑦《礼记·曲礼上》说:"夫礼者,自卑而尊人。"⑧而谦德的本质就是通过降低损抑自我价值来达到对他人的尊重,敬可以说是谦形之于态度仪表、见之于人际交往的表征。《说文解字》说:"谦,敬也。"段玉裁注:"敬,肃也。谦与敬义相成。"⑨《国语·鲁语》韦昭注:"恭为谦。"⑩礼的基础和根本在于让。《左传·襄公十三年》说:"让,礼之主也。"⑪朱熹《论语集注》说:"让者,礼之实也。"⑫《礼记·表记》引孔子语说:"君子……信让以求役礼。"⑬《礼记·曲礼上》说:"君子恭敬撙节退让以明礼。"⑭《史记·乐书》说:"君子以谦退为礼。"⑮而卑退辞让正是基于谦德表现出来的具体的处事态度。所以,礼的精神的显现有赖于谦德的施行,施行谦德就可以使人在各种情形下都依礼而行。

　　《谦》卦的主旨就是阐发谦道,弘扬谦德。卦辞说:"谦,亨。"正表明谦道美善

---

① [宋]胡瑗:《周易口义》卷三,《十八名家解周易》第五辑,长春出版社,2009年,第311页。
② 梁韦弦:《〈程氏易传〉导读》,齐鲁书社,2003年,第121页。
③ 萧汉明、林忠军:《〈周易本义〉导读》,齐鲁书社,2003年,第100页。
④ [魏]王弼、[晋]韩康伯注,[唐]孔颖达疏:《周易正义》卷八,《十三经注疏》上册,中华书局,1980年,第89页。
⑤ [清]李光地:《周易折中》,巴蜀书社,2014年,第547页。
⑥ 邹得金整理:《名家注评史记》中,天津人民出版社,2010年,第422页。
⑦ [唐]李隆基注,[宋]邢昺疏:《孝经注疏》卷六,《十三经注疏》下册,1980年,第2556页。
⑧ [汉]郑玄注,[唐]孔颖达疏:《礼记正义》卷一,《十三经注疏》上册,中华书局,1980年,第1231页。
⑨ [汉]许慎撰,[清]段玉裁注:《说文解字注》,上海古籍出版社,1981年,第188页。
⑩ [战国]左丘明撰,[三国吴]韦昭注:《国语》,中国史学要籍丛刊本,上海古籍出版社,2015年,第142页。
⑪ [晋]杜预注,[唐]孔颖达疏:《春秋左传正义》卷三十二,《十三经注疏》下册,中华书局,1980年,第1954页。
⑫ [宋]朱熹:《四书章句集注》,中华书局,2011年,第71页。
⑬ [汉]郑玄注,[唐]孔颖达疏:《礼记正义》卷五十四,《十三经注疏》下册,中华书局,1980年,第1641页。
⑭ [汉]郑玄注,[唐]孔颖达疏:《礼记正义》卷一,《十三经注疏》上册,中华书局,1980年,第1231页。
⑮ 邹得金整理:《名家注评史记》中,天津人民出版社,2010年,第406页。

可行,行谦道就会"所在皆通"。①《韩诗外传》说:"《易》有一道,大足以守天下,中足以守其国家,小足以守其身,谦之谓也。"②可以视为对"谦,亨"的最好说明。全卦六爻,一一揭示行谦必益的道理。九三是全卦中唯一的阳爻,王宗传《童溪易传》曾说"《谦》之成卦,在此一爻。"③其爻辞"劳谦,君子有终,吉"是《系辞传》中仅有的孔子解易十九则之一,其爻旨深刻体现了《谦》卦的伦理意蕴,值得我们细细玩索。

事实上,在历代《易》著中,人们对九三爻辞的解读也存在分歧,分歧的焦点在于"劳"和"有终"之义。

"劳"字之义,历代《易》著多以"功劳"为训,但自元代以来,开始有学者以"勤劳"为训。如胡炳文《周易本义通释》说:"所谓'劳'者,即《乾》之'终日乾乾'。"④来知德《周易集注》也说:"劳者,勤也。……旧注因《系辞》'有功而不德'句,遂以为功劳,殊不知劳乎民后方有功,此爻止有劳而不伐意。"⑤现代学者黄寿祺、张善文的《周易译注》承袭此说,释"劳谦"为"勤劳谦虚"。⑥笔者以为,以"功劳"为训,既有训诂学上的依据,也更符合爻旨和卦义。

《说文·力部》曰:"劳,剧也。从力,荧省。荧火烧冖,用力者劳。"段玉裁注曰:"烧冖,谓烧屋也。斯时用力者最劳矣。"⑦其实早就有文字学家指出,《说文》的解说过于牵强,如戴侗《六书故》说:"许氏之说,凿而不通。"⑧王筠《说文句读》也说:"字形不可解,许君委曲以通之。"⑨"劳"字金文作𤇾,王国维《毛公鼎铭考释》说:"象两手奉爵形……古之有劳者,奉爵以劳之,故从两手奉爵。"⑩康殷《文字源流浅说》认为,其字"象双手捧爵酒相劳之状,爵亦声,转为劳苦之意。"⑪谷衍奎《汉字源流字典》也认为:其字"会双手举爵对辛劳有功者进行慰问犒劳之意。……本

---

① [魏]王弼、[晋]韩康伯注,[唐]孔颖达疏:《周易正义》卷二,《十三经注疏》上册,中华书局,1980年,第30页。
② 屈守元:《韩诗外传笺疏》,巴蜀书社,1996年,第319页。
③ [清]李光地:《周易折中》,巴蜀书社,2014年,第93—94页。
④ [清]李光地:《周易折中》,巴蜀书社,2014年,第94页。
⑤ [明]来知德集注:《周易》,国学典藏本,上海古籍出版社,2013年,第82页。
⑥ 黄寿祺、张善文:《周易译注》,上海古籍出版社,2004年,第130页。
⑦ [汉]许慎撰,[清]段玉裁注:《说文解字注》,上海古籍出版社,1981年,第1226页。
⑧ [宋]戴侗:《六书故》,温州文献丛书本,上海社会科学院出版社,2006年,第398页。
⑨ [清]王筠:《说文句读》,转引自《汉语大字典》(三卷本)上,四川辞书出版社、湖北辞书出版社,1995年,第376页"勞"字条。
⑩ 王国维:《观堂古金文考释》,上海古籍书店,1983年,第7页。
⑪ 康殷:《文字源流浅说》,转引自何金松《汉字形义考源》,武汉出版社,1996年,第278页。

义指犒劳,慰劳……引申也指功劳……功劳是花力气换来的,又引申指费力,用力……由费力又引申指辛苦,劳累。"①这一解释与"劳"字形义颇为契合。"劳"字本义为慰劳、犒劳,引申为功劳,进一步引申才有勤劳、辛劳之义。《诗经·大雅·民劳》:"无弃尔劳,以为王休。"郑玄笺:"劳,犹功也。"②朱熹《集传》:"劳,犹功也。"③李士鉁《周易注》:"劳,功也。事功曰劳"④"劳谦"之"劳"应为功劳,而非勤劳,劳而无功,有何可谦。

"有终"之义,古代《易》著皆释为坚持长久,如王弼《周易注》释九三"有终"为"匪懈",⑤孔颖达《周易正义》释卦辞"君子有终"曰:"小人行谦,则不能长久,惟君子有终也。"⑥现代易著则多释为有好结局,如高亨《周易大传今注》释为"君子有好结果",⑦刘大钧《周易概论》释为"君子有好的结局",⑧陈鼓应、赵建伟《周易今注今译》释为"有好结果",⑨廖明春:《〈周易〉经传十五讲》释为"君子会有好的结局"。⑩两说相较,笔者以为,古代《易》著的解释显然更为深刻。

《礼记·表记》说:"子曰:'事君慎始而敬终。'"⑪《左传·襄公二十五年》引《书》说:"慎始而敬终,终以不困。"⑫《战国策·秦策四》说:"《诗》云:'靡不有初,鲜克有终。'《易》曰:'狐濡其尾。'此言始之易终之难也。"⑬古人崇尚做事慎始敬终,认为始易终难。虽然谦道美善可行,行谦道就会"所在皆通",但是行谦道必须重人轻己,先人后己,克制自己,尊敬他人,一般人是很难坚持长久的。所以卦辞说:"谦,亨,君子有终。"认为只有君子才能保持谦德至终。九三爻辞又说:"劳谦,

---

① 谷衍奎:《汉字源流字典》,华夏出版社,2003年,第250页。
② [汉]毛亨传,[汉]郑玄笺,[唐]孔颖达疏:《毛诗正义》卷十七,《十三经注疏》上册,中华书局,1980年,第548页。
③ [宋]朱熹集注:《诗集传》,上海古籍出版社,1980年,第200页。
④ 马振彪:《周易学说》引,花城出版社,2002年,第164页。
⑤ 楼宇烈:《周易注校释》,中华书局,2012年,第62页。
⑥ [魏]王弼、[晋]韩康伯注,[唐]孔颖达疏:《周易正义》卷二,《十三经注疏》上册,中华书局,1980年,第30页。
⑦ 高亨:《周易大传今注》,齐鲁书社,1998年,第138页。
⑧ 刘大钧:《周易概论(增补本)》,巴蜀书社,2008年,第325页。
⑨ 陈鼓应、赵建伟:《周易今注今译》,商务印书馆,2005年,第150页。
⑩ 廖明春:《〈周易〉经传十五讲》,北京大学出版社,2004年,第85页。
⑪ [汉]郑玄注,[唐]孔颖达疏:《礼记正义》卷五十四,《十三经注疏》下册,中华书局,1980年,第1643页。
⑫ [晋]杜预注,[唐]孔颖达疏:《春秋左传正义》卷三十六,《十三经注疏》下册,中华书局,1980年,第1986页。按《左传》所引之《书》,杜预注为"逸书",《逸周书·常训篇》:"慎微以始而敬终,乃不困。"与《左传》所引略同。
⑬ 诸祖耿:《战国策集注汇考》,江苏古籍出版社,1985年,第380页。

君子有终,吉。"则是进一步强调,有功劳而谦虚,这种处事态度只有君子能坚持始终。诚如程颐《程氏易传》所论:"夫乐高喜胜,人之常情,平时能谦,固已鲜矣,况有功劳可尊乎?虽使知谦之善,勉而为之,若矜负之心不忘,则不能长久,欲其有终,不可得也。惟君子安履谦顺,乃其常行,故久而不变,乃所谓有终,有终则吉也。"①

---

① 梁韦弦:《〈程氏易传〉导读》,齐鲁书社,2003年,第123页。

# 《豫》之六二：介于石，不终日，贞吉

《豫》卦六二"介于石，不终日，贞吉"，是《周易》中被广为引用、化用的名爻。咋看起来，爻辞显得简约古奥，晦涩难懂，但经过《易传》等古代易著的解释和阐发，就具有了君子知几如神、见几而作的微言大义。这样的解释和阐发，某种程度上就是把新意义注入旧经典的过程，颇为耐人寻味。

"豫"有欢乐、和乐之义。《尔雅·释诂》曰："豫，乐也。"《周易集解》引郑玄曰："豫，喜佚悦乐之貌也。"①孔颖达《周易正义》曰："谓之豫者，取逸豫之义。"②程颐《程氏易传》曰："豫者，安和悦乐之义。"③《豫》卦讲的就是如何处乐的问题。其初爻曰："鸣豫，凶。"黄寿祺释为沉溺于欢乐而自鸣得意，有凶险；④刘大钧释为以佚乐闻名，有凶险；⑤高亨释为声名外闻而因此耽于享乐，则有凶险。⑥几位当代易学家的解释虽不尽相同，但都认为初爻揭示了处乐的一种态度，即沉溺于欢乐，而爻辞对这种处乐态度的断占则是"凶"。接下来的第二爻"介于石，不终日，贞吉"，则揭示了处乐的另一种态度，欢乐必须适中，不可沉溺于欢乐。"介"是耿介正直之状。《经典释文》云："介，古文作砎。"⑦《类篇》云："砎，硬也。"《正字通·人部》云："凡坚确不拔亦曰介。"于，王引之《经传释词》曰："于，犹如也……是介于石即介如石也。"⑧爻辞的意思是说，君子处乐之时，因为自身耿介如石，所以不会终日

---

① [清]李道平：《周易集解纂疏》，十三经清人注疏丛书本，中华书局，1994年，第200页。
② [魏]王弼、[晋]韩康伯注，[唐]孔颖达疏：《周易正义》卷二，《十三经注疏》上册，中华书局，1980年，第31页。
③ 梁韦弦：《〈程氏易传〉导读》，齐鲁书社，2003年，第125页。
④ 黄寿祺、张善文：《周易译注》，上海古籍出版社，2004年，第136页。
⑤ 刘大钧：《周易概论》（增补本），巴蜀书社，2008年，第325页。
⑥ 高亨：《周易大传今注》，齐鲁书社，1998年，第143页。
⑦ [唐]陆德明：《经典释文·周易音义》，《十三经注疏》上册，中华书局，1980年，第100页。
⑧ [清]王引之撰，黄侃、杨树达批本：《经传释词》，岳麓书社，1984年，第25页。

沉溺于欢乐,守持正固,可获吉祥。

《易传》是最早系统解释《易经》的著作,率先把《豫》卦六二爻辞与君子知几联系起来:"子曰:知几其神乎?君子上交不谄,下交不渎,其知几乎?几者,动之微,吉之先见者也。君子见几而作,不俟终日。《易》曰:'介于石,不终日,贞吉。'介如石焉,宁用终日,断可识矣。君子知微知彰,知柔知刚,万夫之望。"李鼎祚《周易集解》引崔觐曰:"如石之耿介,守志不移,虽暂豫乐,以见其微,而不终日,则能贞吉,断可知矣。"①这是说耿介如石的君子,上交不谄媚,下交不侵渎,守志不移,所以能知几如神,见几而作,不俟终日。《系辞传》的解释有三点值得注意:

其一,传文首先提出了"几"的概念。"几"是指事物矛盾运动中隐而未显的发展动向。《系辞传》曰:"几者动之微,吉之先见者也。"韩康伯注曰:"几者,去无人有,理而未形,不可以名寻,不可以形睹者也。……合抱之木,起于毫末;吉凶之彰,始于微兆。"②孔颖达《周易正义》曰:"凡几微者,乃从无向有,其事未见,乃为几也。"③张载《横渠易说》曰:"几者,象见而未形也。形则涉乎明,不待神而后知也。"④程颐《程氏易传》曰:"所谓几者,始动之微也,吉凶之端可先见而未著者也。"⑤"几"作为事物矛盾运动的早期发展动向,还处于未形、未著的潜隐状态,凡人常情往往忽而不睹,视而不见。只有圣明君子能察事象之微,识寻常所忽,见几而作,不俟终日。

其次,传文把《豫》卦六二爻辞君子处乐而"不终日"视为君子知几的一个具体例证。《豫》卦讲的是处乐之道,追求欢乐是人的自然本能,但悲与欢、苦与乐两端又是互为依存的,欢极生悲,乐尽哀来,物极必反,过分沉溺于欢乐就会带来悲苦的结果。《礼记·曲礼上》说"志不可满,乐不可极",⑥《孟子·告子下》说"生于忧患,而死于安乐",⑦汉武帝《秋风辞》说"欢乐极兮哀情多",⑧这是古人在长期生活中总结出的深刻教训。《豫》卦初爻对于沉溺于欢乐的处乐态度就给出了"凶"的

---

① [清]李道平:《周易集解纂疏》,十三经清人注疏丛书本,中华书局,1994年,第650页。
② [魏]王弼、[晋]韩康伯注,[唐]孔颖达疏:《周易正义》卷八,《十三经注疏》上册,中华书局,1980年,第88页。
③ [魏]王弼、[晋]韩康伯注,[唐]孔颖达疏:《周易正义》卷一,《十三经注疏》上册,中华书局,1980年,第20页。
④ [宋]张载:《横渠易说》卷二,《十八名家解周易》第二辑,长春出版社,2009年,第397页。
⑤ 梁韦弦:《〈程氏易传〉导读》,齐鲁书社,2003年,第128页。
⑥ [汉]郑玄注,[唐]孔颖达疏:《礼记正义》卷一,《十三经注疏》上册,中华书局,1980年,第1230页。
⑦ [汉]赵岐注,[宋]孙奭疏:《孟子注疏》卷十二,《十三经注疏》下册,中华书局,1980年,第2762页。
⑧ [南朝梁]萧统编,[唐]李善注:《文选》下册,岳麓书社,2002年,第1392页。

占断。而六二爻所象征的君子则虽处欢乐之中,却并不终日沉溺于欢乐,而是乐而有度,乐而有节。这说明他预见到欢乐背后潜藏的危机,悟知了欢乐必须适中的道理,这无疑是一种由近知远、见微知著的大智慧,是一种先见之明。所以《系辞传》便把君子处乐而"不终日"视为君子知几如神、见几而作、不俟终日的一个具体例证。

其三,传文把"介如石"视为君子知几的先决条件。《豫》卦六二爻辞所象征的君子,之所以身处欢乐之中能够预见到欢乐背后的危机,而不沉溺于欢乐,关键就在于他耿介如石,能够把持住身心,坚固不移,不惑于事。《系辞传下》说:"君子上交不谄,下交不渎,其知几乎!"而"上交不谄,下交不渎"正是"介于石"的具体表现。这实质上是把耿介如石的个人操守视为君子知几的先决条件。王弼《周易注》对《豫》卦六二爻辞的解释与《系辞传》一脉相承:"处豫之时,得位履中,安夫贞正,不求苟豫者也。顺不苟从,豫不违中,是以上交不谄,下交不渎。明祸福之所生,故不苟说;辨必然之理,故不改其操。介如石焉,不终日明矣。"①六二爻象征君子处于逸豫之时,仍处在中正的位置,安于贞正,不沉溺于逸豫。处于顺境之中不苟且随流,处于逸豫之中不违背中正,与上交不谄媚,与下交不侵渎。这是对"介于石"的进一步解释。这样的君子明晓祸福的起因,所以不随便喜悦;知道必然的道理,所以不改变操守。最后两句"介如石焉,不终日明矣"又归结到六二爻辞的义理,言君子正因为耿介如石,所以不待一天终了,就能迅速发现错误的苗头,见几而作,立即改正。这种解释与《系辞传》一脉相承,同样是把耿介如石的个人操守视为君子知几的先决条件。贺贻孙《易触》对《豫》卦六二爻辞的解释,则更为明确地强调了耿介如石的个人操守对君子知几的决定作用:"当豫之时,上谄下渎,溺而不返,皆见其已然,而不见其未然也。不谄不渎,则见几而不俟终日矣。此无他,无欲故也。无欲则立于物先,而能见物,如蓍龟无心而知吉凶也,故曰贞吉。"②牛钮《日讲易经解义》也说:"夫人溺于富贵逸乐,其心易蔽,其神易昏,故事几之来,当前迷眩。以介石者处此,静而能明,安而能虑,则凡微彰刚柔之几,一见即决,转移趋避,有不待事之终日而始知者,良由心中淡然无欲而得操守之正也。……盖常人多欲,其悟也恒在事后,故咎至而不知;至人无欲,其觉也恒在几先,故超然而无咎。"③处

---

① 楼宇烈:《周易注校释》,中华书局,2012年,第65页。
② [清]贺贻孙:《易触》,敕书楼藏刊《水田居全集》本。
③ [清]牛钮等:《日讲易经解义》,海南出版社,2012年,第164—165页。

乐之时,乐而不返,是"见其已然,而不见其未然",只看到欢乐,而没看到欢乐背后潜藏的危机。乐而有度,"不终日(豫)",则是见其已然,知其未然,透过眼前的欢乐,预见到欢乐背后潜藏的危机,见几而作,不俟终日。而能够知几的原因没别的,就是"无欲"。"无欲"则能不惑于事,"无欲则能立于物先,而能见物",无欲则"其觉也恒在几先,故超然而无咎"。"无欲"就是"介于石"的个人操守。

在中国古代,"知几"是对君子的智慧要求,是君子应该达到的道德境界。《系辞传》说:"君子知微知彰,知柔知刚,万姓之望。"君子悟知事物潜隐的发展动向,就会推知事物发展必然彰显的结果,知道阴柔的一面,便可推知阳刚的一面,这样的君子为万民所仰望。《礼记·中庸》说:"君子之道淡而不厌,简而文,温而理,知远之近,知风之至,知微之显,可与入德矣。"[①]君子能够由近知远,由风知源,由微知著,睹末察本,探端知绪,这样就可以进入道德的境界了。《白虎通·性情》更把"知几"视为仁义礼智信五德中"智"的重要内容:"智者,知也。独见前闻,不惑于事,见微而知著也。"[②]董仲舒《春秋繁露·必仁且智》也说:"智者见祸福远,其知利害早;物动而知其化,事兴而知其归,见始而知其终……如是者,谓之智。"[③]"知几"是圣明君子应该达到的一种道德境界。《系辞传》说:"惟几也,故能成天下之务。"只有"知几""研几",才能见微知著;只有见几而作,才能以微制著,防微杜渐,成就大业。《豫》卦六二爻辞"介于石,不终日",经过《系辞传》以来易学家的不断阐释发挥,而被赋予了君子知几、见几而作的特定内涵,其中所包含的义理已具有普遍意义,而不限于处乐之道了。这也正是《豫》卦六二爻辞被广为征引、化用的根本原因。

较早引用《豫》卦六二爻辞的是班固的《白虎通》。其《谏诤》篇说:"《援神契》曰:'三谏,待放复三年,尽悾悾也。'所以言放者,臣为君讳,若言有罪放之也。所谏事已行者,遂去不留。凡待放者,冀君用其言耳;事已行,灾咎将至,无为留之。《易》曰:'介于石,不终日,贞吉。'《论语》曰:'三日不朝,孔子去。'"[④]细读原文可知,作者引用此爻意在说明,臣子直言敢谏,难免获罪于君,即使"所谏事已行",接下来也难免"灾咎将至";进谏之臣"遂去不留",是防患于未然、避危于无形的知几

---

[①] [汉]郑玄注,[唐]孔颖达疏:《礼记正义》卷五十三,《十三经注疏》下册,中华书局,1980年,第1635页。
[②] [清]陈立撰,吴则虞点校:《白虎通疏证》,新编诸子集成本,中华书局,1994年,第382页。
[③] [清]苏舆撰,钟哲点校:《春秋繁露义证》,新编诸子集成本,中华书局,2010年,第259页。
[④] [清]陈立撰,吴则虞点校:《白虎通疏证》,新编诸子集成本,中华书局,1994年,第229—230页。

之举。《谏诤》篇接着又引《论语·微子》为证,其原文为:"齐人归女乐,季桓子受之。三日不朝,孔子行。"尹焞注曰:"受女乐而怠于政事如此,其简贤弃礼,不足与有为可知矣。夫子所以行也,所谓见几而作,不俟终日者与?"①齐人向鲁国赠送善于歌舞的美女,鲁大夫季桓子代为接受。鲁定公和季桓子一起观看美女歌舞,一连几天没有上朝。孔子认为鲁定公"简贤弃礼,不足与有为",便离开了鲁国。尹焞认为,孔子之"行"是"见机而作,不俟终日"的明智之举。也正因此,班固在《白虎通·谏诤》篇中,既引《豫》卦六二爻辞"介于石,不终日,贞吉",又引《论语·微子》"三日不朝,孔子去",来论说同一事理。由此可见,《豫》卦六二爻辞经由《易传》引申生发的特定内涵,在汉代就被人们接受了。

徐幹《中论》也曾引用《豫》卦六二爻辞,其《智行》篇说:"殷有三仁,微子介于石不终日,箕子内难而能正其志,比干谏而剖心。君子以微子为上,箕子次之,比干为下。"②微子是纣之庶兄,殷商大臣,《论语·微子》把他和箕子、比干并称为殷之"三仁"。纣王昏乱暴虐,三人纷纷劝谏,纣王只字不听。最终箕子无奈佯狂避世,比干惨被剖心而死,而微子则去殷降周,弃暗投明。徐幹以《豫》卦六二爻辞"介于石不终日"评说微子,意在说明微子的去殷降周是见几而作、应时而动的明智之举。

而在魏晋南北朝的书面语言中,"介石""介石之几""介石胜几"等更成为人们广为使用的雅言词汇,用以表示稍纵即逝、应及时把握的时机。如晋明帝《手诏征王敦》:"公迈德树勋,遐迩归怀,……然道里长远,江川阻深,动有介石之几,而回旋之间固以有所丧矣。"③晋王敦《上疏罪状刘隗》:"愿出臣表,咨之朝臣,介石之几,不俟终日,令诸军早退,不至虚扰。"④晋安帝《授刘裕策》:"尔乃介石胜机,宣契毕举,诉苍天以为正,挥义旅而一驱。"⑤

---

① [宋]朱熹:《四书章句集注》,中华书局,2011年,第171页。
② 《徐幹集校注》,建安文学全本,河北教育出版社,2013年,第109页。
③ [清]严可均辑:《全晋文》上,商务印书馆,1999年,第79页。
④ [清]严可均辑:《全晋文》上,商务印书馆,1999年,第169页。
⑤ [清]严可均辑:《全晋文》上,商务印书馆,1999年,第114页。

# 《蛊》之初六：干父之蛊，有子考，无咎。厉，终吉

　　《周易》第十八卦名"蛊"。卦中六爻有五爻出现了"蛊"字，其中初六、九三、六五都有相同的爻辞"干父之蛊"，九二有"干母之蛊"，六四有"裕父之蛊"。因此如何理解"蛊"字的含义，就成了理解全卦乃至各爻之义的关键所在。

　　历史上对《蛊》卦之"蛊"的解释路径主要有两种：一种路径是避开蛊的本义进而寻求同音假借，认为蛊通故，义为事，如《序卦传》即有"蛊者，事也"之说，王弼的《周易注》也读"干父之蛊"为"干父之事"。① 王念孙《广雅疏证》说："蛊者，《序卦传》云：'蛊者，事也。'蛊之言故也。《周官·小行人》云：'周知天下之故。'蛊、故同声，故皆训为事也。"② 王引之《经义述闻》也说："蛊又为事。《释文》曰：'蛊，一音故，蛊之言故也。'……蛊训为事，故《太玄》有事首以象《蛊》卦。"并引《尚书大传》"乃命五史以书五帝之蛊事"为证，云"蛊事犹故事也"。③ 此说在宋以前流传颇广，"干蛊"也因此具有了办事、理事、了事之义而成为"寻常书札中语"。④ 但是，这种训释忽略了一个关键问题，《左传·僖公十五年》记秦伯伐晋，卜徒父筮之，其卦遇《蛊》；⑤《左传·昭公元年》记医和为晋侯诊病论蛊，也引《蛊》卦来说明事理。⑥ 这说明《蛊》卦卦名的本字就是"蛊"，而且与"蛊"的本义存在关联。《蛊》卦之外，通行本《周易》其他六十三卦的卦名并无使用通假字的现象，所以《蛊》卦卦名也不可

---

① 参见楼宇烈《周易注校释》，中华书局，2012年，第72页。
② ［清］王念孙：《广雅疏证》，中华书局，1983年，第104页。
③ ［清］王引之：《经义述闻》上，《读书札记丛刊》第二集，世界书局，1975年，第16—17页。
④ 参见钱钟书《管锥编》第一册，中华书局，1986年，第16—18页。
⑤ ［晋］杜预注，［唐］孔颖达疏：《春秋左传正义》卷十四，《十三经注疏》下册，中华书局，1980年，第1805—1806页。
⑥ ［晋］杜预注，［唐］孔颖达疏：《春秋左传正义》卷四十一，《十三经注疏》下册，中华书局，1980年，第2024—2025页。

能是通假。

另一种解释路径则是据"蛊"字本义进行引申生发，认为卦名"蛊"是指惑乱、败坏之事。从卦象、卦义以及《左传》引用《蛊》卦的情况看，沿这一解释路径才能渐近《蛊》卦的本义，才能真正理解包括本爻在内的涉"蛊"爻辞。

蛊的繁体字形作"蠱"，从蟲，从皿，为会意字。《左传·昭公元年》医和论蛊有"皿蟲为蠱"的说法。许慎、段玉裁等都认为"蠱"是从蟲、从皿的会意字，但并没有说明蟲、皿二字所会何意，只是把一些病害现象归入"蠱"字的义项。其实"蠱"字的构形本身已经透露出早在殷商时期就存在以毒虫作为媒介施行巫术的信息。宋陆佃《埤雅》卷十七说："《春秋传》曰'皿蟲为蠱'，《篆髓》以为，'皿，器也，蟲，诸虫也，指事。'《律说》：'造畜蠱毒谓集合诸虫，置于一器之内，久而相食，诸虫皆尽，若独蛇在，即为蛇蠱之类，'故其字指事如此。"[①]郑樵《通志·六书略》说："造蠱之法，以百虫置皿中，俾相啖食。其存者为蠱，故从皿蟲也。"[②]戴侗《六书故》卷二十说："蠱，公户切。皿蟲为蠱。凡为蠱者，聚毒虫于皿缶，使代相啖，其独存者为蠱，以其矢毒人，辄死。"[③]清王筠《说文解字句读》也说："苗人行蠱者，聚诸毒虫于一器中，互相啖食，所余一虫即蠱矣。许引'皿蟲为蠱'，乃蛊字正义。"[④]古代文字学家以商周之后一直延续的巫蛊习俗证实了"蠱"字构形的取象依据。

"蛊"的本义是人工畜养的害人之虫，即《周礼·秋官·庶氏》郑注所谓"毒蛊，虫物而病害人者"。[⑤] 蛊病可以危及人的健康甚至生命，所以成为政治和宗教关注的内容。殷墟甲骨卜辞中"蛊"字屡屡出现，[⑥]周代甚至设有"掌除毒蛊"的专职人员，[⑦]说明蛊毒迷信在商周时期十分流行。《左传·昭公元年》医和释蛊时说蛊为"淫溺惑乱之所生"，又说"谷之飞亦为蛊"，[⑧]可见当时人对蛊的理解已经超出了"蛊"字的本义，过度淫溺惑乱产生的疾病，谷物陈腐之后滋生的飞蛾，都可以称之

---

① [宋]陆佃著，王敏红校点：《埤雅》，浙江大学出版社，2008年，第173页。
② [宋]郑樵：《通志略》，《中华私家藏书》第三十四卷，中国工人出版社，2001年，第19404页。
③ [宋]戴侗：《六书故》，温州文献丛书本，上海社会科学院出版社，2006年，第465页。
④ [清]王筠：《说文解字句读》，转引自程树德《说文稽古篇》，商务印书馆，1957年，第2页。
⑤ [汉]郑玄注，[唐]贾公彦疏：《周礼注疏》卷三十七，《十三经注疏》上册，中华书局1980年，第888页。
⑥ 参见连劭名《殷墟卜辞中的齿与蛊》，《文物春秋》2012年第3期。
⑦ 参见《周礼·秋官·庶士》，[汉]郑玄注，[唐]贾公彦疏《周礼注疏》卷三十七，《十三经注疏》上册，中华书局，1980年，第888页。
⑧ [晋]杜预注，[唐]孔颖达疏：《春秋左传正义》卷四十一，《十三经注疏》下册，中华书局，1980年，第2025页。

《蛊》之初六：干父之蛊，有子考，无咎。厉，终吉

为"蛊"。

就《蛊》卦而言，卦名取用"蛊"字，显然不是取用本义，而是取用引申义，指惑乱、败坏之事。《周易集解》引伏曼容曰："蛊，惑乱也。万事从惑而起，故以蛊为事也。"①孔颖达《周易正义》曰："褚氏云：'蛊者惑也。物既惑乱，终致损坏，当须有事也，有为治理也。故《序卦》云："蛊者事也。"谓物蛊必有事，非谓训蛊为事。"②司马光《温公易说》曰："蛊者，物有蠹敝而事之也，事之者治之也。"③《朱子语类》述朱熹语曰："皿虫为蛊，言器中盛那虫，教他自相并，便是那积蓄到那坏烂底意思。一似汉唐之衰，弄得来到那极弊大坏时。"④《周易本义》又曰："蛊，坏极而有事也。"⑤虽然各家对"蛊"字本义的理解不尽相同，但其引申生发的方向却是基本一致的。《蛊》卦言说的就是拯弊治乱的问题。《杂卦传》云："蛊则饬也。"韩康伯注："饬，整治也。蛊所以整治其事也。"⑥胡瑗《周易口义》曰："蛊，坏也。……夫物即蛊败，则必当修饬之，故《杂卦》云'蛊则饬也'是矣。"⑦朱熹《周易本义》也说："蛊后当饬。"⑧

明确了"蛊"字之义以及《蛊》卦之旨，爻辞之义也就不难理解了。

初六曰："干父之蛊，有子考，无咎。厉，终吉。

"干"，本义为干犯，干犯正确的东西就是违逆，干犯错误的东西就是救正，所以"干"又有匡正、纠正的意思。《诗经·大雅·韩奕》："干不庭方，以佐戎辟。"陈奂《毛诗传疏》曰："言四方有不直者，则正之。"⑨《文选·张衡〈西京赋〉》："娄敬委辂，干非其议。"李善注："薛君《韩诗章句》曰：干，正也。谓以其议非而正之。"⑩《后汉书·皇后纪上·明德马皇后》："后时年十岁，干理家事。"李贤注："干，正也。"⑪《广雅·释诂》曰："干，正也。"《周易集解》引虞翻曰："干，正。"⑫其义与《杂

---

① ［清］李道平：《周易集解纂疏》，十三经清人注疏丛书本，中华书局，1994年，第216页。
② ［魏］王弼、［晋］韩康伯注，［唐］孔颖达疏：《周易正义》卷三，《十三经注疏》上册，中华书局，1980年，第35页。
③ ［宋］司马光：《温公易说》卷二，《十八名家解周易》第四辑，长春出版社，2009年，第17页。
④ ［宋］黎靖德编，杨绳其、周娴君校点：《朱子语类》第三卷，岳麓书社，1997年，第1591页。
⑤ 萧汉明、林忠军：《〈周易本义〉导读》，齐鲁书社，2003年，第104页。
⑥ ［魏］王弼、［晋］韩康伯注，［唐］孔颖达疏：《周易正义》卷九，《十三经注疏》上册，中华书局，1980年，第96页。
⑦ ［宋］胡瑗：《周易口义》卷四，《十八名家解周易》第五辑，长春出版社，2009年，第317—318页。
⑧ 萧汉明、林忠军：《〈周易本义〉导读》，齐鲁书社，2003年，第277页。
⑨ ［清］陈奂：《毛诗传疏》，转引自向熹《诗经词典》，四川人民出版社，1986年，第126页"榦"字条。
⑩ ［南朝梁］萧统编，［唐］李善注：《文选》上册，岳麓书社，2002年，第41页。
⑪ ［南朝宋］范晔撰，［唐］李贤等注：《后汉书》，中华书局，1965年，第407页。
⑫ ［清］李道平：《周易集解纂疏》，十三经清人注疏丛书本，中华书局，1994年，第219页。

卦传》"蛊则饬也"之"饬"义同。干父之蛊,就是匡正父辈的错误。熊良辅《周易本义集成》曰:"诸爻称干蛊者,皆干前人已坏之事。"①李道平《周易集解纂疏》曰:"正父之事,故曰'干父之蛊'。"②

"有子考无咎"的断句及释义历来有多种说法。其一,读为"有子,考无咎",释"考"为父,谓"有子既能堪任父事,考乃无咎也"。③ 其二,读为"有子考,无咎",释"考"为孝,谓"有子考即有子孝"。④ 其三,读为"有子考,无咎",释"考"为成,"谓有子能成就先业也"。⑤ 这三种说法在当下的易学著作中都不乏祖述者。单纯从对"考"字的训释来看,三种说法都有理据,孰是孰非,很难简单判定。在马王堆汉墓出土的帛书《周易》中,"考"字作"巧",为我们解读经文提供了新的思路。在上古汉语中,"考"与"巧"通。《尚书·金縢》:"予仁若考,能多才多艺。"《史记·鲁周公世家》"考"作"巧"。王引之《经义述闻》说:"考巧古字通,若而语之转。予仁若考者,予仁而巧也。惟巧,故能多才多艺。"⑥《国语·越语下》:"上帝不考,时反是守。"王引之《经义述闻》说:"'考'当读为'巧','反'犹'变'也。《汉书·司马迁传》:'圣人不巧,时变是守。'师古注曰'无机巧之心,但顺时也'是也。古字'考'与'巧'通。"⑦《周礼·考工记》是记载"材美工巧"即各种手工制作工艺的文献,其书名实际就是"巧工记"。《释名·释言语》:"巧,考也。"所以通行本《蛊》卦的"考"也当依帛书本读为"巧",义为聪敏、能干;"有子考,无咎",意为有聪明能干的儿子,必无咎害。

"干父之蛊"在爻辞中三次出现,反复强调了匡正父辈弊乱和错误的道德要求。这一观点为儒家思想所继承和发扬,成为儒家孝论中最积极、最民主、最闪光的部分。在儒家的伦理思想中,孝是子女之德,虽然孝道的基本要求是子女对父母的顺从,但同时又要求对父母顺从与否应以符合道义、符合父母的根本利益为标准。《荀子·子道》篇说:"从道不从君,从义不从父,人之大行也。"又说:"孝子所以不从命有三:从命则亲危,不从命则亲安,孝子不从命乃衷;从命则亲辱,不从命

---

① [清]李光地:《周易折中》引,巴蜀书社,2014年,第107页。
② [清]李道平:《周易集解纂疏》,十三经清人注疏丛书本,中华书局,1994年,第220页。
③ [魏]王弼、[晋]韩康伯注,[唐]孔颖达疏:《周易正义》卷三,《十三经注疏》上册,中华书局,1980年,第35页。
④ 高亨:《周易大传今注》引于省吾说,齐鲁书社,1998年,第155页。
⑤ 尚秉和:《周易尚氏学》,九州出版社,2005年,第141页。
⑥ [清]王引之:《经义述闻》上,《读书札记丛刊》第二集,世界书局,1975年,第88页。
⑦ [清]王引之:《经义述闻》下,《读书札记丛刊》第二集,世界书局,1975年,第523页。

则亲荣,孝子不从命乃义;从命则禽兽,不从命则修饰,孝子不从命乃敬。"①《吕氏春秋·应同》篇也说:"君虽尊,以白为黑,臣不能听;父虽亲,以黑为白,子不能从。"②当父母有不合礼义的行为时,子女应以"谏诤"的形式加以劝阻救正,使其不致陷于无礼不义的境地。《论语·里仁》:"子曰:'事父母几谏。'"包咸《论语包氏章句》:"几者,微也。当微谏,纳善言于父母。"③孔子主张,当父母有过时,应当婉转地劝谏,使其归于正道。《礼记·祭义》说:"父母有过,谏而不逆。"④《荀子·子道》篇说:"父有争子,不行无礼。"⑤《孝经·谏诤》章说:"父有争子,则身不陷于不义。故当不义,则子不可以不争于父。"⑥《孔子家语·三恕》说:"父有争子,不陷无礼。"⑦《大戴礼记·曾子事父母》也说:"父母之行,若中道则从,若不中道则谏……从而不谏,非孝也。"⑧父在则谏阻其过,父殁则补救其过,使其不致陷于无礼不义的境地,这是对父辈根本利益的彻底维护,是真正的孝。刘季高《斗室文史杂著》说:"禹之孝,为补父之过。……其所以昭示后人者,则人之过失,虽及身未能改,其子孙可以补救焉,不致以死之而遂固定也。"⑨《周易》中的"干父之蛊"正是这种孝道观念的最早表述。

在宗法制的等级社会,父尊子卑,父为子纲,父亲具有绝对的权威。即使是对父亲的过失进行谏诤、劝阻,表面上也是一种不从和违逆,不仅难以让父亲接受,甚至可能招来怒叱和挞伐。《礼记·曲礼下》说:"子之事亲也,三谏而不听,则号泣而随之。"⑩《礼记·内则》又说:"父母有过,下气怡色,柔声以谏。谏若不入,起敬起孝,说则复谏。不说,与其得罪于乡党州闾,宁孰谏。父母怒,不说,而挞之流血,不敢疾怨,起敬起孝。"⑪但这种谏诤和劝阻毕竟是从道义出发,也符合父母的根本利益,父母一旦听从劝谏,就会免于无礼不义,获得好的结局,所以爻辞的断语既说

---

① [清]王先谦:《荀子集解》下,新编诸子集成本,中华书局,1988年,第529页。
② 陈奇猷:《吕氏春秋新校释》上册,上海古籍出版社,2002年,第683页。
③ [魏]何晏注,[宋]邢昺疏:《论语注疏》卷四,《十三经注疏》下册,中华书局,1980年,第2471页。
④ [汉]郑玄注,[唐]孔颖达疏:《礼记正义》卷四十八,《十三经注疏》下册,中华书局,1980年,第1598页。
⑤ [清]王先谦:《荀子集解》下,新编诸子集成本,中华书局,1988年,第530页。
⑥ [唐]李隆基注,[宋]邢昺疏:《孝经注疏》卷七,《十三经注疏》下册,中华书局,1980年,第2558页。
⑦ 王盛元:《孔子家语通解》,译林出版社,2014年,第121页。
⑧ [清]王聘珍:《大戴礼记解诂》,十三经清人注疏丛书本,中华书局,1983年,第86页。
⑨ 刘季高:《斗室文史杂著》,上海古籍出版社,2000年,第104页。
⑩ [汉]郑玄注,[唐]孔颖达疏:《礼记正义》卷五,《十三经注疏》上册,中华书局,1980年,第1267页。
⑪ [汉]郑玄注,[唐]孔颖达疏:《礼记正义》卷二十七,《十三经注疏》下册,中华书局,1980年,第1463页。

"厉",又说"终吉"。

六四爻"裕父之蛊,往见吝"与初六"干父之蛊,……终吉"义正相反,适成对照。

"裕",义为宽容,宽宏。《说文·衣部》:"裕,衣物饶也。"段玉裁注:"引申为凡宽足之称。"①《尚书·康诰》:"裕乃以民宁。"孔传:"行宽政乃以民安。"②《尚书·洛诰》:"彼裕我民,无远用戾。"孔传:"彼天下被宽裕之政,则我民无远用来,言皆来。"③《新书·道术》:"包众容物谓之裕,反裕为褊。"④《广雅·释诂》:"裕,容也。"王念孙疏证:"裕为宽容之容。"⑤

爻辞说,宽延顺容父辈的弊乱,长此以往必有憾惜。

"裕父之蛊"与"干父之蛊"义正相反。"干父之蛊"是匡正父辈的弊乱过失,使其不陷于无礼不义的境地;"裕父之蛊"则是宽延顺容父辈的弊乱过失,使其陷于无礼不义的境地。前者表面上是一种不从和违逆,实质上则是真正的孝;后者表面上是顺从听命,实质上则是大不孝。如《大戴礼记·曾子事父母》所说,父母之行,若不中道,"从而不谏,非孝也"。⑥《孟子·离娄上》曾说"不孝有三",据东汉赵岐注,其中"一不孝"便是"阿意曲从,陷亲不义"。⑦ 清代思想家陈确《辰夏杂言》也说:"非道悦亲,此又与于不孝之甚者。"⑧这种"非道悦亲""阿意曲从"的做法,失去了基本的道义原则,也不符合父辈的根本利益。"耶嬢行不正,万事任依从",⑨最后的结果必然如《荀子·子道》篇所说,"从命则亲危","从命则亲辱",所以爻辞的断语说"往见吝"。

---

① [汉]许慎撰,[清]段玉裁注:《说文解字注》,上海古籍出版社,1981年,第710页。
② [汉]孔安国传,[唐]孔颖达疏:《尚书正义》卷十四,《十三经注疏》上册,中华书局,1980年,第205页。
③ [汉]孔安国传,[唐]孔颖达疏:《尚书正义》卷十五,《十三经注疏》上册,中华书局,1980年,第215页。
④ [汉]贾谊著,阎振益等注:《新书校注》,新编诸子集成本,中华书局,2000年,第304页。
⑤ [清]王念孙:《广雅疏证》,中华书局,1983年,第128页。
⑥ [清]王聘珍:《大戴礼记解诂》,十三经清人注疏丛书本,中华书局,1983年,第86页。
⑦ [汉]赵岐注,[宋]孙奭疏:《孟子注疏》卷七,《十三经注疏》下册,中华书局,1980年,第2723页。
⑧ 《陈确集·别集》卷一《辰夏杂言·雨窗漫笔》,中华书局,1979年。
⑨ 项楚:《王梵志诗校注》,上海古籍出版社,1991年,第462页。

# 《蛊》之上九：不事王侯，高尚其事

《蛊》卦上九"不事王侯，高尚其事"是《周易》中最有名的爻辞之一，曾被人们广为征引，但事实上，人们对爻辞义理的理解却始终存在分歧，值得进一步讨论。

单从语言层面看，爻辞似乎浅显易懂。"不事王侯"之"事"为动词，义为奉事、服事，是下对上的行为；"高尚其事"之"事"为名词，义为事情、事务，指所为之事。"高尚"，义为高看、重视、以……为高尚。爻辞说，不奉事王侯，而把所为之事看得很高尚。由于爻辞过于简约，并未交代"不事王侯"的具体原因以及"高尚其事"的具体指向，所以给后人留下了较大的解读空间。

古今学人通常都把"不事王侯，高尚其事"视为隐逸行为进行诠释。这种诠释路径是由王弼首先开启的。王弼是魏晋玄学的创始人之一，其《周易注》盛行于魏晋南北朝之间。唐初修订《五经正义》，又定其《周易注》为官方注释，并由孔颖达为之作疏，其《易》学思想由此又产生了更为深远的影响。王弼对《蛊》卦上九的解释是："最处事上，而不累于位，不事王侯，高尚其事也。"[1]孔颖达《周易正义》进一步解释说："最处事上，不复以世事为心，不系累于职位，故不承事王侯，但自尊高慕尚其清虚之事。"[2]程颐《程氏易传》进一步发挥道："上九居蛊之终，无系应于下，……是贤人君子，不偶于时，而高洁自守，不累于世务者也，故云'不事王侯，高尚其事'。"[3]其后，朱熹、郭忠孝、吕祖谦、胡炳文等人的解释虽详略不同，但大抵皆祖述《程氏易传》，以《蛊》卦上九为无事清高的隐居之象。

与王弼等《易》学家的注疏密切相关，古代学人追溯中国隐逸思想传统时，通

---

[1] 楼宇烈：《周易注校释》，中华书局，2012年，第72页。
[2] ［魏］王弼、［晋］韩康伯注，［唐］孔颖达疏：《周易正义》卷三，《十三经注疏》上册，中华书局，1980年，第35页。
[3] 梁韦弦：《〈程氏易传〉导读》，齐鲁书社，2003年，第139页。

· 133 ·

常都把《周易》中的《蛊》《遁》等卦作为源头,而把《蛊》卦上九爻辞"不事王侯,高尚其事"作为隐逸思想的开端。这种观点始于南朝宋史学家范晔的《后汉书·逸民传》,其文开篇即引用了《周易》的相关表述:"《易》称'《遁》之时义大矣哉',又曰'不事王侯,高尚其事'。"①并以此作为其笔下东汉隐士群体的隐逸人生的价值根据。后世史家大都沿袭范晔的见解,继续加以发挥,如《隋书》列传第四十二《隐逸传》:"自肇有书契,绵历百王,虽时有盛衰,未尝无隐逸之士。故《易》称'遁世无闷',又曰'不事王侯'……皆君子之道也。"②《宋史·隐逸传》也说:"中古圣人之作《易》也,于《遁》之上九曰'肥遁,无不利',《蛊》之上九曰'不事王侯,高尚其事'。二爻以阳德处高地,而皆以隐逸当之。"③在其他文献典籍中,也每每以《蛊》卦上九爻辞来称颂隐逸行为,如《抱朴子·嘉遁》:"是以高尚其事,不事王侯,存夫爻象,匹夫所执,延州守节,圣人许焉。"④范仲淹《严先生祠堂记》:"在《蛊》之上九,众方有为,而独'不事王侯,高尚其事',先生以之。"⑤

从《蛊》卦卦义来看,把"不事王侯,高尚其事"视为隐逸行为进行诠释和征引,是值得商讨的。朱熹《周易本义》说:"蛊者,前人已坏之绪,故诸爻皆有父母之象。子能干之,则饬治而振起矣。"⑥《蛊》卦的主题是子女如何干蛊奉亲,所以"不事王侯,高尚其事"也应是与干蛊奉亲有关的行动选择。换句话说,"高尚其事"之"事",其本义并不指隐遁山林,而应指居家孝事父母。《礼记·表记》曾引用这则爻辞,东汉郑玄注曰:"上九艮爻,艮为山,辰在戌,得乾气,父老之象,是臣之致事也。故不事王侯,是不得事君,君犹高尚其所为之事。"⑦郑玄认为,爻辞是说,因为父母年老,需要居家奉养孝敬,所以不能奉事君王;君王不仅不怪罪,反而褒奖其所为之事。宋代俞琰《周易集说》卷四也认为:"上居卦终,蛊既饬矣,无所谓蛊,故不言蛊。是时亲已老,而事亲之日短,何暇事王侯哉?……高尚其事,谓其事出人意表,诚可尊尚也。"⑧

---

① [南朝宋]范晔撰,[唐]李贤等注:《后汉书》,中华书局,1965年,第2775页。
② 《二十五史卷五南史、北史、隋书》,中国文史出版社,2003年,第1527页。
③ 《二十五史卷十宋史》,中国文史出版社,2003年,第2457页。
④ 杨明照:《抱朴子外篇校笺》上,新编诸子集成本,中华书局,1991年,第58页。
⑤ 罗伟豪、萧德明编:《范仲淹选集》,广东高教出版社,2014年,第102页。
⑥ 萧汉明、林忠军:《〈周易本义〉导读》,齐鲁书社,2003年,第105页。
⑦ [汉]郑玄注,[唐]孔颖达疏:《礼记正义》卷五十四,《十三经注疏》下册,中华书局,1980年,第1643页。
⑧ [宋]俞琰:《周易集说》,四库全书本。

这种家庭伦理的诠释取向是有其历史根据的,早在商周时代就存在孝敬父母优先于服务王侯的传统。《礼记·王制》说:"凡三王养老皆引年。八十者,一子不从政。九十者,其家不从政。废疾非人不养者,一人不从政。父母之丧,三年不从政。"①又说:"凡养老,……周人修而兼用之。"②明代焦竑《焦氏笔乘》卷一"不事王侯"条就是直接以商周古制为依据来诠释上九爻辞:"《蛊》之五爻皆言'干父之蛊',至上九则曰'不事王侯,高尚其事';……后人往往引四皓、子陵解此一爻,误矣。出则事公卿,入则事父兄。不事王侯,此索隐行怪之所为,圣人不取也。《礼》曰:'八十者一子不从政。九十者其家不从政。'上九处外卦之终,当父母耄期之日,不出从政,非所以要誉于乡党朋友,非恶干禄而然,盖知尊尚孝德也。"③焦竑认为,后世以商山四皓和严光等人的隐逸行为来解释"不事王侯,高尚其事",是不正确的思路。爻辞中的"不事王侯"是说,因为父母年老,需要居家奉养以尽孝道,所以不能去奉事王侯,这与隐居不仕的主动选择并不相同。清代惠栋《周易述》也认为,此爻当为亲老归养之义:"故《王制》载三王养老之事云:八十者一子不从政,九十者其家不从政,是不事王侯之事也。洁白承欢,晨昏不去,事之高尚,莫过于此。《小雅》笙诗序云:《南陔》,孝子相戒以养也;《白华》,孝子之洁白也。是亲老归养,乃事之最高尚者。故臣不得事君,君犹高尚其所为之事也。"④这也就是说,"不事王侯,高尚其事",并非由于政治黑暗而"隐居以求其志",而是由于父母年老体衰,需要居家赡养,无暇服务王侯。当代学者中也有人承继了这种诠释取向。如萧汉明《上海博物馆藏战国楚竹书〈易经〉释卦二则》认为,《蛊》卦上九爻辞"强调对父母尽孝是一件十分高尚的事情,即使因此而不能为王侯效力也在所不惜。《象传》对此称颂道:'不事王侯,志可则也。'认为这种不事王侯而孝敬父母的志向是值得效法的。"⑤澳大利亚学者 Aat Vervoorn 对这种解释颇为认同,认为爻辞意在说明处理家庭内部事务为第一要务,而并非是在说遁隐无为是高尚之事。⑥ 陈鼓应、赵建

------

① [汉]郑玄注,[唐]孔颖达疏:《礼记正义》卷十三,《十三经注疏》上册,中华书局,1980年,第1346页。
② [汉]郑玄注,[唐]孔颖达疏:《礼记正义》卷十三,《十三经注疏》上册,中华书局,1980年,第1345页。
③ [明]焦竑:《焦氏笔乘》,上海古籍出版社,1986年,第9—10页。
④ 张涛、陈修亮:《〈周易述〉导读》,齐鲁书社,2007年,第123页
⑤ 萧汉明:《上海博物馆藏战国楚竹书〈易经〉释卦二则》,《周易研究》2006年第2期。
⑥ 孙邦金《论〈周易〉的隐逸思想》引述,《周易研究》2006年第2期。本节文字吸纳了该文的相关论述,并进行了补充论证和深入阐发。

伟《周易今注今译》则认为爻辞讲的是先"修之于家"再"修之于邦"、先齐家后治国的道理。① 孔子说:"迩之事父,远之事君。""事父"不仅是物质上的奉养和精神上的敬顺,也包括匡正父辈的过失。所以,先正家奉亲,然后再"事王侯",不仅是一种合乎自然情感的道德志愿,也是一种非常实际的政治考虑。

---

① 陈鼓应、赵建伟:《周易今注今译》,商务印书馆,2005年,第178、182页。

# 《观》之卦辞:观,盥而不荐,有孚颙若

《周易》第二十卦名"观"。"观"为形声兼会意字,古文作"觀"。《说文·见部》曰:"觀,谛视也。从见,雚声。"雚为鸟,不仅表声,亦表意。"觀"之字形由"雚"与"見"组成,则"觀"之见不是一般的见,而是雚之见。清代黄宗炎《周易象辞》说:"观,谛视也,从见,从雚。雚,水鸟也,形似鹤而无朱顶,以喙相击作声,其巢高大,喜登乔木而远望,能知灾沴之气,趋避风雨,人之所见如此,则详审而不安于卑近矣。"①这是从字源的角度解释"观"字,认为其本义是一种外形似鹤的水鸟即雚(鹳)之见,其引申义为登高详审而能预知。其实"雚"就是"觀"的本字。在早期的甲骨文和金文中,"雚"字正像一只猫头鹰的形状,上面的"艹"头象猫头鹰的两只毛角,中间的"吅"突出的是猫头鹰的两只炯炯发光的大眼睛。猫头鹰在夜间视力最强,能洞穿黑暗,明察秋毫,《庄子·秋水》中即有"鸱鸺夜撮蚤,察豪末"②的描写,所以甲骨文和早期金文便借"雚"来表示有目的的仔细观看。后来的金文、篆文又在"雚"形旁另加义符"見",变成从"見"从"雚"的会意字,以会意的方式来表示仔细看的意思。《说文》曰:"观,谛视也。"又说:"谛,审也。""谛"的意思就是细察、详审。段玉裁注《说文》"观"字说:"宷(审)谛之视也。《穀梁传》曰:常视曰视,非常曰观。"③由此可见,古代的"观"不是一般意义上的观察、观看,而是有针对性地、深入细致地观察。《周易·观》卦言说的就是观察之道。南宋理学大师魏了翁说:"大抵古人观象、观法、观物、观我,无一物而不知察,所以会众理而致吾知也。《观》之为卦,实明是义。"④卦辞"盥而不荐,有孚颙若"止是以观仰祭祀为例,说明

---

① [清]黄宗炎:《周易象辞》卷七,四库全书本。
② [清]郭庆藩:《庄子集释》中,中华书局,2004年,第580页。
③ [汉]许慎撰,[清]段玉裁注:《说文解字注》,上海古籍出版社,1981年,第731页。
④ [宋]魏了翁:《鹤山集》,岳麓书社,2012年,第168页。

观物知察、观物致知的道理。

"盥而不荐"意即"观盥不观荐",因为卦名为"观",所以盥、荐之前均省略一"观"字。

"盥",通灌,是古代祭祀宗庙时用香酒(郁鬯)浇灌地面以降神的祭礼。《集韵·缓韵》:"盥,灌祭也。"《周易集解》引马融曰:"盥者,进爵灌地以降神也。"①《礼记·郊特牲》:"周人尚臭,灌用郁鬯。"注云:"灌,谓以圭瓒酌鬯,始献神也。"②灌,又通"祼"。《说文》:"祼,灌祭也。"《诗经·大雅·文王》:"殷士肤敏,祼将于京。"毛传:"祼,灌鬯也。"③《尚书·洛诰》:"王入大室祼。"孔颖达疏:"祼者,灌也。王以圭瓒酌郁鬯之酒以献尸,尸受祭而灌于地,因奠不饮,谓之祼。"④《周礼·春官·大宗伯》:"以肆、献、祼享先王。"郑玄注:"祼之言灌,灌以郁鬯,谓始献尸求神时也。"⑤

"荐",义为进献,是古代祭祀中向神献飨之礼。《周易集解》引郑玄曰:"荐,进也。"⑥《玉篇·艹部》:"荐,进献也。"孔颖达《周易正义》曰:"荐者,谓既盥之后,陈荐笾豆之事。"⑦吴澄《易纂言》曰:"荐,进也,进祭物以献神也。"⑧惠栋《周易述》曰:"《郊特牲》曰:既灌而后迎牲,迎牲而后献荐,是荐在灌后。"⑨

"颙",读 yóng,义为敬顺肃穆。《周易集解》引虞翻曰:"颙颙,君德有威容貌。……《诗》曰:'颙颙卬卬,如圭如璋。'君德之义也。"⑩虞翻训"颙"为"颙颙",认为"颙若"是描写"君德有威容",并引《诗经·大雅·卷阿》诗句来证实"颙颙"之训,但对"威容"的具体含义并未作具体说明。《卷阿》郑笺云:"体貌则颙颙然敬顺,志气则卬卬然高朗,如玉之圭璋也。人闻之则有善声誉,人望之则有善威仪,德行相副。"孔颖达注疏则进一步阐明郑意:"既体貌敬顺,志气高朗,则可以比玉,……敬

---

① [清]李道平:《周易集解纂疏》,十三经清人注疏丛书本,中华书局,1994年,第227页。
② [汉]郑玄注,[唐]孔颖达疏:《礼记正义》卷二十六,《十三经注疏》下册,中华书局,1980年,第1457页。
③ [汉]毛亨传,[汉]郑玄笺,[唐]孔颖达疏:《毛诗正义》卷十六,《十三经注疏》上册,中华书局,1980年,第505页。
④ [汉]孔安国传,[唐]孔颖达疏:《尚书正义》卷十五,《十三经注疏》上册,中华书局,1980年,第217页。
⑤ [汉]郑玄注,[唐]贾公彦疏:《周礼注疏》卷十八,《十三经注疏》上册,中华书局,1980年,第758页。
⑥ [清]李道平:《周易集解纂疏》,十三经清人注疏丛书本,中华书局,1994年,第204页。
⑦ [魏]王弼、[晋]韩康伯注,[唐]孔颖达疏:《周易正义》卷三,《十三经注疏》上册,中华书局,1980年,第36页。
⑧ [元]吴澄:《易纂言》,上海古籍出版社,1990年,第36页。
⑨ 张涛、陈修亮:《〈周易述〉导读》,齐鲁书社,2007年,第126页。
⑩ [清]李道平:《周易集解纂疏》,十三经清人注疏丛书本,中华书局,1994年,第230页。

顺则貌无惰容,故有善威仪。"①《荀子·正名》曾引《卷阿》"颙颙卬卬,如圭如璋",杨倞注曰:"颙颙,体貌敬顺也。"②朱熹《诗集传》曰:"颙颙卬卬,尊严也。"③显然,虞翻所谓"威容",就是指体貌敬顺肃穆。《周易集解》又引马融曰:"颙,敬也。"④孔颖达《周易正义》曰:"'颙'是严正之貌。"⑤胡瑗《周易口义》说:"颙,谓恭肃之貌也。"⑥朱熹《周易本义》说:"颙然,尊严之貌。"⑦从文字表层来看,与虞翻的训释是相通的。"有孚颙若"意为,内心诚信,体貌敬顺肃穆。

古人对《观》卦卦辞关键词语的解释是一致的,但对观盥而不观荐的原因及"有孚颙若"描写对象的理解则存在分歧。一种观点认为,观盥而不观荐,是因为初始的盥礼庄严盛美,值得观仰;而"有孚颙若"则是描写万民观盥之后所引发的诚信之心和敬顺肃穆的仪容。如《周易集解》引马融曰:"'国之大事,唯祀与戎'。王道可观,在于祭祀。祭祀之盛,莫过初盥降神。故孔子曰'禘自既灌而往者,吾不欲观之矣'。此言及荐简略,则不足观也。以下观上,见其至盛之礼。万民敬信,故云'有孚颙若'。"⑧王弼《周易注》曰:"王道之可观者,莫盛乎宗庙;宗庙之可观者,莫盛于盥也。至荐,简略不足复观。故观盥而不观荐也。孔子曰:'禘自既盥而往者,吾不欲观之矣!'尽夫观盛,则'下观而化'矣。故观至盥,则'有孚颙若'也。"⑨孔颖达《周易正义》曰:"观盥礼盛则休而止,是观其大不观其细。""观至盥则有孚颙若者,……言'下观而化',皆孚信,容貌俨然也。"⑩后世很多治易者都承袭了这种说法,如黄寿祺、张善文《周易译注》即认为,观盥而不观荐是"取祭祀典礼为喻,说明'观仰'之旨应取最庄严可观者";而"有孚颙若"则"言观仰过程中的感化作用"。⑪

另一种观点则认为,观盥而不观荐的原因在于,初始的盥礼更能体现出祭祀者

---

① [汉]毛亨传,[汉]郑玄笺,[唐]孔颖达疏:《毛诗正义》卷十七,《十三经注疏》上册,中华书局,1980年,第546页。
② [清]王先谦:《荀子集解》下,新编诸子集成本,中华书局,1988年,第424页。
③ [宋]朱熹集注:《诗集传》,上海古籍出版社,1980年,第199页。
④ [清]李道平:《周易集解纂疏》,十三经清人注疏丛书本,中华书局,1994年,第227页。
⑤ [魏]王弼、[晋]韩康伯注,[唐]孔颖达疏:《周易正义》卷三,《十三经注疏》上册,中华书局,1980年,第36页。
⑥ [宋]胡瑗:《周易口义》卷四,《十八名家解周易》第五辑,长春出版社,2009年,第322页。
⑦ 萧汉明、林忠军:《〈周易本义〉导读》,齐鲁书社,2003年,第107页。
⑧ [清]李道平:《周易集解纂疏》,十三经清人注疏丛书本,中华书局,1994年,第227页。
⑨ 楼宇烈:《周易注校释》,中华书局,2012年,第76页。
⑩ [魏]王弼、[晋]韩康伯注,[唐]孔颖达疏:《周易正义》卷三,《十三经注疏》上册,中华书局,1980年,第36页。
⑪ 黄寿祺、张善文:《周易译注》,上海古籍出版社,2004年,第159—160页。

的诚敬恭顺,庄严肃穆;而"有孚颙若"正是对祭祀者诚信之心、敬肃之容的描写。如《子夏传》说:"盥者,祭之道,可观其首,敬也。"①认为"观盥而不观荐"的原因在于前者更能体现"敬"。李鼎祚《周易集解》说:"若人君修德,至诚感神,则'黍稷非馨,明德惟馨'。故观盥而不观荐,飨其诚信者也。"②认为"观盥而不观荐"的原因在于盥祭体现了人君"感神"的"至诚",人们通过观盥能够"飨其诚信"。北宋初期大儒胡瑗的《周易口义》说得更为明确:"盥、荐者,皆祭宗庙所行之礼也……夫始盥之时,其礼简略,故至诚之心、恭肃之意莫不尽之。若荐腥熟之时,则其礼已繁,虽有强力之容,恭懿之心则亦倦怠矣。是以圣人在上,临御天下,必当如始盥之时,尽其至诚之心以为天下所观法也。"③现代学者高亨《周易大传今注》的观点与此类似:"祭者灌酒而不献牲,其物不丰,其礼不备,然有中信之心而又肃敬,此亦可观者也。"④

马融与王弼所引孔子语"禘自既灌而往者,吾不欲观之矣"出自《论语·八佾》。"禘"是古代规格极高的祭祀典礼。《尔雅·释天》说:"禘,大祭也。"郭璞注:"五年一大祭。"⑤《礼记·大传》说:"礼,不王不禘,王者禘其祖之所自出,以其祖配之。"⑥唐代赵伯循说:"禘,王者之大祭也。王者既立始祖之庙,又推始祖所自出之帝,祀之于始祖之庙,而以始祖配天。"⑦朱熹:《四书集注·论语集注》说:"先王报本追远之意,莫深于禘。……盖知禘之说,理无不明,诚无不格,而治天下不难矣。"⑧由此可见,禘是以王为主体的祭祀,祭祀的对象则是王的先祖直至始祖,仪式庄严盛大,规格高贵尊崇,所以祭祀者非常虔诚信孚,敬顺肃穆,以期达到与神灵的沟通。朱熹《四书集注·论语集注》解释"禘自既灌而往者,吾不欲观之矣"时说:"灌者,方祭之始,用郁鬯之酒灌地,以降神也。鲁之君臣,当此之时,诚意未散,犹有可观。自此以后,则浸以懈怠而无足观矣。"⑨在朱熹看来,孔子观盥,并非简单地在视觉上观览祭祀典礼的盛美,而是一个分享神性、体悟诚敬的过程。而"既

---

① [周]卜商:《子夏易传》卷二,中华书局,1991年,第40页。
② [清]李道平:《周易集解纂疏》,十三经清人注疏丛书本,中华书局,1994年,第227页。
③ [宋]胡瑗:《周易口义》卷四,《十八名家解周易》第五辑,长春出版社,2009年,第322页。
④ 高亨:《周易大传今注》,齐鲁书社,1998年,第162页。
⑤ [晋]郭璞注,[宋]邢昺疏:《尔雅注疏》卷六,《十三经注疏》下册,中华书局,1980年,第2609页。
⑥ [汉]郑玄注,[唐]孔颖达疏:《礼记正义》卷三十四,《十三经注疏》下册,中华书局,1980年,第1506页。
⑦ [宋]朱熹:《四书章句集注》,中华书局,2011年,第64页。
⑧ [宋]朱熹:《四书章句集注》,中华书局,2011年,第64页。
⑨ [宋]朱熹:《四书章句集注》,中华书局,2011年,第64页。

盥"之后的荐礼则"浸以懈怠而无足观矣"。

《观》卦卦辞强调观盥而不观荐,也不只是因为盥礼的庄严盛大,更重要的还是在于,初始的盥礼较之其后的荐礼能够更集中更鲜明地体现主祭者的诚敬恭顺、庄严肃穆。"有孚颙若"正是描写主祭者的诚心与威容。《礼记·祭仪》说:"致礼以治躬则庄敬,庄敬则严威。……则民瞻其颜色而不与争也,望其容貌而不生慢易焉。"[1]万民观仰盥礼的庄严盛美和主祭者敬顺肃穆的威容,体悟其"至诚之心,恭肃之意",必然会受到熏陶和感化。这也就是《象传》"'观,盥而不荐,有孚颙若',下观而化也"所阐发的意旨。《观》卦卦辞实质上就是以观盥为喻,说明观仰的道理。观盥体诚,因观而化,这样的"观"才是有目的的仔细观看,才是一种"非常"之"视"——"谛视"。

---

[1] [汉]郑玄注,[唐]孔颖达疏:《礼记正义》卷四十八,《十三经注疏》下册,中华书局,1980年,第1598页。

# 《观》之六三：观我生、进退

　　历代学者对《观》卦六三爻辞的解读虽然存在分歧，但在断读上却是颇为一致的，都把"观我生进退"断读为"观我生，进退"，并把二者视为前者决定后者的连锁关系。如黄寿祺、张善文《周易译注》释为"观仰阳刚美德并对照省察自己的行为，谨慎抉择进退"；①陈鼓应、赵建伟《周易今注今译》释为"观察自己的所作所为，以决定动作进退"；②黄怀信《周易本经汇校新解》释为"观察自己的生活，以权衡进退"③等。笔者以为，"观我生进退"应断读为"观我生、进退"，"观"为动词谓语，"生"与"进退"为并列关系，皆为"观"的宾语，为"观"的直接对象。爻辞的完整表述应为"观我生、观我进退"。

　　"观我生"是观者对自身的内观、自省，这是历来治易者的共识，意见的分歧在于对"我生"的理解。一种意见认为，"观我生"是观者对自身经验生活的审视、省察。如王弼释"观我生"为"自观其道"，④孔颖达《周易正义》释"我生"为"我身所动出"，⑤程颐《程氏易传》释为"动作施为出于己者"，⑥朱熹《周易本义》释为"我之所行"，⑦刘沅《周易恒解》则说："我生，我生之所以行。"⑧都把"我生"释为自我行为，把"观我生"理解为对自身历史经验生活的审察。另一种意见则认为，"观我生"是观者对自我本性的洞见。仔细考量两种意见以及相关的论述，笔者以为，后

---

① 黄寿祺、张善文：《周易译注》，上海古籍出版社，2004 年，第 163 页。
② 陈鼓应、赵建伟：《周易今注今译》，商务印书馆，2005 年，第 192 页。
③ 黄怀信：《周易本经汇校新解》，清华大学出版社，2014 年，第 71 页。
④ 楼宇烈：《周易注校释》，中华书局，2012 年，第 78 页。
⑤ [魏]王弼、[晋]韩康伯注，[唐]孔颖达疏《周易正义》卷三，《十三经注疏》上册，中华书局，1980 年，第 36 页。
⑥ 梁韦弦：《〈程氏易传〉导读》，齐鲁书社，2003 年，第 146 页。
⑦ 萧汉明、林忠军：《〈周易本义〉导读》，齐鲁书社，2003 年，第 107 页。
⑧ 马振彪：《周易学说》引，花城出版社，2002 年，第 212 页。

者更能体现《观》卦之观的"谛视"之义及其易理的深刻性。

在上古语言中,"生"就是"性"的本字。徐灏《说文解字注笺》曰:"生,古性字。书传往往互用。"①阮元《性命古训》曰:"性字本从心,从生。先有生字,后造性字。商周古人造此字时即已谐声,声亦意也。"②西周铜器铭文及先秦文献中,生、性二字常常通用。《周礼·地官·大司徒》:"以土会之法,辨五地之物生。"郑玄注:"杜子春读生为性。"③《荀子·劝学》:"君子生非异也,善假于物也。"王念孙曰:"生,读为性,《大戴记》作性。"④《淮南子·俶真训》:"静漠恬淡,所以养性也。"《文子·九守》"性"作"生"。⑤《大戴礼记·子张问入官》:"君子莅民,不可以不知民之性,达诸民之情。既知其以生,有习,然后民特从命也。"卢辩注:"生谓性也。习,调节也。"⑥《观》卦六三的"观生"就是"观性"。郑刚中《周易窥馀》曰:"生谓性也。"⑦俞樾《群经平议·周易》曰:"'观我生'即'观我性'也。"⑧马振彪《周易学说》引马其昶曰:"生读性,谓性行也。"⑨

"性"是中国古代人生哲学的重要范畴,在古代思想史上占有重要地位。所谓"性",就是人的本性、天性。古人认为"性"得自天赋,是与生俱来的。《孟子·告子上》说:"生之谓性。"⑩《荀子·正名》说:"生之所以然者谓之性。"⑪郭店楚简《性自命出》说:"性自命出,命自天降。"⑫《礼记·中庸》说:"天命之谓性。"⑬董仲舒《举贤良对策》曰:"命者,天之令也;性者,生之质也。"⑭都强调了性的先天性。情发于性,欲生于情,人的情和欲都是天然本性的自然显现。阮元《性命古训》说:

---

① [清]徐灏:《说文解字注笺》,转引自《汉语大字典》(三卷本)中,四川辞书出版社、湖北辞书出版社,1995年,第2576页"生"字条。
② [清]阮元:《揅经室集·一集》,中华书局,1993年,第208页。
③ [汉]郑玄注,[唐]贾公彦疏:《周礼注疏》卷十,《十三经注疏》上册,中华书局,1980年,第702页。
④ [清]王先谦:《荀子集解》上,新编诸子集成本,中华书局,1988年,第4页。
⑤ 王利器:《文子疏义》,新编诸子集成本,2000年,第148页。
⑥ [清]王聘珍:《大戴礼记解诂》,十三经清人注疏丛书本,中华书局,1983年,第140页。
⑦ [宋]郑刚中:《周易窥馀》卷五,《十八名家解周易》第一辑,长春出版社,2009年,第346页。
⑧ [清]俞樾:《群经平议》,《续修四库全书一七八·经部·群经总义类》,上海古籍出版社,1996年,第12页。
⑨ 马振彪:《周易学说》,花城出版社,2002年,第212页。
⑩ [汉]赵岐注,[宋]孙奭疏:《孟子注疏》卷十一,《十三经注疏》下册,中华书局,1980年,第2748页。
⑪ [清]王先谦:《荀子集解》下,新编诸子集成本,中华书局,1988年,第412页。
⑫ 荆门市博物馆编:《郭店楚简:性自命出》,文物出版社,2002年,第68页。
⑬ [汉]郑玄注,[唐]孔颖达疏:《礼记正义》卷五十二,《十三经注疏》下册,中华书局,1980年,第1625页。
⑭ [清]严可均辑:《全汉文》,商务印书馆,1999年,第230页。

"情发于性,……味色声臭,喜怒哀乐,皆本于性,发于情者也。"①人的自然本性是可以审视省察、修养规范的,所以《尚书·召诰》强调"敬德节性",②《孟子·尽心上》提出"尽心知性"、"存心养性",③《礼记·中庸》强调"至诚尽性"。④《文子·微明》说:"知人之性,则自养不悖。"⑤郭店楚简《性自命出》说:"养性者,习也……习也者,有以习其性也。""四海之内,其性一也。其用心各异,教使然也。"⑥人的天然本性是一样的,之所以会有君子、小人等差别,那是因为用心各异,教习使然。君子应以德养性,以礼节性,使其天然本性"发而中节",不失常道。《礼记·王制》说:"司徒修六礼,以节民性。"⑦古礼就是为了"节民性"而设的。

《观》卦上九爻辞有"观其生"语,《京氏易传》说:"经称'观其生',言大臣之义,当观贤人,知其性行,推而贡之。"⑧惠栋《周易述》说:"'生'犹'性',故京氏谓'性行'是也。"⑨俞樾《群经平议》也说:"'观我生'即'观我性'也,'观其生'即'观其性'也。"⑩因此,"观我生"就是审视省察我的自然本性,以达到知性、养性、节性的目的。

"进退",是指君子的行止举措。从中国古代传统礼教观念来说,"进退可度"是君子"威仪"的一个重要表现,所谓可度即可法。《左传·襄公三十一年》:"有威而可畏谓之威,有仪而可象谓之仪。……故君子在位可畏,施舍可爱,进退可度,周旋可则,容止可观,作事可法,德行可象,声气可乐,动作有文,言语有章,以临其下,谓之有威仪也。"⑪《孝经·圣治》:"君子则不然……容止可观,进退可度,以临其民,是以其民畏而爱之,则而象之。……《诗》云:'淑人君子,其仪不忒。'"邢昺《注

---

① [清]阮元:《揅经室集·一集》,中华书局,1993年,第220—221页。
② 《召诰》:"节性,惟日其迈。王敬所作,不可不敬德。"见[汉]孔安国传,[唐]孔颖达疏《尚书正义》卷十五,《十三经注疏》上册,中华书局,1980年,第213页。
③ 《尽心上》:"孟子曰:尽其心者,知其性也;知其性则知天矣。存其心,养其性,所以事天也。"见[汉]赵岐注,[宋]孙奭疏《孟子注疏》卷十三,《十三经注疏》下册,中华书局,1980年,第2764页。
④ 《中庸》:"唯天下之至诚为能尽其性,能尽其性,则能尽人之性,能尽人之性,则能尽物之性。"见[汉]郑玄注,[唐]孔颖达疏《礼记正义》卷五十三,《十三经注疏》下册,中华书局,1980年,第1632页。
⑤ 王利器撰:《文子疏义》,新编诸子集成本,中华书局,2000年,第315页。
⑥ 荆门市博物馆编:《郭店楚简:性自命出》,文物出版社,2002年,第68页。
⑦ [汉]郑玄注,[唐]孔颖达疏:《礼记正义》卷十三,《十三经注疏》上册,中华书局,1980年,第1342页。
⑧ 郭彧:《〈京氏易传〉导读》,齐鲁书社,2002年,第171页。
⑨ 张涛、陈修亮:《〈周易述〉导读》,齐鲁书社,2007年,第127页。
⑩ [清]俞樾:《群经平议》,《续修四库全书一七八·经部·群经总义类》,上海古籍出版社,1996年,第12页。
⑪ [晋]杜预注,[唐]孔颖达疏:《春秋左传正义》卷四十,《十三经注疏》下册,中华书局,1980年,第2016页。

疏》曰:"容止,威仪也。必合规矩,则可观也;进退,动静也。不越礼法,则可度也。"①《管子·形势解》:"言辞信,动作庄,衣冠正,则臣下肃。言辞慢,动作亏,衣冠惰,则臣下轻之。故曰:'衣冠不正则宾者不肃。'仪者,万物之程式也。法度者,万民之仪表也;礼仪者,尊卑之仪表也。故动有仪则令行,无仪则令不行。故曰:'进退无仪则政令不行。'"②威仪是"自人之心理德性所表现于外之仪度",③是君子在各种典礼、各种场合所表现出的行止举措,是礼对君子的外在规范要求。行止举措端庄肃穆,合乎礼仪规范,可为世人敬畏效法,这是对君子在威仪上的要求,所以《诗经·大雅·抑》说:"敬慎威仪,维民之则。"④六三爻辞说观我之"进退",就是审视省察我的行止举措,使之合乎礼仪规范,不失常道。《象》曰:"'观我生、进退',未失道也。"惠栋《周易述》曰:"进退皆合于道,故《象》曰:'未失道也。'"⑤

汉代学者对《观》卦卦象、卦义的阐发,为这种释读提供了支持。《观》卦卦象为䷓,上巽(☴)下坤(☷)。巽为木,坤为地。《升》卦上坤下巽,《象传》释为"地中生木",《观》卦上巽下坤,巽在坤上,当然也可以释为"地上之木"。许慎《说文解字》在说解"相"字时说:"相,省视也。从目,从木。《易》曰:'地可观者,莫可观于木。'"段玉裁注曰:"此引《易》说从目木之义也。目所视多矣,而从木者,地上可观者莫如木也。"⑥地上的林木最为明显可观,有观仰之象,所以早在汉代就有易学家以此来解释《观》卦卦象及卦义。《汉书·五行志上》说:"于《易》,地上之木为《观》。其于王事,威仪容貌亦可观者也。"⑦萧吉《五行大义》说:"《易》云地上之木为观,言春时出地之木,无不曲直,花叶可观,如人威仪容貌也。"⑧从班固、萧吉等对《观卦》象、义的阐发来看,"威仪容貌"本来就是《观》卦之"观"的应有内容,而"进退可度"正是君子威仪的一个重要表现。所以本文把六三爻辞之"进退"视为"观"的对象,解为行止举措,是有据可依、有理可循的。

---

① [唐]李隆基注,[宋]邢昺疏:《孝经注疏》卷五,《十三经注疏》下册,1980年,第2554页。
② 黎翔凤:《管子校注》下,新编诸子集成本,中华书局,2004年,第1181页。
③ 姜昆武:《先秦礼制中的"威仪"说》,《社会科学战线》编辑部编辑《中国古代史论丛》1981年第3辑,福建人民出版社,1982年。
④ [汉]毛亨传,[汉]郑玄笺,[唐]孔颖达疏:《毛诗正义》卷十八,《十三经注疏》上册,中华书局,1980年,第554页。
⑤ 张涛、陈修亮:《〈周易述〉导读》,齐鲁书社,2007年,第127页。
⑥ [汉]许慎撰,[清]段玉裁注:《说文解字注》,上海古籍出版社,1981年,第258页。
⑦ [汉]班固撰,[唐]颜师古注:《汉书》二,吉林人民出版社,1998年,第994页。
⑧ [隋]萧吉著,刘鸿玉等译:《五行大义白话全解》,气象出版社,2015年,第23页。

# 《噬嗑》之初九：屦校灭趾，无咎

《周易》第二十一卦名"噬嗑"。"噬"义为咬啮。"嗑"通"合"。合口为嗑。《序卦传》："嗑者，合也。"《抱朴子·外篇·守塉》："口张而不能嗑。"①所以"噬嗑"就是以齿咬物合口咀嚼之意。王弼《周易注》说："噬，啮也。嗑，合也。"②朱熹《周易本义》说："噬，啮也；嗑，合也。物有间者，啮而合之也。"③

在本卦中，"噬嗑"其实只是对刑罚的一种比喻，食物比喻违反法律的犯人，咬合咀嚼食物比喻对犯人施用刑罚，正如李士鉁《周易注》所云："刑狱与噬物，象相似而义通。"④《象传》说："颐中有物曰噬嗑。"颐中之物就是阻碍口腔正常闭合的间隔，象征社会上客观存在的影响社会和谐的犯罪现象；而啮去颐中之物，即"噬而嗑之"，使口腔恢复本来面貌，则象征着对犯罪者施用刑罚，以维护社会的和谐稳定。孔颖达《周易正义》说："物在于口，则隔其上下；若啮去其物，上下乃合而得亨也。此卦之名，假借口象以为义，以喻刑法也。"⑤程颐《周易程氏传》说："口中有物，则隔其上下，不得嗑，必啮之，则得嗑，故为噬嗑。圣人以卦之象，推之于天下之事，在口则为有物隔而不得合，在天下则为有强梗或谗邪间隔于其间，故天下事不得合也，当用刑罚，小则惩戒，大则诛戮，以除去之，然后天下之治得成矣。……噬嗑者，治天下之大用也。去天下之间，在任刑罚，故卦用刑为义。"⑥卦辞"亨，利用狱"，开宗明义地肯定了刑罚对社会的重要价值，卦中第一爻初九"屦校灭趾，无咎"，则通过比喻描述了触刑受罚的一种情状。

---

① 杨明照：《抱朴子外篇校笺》上，新编诸子集成本，中华书局，1997年，第196页。
② 楼宇烈：《周易注校释》，中华书局，2012年，第81页。
③ 萧汉明、林忠军：《〈周易本义〉导读》，齐鲁书社，2003年，第108页。
④ 马振彪：《周易学说》引，花城出版社，2002年，第220页。
⑤ ［魏］王弼、［晋］韩康伯注，［唐］孔颖达疏：《周易正义》卷三，《十三经注疏》上册，中华书局，1980年，第37页。
⑥ 梁韦弦：《〈程氏易传〉导读》，齐鲁书社，2003年，第148页。

"屦",音 jù,义为鞋,此处用作动词,犹言脚上戴着。这种动词用法也见于先秦其他文献,如《仪礼·士冠礼》:"不屦穗履。"①《仪礼·士相见礼》:"隐辟而后屦。"②其中的"屦"皆为穿鞋义。

　　"校",音 jiào,原意为栅栏,引申为古代木制刑具的总称,加于颈者曰枷,加于手者曰梏,加于足者曰桎。《说文·木部》:"校,木囚也。"王筠《句读》:"囚从口,高其墙以阑罪人也。木囚者,以木作之如墙也。桎梏皆围其手足,情事相似,故得校名。"③此爻之校则是桎。"屦校",即脚上带着刑具。

　　"灭",遮盖,掩没。《荀子·臣道》:"暗主妒贤畏能而灭其功。"杨倞注:"灭,掩没也。"④郑刚中《周易窥余》曰:"灭,没也,如'灭木'之灭。"⑤俞琰《周易集说》曰:"灭,没而不见也。"⑥

　　"趾",义为足。帛书、汉石经作"止"。陆德明《经典释文》曰:"止,本亦作趾,趾,足也。"⑦阮元《周易注疏校勘记》曰:"止、趾古今字。"⑧"止"为"趾"的本字,甲骨文作𠀾,象脚掌之形,表示人的足。《仪礼·士婚礼》"北止"郑玄注:"止,足也。"⑨《汉书·刑法志》:"当斩左止者,笞五百。"颜师古注:"止,足也。"⑩尚用其本义。后"止"为引申义所专用,足之义便另加义符"足"写作"趾"来表示。《尔雅·释言》:"趾,足也。"郭璞注:"足,脚。"⑪《诗经·周南·麟之趾》:"麟之趾,振振公子。"毛传:"趾,足也。"⑫后"趾"字词义缩小,又用来指足趾(脚指)。本爻中的"趾"即指脚,而非古今很多《易》著中所说的脚趾头。

　　爻辞说,脚上戴着刑具,遮没了脚面,没有咎害。

　　初九处"噬嗑"之始,因此取象于人体最下部的脚。"屦校灭趾",象征一个人

---

① [汉]郑玄注,[唐]贾公彦疏:《仪礼注疏》卷三,《十三经注疏》上册,中华书局,1980年,第958页。
② [汉]郑玄注,[唐]贾公彦疏:《仪礼注疏》卷七,《十三经注疏》上册,中华书局,1980年,第978页。
③ [清]王筠:《说文解字句读》,转引自《汉语大字典》(三卷本)上,四川辞书出版社、湖北辞书出版社,1995年,第1205页"校"字条。
④ [清]王先谦:《荀子集解》上,新编诸子集成本,中华书局,1988年,第251页。
⑤ [宋]郑刚中:《周易窥余》卷五,《十八名家解周易》第一辑,长春出版社,2009年,第348页。
⑥ [清]李光地:《周易折中》引,巴蜀书社,2014年,第116页。
⑦ [唐]陆德明:《经典释文·周易音义》,《十三经注疏》上册,中华书局,1980年,第100页。
⑧ [魏]王弼、[晋]韩康伯注,[唐]孔颖达疏:《周易正义》卷三"校勘记",《十三经注疏》上册,中华书局,1980年,第44页。
⑨ [汉]郑玄注,[唐]贾公彦疏:《仪礼注疏》卷五,《十三经注疏》上册,中华书局,1980年,第967页。
⑩ [汉]班固撰,[唐]颜师古注:《汉书》二,吉林人民出版社,1998年,第858页。
⑪ [晋]郭璞注,[宋]邢昺疏:《尔雅注疏》卷三,《十三经注疏》下册,中华书局,1980年,第2584页。
⑫ [汉]毛亨传,[汉]郑玄笺,[唐]孔颖达疏:《毛诗正义》卷一,《十三经注疏》上册,中华书局,1980年,第283页。

初次触犯刑法,其过尚轻,故不用重刑,仅给予小小的惩罚。王弼《周易注》曰:"凡过之所始,必始于微而后至于著;罚之所始,必始于薄而后至于诛。过轻戮薄,故屦校灭趾,桎其行也,足惩而已,故不重也。"①李光《读易详说》曰:"屦校灭趾,校之使没其趾,但拘囚之,刑之至轻者也。"②惩罚小过是为了使犯人以此为戒,改过自新,避免犯更大的错误,因此爻辞断以"无咎"。《系辞传下》引孔子曰:"小人不耻不仁,不畏不义,不见利不劝,不威不惩。小惩而大诫,此小人之福也。《易》曰:'屦校灭趾,无咎。'此之谓也。"丘浚《大学衍义补·慎刑宪》解释说:"盖小人不以不仁为耻,见利而后劝于为仁;不以不义为畏,畏威而后惩于不义。惩之于小,所以诫其大;惩之于初,所以诫其终,使其知善不在大而皆有所益,恶虽甚小而皆有所伤。不以善小而弗为,不以恶小而为之;不至于恶积而不可掩,罪大而不可解,以伤其肤,殒其身,灭其宗。其为小人之福也。"③刘沅《周易恒解》也说:"止恶于初,而用刑轻,所谓小惩而大戒也。叹其不行,戒人勿以小恶而为之。"④人的犯罪有一个逐步发展的过程,初犯轻罪如果得不到及时的惩罚、纠正,任其发展下去,就有可能发展成更加严重的犯罪,所谓"屦校不惩,必至何校;灭趾不戒,必至灭耳"。⑤ 因此对初犯轻罪就应该及时给予一定的惩罚,以使其改过自新,这就是小惩而大戒。

《噬嗑》上九"何校灭耳,凶"也是描述触刑受罚的情状,但其时已积罪致深,严惩不殆,与初九构成鲜明对照。

"何",通"荷"。陆德明《经典释文》:"何,本亦作荷。……王肃云:荷担。"⑥《说文》:"何,儋也。"徐铉注曰:"儋何即负荷也,借为谁何之何。今俗别作擔荷。"段玉裁注:"何,俗作荷,犹佗之俗作驼,儋之俗作担也。"⑦帛书《易经》作"荷"。程颐《周易程氏传》曰:"何,负也,谓在颈也。"⑧郭雍《郭氏传家易说》曰:"何校,械其首也,械大而灭耳也。"⑨

爻辞说,肩扛木枷,遮没了耳朵,凶险。

---

① 楼宇烈:《周易注校释》,中华书局,2012年,第82页。
② [宋]李光:《周易详说》,四库全书本。
③ [明]丘浚:《大学衍义补》下,《中国经学史基本丛书》第4册,上海书店出版社,2012年,第140页。
④ [清]刘沅:《周易恒解》,续修四库全书本。
⑤ [清]牛钮等:《日讲易经解义》,海南出版社,2012年,第199页。
⑥ [唐]陆德明:《经典释文·周易音义》,《十三经注疏》上册,中华书局,1980年,第100页。
⑦ [汉]许慎撰,[清]段玉裁注:《说文解字注》,上海古籍出版社,1981年,第667页。
⑧ 梁韦弦:《〈程氏易传〉导读》,齐鲁书社,2003年,第152页。
⑨ [宋]郭雍:《郭氏传家易说》,四库全书本。

《噬嗑》之初九：屦校灭趾，无咎

丘浚《大学衍义补·慎刑宪》说："《噬嗑》一卦，六爻俱以刑狱言，而圣人于《大传》特论初九、上九二爻，盖初与上无位，为受刑之人；而其中四爻，则用刑之人也。"①初、上两爻是始与终的关系，都象征着受刑之人。初九处"噬嗑"之始，爻位最低，因此取象于身体下部的脚；上九处"噬嗑"之终，爻位最高，因此取象于人体头部的耳朵。初九是初犯，故给以薄惩，脚戴刑具，限制自由，以使其痛改前非，重新做人。上九则是最后一爻，象征着罪行已经发展到了极点，必须严惩，所以荷枷于颈，处以极刑，以儆效尤。《系辞传下》引孔子曰："善不积不足以成名，恶不积不足以灭身。小人以小善为无益而弗为也，以小恶为无伤而弗去也；故恶积而不可掩，罪大而不可解。《易》曰：'何校灭耳，凶。'"非常深刻地阐发了爻辞的意旨，揭示了爻辞的教戒之义。牛钮《日讲易经解义》也说："此一爻，是言恶极罪大之人不可逭也。……灭趾于初，以使其不进；灭耳于终，以罚其不聪。圣人之于人，勉其始而戒其终如此，总欲消天下之有间而归于无间耳。"②

---
① ［明］丘浚：《大学衍义补》下，《中国经学史基本丛书》第4册，上海书店出版社，2012年，第140页。
② ［清］牛钮等：《日讲易经解义》，海南出版社，2012年，第202页。

# 《噬嗑》之九四：噬干肺，得金矢，利艰贞，吉

"噬"即"噬嗑"之噬，义为咬啮。

"肺"，音 zǐ，带骨的干肉。《经典释文》引马融曰："有骨谓之肺。"①《周易集解》引陆绩曰："肉有骨谓之肺。"②《经典释文》又说："子夏作脯。"③《初学记》卷二十六、《太平御览》卷八百六十二引王肃说亦作"脯"。《广雅·释器》云："肺，脯也。"《说文》云："脯，干肉也。""肺"与"脯"义可相通。

"金矢"，即铜箭头，在此指周朝刑罚制度中的"束矢"。张根《吴园易解》云："金矢，犹所谓束矢。"④按周朝的刑法制度，凡讼（即民事诉讼），双方须各向官府缴纳一百矢，然后官府受理。审判胜诉者发还百矢，败诉者则没收百矢以示惩罚。《周礼·秋官·大司寇》曰："以两造禁民讼，入束矢于朝，然后听之。"郑玄注："讼，谓以财货相告者。造，至也。使讼者两至，既两至，使入束矢乃治之也。不至，不入束矢，则是自服不直者也。必入矢者，取其直也。《诗》曰'其直如矢'。古者一弓百矢，束矢，其百个与。"⑤王安石《周官新义》云："'以两造禁民讼'者，讼以两造听之，而无所偏爱，则不直者自反，而民讼禁矣。'入束矢于朝，然后听之'者，以束矢自明其直，然后听，盖不直则入其矢，亦所以惩其不直。"⑥孙诒让《周礼正义》曰："盖讼未断之先，则令两人束矢，既断之后，则不直者没入其矢以示罚，其直者则还

---

① ［唐］陆德明：《经典释文·周易音义》，《十三经注疏》上册，中华书局，1980 年，第 100 页。
② ［清］李道平：《周易集解纂疏》，十三经清人注疏丛书本，中华书局，1994 年，第 242 页。
③ ［唐］陆德明：《经典释文·周易音义》，《十三经注疏》上册，中华书局，1980 年，第 100 页。
④ ［宋］张根：《吴园易解》，四库全书本。
⑤ ［汉］郑玄注，［唐］贾公彦疏：《周礼注疏》卷三十四，《十三经注疏》上册，中华书局，1980 年，第 870 页。
⑥ ［宋］王安石撰，杨小召校注：《周官新义》，四川大学出版社，2016 年，第 204 页。

其矢。"①

"利艰贞"在《周易》经文中凡三见,当为成词。"艰",当读为"限",训为"限止"。"艰"字《说文》以为"从艮声","限"字也从"艮声",音同自可通用。帛书本作"根",也是"限"的借字。"贞",义为贞定不变,固定不动。"艰贞"为同义复词,都是限止不动的意思。②

爻辞说,像咬啮咀嚼带骨的干肉一样判明了难以审理的案件,使胜诉者得到其所缴纳的金矢,败诉者则没收以示惩罚。这样做,利于限止人们妄兴狱讼,吉祥。

在本卦中,"噬嗑"其实只是对刑罚的一种比喻,食物比喻违反法律的犯人,咬合咀嚼食物则比喻对犯人施用刑罚。丘浚《大学衍义补·慎刑宪》说:"《噬嗑》一卦,六爻俱以刑狱言,……而其中四爻,则用刑之人也。"③这是说《噬嗑》卦中间的四爻都是用噬物比喻惩罚犯人。

六二爻说:"噬肤灭鼻,无咎。""肤"是肥肉,④比喻所犯罪过较轻、容易整治驯服的犯人,"噬肤灭鼻"是比喻整治犯人过于严厉、矫枉过正。但其最终目的还是为了使犯人改过自新、走上正道,因此爻辞又断以"无咎"。《周易集解》引侯果曰:"乘刚噬必深,噬过其分,故灭鼻也。刑刻虽峻,得所疾也。虽则灭鼻,而无咎矣。"⑤李士鉁《周易注》曰:"物噬而后口合,邪去而后人安,虽乘刚过猛,固无咎也。"⑥

六三爻说:"噬腊肉,遇毒,小,吝,无咎。"腊肉干硬,不易咬啮咀嚼,《周易正义》称之为"坚刚之肉",⑦比喻犯人不易整治,受刑罚而不服。毒是腊肉变质发霉产生的毒素,食用后会对人的身体健康造成伤害,甚至危及生命,《周易正义》称之

---

① [清]孙诒让撰,王文锦等点校:《周礼正义》十一册,十三经清人注疏丛书本,中华书局,1987年,第2748页。
② 参见廖明春《〈周易〉释"艰"》,《周易研究》,2011年第4期。
③ [明]丘浚:《大学衍义补》下,《中国经学史基本丛书》第4册,上海书店出版社,2012年,第140页。
④ 按,"肤"字古作"膚",就爻辞而言释为肥肉,具体指猪腹部下面柔软无骨的肉,而非现代一些易注所谓皮肤。《广雅·释器》:"肤,肉也。"《仪礼·聘礼》贾公彦疏:"肤,豕肉也。"陆德明《经典释文》:"马云:柔脆肥美曰肤。"朱熹《周易本义》:"祭有肤鼎,盖肉之柔脆、噬而易嗑者。"《朱子语类》:"肤,腹腴拖泥处。"吴澄《易纂言》:"肤者,豕腹之下柔软无骨之肉。古礼别实于一鼎曰肤鼎。"闻一多《周易义证类纂》曰:"肤即腴也。《论衡·语增篇》引古语曰:'桀纣之君,垂腴尺余。'张显《析言论》引古谚作'桀纣无道,肥肤三尺'。《说文》胰训'腹下肥者',又以肤(膚)为臚之籀文,而《类聚》四九引《释名》佚文曰:'腹前肥者曰臚。'是肤即腴决矣。"
⑤ [清]李道平:《周易集解纂疏》,十三经清人注疏丛书本,中华书局,1994年,第241页。
⑥ 马振彪:《周易学说》引,花城出版社,2002年,第220页。
⑦ [魏]王弼、[晋]韩康伯注,[唐]孔颖达疏:《周易正义》卷三,《十三经注疏》上册,中华书局,1980年,第37页。

为"苦恶之物",①这是比喻施用刑罚难免会遭到受刑之人的怨恨甚至反抗,用刑政治理社会,难免会遭到有害因素的干扰破坏。但爻辞同时又用"小,吝,无咎"的断语告诉我们,那些不认罪、不伏法的犯人毕竟是少数,那些干扰破坏法治的有害因素尚未形成气候,不足以损害刑政之道,虽然有"吝",但"无咎"。

六四爻辞"噬干胏,得金矢,利艰贞,吉"也是言说"用狱"之事。郭雍《郭氏传家易说》云:"先人曰:胏,骨之干,坚强难噬者也。……故在讼,则为难听之讼;在狱,则为难折之狱。"②"讼"之"难听",是因为有不直而健讼之人,"用狱"的目的就在于保护直者,惩罚不直,以息讼端。"入束矢于朝"就是一种惩罚的方式。郭雍《郭氏传家易说》曰:"入束矢于朝,不直则入其矢,所以惩不直也。……方九四之听讼也,既得其矢,则不直者自反而服其非。"③孙诒让《周礼正义》曰:"《易·噬嗑》为狱讼之象,其九四爻辞云'得金矢',又六五云'得黄金',即谓讼得直而归其钧金束矢也。"④郭雍认为"得金矢"是官府罚没败诉者的金矢,孙诒让认为是胜诉者得到其先前所缴纳的金矢,从事理来看,这不过是同一件事情的两个方面,并不矛盾;但从文理来看,还以郭说为顺,当指罚没金矢,因为爻辞是从"用刑之人"的角度为说。朱熹曾说:"想是词讼时便令他纳此,教他无切要之事不敢妄来。"⑤罚没金矢是为了限止人们妄兴狱讼,所以爻辞又断以"利艰贞,吉"。

---

① [魏]王弼、[晋]韩康伯注,[唐]孔颖达疏:《周易正义》卷三,《十三经注疏》上册,中华书局,1980年,第37页。
② [宋]郭雍:《郭氏传家易说》,四库全书本。
③ [宋]郭雍:《郭氏传家易说》,四库全书本。
④ [清]孙诒让撰,王文锦等点校:《周礼正义》十一册,十三经清人注疏丛书本,中华书局,1987年,第2750页。
⑤ [宋]黎靖德编,杨绳其、周娴君校点:《朱子语类》第三卷,岳麓书社,1997年,第1600页。

# 《贲》之六五：贲于丘园，束帛戋戋；吝，终吉

"贲"，义为文饰。《说文》："贲，饰也。"《尚书·汤诰》："贲若草木。"注："贲，饰也。"①《诗经·小雅·白驹》："皎皎白驹，贲然来思。"《毛传》："贲，饰也。"②

"丘园"，义为丘林园圃。孔颖达《周易正义》曰："丘谓丘墟，园谓园圃。惟草木所生，为质素之处，非华美之所。"③胡煦《周易函书约注》曰："市朝繁华，丘园朴素。"④此指隐者所居之处。李中正《泰轩易传》曰："丘园，贤者所居之地也。"⑤

"贲于丘园"，就是在丘园中文饰自己。把"贲"之场所明确限定在"丘园"，则表明六五之"贲"，不同于贲趾、贲须、濡如、皤如的形体之饰，而是一种精神品德方面的自我修美，即在自然、素朴的丘园环境中，修养、增进自己高洁的品德。古有"丘园养素"之常典，如《北史·韦夐传论》："韦夐隐不负人，贞不绝俗，怡神坟藉，养素丘园……实近代之高人也。"⑥任昉《为萧杨州作荐士表》："养素丘园，台阶虚位；庠序公朝，万夫倾望。"⑦宋代画家郭熙《林泉高致·山水训》说："君子之所以爱夫山水者，其旨安在？丘园养素，所常处也。"⑧所谓"丘园养素"，其实就是对爻辞意旨的准确揭示和精妙概括。

"束帛"，是成捆的布帛礼物。古人计布帛之数，以一丈八尺为一端，两端为一

---

① [汉]孔安国传，[唐]孔颖达疏：《尚书正义》卷八，《十三经注疏》上册，中华书局，1980年，第162页。
② [汉]毛亨传，[汉]郑玄笺，[唐]孔颖达疏：《毛诗正义》卷十一，《十三经注疏》上册，中华书局，1980年，第434页。
③ [魏]王弼、[晋]韩康伯注，[唐]孔颖达疏：《周易正义》卷三，《十三经注疏》上册，中华书局，1980年，第38页。
④ [清]胡煦：《周易函书约注》卷五，《十八名家解周易》第三辑，长春出版社，2009年，第162页。
⑤ [宋]李中正：《泰轩易传》，续修四库全书本。
⑥ 《二十五史卷五南史、北史、隋书》，中国文史出版社，2003年，第862页。
⑦ [南朝梁]萧统编，[唐]李善注：《文选》下册，岳麓书社，2002年，第1200页。
⑧ 于民：《中国美学史资料选编》，复旦大学出版社，2008年，第266页。

匹;十端即五匹为一束。《周礼·春官·大宗伯》:"孤执皮帛。"郑玄注:"皮帛者,束帛而表以皮为之饰。"贾公彦疏:"聘礼,束帛加璧……束者十端,每端丈八尺,皆两端合卷,总为五匹,故云束帛也。"①《子夏易传》也说:"五匹为束。"②束帛既可用于婚聘,也可用于酬宾或聘贤。此处当指聘贤之礼。何楷《古周易订诂》曰:"束帛者,聘币之礼。张衡《东京赋》'聘丘园之耿介,旅束帛之戋戋'是也。……用聘女,因以聘士云。"③《文选·桓温〈荐谯元彦表〉》:"若秀蒙蒲帛之征,足以镇静颓风。"吕延济注:"古之征贤者,皆以束帛之礼,蒲裹车轮而征之。"④《文选·枣道彦〈杂诗〉》:"开国建元士,玉帛聘贤良。"李善注引王逸《楚辞注》曰:"天下贤人,将持玉帛聘而遗之。"⑤

"戋",音jiān。"戋戋"之义,历来有两种说法,或释为众多,或释为浅小,义正相反,很值得玩味。在宋代以前,人们普遍训"戋戋"为"众多"。如《经典释文》引马融即释为"委积貌",⑥《文选·张衡〈东京赋〉》李善注引王肃释为"委积之貌",⑦《周易集解》引虞翻也释为"委积之貌"。⑧《纂疏》又引薛虞说:"戋戋,礼之多也。委积,盖言多也。"⑨孔颖达《周易正义》也承袭了这种说法,释为"众多也"⑩。至宋代,受古文字学中"右文说"的影响,人们又对"戋戋"进行了新的解释。沈括《梦溪笔谈》说:"所谓右文者,如,戋,小也。水之小者曰浅,金之小者曰钱,歹而小者曰残,贝之小者曰贱。如此之类,皆以戋为义也。"⑪"《易》曰:'束帛戋戋。'戋戋者,寡也;谓之盛者,非也。"⑫朱熹最早采用此说,其《周易本义》曰:"戋戋,浅小之义。"⑬宋以后字书释"戋"字,也开始收录"小、少"义项,如《集韵》:"戋,少意。"《字汇·戈部》:"戋,浅少之意。"现代易著如高亨《周易古经今注》、黄寿祺《周易译

---

① [汉]郑玄注,[唐]贾公彦疏:《周礼注疏》卷十八,《十三经注疏》上册,中华书局,1980年,第762页。
② [清]李道平:《周易集解纂疏》,十三经清人注疏丛书本,中华书局,1994年,第251页。
③ [明]何楷:《古周易订诂》,四库全书本。
④ [南朝梁]萧统编,[唐]李善、吕延济、刘良、张铣、吕向、李周翰注:《六臣注文选》,中华书局,1987年,第709页。
⑤ [南朝梁]萧统编,[唐]李善注:《文选》下册,岳麓书社,2002年,第935页。
⑥ [唐]陆德明:《经典释文·周易音义》,《十三经注疏》上册,中华书局,1980年,第100页。
⑦ [南朝梁]萧统编,[唐]李善注:《文选》上册,岳麓书社,2002年,第88页。
⑧ [清]李道平:《周易集解纂疏》,十三经清人注疏丛书本,中华书局,1994年,第251页。
⑨ [清]李道平:《周易集解纂疏》,十三经清人注疏丛书本,中华书局,1994年,第252页。
⑩ [魏]王弼、[晋]韩康伯注,[唐]孔颖达疏:《周易正义》卷三,《十三经注疏》上册,中华书局,1980年,第38页。
⑪ [宋]沈括撰,金良年、胡晓静译:《梦溪笔谈全译》,上海古籍出版社,2013年,第142页。
⑫ [宋]沈括撰,金良年、胡晓静译:《梦溪笔谈全译》,上海古籍出版社,2013年,第274页。
⑬ 萧汉明、林忠军:《〈周易本义〉导读》,齐鲁书社,2003年,第110页。

注》、陈鼓应《周易今注今译》等皆承此说,训"戋戋"为"少"。同是一个词,或释为浅小,或释为盛多,义正相反,究竟哪一个才符合爻辞之意呢?笔者以为,唐以前的"委积"之训更为可取。

从文字本身来看,"戋"确有小、少之意,但也有大、高之义。《说文·戈部》:"戋,贼也。从二戈。"朱骏声《说文通训定声》说:"从二戈会意,按即残字之古文。《广雅·释诂四》:'戋,伤也。'"①段玉裁《说文解字注》也说:"戋,此与残音义皆同。"②戋之本义是残灭,由残灭义可引申出小义,盖残灭之后,其剩余部分必小、少。③戋有小、少之义,因此从戋得声的形声字也多有小义。④但值得注意的是,另一些从戋得声的形声字又有大、高之义。如胅为腹大,栈、峨为山高,蛾为蝉之大而黑者等。⑤这两类"同声符反义同源词"皆从"戋"得声,这说明"戋"声既是表示"小、少"的源义素,也是表示"大、高"的源义素,⑥而"戋"字本身也义兼正反,既可表示"小、少"之义,也可表示"大、高"之义。同一个词却具有相对或相反的两种意义,这是古汉语中词义反向引申形成的一种特殊的词汇现象。⑦正如章太炎《国故论衡·转注假借说》所云:"语言之始,……义相对相反者,亦多从一声而变。"⑧

"戋戋"有大、高之义,而"委积"即聚积、堆积之义。《楚辞·九章·怀沙》:"材朴委积兮,莫知余之所有。"朱熹集注:"委积,言其多有。"⑨马融等人以"委积貌"释"戋戋",意在说明《贲》卦六五之"束帛戋戋"是以"戋戋"形容束帛堆积之高大,以示聘礼之多。丁寿昌《读易会通》说:"聘贤之礼,宜盛不宜约。"⑩作为聘贤之礼,自然应以厚、多为重,朱熹《周易本义》"礼奢宁俭"、⑪刘沅《周易恒解》"礼薄意厚"⑫

---

① [清]朱骏声:《说文通训定声》,武汉市古籍书店影印,1983年,第762页。
② [汉]许慎撰,[清]段玉裁注:《说文解字注》,上海古籍出版社,1981年,第1111页。
③ 参见曾昭聪《形声字声符示源功能论》第三章"同声符反义同源词研究概述",黄山书社,2002年,第73页
④ 参见朱桢《"右文说"一例举隅》,《殷都学刊》1994年第4期。
⑤ 《集韵·产韵》:"胅,腹大貌。"《方言》卷十一:"蝉,大而黑者谓之蛾。"《说文·山部》:"栈,尤高。"段玉裁注:"今字作峨。"
⑥ 参见曾昭聪《形声字声符示源功能论》第三章"同声符反义同源词研究概述",黄山书社,2002年。
⑦ 参见徐今《反向引申探析》,《华中科技大学学报》(社会科学版)2004年第6期,刘中华《"反训"质疑——兼论正反同词现象》,《汉中师范学院学报》2002年第4期。
⑧ 章太炎:《国故论衡·转注假借说》,《中国现代学术经典·章太炎卷》,河北教育出版社,1996年,第37页。
⑨ [宋]朱熹:《楚辞集注》,上海古籍出版社,1979年,第90页。
⑩ [清]丁寿昌:《读易会通》,成都古籍出版社,1988年,第316页。
⑪ 萧汉明、林忠军:《〈周易本义〉导读》,齐鲁书社,2003年,第110页。
⑫ [清]刘沅:《周易恒解》,续修四库全书本。

等说法,明显不合其宜。

"吝"是《周易》中的特殊语汇,在经文中共出现20次,其义不一,根据具体语境,可以有行难、困难、羞耻、憾惜等多种释义。此爻之"吝"通"遴"。《说文》曾两次引《周易》经文"以往吝","口"部引作"吝","辵"部则引作"遴",并云:"遴,行难也。"马宗霍《说文解字引经考》:"遴从粦声,吝从文声,古音同在真部,故通用。"① "遴"之本义为行难,引申泛指艰难。《玉篇·辵部》云:"遴,行难也。"《汉书·杜钦传》:"为汉家建无穷之基,诚难以忽,不可以遴。"李奇曰:"遴,难也。"颜师古曰:"遴与吝同。"②

作为占断之辞,"吝,终吉"是对"贲于丘园、束帛戋戋"这一事象的总体判断。隐处丘园,必然要经受心灵的孤寂和生活的艰辛,所以断为"吝";但丘园养素,德行贞纯,必然会有束帛之聘,旌命之喜,所以又断为"终吉"。

如此,爻辞之义不过是说,在丘林园圃中修美自己素朴高洁的品质,朝廷就会用众多的布帛礼物前来征聘。虽然要经历一定的艰难,但最终会获得吉祥。

聘贤之制,在古代文献中有明确记载。《礼记·月令》说:"季春之月,开府库,出币帛,周天下,勉诸侯,聘名士,礼贤者。"孔颖达疏曰:"谓王者勉劝此诸侯,令聘问有名之士,礼接德行之贤。"③皇甫谧《〈高士传〉序》也说:"自三代、秦汉,达乎魏兴受命,中贤之主,未尝不聘岩穴之隐,追遁世之民,是以《易》著束帛之义,《礼》有玄纁之制,……《月令》以季春之月聘名士,礼贤者。"④《贲》卦六五爻辞就是对这一制度的反映,所以汉晋时人都是从聘贤的意义上对爻辞进行征引和阐释。如张衡《东京赋》:"聘丘园之耿洁,旅束帛之戋戋。"《文选》李善注云:"言丘园中有隐士,贞洁清白之人,聘而用之。束帛,谓古招士,必以束帛,加璧于上。《周易》曰:'六五,贲于丘园,束帛戋戋。'"⑤陆机《演连珠》其三:"丘园之秀,因时则扬。"《文选》李善注引王肃云:"失位无应,隐处丘园,盖象衡门之人,道德著明,必有束帛之聘。戋戋,委积之貌也。"⑥

---

① 马宗霍:《说文解字引经考》,转引自侯乃峰《〈周易〉文字汇校集释》,台湾古籍出版有限公司,2009年,第33页。
② [汉]班固撰,[唐]颜师古注:《汉书》三,吉林人民出版社,1998年,第1834页。
③ [汉]郑玄注,[唐]孔颖达疏:《礼记正义》卷十五,《十三经注疏》上册,中华书局,1980年,第1363页。
④ [清]严可均辑:《全晋文》中,商务印书馆,1999年,第757页。
⑤ [南朝梁]萧统编,[唐]李善注:《文选》上册,岳麓书社,2002年,第88页。
⑥ [南朝梁]萧统编,[唐]李善注:《文选》下册,岳麓书社,2002年,第1652页。

# 《贲》之上九:白贲,无咎

《贲》之上九"白贲,无咎"是《周易》最著名的爻辞之一,曾被人们广为征引和讨论,甚至被提升为一个重要的美学命题。这种意义的获得,不仅在于爻辞本身,更在于其在卦中所处的特殊的爻位。因此,必须把"白贲,无咎"置于整个《贲》卦的语境中加以考察,才可能理解其中的深意。

"贲",音 bì,为会意字,从贝,从卉。《说文·贝部》曰:"贲,饰也。从贝,卉声。""贲"字从"贝"取义。贝类之壳色泽鲜艳,斑斓多样,古代典籍中就记有素贝、玄贝、黄贝、紫贝、文贝等许多种类。古时女子把那些色泽鲜艳斑斓的贝壳贯穿起来,系于颈下,作为颈饰,就像今天的项链一样,称为"賏"或"婴"。《说文》:"賏,颈饰也。从二贝。"徐锴《说文解字系传》说:"蛮夷连贝为璎珞是也。"[1]段玉裁《说文解字注》说:"骈贝为饰也。"[2]唐苏鹗《苏氏演义》说:"賏者,贝也,宝贝璎珞之类,盖女子之饰也。"[3]《篇海类编》也说:"连贝饰颈曰賏,女子饰也。"[4]又《说文·女部》:"婴,颈饰也。从女、賏。"桂馥《说文解字义证》说:"古人连贝为婴。"[5]"婴"字正会女孩颈上系賏之意。因为古代有以各色贝壳为颈饰的习俗,所以表文饰、美饰之义的"贲"字从贝。"卉"字从三中,会众草之意。"贲"字从贝,又从卉,说明"贲"字本身就含有文饰繁盛之意。

《周易》第二十二卦以"贲"命名,言说的就是文饰之道,《序卦传》说:"贲者,饰

---

[1] [南唐]徐锴:《说文解字系传》,转引自《汉语大字典》(三卷本)下,四川辞书出版社、湖北辞书出版社,1995年,第3642页"賏"字条。
[2] [汉]许慎撰,[清]段玉裁注:《说文解字注》,上海古籍出版社,1981年,第518页。
[3] 陶敏主编:《全唐五代笔记》第3册,三秦出版社,2012年,第2223页。
[4] [明]宋濂撰,屠隆订正:《篇海类编》,转引自《康熙字典》酉集贝部"賏"字条。成都古籍书店影印,1980年。
[5] [清]桂馥:《说文解字义证》,转引自《汉语大字典》(三卷本)上,四川辞书出版社、湖北辞书出版社,1995年,第1086页"婴"字条。

也。"孔颖达《周易正义》也说:"贲,饰也。"①而卦辞"贲,亨,小,利有攸往"则提出了文饰之道的基本原则:贲饰尚素,文不灭质。卦辞首先以一"亨"字肯定了文饰修美的必要性,认为事物加以必要的文饰可以获致亨通。正如程颐《程氏易传》所说:"物有饰而后能亨,故曰无本不立,无文不行。有实而加饰,则可以亨矣。"②梁寅《周易参义》也说:"贲者,文饰之道也。有质而加之文,斯可亨矣。"③卦辞接着又着一"小"字,作为卦名"贲"的限制性成分或条件,义为"稍微",表示文饰修美要适度,不可过分。王申子《大易缉说》曰:"徒质则不能亨,质而有文以加饰之,则可亨,故曰'贲,亨'。然文盛则实必衰,苟专尚文,以往则流,故曰'小,利有攸往'。小者,谓不可太过以灭其质也。"④现代学者金景芳也说:"'小'的意思是说文不可太盛,文不可胜质。否则的话,屑屑于文饰而忽略了根本的东西,便会走向反面,亨要变为不亨了。"⑤由此可见,卦辞既肯定了文饰修美的重要性,更强调了要讲究文饰修美的分寸,反对过分修饰。清代学者陈梦雷《周易浅述》说:"'贲'虽尚文,必以质为本。"⑥明确指出了《周易·贲》卦的重要倾向。

《贲》卦上九说:"白贲,无咎。"认为"以白为饰",则无过咎。其实白贲无咎,并不意味着"贲"则有咎。贲饰尚素,但并不排斥外在文饰,而是反对极饰灭真,极饰丧实,追求一种外在文饰与内在本真和谐统一的高格境界。程颐《程氏易传》说:"所谓尚质素者,非无饰也,不使华没实耳。"⑦这种"无咎"之"白贲",就是贲饰尚素的终极体现,是文饰修美的最高境界。"白贲"是素白无华的文饰,是接近于自然本色的文饰。《诗经·卫风·硕人》说"素以为绚",⑧刘熙载《游艺约言》说"真美无饰"。⑨真正的美不是人文的刻意雕琢,而应像自然之象一样,是一种自然而然的美,如刘勰《文心雕龙·原道》所说:"云霞雕色,有逾画工之妙;草木贲华,

---

① [魏]王弼、[晋]韩康伯注,[唐]孔颖达疏:《周易正义》卷三,《十三经注疏》上册,中华书局,1980年,第37页。
② 梁韦弦:《〈程氏易传〉导读》,齐鲁书社,2003年,第153页。
③ [清]李光地:《周易折中》引,巴蜀书社,2014年,第119页。
④ [清]李光地:《周易折中》引,巴蜀书社,2014年,第119页。
⑤ 金景芳、吕绍纲:《周易全解》(修订本),上海古籍出版社,2005年,第198页。
⑥ [清]陈梦雷:《周易浅述》,九州出版社,2004年,第151页。
⑦ 梁韦弦:《〈程氏易传〉导读》,齐鲁书社,2003年,第157页。
⑧ 案今本《诗经·卫风·硕人》此句逸,《论语·八佾》引诗有此句,参见[魏]何晏注,[宋]邢昺疏《论语注疏》卷三,《十三经注疏》下册,中华书局,1980年,第2466页。
⑨ 《刘熙载集》,华东师范大学出版社,1993年,第572页。

无待锦匠之奇。夫岂外饰,盖自然耳。"①或如李白《赠江夏韦太守良宰》所说:"清水出芙蓉,天然去雕饰。"②"白贲"正是这样一种朴素自然、不劳文饰的美,刘熙载《游艺约言》说:"文之不饰者,乃饰之极。盖人饰不如天饰也,是故《易》言'白贲'。"③其《艺概·文概》又说:"'白贲'占于《贲》之上爻,乃知品居极上之文,只是本色。"④当然,这种本色、自然,并不是指事物的原始状态,而是《艺概·词曲概》所说的"极炼如不炼,出色而本色,人籁悉归天籁"⑤的艺术境界,又如戴复古《读放翁先生剑南诗草》所云:"入妙文章本平淡,等闲言语变瑰奇。"⑥

从上九在卦中所处爻位上看,"白贲,无咎"也体现了《贲》卦返本还淳、返璞归真的美学追求。卦中六爻,前五爻分别描写了日常生活中的各种文饰现象。初九"贲其趾"是说文饰双脚,即穿上漂亮鞋子,以美化形象仪态;六二"贲其须"是说修饰胡须,以显示男性的成熟和尊严;九三"贲如,濡如"是说经过文饰打扮后变得润泽而有光彩;六四"贲如,皤如,白马翰如"是说包括车马在内的婚媾队伍文饰得华美繁盛;前四爻的描写,总体上呈现出文采斐然的雕饰之美。六五"贲于丘园"是说在自然素朴的丘园环境中文饰、修美自身,贲饰的对象由外在转向内在,贲饰的色调也开始由繁盛转向素朴。至上九则说"白贲,无咎",认为"以白为饰",则无过咎。程颐《程氏易传》说:"白,素也。"⑦《小尔雅·广诂》:"素,白也。"《诗经·召南·羔羊》毛传:"素,白也。"⑧《淮南子·本经训》:"其事素而不饰。"高诱注:"素,朴也。"⑨《释名·释彩帛》:"素,朴素也……物不加饰皆目谓之素。"白色是素色,代表着本色、质朴,不加修饰。《贲》卦由初九"贲其趾"到上九"白贲",代表着文饰之道渐隆渐盛至于极点而"复归于朴"。王弼《周易注》说:"处饰之终,饰终反素,故任其质素,不劳文饰,而无咎也。"⑩《文心雕龙·情采》说:"《贲》象穷白,贵乎反

---

① [南朝梁]刘勰著,詹锳义证:《文心雕龙义证》上,上海古籍出版社,1989年,第8页。
② 管士光:《李白诗集新注》,上海三联书店,2014年,第235页。
③ 《刘熙载集》,华东师范大学出版社,1993年,第577页。
④ [清]刘熙载:《艺概》,上海古籍出版社,1978年,第45页。
⑤ [清]刘熙载:《艺概》,上海古籍出版社,1978年,第121页。
⑥ 金芝山点校:《戴复古诗集》,浙江古籍出版社,1992年,第171页。
⑦ 梁韦弦:《〈程氏易传〉导读》,齐鲁社,2003年,第157页。
⑧ [汉]毛亨传,[汉]郑玄笺,[唐]孔颖达疏:《毛诗正义》卷一,《十三经注疏》上册,中华书局,1980年,第289页。
⑨ 何宁:《淮南子集释》中,新编诸子集成本,中华书局,1998年,第556页。
⑩ 楼宇烈:《周易注校释》中华书局,2012年,第85页。

本。"①胡炳文《周易本义通释》说："《贲》上言'白',文之极反而质也。"②宗白华《意境》也说："贲本来是斑纹华彩、绚烂的美,白贲,则是绚烂又归于平淡。"③可以说,《易》之"白贲"是中国古代"绚烂之极,归于平淡"的审美理想的最早源头。

---

① [南朝梁]刘勰著,詹锳义证:《文心雕龙义证》中,上海古籍出版社,1989年,第1168页。
② [清]李光地:《周易折中》引,巴蜀书社,2014年,第73页。
③ 宗白华:《意境》,北京大学出版社,1987年,第333页。

# 《复》之初九：不远复，无祗悔，元吉

《周易》第二十四卦名"复"。"复"为会意字，甲骨文作🔲，金文作🔲，上边象带有两个出入口的地穴（人所穴居之处），下边从夂（止），是一只脚，会进出往返之意。小篆以后字又作"復"，变为从彳复声的形声字。《玉篇》云："复，今作復。""复"为"復"之古文，义与"復"无别。① "复"有返、还、归、回、往来之义。《说文》曰："復，行故道也。""复，往来也。"段玉裁注："《辵部》曰：返，还也。还，复也。皆训往而仍来。"②《尔雅·释言》曰："复，反也。"卦名之"复"即取返回、还归、周而复始之义。《杂卦传》云："复，反也。"《系辞传下》韩康伯注曰："复者，各反其所始。"③《周易集解》引何妥曰："复者，归本之名。"④

在中国文化中，"复"的回返及由此引申的循环义，极富哲学诠释的余地。"复"最初是简单的复返于初、返回原地的循环，后来又丰富进了终则有始、更新再生的意义。《周易》通过卦象显示了阴阳爻周流六虚、凡动必复、变无穷始的循环转化思想，而《复》卦则对此作了精深概括。从卦画上看，《复》卦与《剥》卦是卦爻翻覆的关系，次列于《剥》卦之后。《剥》卦卦画为🔲，只有上九一爻为阳爻，其他都是阴爻，是阴剥阳，阳将剥尽，剥尽则变成了六爻全阴的《坤》卦，象征阴气发展到了顶点。物极必反，阴极阳生。《复》卦卦画为🔲，只有初九最下一爻为阳爻，其他都是阴爻，象征一阳复始，开始了阳剥阴、阳长阴消的过程。《复》卦言说的就是阳

---

① 参见谷衍奎《汉字源流字典》，华夏出版社，2003年，第467页；翟惠林《基础汉字形音义说解》，甘肃人民出版社，2011年，第198页。
② ［汉］许慎撰，［清］段玉裁注：《说文解字注》，上海古籍出版社，1981年，第155页。
③ ［魏］王弼、［晋］韩康伯注，［唐］孔颖达疏：《周易正义》卷八，《十三经注疏》上册，中华书局，1980年，第89页。
④ ［清］李道平：《周易集解纂疏》，十三经清人注疏丛书本，中华书局，1994年，第260页。

气的回归复始,《左传》杜预注曰:"复,反也。极阴反阳之卦。"①从人事层面说,"《复》卦是借阳刚喻'美善',其象征意义以'复善趋仁'为归。陈梦雷指出:'天地之一阳初动,犹人善念之萌,圣人所最重。'(《周易浅述》)即属此意。"②

根据王弼《周易略例》的卦主说,《复》卦初爻为一卦之宗主,朱熹《周易本义》也说:"一阳复生于下,复之主也。"③历代各家对《复》卦的解释,精义皆在于初九一爻,其辞曰:"不远复,无祇悔,元吉。"

"祇"当为"祇"字之误,读为 qí,通"疧",义为疾病,灾患。《尔雅·释诂》:"疧,病也。"《说文》:"疧,病也。"《诗经·小雅·白华》:"之子之远,俾我疧兮。"毛传:"疧,病也。"④《诗经·小雅·何人斯》:"壹者之来,俾我祇也。"毛传:"祇,病也。"⑤陈奂《毛诗传疏》说:"祇读为疧,此假借字也。"⑥段玉裁《说文解字注》说:"《何人斯》假借祇为疧,故毛传曰:祇,病也。言假借也。"⑦汉代郑玄训"无祇悔"之"祇"为"病",段玉裁《说文解字注》也说:"此读祇为疧,与《何人斯》同也。"⑧"祇"字帛书《易经》作"提",帛书易传《要》篇作"茬"。《经典释文》说王肃作"禔"。"茬""提"皆为"禔"之假借。钱大昕《十驾斋养新录·祇》说:"古文氏、是通用,则禔、祇亦可通。"⑨如此,则"禔"通"祇(疧)",亦训为"病"。尚秉和《周易尚氏学》说:"病犹菑也。"则"无祇悔"即"无灾悔",⑩亦即无灾无悔。

爻辞说,走得不远就返回,没有灾患和悔恨,至为吉祥。

从阳气运动变化的层面说,"不远复"是指初九处在复卦之初,首先回复于阳,犹如一个人尚未走远,很快就回来了。从人事层面说,"不远复"则象征一个人刚入歧途不远就回复正道。《象传》曰:"不远之复,以修身也。"认为走得不远就回复正道,是善于省察、修正自身的失误。刘大钧《周易传文白话解》也说:"初九一阳

---

① [晋]杜预注,[唐]孔颖达疏:《春秋左传正义》卷三十八,《十三经注疏》下册,中华书局,1980年,第1999页。
② 黄寿祺、张善文《周易译注》,上海古籍出版社,2004年,第196页。
③ 萧汉明、林忠军:《〈周易本义〉导读》,齐鲁书社,2003年,第112页。
④ [汉]毛亨传,[汉]郑玄笺,[唐]孔颖达疏:《毛诗正义》卷十五,《十三经注疏》上册,中华书局,1980年,第497页。
⑤ [汉]毛亨传,[汉]郑玄笺,[唐]孔颖达疏:《毛诗正义》卷十二,《十三经注疏》上册,中华书局,1980年,第455页。
⑥ [清]陈奂:《毛诗传疏》,转引自向熹《诗经词典》,四川人民出版社,1986年,第348页。
⑦ [汉]许慎撰,[清]段玉裁注:《说文解字注》,上海古籍出版社,1981年,第634页。
⑧ [汉]许慎撰,[清]段玉裁注:《说文解字注》,上海古籍出版社,1981年。第27页。
⑨ [清]钱大昕:《十驾斋养新录》卷一"祇"条,上海书店,1983年,第5页。
⑩ 尚秉和:《周易尚氏学》,九州出版社,2005年,第166页。

始生于下,象知不善而复还,以此修身改过,即《系辞》所言'复以自知'。"①其实在上古时代,中国人很早就形成了注重自我完善的优良传统,把自我反省、改过迁善视为重要的修身方式。道家经典《老子》中有"自知者明""自胜者强"的说法,②《韩非子·喻老》说:"知之难,不在见人,在自见。""志之难,不在胜人,在自胜。"③这里的"自知""自见""自胜",就是指认识自己,战胜自身的弱点。孔子也十分重视自我反省、改过迁善的修身方式,在《论语·雍也》篇中,孔子曾称赞自己的高材弟子颜渊"不贰过",即从不再犯同样的过失。何晏《论语集解》说:"不贰过者,有不善,未尝复行。"④"不贰过"意味着不断反省、不断精进、不断提高的可贵精神品质。《系辞传下》便举颜渊为例以释爻义:"子曰:颜氏之子,其殆庶几乎?有不善,未尝不知;知之,未尝复行也。《易》曰:'不远复,无祗悔,元吉。'"程颐据此论曰:"不远而复者,君子所以修其身之道也。学问之道无它也,唯其知不善,则速改以从善而已。"⑤

正是在这一寓意层面,本爻深得古人青睐,并被广为征引。如丘迟《与陈伯之书》:"夫迷途知返,往哲是与,不远而复,先典攸高。"⑥梁任昉《宣德皇后令》:"庶匪席之旨,不远而复。"⑦韩愈《招杨之罘》:"礼称独学陋,易贵不远复。"⑧宋方回《题渊明归来图》:"易有不远复,艮曰止其所。"⑨黄淮《渔隐叶处士墓志铭》:"《易》象垂训,贵不远复。振辔回辕,遵我平陆。"⑩

---

① 刘大钧、林忠军:《周易传文白话解》,齐鲁书社,1993年,第56页。
② 参见陈鼓应《老子今注今译》,中华书局,1984年,第198页。
③ 梁启雄:《韩非子浅解》上册,中华书局,1982年,第182—183页。
④ [魏]何晏注,[宋]邢昺疏:《论语注疏》卷六,《十三经注疏》下册,中华书局,1980年,第2477页。
⑤ 梁韦弦:《〈程氏易传〉导读》,齐鲁书社,2003年,第164—165页。
⑥ [南朝梁]萧统编,[唐]李善注:《文选》下册,岳麓书社,2002年,第1337页。
⑦ [南朝梁]萧统编,[唐]李善注:《文选》下册,岳麓书社,2002年,第1127页。
⑧ 《韩昌黎全集》,燕山出版社,2009年,第154页。
⑨ 《全宋诗》第66册,卷3506,北京大学出版社,1998年,第41854页。
⑩ [明]黄淮:《介庵集》卷十,明别集丛刊第一辑第26册,黄山书社,2013年。

## 《复》之上六：迷复，凶，有灾眚。用行师，终有大败，以其国君，凶，至于十年不克征

"迷"，迷失道路。《说文》曰："迷，惑也。从辵，米声。"《韩非子·解老》篇曰："凡失其所欲之路而妄行者之谓迷。"①失道为迷，所以其字从辵。《坤》卦卦辞曰："先迷，后得主。"《象》曰："先迷失道，后顺得常。"正是以"失道"来解释"迷"字。

"灾"，灾害。《白虎通·灾变篇》引《春秋潜潭巴》曰："灾之言伤也。"②《玉篇》曰："灾，害也。"《经典释文》引《子夏易传》曰："伤害曰灾。"③《春秋公羊传·隐公五年》何休注曰："灾者，有害于人物，随事而至者。"④

"眚"，读为shěng，本义为眼睛生翳，又喻指日月之蚀，进一步引申为灾。五代徐锴《说文解字系传》曰："眚，《春秋左传》曰'日月之眚'，谓日月有蚀若目有翳也。"⑤清徐灏《说文解字注笺》曰："眚，灏谓灾眚之义即由此引申。"⑥《广韵·梗韵》曰："眚，灾也。"灾、眚之义有别。《经典释文》引郑玄曰："异自内生曰眚，自外曰祥，害物曰灾。"⑦程颐《程氏易传》曰："灾，天灾，自外来；眚，己过，由自作。"⑧

"以"，及。朱熹《周易本义》："以，犹及也。"⑨刘淇《助字辨略》："以、与古通，

---

① 梁启雄：《韩非子浅解》上册，中华书局，1982年，第146页。
② [清]陈立撰，吴则虞点校：《白虎通疏证》，新编诸子集成本，中华书局，1994年，第268页。
③ [唐]陆德明：《经典释文·周易音义》，《十三经注疏》上册，中华书局，1980年，第100页。
④ [汉]何休注，[唐]徐彦疏：《春秋公羊传注疏》卷三，《十三经注疏》下册，中华书局，1980年，第2208页。
⑤ [南唐]徐锴：《说文解字系传》，转引自《汉语大字典》（三卷本）中，四川辞书出版社、湖北辞书出版社，1995年，第2480页"眚"字条。
⑥ [清]徐灏：《说文解字注笺》，转引自《汉语大字典》（三卷本）中，四川辞书出版社、湖北辞书出版社，1995年，第2480页"眚"字条。
⑦ [唐]陆德明：《经典释文·周易音义》，《十三经注疏》上册，中华书局，1980年，第100页。
⑧ 梁韦弦：《〈程氏易传〉导读》，齐鲁书社，2003年，第166页。
⑨ 萧汉明、林忠军：《〈周易本义〉导读》，齐鲁书社，2003年，第112—113页。

《复》之上六：迷复，凶，有灾眚。用行师，终有大败，以其国君，凶，至于十年不克征

与得为及，故以亦得为及也。"①王引之《经传释词》："以，犹'及'也。……《复》上六曰：'用行师，终有大败，以其国君，凶。'言及其国君也。《周语》引《汤誓》曰：'余一人有罪，无以万夫。'言无及万夫也。"②

爻辞说，迷失了道路，胡乱返还，势必在歧路上越走越远，凶险，有灾祸。以此行军作战，最终会惨遭大败，而且会累及其国君，十分凶险，以致于经十年之久都不能再出师征伐。

上六爻辞的核心是"迷复"，"凶，有灾眚"是对"迷复"状态的基本占断，"用行师，终有大败，以其国君，凶，至于十年不克征"则是对"迷复之凶"进行具体说明。何谓"迷复"？王弼《周易注》曰："最处复后，是迷者也。以迷求复，故曰迷复也。"③胡炳文曰："'迷复'与'不远复'相反，初不远而复，迷则远而不复。"④这是从爻位的角度立论。初九以阳爻居于《复》卦之初，象征着一个人能够"不远而复""几悔而反"，如此则"患难远矣"。上六为阴爻，居《复》卦之极，去阳最远，从人事的角度说，象征着一个回家的人步入歧途已经很远，早已迷失了方向，但自己却浑然不知，仍然失路妄行，最终远而不复。王玑说："迷复者，非迷而不复，欲求复而失其所主。"⑤李士鉁说："迷复者，迷其所当复也。"⑥借用《韩非子·解老》篇的话来说，就是"迷则不能至于其所欲至矣"。⑦

《左传·襄公二十八年》曾引用此爻，为我们理解爻辞的本义提供了重要的参照："子大叔归，复命，告子展曰：'楚子将死矣！不修其政德，而贪昧于诸侯，以逞其愿，欲久，得乎？《周易》有之，在《复》之《颐》，曰'迷复，凶'，其楚子之谓乎？欲复其愿，而弃其本，复归无所，是谓迷复。能无凶乎？'"⑧鲁襄公二十八年，子大叔（游吉）奉郑简公之命出使楚国，刚到汉水，楚康王便大怒将其遣回，原因是郑简公没有亲自来朝，仅派使者至楚，视为不恭。子大叔（游吉）返国后告诉子产：楚王想要实现号令诸侯的愿望，却不修政德，抛弃了实现愿望的根本所在，这就像一个人

---

① ［清］刘淇著，章锡琛校注：《助字辨略》，中华书局，1954年，第130页。
② ［清］王引之撰，黄侃、杨树达批本：《经传释词》，岳麓书社，1984年，第7—8页。
③ 楼宇烈：《周易注校释》，中华书局，2012年，第93页。
④ ［清］李光地：《周易折中》引，巴蜀书社，2014年，第130页。
⑤ 《王龙溪先生全集》卷二《建初山房会籍申约》，华文书局影印本。
⑥ 马振彪：《周易学说》引，花城出版社，2002年，第251页。
⑦ 梁启雄：《韩非子浅解》上册，中华书局，1982年，第146页。
⑧ ［晋］杜预注，［唐］孔颖达疏：《春秋左传正义》卷三十八，《十三经注疏》下册，中华书局，1980年，第1999页。

想要回去，却没有行走在回去的必经之路上，失路妄行，以迷求复，自然是越走越远，复归无所。这就是《复》卦所谓的"迷复"，这样怎能不凶险呢？子大叔引《易》诠理，可谓深得爻旨。

# 《无妄》之六二：不耕获，不菑畲，则利有攸往

《无妄》卦六二是《周易》中歧解较多的著名爻辞。造成歧解的原因不仅在于爻辞本身存在异文，更重要的是人们对卦名之义理解不同，客观上也为爻辞设定了不同的诠释语境，所以有必要加以认真辨析。

"菑"，音 zī，本义为初垦的新田。《尔雅·释地》："田一岁曰菑。"《诗·小雅·采芑》："薄言采芑，于彼新田，于彼菑亩。"毛传："田一岁曰菑。"①引申为初耕翻草，即耕地时把草翻入地下。段玉裁《说文解字注》曰："菑，草部云，反耕田也。反耕者，初耕反草，一岁为然。"②《尔雅》郭璞注曰："今江东呼初耕地反草为菑。"孙炎注曰："菑，始灾杀其草木也。"③《经典释文》引董遇曰："菑，反草也。"④由此可见，菑作名词，是指刚刚用火力和人力除去草木而开垦出来的新田，作动词则指垦荒、耕耘。如《书·大诰》："厥父菑，厥子乃弗肯播，矧肯获。"⑤《四民月令》："五月、六月，可菑麦田。"⑥欧阳修《送曾巩秀才序》："夫农不咎岁而菑播是勤。"⑦皆用为动词。

"畲"，音 yú，指耕作多年的良田。《尔雅·释地》："田……三岁曰畲。"《诗经

---

① [汉]毛亨传，[汉]郑玄笺，[唐]孔颖达疏：《毛诗正义》卷十，《十三经注疏》上册，中华书局，1980年，第429页。
② [汉]许慎撰，[清]段玉裁注：《说文解字注》，上海古籍出版社，1981年，第1218页。
③ [晋]郭璞注，[宋]邢昺疏：《尔雅注疏》卷七，《十三经注疏》下册，中华书局，1980年，第2616页。
④ [唐]陆德明：《经典释文·周易音义》，《十三经注疏》上册，中华书局，1980年，第100页。
⑤ [汉]孔安国传，[唐]孔颖达疏：《尚书正义》卷十三，《十三经注疏》上册，中华书局，1980年，第199页。
⑥ [汉]崔寔：《四民月令》，转引自[元]王祯著，王毓瑚校注《王祯农书》，农业出版社，1981年，第20页。
⑦ 李之亮：《欧阳修集编年笺注》三，巴蜀书社，2007年，第156页。

·周颂·臣工》"如何新畬",毛传:"三岁曰畬。"①《经典释文·周易音义》引马融曰:"畬,田三岁也。"②

在易学史上,多数学者都按今本《周易》"不耕获,不菑畬"的读法,将爻辞解为"不耕不获,不菑不畬",③即不事耕耘、不图收获,不务开垦,不谋良田。但事实上,古代学界还存在着另一种读法。如王弼《周易注》释此爻为"不耕而获,不菑而畬。"④李鼎祚《周易集解》引虞翻曰:"初爻非坤,故不菑而畬也。"⑤陆德明《经典释文》曰:"或依注作'不耕而获'。"⑥说明其所见或本与王弼、虞翻的读法相同。阮元《周易注疏校勘记·无妄》曰:"古本获上有而字,石经初刻亦有而字,后改删去。"⑦严可均《唐石经校文》曰:"《疏》云'释不耕而获之义',则孔所据本有而字,《六帖》卷八十《收获门》引有而,足利本有而。又按《易林》'无妄之讼,不耕而获,家食不给',正用《易》语。"⑧《礼记·坊记》曰:"礼之先币帛也,欲民之先事而后禄也。……《易》曰:'不耕获,不菑畬,凶。'"郑玄注:"言必先种乃得获,若先菑乃得畬也。安有无事而取利者乎。"⑨这实质上也是把"不耕获,不菑畬"理解成了"不耕而获,不菑而畬"。而楚简本《无妄》卦及帛书《昭力》篇所引正作"不耕而获"。由此可见,在早期版本中,爻辞本作"不耕而获,不菑而畬"。

卦名"无妄",历史上也有不同的解释。比较流行的说法是无虚妄,不妄为。如《序卦传》释为"不妄",王弼《周易注》释为"不可以妄",⑩《经典释文》释为"无虚妄",⑪其义等同于"不妄为"。王弼就是在这种语境下解读六二爻辞的,其《周易注》说:"不耕而获,不菑而畬,代终已成而不造(即造始之意)也。不擅其美,乃尽

---

① [汉]毛亨传,[汉]郑玄笺,[唐]孔颖达疏:《毛诗正义》卷十九,《十三经注疏》上册,中华书局,1980年,第591页。
② [唐]陆德明:《经典释文·周易音义》,《十三经注疏》上册,中华书局,1980年,第100页。
③ 如朱熹曰:"言不耕不获,不菑不畬,无所为于前,无所冀于后。"([宋]黎靖德编,杨绳其、周娴君校点:《朱子语类》第三卷,岳麓书社,1997年,第1618页。)王宗传《童溪易传》:"不耕获,不菑畬,犹之曰不耕不获,不菑不畬。"黄震《黄氏日抄》曰:"以文脉言之,合从朱说。"高亨《周易大传今注》曰:"不耕获即不耕不获,不菑畬即不菑不畬,言不从事农业也。"黄寿祺、张善文《周易译注》也说:"'不耕获'即'不耕不获','不菑畬'即'不菑不畬'。"
④ 楼宇烈:《周易注校释》,中华书局,2012年,第97页。
⑤ [清]李道平:《周易集解纂疏》,十三经清人注疏丛书本,中华书局,1994年,第273页。
⑥ [唐]陆德明:《经典释文·周易音义》,《十三经注疏》上册,中华书局,1980年,第100页。
⑦ [清]阮元:《周易注疏校勘记》,《十三经注疏》上册,中华书局,1980年,第45页。
⑧ [清]严可均:《唐石经校文》,转引自陈居渊《周易今古文考证》,商务印书馆,2015年,第196页。
⑨ [汉]郑玄注,[唐]孔颖达疏:《礼记正义》卷五十一,《十三经注疏》下册,中华书局,1980年,第1621页。
⑩ 楼宇烈:《周易注校释》,中华书局,2012年,第96页。
⑪ [唐]陆德明:《经典释文·周易音义》,《十三经注疏》上册,中华书局,1980年,第100页。

臣道,故'利有攸往'。"①孔颖达《周易正义》进一步解释说:"六二处中得正,尽于臣道。不敢创首,唯守其终。犹若田农,不敢发首而耕,唯在后获刈而已;不敢菑发新田,唯治其畬熟之地。皆是不为其始而成其末,犹若为臣之道,不为事始而代君有终也。"②程颐《程氏易传》对此又有进一步阐发:"耕,农之始;获,其成终也。田一岁曰菑,三岁曰畬。不耕而获,不菑而畬,谓不首造其事,但因其事理所当然也。首造其事,则是人心所作为,乃妄也。因事之当然,则是顺理应物,非妄也,获与畬是也。"③事实上,王弼、孔颖达等人是在"无妄"的语境下从爻位说的角度立论的。《无妄》六二以柔爻处中得位,象征人臣尽于臣道,听命于君,不为其始,唯助其成,有如不敢为首耕,只敢在后刈,不敢发新田,只敢治熟田。如此才有利于前往,否则便是"妄"了。

但是卦名"无妄"还有另一种解释。《周易尚氏学》引王陶庐曰:"妄、望同音相借。"④《战国策·楚策四》:"世有无妄之福,又有无妄之祸。"《史记·春申君列传》"无妄"皆作"毋望"。张守节注则作"无望"。⑤所以卦名"无妄"也可以读作"无望",即没有希望、无所希望之义。其实这种说法早在汉代就已非常流行。如《京房易传》释"无妄"为"无所复望。"⑥马融、郑玄、王肃等也主此说。陆德明《经典释文》说:"马、郑、王肃皆云:妄犹望,谓无所希望也。"⑦应劭注《汉书·谷永传》"遭无妄之卦运,值百六之灾阸"时说:'无妄'者,无所望也。"⑧清代惠栋《周易述》也说:"妄读为望,言无所望也。"⑨在这种语境下,爻辞又可以释为,若要不耕种就获得收成,不垦荒就获得良田,那就要有所行动,而其深层义理则是强调无望可以转化为希望。《五灯会元》卷一七说:"春不耕,秋无望。"⑩元代戏文《白兔记》第六出也说:"春若不耕,秋无所望。"⑪所以不耕不菑就意味着不获不畬的无望状态,而"不耕而获,不菑而畬"则是将无望转化为希望。要想实现这样的转化,"则利有攸

---

① 楼宇烈:《周易注校释》,中华书局,2012年,第97页。
② [魏]王弼、[晋]韩康伯注,[唐]孔颖达疏:《周易正义》卷三,《十三经注疏》上册,中华书局,1980年,第39页。
③ 梁韦弦:《〈程氏易传〉导读》,齐鲁书社,2003年,第169页。
④ 尚秉和:《周易尚氏学》,九州出版社,2005年,第169页。
⑤ 参见诸祖耿《战国策集注汇考》中,江苏古籍出版社,1985年,第857页。
⑥ [清]李道平:《周易集解纂疏》,十三经清人注疏丛书本,中华书局,1994年,第271页。
⑦ [唐]陆德明:《经典释文·周易音义》,《十三经注疏》上册,中华书局,1980年,第100页。
⑧ [汉]班固撰,[唐]颜师古注:《汉书》四,吉林人民出版社,1998年,第2329页。
⑨ 张涛、陈修亮:《〈周易述〉导读》,齐鲁书社,2007年,第140页。
⑩ [宋]正受辑,秦瑜点校:《嘉泰普灯录》上,上海古籍出版社,2014年,第171页。
⑪ 王季思主编:《全元戏曲》第九卷,人民文学出版社,1999年,第368页。

往",就必须有所行动。帛书易传《昭力》篇说:"不耕而获,戎夫之义也。"①"戎夫",就是武士。武士可以凭借战功获得爵禄,所以不耕种也可获得收成,不垦荒也可获得良田。他的"攸往"就是出征作战,建立军功。高亨《周易古经今注》说:"不耕而获,不菑而畬,唯有盈利于外而后可,唯有不为农而为商为宦而后可。"②为商可以盈利于外,为宦可以享受俸禄,都可以不耕种而有收成,不垦荒而有良田。他们的"攸往"就是为商为宦。帛书《昭力》与高亨《周易古经今注》虽然举例不同,但对爻辞义理的揭示却是颇为一致,令人信服的。

---

① 廖明春:《马王堆帛书周易经传释文》,《易学集成》第三卷,四川大学出版社,1998年,第3056页。
② 高亨:《周易古经今注》,上海书店,1991年,第88页。

## 《大畜》之卦辞：大畜，利贞；不家食，吉；利涉大川

《周易》第二十六卦名"大畜"。"大畜"之"畜"，义为蓄积。《说文·田部》曰："畜，田畜也。淮南王曰：'玄田为畜。'"所谓"玄田为畜"只是就"畜"的文字构形为说，并未揭示出"畜"字的语义来源。其实"畜"字所从之"玄"乃"兹"字之省，"玄田为畜"当作"兹田为畜"。《说文》中收录有"畜"字的古文"䰙"，并说："《鲁郊礼》畜从田从兹，兹，益也。"《集韵·屋韵》也说"畜"字"或从兹"。①《正字通·田部》则说："䰙，籀文畜。"②"兹"字或写作"茲"，从艸，《说文》释为"草木多益"。"畜"之古文"䰙"从田从兹会意，表示种田所得积蓄，即《说文》所谓"田畜"。段玉裁《说文解字注》说："田畜，谓力田之蓄积也。""古文本从兹，小篆乃省其半。"③俞樾《儿笘录》说："段谓兹省非玄也，是也。……古文止作䰙，从田，从兹，会意。……田畜者，田中所积也。"④由此可见，"畜"之本义就是蓄积、蓄聚，《经典释文》解释《小畜》之"畜"时便说："积也，聚也。"

《大畜》卦卦象为䷙，上艮（☶）下乾（☰），艮为山，乾为天。《象》曰："天在山中，大畜。"天为至大之物，《系辞传上》说："法象莫大乎天地。"而《大畜》卦之象却是山蕴蓄着天，正见其蕴蓄之大，所以卦名为"大畜"。程颐《程氏易传》说："天而

---

① [宋]丁度等：《集韵》，转引自《汉语大字典》（三卷本）中，四川辞书出版社、湖北辞书出版社，1995年，第2550页"䰙"字条。
② [明]张自烈：《正字通》，转引自《汉语大字典》（三卷本）中，四川辞书出版社、湖北辞书出版社，1995年，第2550页"䰙"字条。
③ [汉]许慎撰，[清]段玉裁注：《说文解字注》，上海古籍出版社，1981年，第1221页。
④ [清]俞樾：《儿笘录》，转引自李圃主编《古文字诂林》第十册，上海教育出版社，2004年，第385页"畜"字条。

在于山中,所畜至大之象。"①从人事象征的角度说,所谓"畜之大者",②不过畜德、畜贤两端。从个人层面说,大畜是君子广畜才德,从国家层面说,大畜则是君王遍聚贤者。王宗传《童溪易传》说:"夫所畜之大者何也?曰:于己则畜德,于人则畜贤也。"③《大畜》卦言说的就是积聚畜养、以备大用的道理,卦辞言说的则主要是畜贤、养贤问题。郑汝谐《东谷易翼传》说:"'养贤'以及万民,此畜养之大者。"④

"大畜,利贞"强调的是畜道的基本原则。"贞",义为正。积善足以成德,积恶则足以成祸,所以卦辞一开始即强调,当"大畜"之时,利于以"正"畜物,所畜者亦当贞正。程颐《程氏易传》说:"人之蕴畜,宜得正道,故云'利贞'。若夫异端偏学,所聚至多,而不正者固有矣。"⑤牛钮等《日讲易经解义》也说:"卦辞言畜道必出于正,然后可以享君之禄,而成天下之功也。"⑥这是就个人的才德积蓄而言。国家的人才积蓄同样应出于正道,然后才可以涉险蹈难,大有作为,即卦辞所云"利涉大川"。

"不家食"是《周易》中一句很有名的卦辞,并成为古代诗文广为使用的典故。关于卦辞之义,传统的解释比较一致,都认为是在上者养贤,使贤者不食于家而食于朝。王弼《周易注》曰:"有大畜之实,以之养贤,令贤者不家食,乃吉也。"⑦孔颖达《周易正义》曰:"以在上有大畜之实,养此贤人,故不使贤者在家自食也。"⑧程颐《程氏易传》曰:"既道德充积于内,宜在上位,以享天禄,施为于天下,则不独于一身之吉,天下之吉也。若穷处而自食于家,道之否也。故不家食则吉。"⑨朱熹《周易本义》曰:"不家食,谓食禄于朝,不食于家也。"⑩胡炳文《周易本义通释》曰:"不

---

① 梁韦弦:《〈程氏易传〉导读》,齐鲁书社,2003年,第173页。
② 萧汉明、林忠军:《〈周易本义〉导读》,齐鲁书社,2003年,第114页。
③ [宋]王宗传:《童溪王先生易传》,通志堂经解本。
④ [清]李光地:《周易折中》引,巴蜀书社,2014年,第334页。
⑤ 梁韦弦:《〈程氏易传〉导读》,齐鲁书社,2003年,第172页。
⑥ [清]牛钮等:《日讲易经解义》,海南出版社,2012年,第230页。
⑦ 楼宇烈:《周易注校释》,中华书局,2012年,第99页。
⑧ [魏]王弼、[晋]韩康伯注,[唐]孔颖达疏:《周易正义》卷三,《十三经注疏》上册,中华书局,1980年,第40页。
⑨ 梁韦弦:《〈程氏易传〉导读》,齐鲁书社,2003年,第172页。
⑩ 萧汉明、林忠军:《〈周易本义〉导读》,齐鲁书社,2003年,第114页。

家食,是贤者不畜于家而畜于朝。"①这种观点也为现代多数学者所接受。②

但是在目前所能见到的最早版本上博楚简《周易》中,《大畜》卦辞不作"不家食",而作"不家而饲"。③ 中间有了"而"字,就表明"家"与"饲"是两种动作的组合。依此来解释卦辞,可以看出传统经注存在着明显的误读。

"家"当读为"稼"。"家""稼"声韵相同,例可通假。《诗经·大雅·桑柔》:"好是稼穑,力民代食。"郑玄笺云:"但好任用是居家啬嗇,于聚敛作力之人,令代贤者处位食禄。"孔颖达正义曰:"笺不言稼当为家,则所授之本先作家字也。"④陆德明《经典释文·毛诗音义》云:"家,王、申、毛音驾,谓耕稼也。郑作家,谓居家也。……寻郑家、啬二字,本皆无禾者。"⑤是郑玄所见之《大雅·桑柔》"稼"字作"家"。《大戴礼记·五帝德》:"蟜牛之孙,瞽叟之子也,曰重华,好学孝友,闻于四海;陶家事亲,宽裕温良。"王聘珍解诂:"家当为稼。"⑥王引之《经义述闻》卷十二"陶家"条曰:"'陶家事亲',卢从屠本改'陶家'为'陶渔',孔改'家'为'稼',云从《御览》引改。家大人曰:家,即稼字也。《大雅·桑柔》篇'好是稼穑',《释文》'稼'作'家',是其证。"⑦又《管子·侈靡》:"请问诸侯之化(货),弊(币)也。弊也者,家也。家也者,以因人之所重而行之。"郭沫若等集校:"'家'读为稼。《广韵》:'稼,家同。'注:'稼,家事也。'古者钱币多取耕具形。""故以稼穑事解之。其所以者,以稼穑为人所重,故因以铸币而通行焉。"⑧由此可见,古"家"字本可表"耕稼、种植"义,与"稼"音义相同,例可相通。

飤,《说文·食部》:"飤,粮也。从人、食。"段玉裁注:"以食食人物,其字本作

---

① [清]李光地:《周易折中》引,巴蜀书社,2014年,第135页。
② 除传统的养贤之说以外,现代学者也提出了一些新的说法,如高亨《周易古经今注》认为,"不家食,吉"事涉占卜择吉,言"某日不食于家,而食于外,以避灾眚。"(上海书店,1991年,第89—90页)周振甫《周易译注》认为,爻辞是说"不靠家里吃饭,出外去谋生,才能有利。"(中华书局,1991年,第95页)杨庆中《周易解读》认为,"食,养育。家,大夫采邑。不家食,大夫不依靠采邑,就要依赖王者或者诸侯的俸禄。指大夫被王者或者诸侯任用,所以为吉。"(中国人民大学出版社,2010年,第192—193页)张立文《帛书周易注译》认为,"大畜"即"大量畜养牲畜","不家食"意为"不在家里畜养则吉祥"。(中州古籍出版社,2008年第72页)这些说法虽新,但都牵强随意,明显缺乏说服力,故不作具体辨正,仅列于此,以供参考。
③ 马承源:《上海博物馆藏战国楚竹书三》,上海古籍出版社,2003年,第166页。
④ [汉]毛亨传,[汉]郑玄笺,[唐]孔颖达疏:《毛诗正义》卷十八,《十三经注疏》上册,中华书局,1980年,第291页。
⑤ [唐]陆德明撰,黄焯断句:《经典释文·毛诗音义》,中华书局,1983年,第97页。
⑥ [清]王聘珍:《大戴礼记解诂》,十三经清人注疏丛书本,中华书局,1983年,第122页。
⑦ [清]王引之:《经义述闻》上,《读书札记丛刊》第二集,世界书局,1975年,第292页。
⑧ 郭沫若等:《管子集校》,转引自朱迎平、谢浩范《管子全译》(修订版)上册,贵州人民出版社,2009年,第376页。

食,俗作飤,或作饲。"①"飤"字从人从食,会进食之义,食亦声,则"飤"与"食"义同相通。

"不家食"即"不稼食""不稼而食",也就是使贤者处位食禄,不耕种而有饭吃,所以《彖》传说:"'不家食,吉。'养贤也。"《孟子·尽心上》说:"公孙丑曰:'《诗》曰"不素餐兮"。君子之不耕而食,何也?'孟子曰:'君子居是国也,其君用之,则安富尊荣;其子弟从之,则孝悌忠信。不素餐兮,孰大于是?'"②正可为"不家食"作解。

《礼记·表记》曾引此句卦辞说:"子曰:事君大言入则望大利,小言入则望小利。故君子不以小言受大禄,不以大言受小禄。《易》曰:'不家食,吉。'"郑玄注:"言君有大畜积,不与家食之,而己必以禄贤者。贤有大小,禄有多少。"孔颖达疏:"此一节广事君之道,依言大小而受禄","'不家食吉'者,言君有大畜积不唯与家人食之,而己当与贤人食之","证君有禄而养贤,贤有大小,故禄亦有多少"。③ 从《礼记·表记》的注疏可以看出,郑玄、孔颖达是以"不家食"为君王有大畜积,不只和家人享用,还要和天下贤人分享。(按,孔颖达《礼记正义》是按照郑注之义进行疏解,所以与其《周易正义》的解释有所不同)仔细玩味,这样的解释似乎与《表记》谈论的依言受禄的话题并不切合。如果我们不迷信郑注、孔疏,而读"家"为"稼",读"不家食"为"不稼而食",那么《礼记·表记》引《易》之意则更为明了:君王以禄养贤,贤者依言受禄,即可以不稼而食矣,此正所谓养贤也。④

---

① [汉]许慎撰,[清]段玉裁注:《说文解字注》,上海古籍出版社,1981年,第409页。
② [汉]赵岐注,[宋]孙奭疏:《孟子注疏》卷十三下,《十三经注疏》下册,中华书局,1980年,第2967页。
③ [汉]郑玄注,[唐]孔颖达疏:《礼记正义》卷五十四,《十三经注疏》下册,中华书局,1980年,第1642—1643页。
④ 本节文字中"不家食"之解,吸纳了吴新楚《楚简〈周易〉"不稼而食"新解》(《周易研究》2004年第6期)的基本观点,并进行了补充论证。

# 《大畜》之九三：良马逐，利艰贞；曰闲舆卫，利有攸往

《大畜》卦九三爻辞的义理可以分为两个层次，而且两个层次前后呼应，互足文义。

第一层是"良马逐，利艰贞"。

爻辞中的"良马"与下文的"舆"对举，显然并非普通意义上的马，而是驾驭战车的马。"舆"即指战车。战国以前，马专门用来驾车，不单骑乘。《左传·昭公二十五年》孔颖达疏曰："古者服牛乘马，马以驾车，不单骑也。至六国之时始有单骑。"[1]王力《中国古代文化常识》也说："战国以前，车马是相连的。一般地说，没有无马的车，也没有无车的马。"[2]在战国之前，车战是战争的主要形式。明人陆容《菽园杂记》说："三代至春秋时，用兵率以车战。"[3]而马是战车的动力来源，称得上是"甲兵之首""军之大用"。从这一意义上说，爻辞中的"良马"应是军力武备的形象化表达。

"良马逐"之"逐"曾有三种解释。第一种是释为奔跑、驰骋、追逐。如王弼《周易注》说："可以驰骋，故曰'良马逐'也。"[4]这种解释为后世绝大多数学者所承袭。如高亨《周易古经今注》释为"驾马以驰逐"，[5]黄寿祺、张善文《周易译注》释为"良马在奔逐"，[6]刘大钧、林忠军《周易经传白话解》释为"良马驰逐"，[7]陈鼓应、赵建

---

[1] [晋]杜预注，[唐]孔颖达疏：《春秋左传正义》卷五十一，《十三经注疏》下册，中华书局，1980年，第2110页。
[2] 王力：《中国古代文化常识》，世界图书出版公司，2015年，第175页。
[3] [明]陆容：《菽园杂记》卷五，《明代笔记小说大观》，上海古籍出版社，2005年，第418页。
[4] 楼宇烈：《周易注校释》，中华书局，2012年，第100页。
[5] 高亨：《周易古经今注》，中华书局，1984年，第256页。
[6] 黄寿祺、张善文：《周易译注》，上海古籍出版社，2004年，第207页。
[7] 刘大钧、林忠军：《周易经传白话解》，上海古籍出版社，2006年，第79页。

伟《周易今注今译》释为"骏马驰逐"。① 第二种则释为交配。如李镜池《周易通义》认为："逐，交配。《集韵》：'逐，牝牡合也。'马交配时必走逐，故逐即交配。"② 丘崇《释'良马逐'》一文承袭了李镜池的观点，并进行了进一步的补充论证，认为在甲骨文、金文和十三经中，"逐"字只有追逐义，没有奔跑、驰骋义，而且"逐"的后面都有对象宾语。《周易》中"良马逐"的主语是动物，且后面没有追逐的对象，与甲金文和十三经中的用法有着明显的不同，因此把"良马逐"解释为良马在奔跑是没有根据的。该文依据汤阴方言和《集韵》的解释，认定"逐"不是追逐而是交配。③ 第三种则释为"强壮"。如王毅《〈周易·大畜〉考释三则》也认为"爻辞'良马逐'之'逐'训为'追逐'义并不恰当"，但该文又提出一种新的观点，认为"'逐'有'强壮'之义"，"良马逐"当译为"良马强壮"。④

笔者以为，丘崇对甲骨文、金文和十三经中"逐"字用例的分析是很有见地的，但将"逐"字释为"交配"或释为"强壮"都同样缺乏理据。其实，在上古汉语中，"逐"字还有竞逐之义。《尔雅·释言》："竞、逐，强也。"郭璞注："逐，自勉强。"⑤《广韵·屋韵》："逐，强也。"《玉篇·辵部》："逐，竞也。"《广雅·释诂》："逐，竞也。"所谓"强""自勉强"就是勉力争强，也就是竞逐之义。而在先秦文献中也不乏这样的用例。如《左传·昭公元年》："自无令王，诸侯逐进，狎主齐盟。"杜预注："逐，犹竞也。"⑥《管子·地圆》："群木安逐。"尹知章注："逐，竞长。"王念孙《读书杂志·管子二》："言群木于是强盛也。"⑦即群木竞相生长繁盛。《韩非子·五蠹》："上古竞于道德，中世逐于智谋，当今争于气力。"⑧"逐"与"竞""争"并举，显然是争竞之义。唐陆希声《易传》说："逐，角逐也。"⑨最为得解。

由此，九三爻辞的"良马逐"可释为"良马竞逐"，或"车马竞逐"，因为同良马联在一起的还有战车。其深层含义等于说兵力争胜，军备角逐，与下文的"舆卫"在意义上前后相承。

---

① 陈鼓应、赵建伟：《周易今注今译》，商务印书馆，2005年，第245页。
② 李镜池：《周易通义》，中华书局，1981年，第52页。
③ 丘崇：《释"良马逐"》，《殷都学刊》2011年第1期。
④ 王毅：《〈周易·大畜〉考释三则》，《汉字文化》2012年第2期。
⑤ [晋]郭璞注，[宋]邢昺疏：《尔雅注疏》卷三，《十三经注疏》下册，中华书局，1980年，第2582页。
⑥ [晋]杜预注，[唐]孔颖达疏：《春秋左传正义》卷四十一，《十三经注疏》下册，中华书局，1980年，第2021页。
⑦ [清]王念孙：《读书杂志》，"高邮王氏四种"丛书之二，江苏古籍出版社，1985年，第421页。
⑧ 梁启雄：《韩子浅解》下册，中华书局，1960年，第471页。
⑨ [唐]陆希声：《易传》，《汉学堂经解》本。

"利艰贞"当依廖明春《〈周易〉释"艰"》一文的解释:"'艰'当读为'限',义为限止;'贞'是贞定不变,固定不动。'艰贞',复辞同义,都是限止不动的意思。"①爻辞说,车马竞逐,应该限止不动。这是对车马竞逐、军备竞赛的否定。

第二层是"曰闲舆卫,利有攸往"。

"曰闲舆卫"在易学史上曾有两种不同的解释。其一,马融、郑玄、程颐、朱熹等人释"曰"为"日",训"闲"为"习",视"舆卫"为并列结构,"曰闲舆卫"即"日习舆卫",意为每天练习驾车防卫技术。②闻一多《周易义证类纂》的观点与此类似:"《释文》引郑本曰作日,注曰:'日习车徒。'于义为长。闲读为简,校阅也。校阅之亦即习之。《公羊传》桓公六年曰:'大阅者何?简车徒也。''日闲舆卫',犹日简车徒矣。"③其二,王弼、孔颖达、陆德明等训"闲"为"阁",训"卫"为"户",而以"曰"为语气词,"闲舆卫"意为闲置车马而保有其防护功能。王弼《周易注》曰:"闲,阁也;卫,护也。进得其时,虽涉艰难而无患也;舆虽遇闲而故卫也。"孔颖达疏:"虽曰有人欲闲阁车舆,乃是防卫见护也。"④这两种观点在后世易学界都曾广为流传,孰是孰非,单凭古文献资料很难作出判定。上世纪长沙马王堆汉墓出土的帛书《周易》经传为我们解读经文提供了新的线索。

今本的"曰闲舆卫",帛书《昭力》引作"阑舆之卫",其文曰:"问'阑舆'之义。子曰:'上政卫国以德,次政卫国以力,下政卫[国]以兵。卫国以德者,必和其君臣之节……城郭弗修,五兵弗实,而天下皆服焉。易曰:'阑舆之卫,利有攸往。'若'舆'且可以'阑'然'卫'之,况以德乎?何不吉之有?"⑤两者对读,可以明显看出,"曰"当为语气词。"阑(闲)"就是阁,就是停止,闲置。"阑舆"就是把兵车闲置起来,放到一边。"舆且可以阑然卫之",也就是王弼所说"舆虽遇闲而故卫也",意即兵车闲置在那里不使用,仍然能起到威慑敌人、保卫国家的作用。由此可以断定,

---

① 廖明春:《〈周易〉释"艰"》,《周易研究》2011年第4期。
② 陆德明《经典释文》云:"闲,马、郑云习。"李鼎祚《周易集解》引虞翻曰:"离为日……坎为闲习,坤为车舆,乾在人上,震为惊卫,讲武闲兵,故曰'日闲舆卫'也。"李道平疏云:"'日闲舆卫',郑氏谓'日习车徒'是也。"程颐《程氏易传》曰:"舆者,用行之物;卫者,所以自防。当自日常闲习其车舆与其防卫,则利有攸往矣。"朱熹《周易本义》曰:"闲习,乃利于有往也。曰,当为日月之日。"
③ 《闻一多全集》二,生活·读书·新知三联书店,1982年,第39页。
④ [魏]王弼、[晋]韩康伯注,[唐]孔颖达疏《周易正义》卷三,《十三经注疏》上册,中华书局,1980年,第40页。
⑤ 廖名春:《马王堆帛书周易经传释文》,《易学集成》第三卷,四川大学出版社,1998年,第3054页。

王弼、孔颖达、陆德明对爻辞的解说是正确的。①

　　《大畜》九三爻辞实质上是在对比评说两种为政方略。一是"良马逐",即车马竞逐,军力争胜;一是"闲舆卫",即闲置车马,不用而威。对于前者,爻辞断以"利艰贞",以示反对张扬武力,主张限制军备竞赛。对后者,爻辞断以"利有攸往",以示对息兵罢征、闲舆见护的肯定。正是基于这种义理,《昭力》篇才以九三爻辞为话头,来阐发其以德卫国、以德服人的主张,认为兵车等武备闲置在那里不使用尚且能威慑敌人,保卫国家,如果以德卫国,就更可以"城郭弗修,五兵弗藏,而天下皆服"。

---

① 关于"曰闲舆卫"的解释,本节文字吸纳了廖明春《楚简〈周易·大畜〉卦再释》的观点,并进行了补充论证。见《清华大学学报》2004年第3期。

# 《大畜》之六五：豶豕之牙，吉

"豶"，音 fén，是阉割后的公猪。《说文·豕部》："豶，羠豕也。"段玉裁注："羠，騬羊也；騬，犗马也；犗，騬牛也。皆去势之谓也。"①《周易集解》引虞翻曰："剧豕称豶，令不害物。"②《经典释文》引刘表曰："豕去势曰豶。"③唐陆希声《易传》曰："豶，谓豕之去势者。"④

"牙"字之义，历来众说纷纭。王弼、孔颖达、程颐、朱熹等皆如字为训，释为公猪的獠牙，为"刚暴难制之物"。⑤ 胡瑗、项安世、龙仁夫、来知德、李道平等皆认为"牙"为杙牙，乃系豕之木。"以杙系豕，防其唐突"。⑥ 而另一些学者则认为"牙"通"互"。如《经典释文》说："牙，郑读为互。"⑦惠士奇《惠氏易说》说："牙读为互，互见《周礼》，张衡赋'置互摆牲'是也。"⑧现代学者高亨《周易大传今注》认为，"牙借为梏，栏也，即今语所谓猪圈"。⑨ 王毅《〈周易·大畜〉考释三则》也认为"'牙'通'互'，指用来圈禁豕的栅栏"，⑩并作了更为详细的考释。杨向奎《释"童牛之牿"、"豶豕之牙"》、马新钦《〈易〉"豶豕之牙"新解》则训"牙"为"牙豕"，即小公猪。⑪ 在目前最早的版本战国楚竹书《周易》中，"牙"字作㫃，⑫许慎《说文》曰：

---

① [汉]许慎撰，[清]段玉裁注：《说文解字注》，上海古籍出版社，1981年，第813页。
② [清]李道平：《周易集解纂疏》，十三经清人注疏丛书本，中华书局，1994年，第280页。
③ [唐]陆德明：《经典释文·周易音义》，《十三经注疏》上册，中华书局，1980年，第100页。
④ [唐]陆希声：《易传》，《汉学堂经解》本。
⑤ 楼宇烈：《周易注校释》，中华书局，2012年，第100页。
⑥ [清]李道平：《周易集解纂疏》，十三经清人注疏丛书本，中华书局，1994年，第281页。
⑦ [唐]陆德明：《经典释文·周易音义》，《十三经注疏》上册，中华书局，1980年，第100页。
⑧ [清]惠士奇：《惠氏易说》，四库全书本。
⑨ 高亨：《周易大传今注》，齐鲁书社，1998年，第194页。
⑩ 王逸：《〈周易·大畜〉考释三则》，《汉字文化》2012年第2期。
⑪ 杨向奎：《释"童牛之牿"、"豶豕之牙"》，《文史》第二辑，中华书局，1963年。马新钦《〈易〉"豶豕之牙"新解》，《陕西师范大学学报》2001年第4期。
⑫ 马承源：《上海博物馆藏战国楚竹书》三，上海古籍出版社，2003年，第23页。

"臼,古文牙。"由此可见,爻辞中的"牙"就是牙齿的牙,不必释为杙、互或释为牡而曲为之说。

牙的本义是指动物长而尖锐的犬齿,即獠牙。《说文·牙部》曰:"牙,牡齿也,象上下相错之形。"牡为雄性动物的泛称,雄性动物的犬齿通常比雌性动物的犬齿更为长大突出,因此独出外露的獠牙又有"牡齿"之称。金文及小篆中的"牙"象犬牙交错、咬合状,而哺乳类动物的牙齿只有犬齿、獠牙作上下交错状。楚竹书《周易》"牙"字作臼,其所从"臼"形实为"齿"之象形初文。《集韵》说,齿古作㠯,臼与㠯相似,所以竹书"臼"实为上牙下齿之形。其上部形体状犬牙上下交错之形,下面为口中诸齿,合在一起会交错着的犬牙露出口外之意。

獠牙是动物防卫和进攻的利器。公猪就长有这样一对令人生畏的獠牙。《家畜解剖学》说:"公猪恒犬齿发达,深深地嵌在齿槽内。犬齿顶端尖锐,向口腔外面突出;上齿向后外方突出;下犬齿特别发达,向后外方突出于上颌犬齿的前方。"[1]《周易折中》引吕大临曰:"豕之刚健在牙。"[2]公猪性情暴猛狂躁,獠牙尖利突出,极易伤人害物。阉割去势后,凶性已除,就会变得温和。虽然还长有长牙,令人生畏,但不遇威胁时,不会主动攻击,伤人害物。《周易集解》引崔觐曰:"豕本刚突,剧乃性和,虽有其牙,不足害物。"[3]

传统《易》注认为,此爻是以公猪去势为喻,说明止恶之术、先治其本的道理,如程颐《程氏易传》所说:"六五居君位,止畜天下之邪恶。……其用若豮豕之牙也。豕,刚躁之物,而牙为猛利,若强制其牙,则用力劳而不能止其躁猛,虽縶之维之,不能使之变也;若豮去其势,则牙虽存而刚躁自止。其用如此,所以吉也。君子发'豮豕'之义,知天下之恶不可以力制也,则察其机,持其要,塞绝其本原。故不假刑法严峻而恶自止也。"[4]古人引用此爻,也都由此而发,如马一孚《复性书院学规》:"气质之偏,物欲之蔽,皆非其性然也,杂于气,染于习,而后有也。必待事为之制,曲为之防,则亦不胜其扞格。'童牛之牿','豮豕之牙',则恶无自而生矣。禁于未发以前则易,遏于将萌之际则难。"[5]

上世纪七十年代马王堆汉墓出土的帛书易传《昭力》篇也曾论及此爻,其文

---

[1] 《家畜解剖学》,人民教育出版社,1960年,第248页。
[2] [清]李光地:《周易折中》,巴蜀书社,2014年,第419页。
[3] [清]李道平:《周易集解纂疏》,十三经清人注疏丛书本,中华书局1994年,第281页。
[4] 梁韦弦:《〈程氏易传〉导读》,齐鲁书社,2003年,第175页。
[5] 邓洪波:《中国书院学规》,湖南大学出版社,2000年,第226页。

曰:"《易》曰:'豶豕之牙,吉。'夫豕之牙,成而不用者也,又笑而后见,言国修兵不战而威之谓也。"①这是以"豶豕之牙""成而不用"比喻"修兵不战"而威慑敌国,并认为这种"卫兵而弗用"的做法是卫国上策。这种解释与九三爻辞的意旨前后正相吻合,似乎更接近爻辞的本义。

---

① 廖名春:《马王堆帛书周易经传释文》,《易学集成》第三卷,四川大学出版社,1998年,第3055页。

## 《离》之初九：履错然，敬之，无咎

对于《离》卦初九爻辞的意旨，古今学界也有多种不同说法，分歧的焦点主要集中于"履""错"二字之训。

王弼《周易注》释"履"为行走，释"错然"为"敬慎之貌"。① 后世学者多有从之者，如尚秉和《周易尚氏学》说："'错然'，盖又有郑重不苟之意，故曰'敬'。"②黄寿祺《周易译注》承其说，释"履错然"为"践行事物郑重不苟"，③陈鼓应《周易今注今译》释为"往前行进，谨慎警觉"。④ 或释"错"为"交错"，如陆希声《易传》："错，交杂之貌。初与三俱欲履二，其履交至。"⑤程颐《程氏易传》也说："其履错然，谓交错也。"⑥或释"履"为"鞋"，释"错"为"交错"。如朱谋㙔《周易象通》："户履交错，宾非一人，故曰'履错然'。宾众则礼仪惧有所不至，故曰无咎。"⑦李光地《周易观象》："古者宾将入室，则脱其履，故曰户外履满。履错然者，喻应接烦杂也。"⑧或释"履"为"鞋"，释"错"为"黄金色"。如高亨《周易大传今注》："有人焉，其履错然而黄，是贵人也，敬之乃无咎。"⑨

帛书《易经》作"礼昔然敬之"。张立文《帛书周易注译》说："'昔'假借为'错'。《说文》：'错，金涂也。从金，昔声。''昔''错'同声系，古相通。《周礼·考工记·弓人》：'老牛之角紾而昔。'郑众注：'昔读为交错之错。'郑玄注：'昔读为履

---

① 楼宇烈：《周易注校释》，中华书局，2012 年，第 115 页。
② 尚秉和：《周易尚氏学》，九州出版社，2005 年，第 197 页。
③ 黄寿祺、张善文：《周易译注》，上海古籍出版社，2004 年，第 233 页。
④ 陈鼓应、赵建伟：《周易今注今译》，商务印书馆，2005 年，第 277 页。
⑤ [宋]李衡：《周易义海撮要》卷三引，四库全书本。
⑥ 梁韦弦：《〈程氏易传〉导读》，齐鲁书社，2003 年，第 193 页。
⑦ [明]朱谋㙔：《周易象通》，四库存目本。
⑧ [清]李光地：《榕村全书》第一册，福建人民出版社，2013 年，第 284 页。
⑨ 高亨：《周易大传今注》，齐鲁书社，1998 年，第 213 页。

错然之错。'"并将爻辞译为:"步履敬慎不苟,而又有所警惕,则没有灾患。"① 这与王弼、黄寿祺、陈鼓应等人的解释基本一致。也有学者将"礼"与"昔"视为本字。如刘大钧《疑难卦爻辞辨析》据《广雅·释诂》"昔,始也"之训,将爻辞释为"行礼自开始即应敬之,方可无咎"。② 邓球柏《帛书周易校释》说:"昔,始也。这条爻辞的意思是:礼始通用施行而然后天下爱敬之心生、无咎之乐行。"③ 张启成《〈周易·离卦〉爻辞新探》则认为:"'礼昔然'是指'狩猎之前的祈祷性的礼仪活动'。'昔然'指礼仪活动的时间之久,《诗经·陈风·墓门》'谁昔然也。'孔颖达《毛诗正义》:'昔是久远之事,故为久也。'狩猎礼仪活动的时间之久,足以充分表示狩猎者对神灵的诚信和敬意,故曰:'敬之无咎'。"④

笔者认为,在上述各种说法中,王弼、黄寿祺、陈鼓应等人的解释更切近《离》卦初九爻辞的意旨,本节文字试做申说。

首先,"履错然"之"履",不能释为"鞋"。"履"为会意字,篆文作 ,从尸(人),从彳(街道),从夂(脚),从舟(似舟之方头鞋),会人穿上像舟一样的方头鞋在街上行走之意。隶变后楷书写作"履"。《说文·履部》:"履,足所依也。从尸,从彳,从夂,舟象履形。一曰尸声。""履"的本义为穿鞋行走,引申则泛指践行。徐灏《说文解字注笺》说:"履,践也,行也。此古义也。"⑤ 朱骏声《说文通训定声》也说:"此字本训践,转注为所以践之具也。"⑥ 在战国以前的典籍中,"履"只用为动词义,"鞋"义则由"屦"来表达。战国以后,"履"才有了名词义,用来表示"鞋"。《说文·履部》段玉裁注曰:"晋蔡谟曰:'今时所谓履者,自汉以前皆名屦。'……履本训践,后以为屦名,古今语异耳。"⑦ 这一点,在文字学界早已成为共识。⑧ 所以朱谋㙔、李光地、高亨等人将"履"释为"鞋",显然是缺乏训诂学依据的。

帛书《易经》"履"字作"礼","礼"与"履"在古汉语中属通假字。《诗经·商颂·长发》:"率履不越,遂视既发。"毛传:"履,礼也。"郑笺:"使其民循礼,不得踰

---

① 张立文:《帛书周易注译》,中州古籍出版社,1992 年,第 442—443 页。
② 刘大钧:《周易概论》(增补本),巴蜀书社,2008 年,第 186 页。
③ 邓球柏:《帛书周易校释》,湖南人民出版社,1987 年,第 282—283 页。
④ 张启成:《〈周易·离卦〉爻辞新探》,《贵州大学学报》1999 年第 3 期。
⑤ [清]徐灏:《说文解字注笺》,转引自《汉语大字典》(三卷本)上,四川辞书出版社、湖北辞书出版社,1995 年,第 980 页"履"字条。
⑥ [清]朱骏声:《说文通训定声》,转引自《汉语大字典》(三卷本)上,四川辞书出版社、湖北辞书出版社,1995 年,第 980 页"履"字条。
⑦ [汉]许慎撰,[清]段玉裁注:《说文解字注》,上海古籍出版社,1981 年,第 722 页"屦"字条。
⑧ 参见董玉芝《"屦""履""鞋"的历时发展与更替》,《语言与翻译》2009 年第 2 期。

· 183 ·

越。"王先谦《诗三家义集疏》："三家履作礼。"《韩诗外传笺疏》："赵本'履'作'礼',……'礼''履'古通。"①张桁、许梦麟《通假大字典》说："履,来母、脂部,礼,来母,脂部。来母双声,脂部叠韵,属双声叠韵通假。"②《履》卦中的"履"字,帛书也都写作"礼",所以《离》卦初九"履错然"之"履",还应以"履"为本字。帛书《周易》经、传的抄写年代在汉代初年,由于那时《周易》六十四卦中包括卦名在内的很多用字尚未形成统一的书写形式,所以在帛书《易经》中出现了大量异文,而其中通假字数量最多,比比皆是。③ 以帛书《周易》中的异文作为本字,必须要有充分的证据。

本爻中的"履",当释为动词,其本义为行走、行进,引申喻指行事。

"错",帛书《易经》作"昔"。在古汉语中,"错""昔"二字可以互假,所以当下学者或以"昔"为本字,以"错"为"昔"之假借;或以"错"为本字,以"昔"为"错"之假借。细玩爻辞,笔者以为,"错""昔"二字均非本字。据《说文·金部》,"错"之本义为"金涂",即用金来涂饰、镶嵌。王弼《周易注》曰："错然者,敬慎之貌也。"④以"敬慎"释"错",显然是以"错"为假借字,而取用假借义。那么"错"究竟是假借何字呢?闻一多《周易义证类纂》认为,"错读为诺"。⑤《说文》："诺,惊貌。"《集韵》："诺,敬也。"张舜徽《说文解字约注》："本书立部'诺',惊貌,与踖声同义近。"⑥"诺"字虽被收入《说文》,但在先秦典籍中不见用例,而"踖"字则较为常见。所以当代学者廖明春认为,"错"当读为"踖",小心谨慎的样子。⑦《诗经·小雅·楚茨》："执爨踖踖,为俎孔硕。"孔颖达疏："踖踖然,敬慎于事而有容仪矣。"⑧朱熹集传："踖踖,敬也。"⑨《说文·足部》："踖,踧踖。"《广韵·夕韵》："踖,踧踖,敬貌。"又《屋韵》："踧,踧踖,行而谨敬。"《广雅·释训》："踧踖,畏敬也。"《论语·乡党》："君在,踧踖如也。"《集释》引马融曰："踧踖,恭敬之貌。"⑩笔者以为,廖明春

---

① 屈守元:《韩诗外传笺疏》,巴蜀书社,1996年,第309页。
② 张桁、许梦麟:《通假大字典》,黑龙江人民出版社,1998年,第255页。
③ 参见刘元春:《略论马王堆帛书〈周易〉本经通假字的类型与传承》,《广西社会科学》2008年第8期。
④ 楼宇烈:《周易注校释》,中华书局,2012年,第115页。
⑤ 《闻一多全集》二,生活·读书·新知三联书店,1982年,第57页。
⑥ 张舜徽:《说文解字约注》第一册,华中师范大学出版社,2009年,第466页。
⑦ 参见廖明春《〈周易〉比、履、离、泰四卦爻辞零释》,《周易研究》,2010年第5期。
⑧ [汉]毛亨传,[汉]郑玄笺,[唐]孔颖达疏:《毛诗正义》卷十三,《十三经注疏》上册,中华书局,1980年,第468页。
⑨ [宋]朱熹集注:《诗集传》,上海古籍出版社,1980年,第153页。
⑩ [清]刘宝楠:《论语正义》,《诸子集成》第一册,中华书局,2008年,第152页。

的观点最有理据，王弼《周易注》将"错然"释为"敬慎之貌"，正是读"错"为"踏"。

"敬之"是上古汉语中的常用语，如《尚书·周书·吕刑》："呜呼，敬之哉！"[1]《逸周书·文儆》："诏太子发曰：汝敬之哉！"[2]《诗经·周颂·敬之》："敬之敬之。"[3]《左传·襄公十四年》："敬之哉，无废朕命。"[4]《昭公二十八年》："行乎，敬之哉，勿堕乃力。"[5]《周易·需》卦上六："有不速之客三人来，敬之，终吉。"其中的"敬"皆当读为"警"。《说文》说："敬，肃也。"《释名·释言语》说："敬，警也。恒自肃警也。"《玉篇》说："敬，慎也。"唐杨倞注《荀子·强国》"王者敬日"时说："敬谓不敢慢也。"[6]承培元《〈说文〉引经证例》说："敬与警同，言自警敕。"[7]清人阮元在《揅经室续集·释敬》中说："敬字从苟从攴……苟即敬也。加攴以明击敕之义也。警从敬得声得义，故《释名》曰：'敬，警也，恒自肃警也。'此训最先最确，盖敬者言终日肃警，不敢怠逸放纵也。"[8]刘师培在《理学字义通释》"恭·敬"条中说："盖未作事之先，即存不敢怠慢之心，是之谓敬。"[9]郭沫若《先秦天道观之进展》也说："敬者警也，本意是要人时常努力，不可有丝毫的放松。"[10]由此可见，"敬"代表的是一种严肃、认真、谨慎、小心、勤勉、努力的郑重、积极的临事态度，是一种具有普遍意义的德性和规范。[11]

爻辞说，行事之初，小心谨慎，保持戒慎之心，必无咎害。

从义理上看，初九处《离》之始，象征行事之初，爻辞强调，此时能郑重不苟，谨慎小心，就会避免咎害，获得成功。王弼《周易注》曰："处《离》之始，将进而盛，未在既济，故宜慎其所履，以敬为务，辟其咎也。"[12]《周易折中》引胡瑗曰："居《离》之

---

[1] [汉]孔安国传，[唐]孔颖达疏：《尚书正义》卷十九，《十三经注疏》上册，中华书局，1980年，第251页。
[2] 黄怀信等撰：《逸周书汇校集注》（修订本）上册，上海古籍出版社，2007年，第232页。
[3] [汉]毛亨传，[汉]郑玄笺，[唐]孔颖达疏：《毛诗正义》卷十九，《十三经注疏》上册，中华书局，1980年，第598页。
[4] [晋]杜预注，[唐]孔颖达疏：《春秋左传正义》卷三十二，《十三经注疏》下册，中华书局，1980年，第1958页。
[5] [晋]杜预注，[唐]孔颖达疏：《春秋左传正义》卷五十二，《十三经注疏》下册，中华书局，1980年，第2119页。
[6] [清]王先谦：《荀子集解》下，新编诸子集成本，中华书局，1988年，第304页。
[7] [清]承培元：《〈说文〉引经证例》，续修四库全书第222册，上海古籍出版社，1995年。
[8] [清]阮元：《释敬》，《揅经室集·续集》，中华书局，1993年，第1016页。
[9] 刘师培：《清儒得失论》，吉林人民出版社，2013年，第117页。
[10] 《郭沫若全集》历史编第一卷，人民出版社，1982年，第336页。
[11] 参见赵伯雄《先秦"敬"德研究》，《内蒙古大学学报》1985年第2期。
[12] 楼宇烈：《周易注校释》，中华书局，2012年，第115页。

初,如日之初生。于事之初,则当常错然警惧,以进德修业,所以得免其咎。"①司马光《温公易说》也说:"是以明者虑于未兆,见于未萌,方事之初,而错然矜慎,以避其咎者也。"②这种观念在儒家思想中得到发扬。《论语·述而》记孔子语曰:"临事而惧,好谋而成。"朱熹《四书集注》说:"惧,谓敬其事。"③《尸子·发蒙》引孔子语曰:"临事而惧,希不济。"④临事能恐惧谨慎,郑重不苟,少有不成功的。《大戴礼记·曾子立事篇》也说:"居上位而不淫,临事而栗者,鲜不济矣。"⑤这种"临事而惧"的思想与《离》卦初九的义理是相通的。

---

① [清]李光地:《周易折中》,巴蜀书社,2014年,第153页。此与《十八名家解周易》本《周易口义》文字略异。
② [宋]司马光:《温公易说》卷三,《十八名家解周易》第四辑,长春出版社,2009年,第23页。
③ [宋]朱熹:《四书章句集注》,中华书局,2011年,第92页。
④ 李守奎、李铁:《尸子译注》,黑龙江人民出版社,2003年,第26页。
⑤ [清]王聘珍:《大戴礼记解诂》,十三经清人注疏丛刊本,中华书局,1983年,第78页。

# 《离》之九三：日昃之离，不鼓缶而歌，则大耋之嗟，凶

《周易》第三十卦名"离"，卦中六二、九三爻辞皆涉及"离"字，因此正确释读"离"字之义，对于理解六二、九三爻辞乃至全卦卦义都具有十分重要的意义。但事实上，人们对于"离"字之义的训释，历来说法不一，异解纷呈。

传统经注释"离"为附丽，如《离》卦《彖》传说："离，丽也；日月丽乎天，百谷草木丽乎土。"王弼《周易注》说："丽，犹着也，各得所着之宜。"① 孔颖达《周易正义》说："离，丽也。丽谓附着也，言万物各得其所附着处，故谓之离也。"② 陆德明《经典释文》也说："离，丽也；丽，着也。"③ 这种观点从《彖》传一直沿袭到现代。如现代著名学者黄寿祺、张善文的《周易译注》即采用"附丽"说，释六二"黄离"为"保持中正的黄色附丽于物"，释九三"日昃之离"为"太阳将落，垂垂附丽在西天"。④ 但是很明显，以"附丽"解释卦中的涉"离"爻辞，在语义逻辑上牵强难通，所以现代学者又提出了不少新的说法。

闻一多《周易义证类纂》认为，"离"为迷离无光之义，"《广韵》曰：'㡰，帷中火。'隔帷视火，其光迷离，故谓之㡰，㡰与离通。"⑤

高亨《周易古经今注》根据《说文解字》释"离"为"山神兽"，认为六二之"黄离"是此兽之黄色者，九三之"日昃之离"是此兽之"见于日昃之时"者。⑥ 其《周易大传今注》又认为"离"通螭，"谓云气似龙形者，虹之类也。音转而谓之霓"，"黄

---

① 楼宇烈：《周易注校释》，中华书局，2012 年，第 114 页。
② ［魏］王弼、［晋］韩康伯注，［唐］孔颖达疏：《周易正义》卷三，《十三经注疏》上册，中华书局，1980 年，第 43 页。
③ ［唐］陆德明：《经典释文·周易音义》，《十三经注疏》上册，中华书局，1980 年，第 101 页。
④ 黄寿祺、张善文：《周易译注》，上海古籍出版社，2004 年，第 234 页。
⑤ 《闻一多全集》二，生活·读书·新知三联书店，1982 年，第 43 页。
⑥ 高亨：《周易古经今注》，上海书店，1991 年，第 104—105 页。

离"即黄霓,"日昃之离"即日昃之霓。①

李镜池《周易通义》认为,卦名之"离"通"罹",指遭祸。六二之"黄离"即黄鹂、黄鸟,九三"日昃之离"中的"离"义为灾难,指敌人入侵。② 黄凡《〈周易〉——商周之间史事录》认为,本卦之"离"指"黄鹂"之"鹂"。③ 王晓农《〈易经〉卦爻辞的文史哲三元构成》承黄凡之说,认为卦名之"离"即黄鹂、仓庚,"为周人伐纣时所尊的圣鸟"。④ 邱崇《〈周易〉"离"卦新释》又认为,《离》卦中的"离"皆当作"離"。卦名之"離""通丽,意为附丽,指百姓附丽于君主";而爻辞之"離"义为离黄,即仓庚鸟,六二之"黄離"为日中之离,黄有中义,九三之"日昃之離"为傍晚时的仓庚。⑤

刘成春《〈周易〉古经的解释原则兼释〈离〉、〈兑〉二卦》一文,则根据陕西西青涧县一带方言,释"离"为狼,认为《离》卦为狩猎之卦,"黄离"即黄色的狼,"日昃之离"即天将黑时的狼。⑥

臧守虎《〈易经〉读本》认为,"离"义为"陈","陈"又通"阵",义为两军交战时队伍的战斗队形。六二"黄离"与九三"日昃之离"是说"黄昏时保持战斗行列"。⑦

李尚信《卦序与解卦理路》则依据《说卦传》"离为大腹"之说,认为《离》卦"象征生殖之事","黄离""喻胎正且发育完好者","日昃之离""意即如日偏之胎位,亦即不正之胎位"。⑧

帛书《周易》"离"作"罗"。有不少学者又据此认为"罗"当为卦名本字,并释"罗"为狩猎用的网罗,释六二"黄离(罗)"为黄色的网罗,释九三"日昃之离(罗)"为日斜张网。⑨

通观上述诸种观点,都存在明显的问题,一是与《离》卦之象不合,二是置诸爻辞中都显得牵强难通,值得我们进一步探讨。

《离》卦之"离",《周易》阮校本、唐石经本、敦煌残卷本皆作"離",离、離相通。

---

① 高亨:《周易大传今注》,齐鲁书社,2008年,第214页。
② 李镜池:《周易通义》,中华书局,2007年,第69页。
③ 黄凡:《〈周易〉——商周之交史事录》,汕头大学出版社,1995年,第684—688页。
④ 王晓农:《〈易经〉卦爻辞的文史哲三元构成》,《江西社会科学》2015年第9期。
⑤ 邱崇:《〈周易〉"离"卦新释》,《船山学刊》2012年第1期。
⑥ 刘成春:《〈周易〉古经的解释原则兼释〈离〉〈兑〉二卦》,《周易研究》2008年第3期。
⑦ 臧守虎:《〈易经〉读本》,中华书局,2007年,第176—177页。
⑧ 李尚信:《卦序与解卦理路》,巴蜀书社,2008年,第210—212页。
⑨ 参见张启成《〈周易·离卦〉爻辞新探》,《贵州大学学报》(社会科学版)1999年第3期;刘大钧《周易概论》(增补本),巴蜀书社,2008年,第337页;陈鼓应、赵建伟《周易今注今译》,商务印书馆,2005年,第279页。

《篇海类编·鸟兽类·内部》:"离,亦作離。"段玉裁《说文解字注》:"离、離古通用。"①帛书本作"罗",罗与離(离)古亦相通。扬雄《方言》:"罗谓之離,離谓之罗。"②《史记·五帝纪》:"旁罗日月星辰。"司马贞《索引》:"《大戴礼》作'历離',離即罗也。"③《孙子兵法·行军》:"天井、天窖、天罗。"银雀山汉墓竹简"天罗"作"天离"。④"离"与"離"在甲骨文时代就已出现,而"罗"字直至战国文字才出现,时代较晚。所以《周易》此卦本字当为"离"(離),帛书作"罗"正是"离"(離)之假借。

事实上,《离》卦之"离"源于八卦之"离"。《离》卦是六十四卦中的八纯卦之一。所谓八纯卦是指六十四卦中以八卦自身相重组成的八个六画卦,其卦各以三画的八卦之名为名,如两"乾"相重为《乾》卦,两"坤"相重为《坤》卦,两"震"相重为《震》卦,而两"离"相重则为《离》卦。由此可见,八卦之"离"与六十四卦之"离",其取义应是相同的。《说卦传》在论述八卦卦象时说:"离为火,为日。""离为雉。"以火、日、雉鸟为基本取象的卦,为什么要以"离"命名,这就需要我们探究一下"离"字的原初意义。

"离"与"禽"字形相近。叶玉英《古文字构形与上古音研究》一书认为,"离"与"禽"为一字之分化。⑤ 蔡英杰《释"離"》一文也认为,"离"与"禽"本为一字,后来因意义分化,而导致了字形与语音的分化。⑥"禽"为象形字,在甲骨文中作 ,象一把长柄捕鸟网,表示捕鸟,金文作 ,上加"今"声。"禽"字由捕捉鸟引申为被捕获的鸟类,进而又引申为鸟类之通称。"離"为会意字,甲骨文作 。谷衍奎《汉字源流字典》认为,"甲骨文下边是个带把的网,网中有一只鸟,大概是黄鹂,表示黄鹂鸟遭到擒拿"。⑦ 魏励《常用汉字源流字典》认为,其字"上象一只鸟,下象长柄鸟网形,本义表示捕捉、捕猎"。⑧ 黄德宽《古文字谱系疏证》也说:"甲骨文離,从离,从隹,会以网捕鸟之义。离亦声。"⑨所谓"带把的网""长柄鸟网"就是"离"字,

---

① [汉]许慎撰,[清]段玉裁注:《说文解字注》,上海古籍出版社,1981年,第1292页。
② 周祖谟:《方言校笺》,中华书局,1993年,第49页。
③ 邹得金整理:《名家注评史记》上,天津人民出版社,2010年,第4页。
④ 周传荣:《孙子兵法导读》附银雀山汉墓竹简《孙子兵法》释文,厦门大学出版社,2008年,第209页。
⑤ 叶玉英:《古文字构形与上古音研究》,厦门大学出版社,2009年,第267页。
⑥ 蔡英杰:《释"離"》,《信阳师范学院学报》2011年第4期。
⑦ 谷衍奎:《汉字源流字典》,华夏出版社,2003年,第583页。
⑧ 魏励:《常用汉字源流字典》,上海辞书出版社,2010年,第237页。
⑨ 黄德宽:《古文字谱系疏证》,商务印书馆,2007年,第2313页。

以网捕鸟则为"离"字,后小篆改为左右结构,写作離。在甲骨文中,"离"与"離"皆用作捕获之义。比之"禽"字意义的演化,"离"与"離"字的原始义项中也应含有禽鸟之义。

事实上,"离"(離)在中国古代不仅指称"鸣则蚕生"的仓庚鸟,还曾被视为鸾凤一类的神鸟,称为火离、长离、明离、阳离,与太阳、火、光明密切相关。《文选·头陀寺碑文》:"丹刻翚飞,轮奂离立。"李善注引《春秋元命苞》云:"火离为凤。"①《纬书集成·春秋元命苞》云:"离为凤,凤火精。""火离为鸾。""火离为孔雀。"②司马相如《大人赋》:"前长离而后矞皇。"《汉书》颜师古注云:"长离,灵鸟也。"③《汉书·礼乐志》:"长离前掞光耀明。"晋臣瓒注:"长离,灵鸟也。故相如赋曰:'前长离而后矞皇。'旧说云鸾也。"④张衡《思玄赋》:"前长离使拂羽兮,后委衡乎玄冥。"《后汉书》李贤注云:"长离,即凤也。"⑤《文选》李善注引旧注云:"长离,朱鸟也。"⑥潘岳《为贾谧作赠陆机》:"婉婉长离,凌江而翔。长离云谁,咨尔陆生。"⑦付咸《赠何劭王济》:"双鸾游兰渚,二离扬清晖。"⑧都是对这种离鸟的描写。

《山海经》《楚辞》等典籍所记载的古代神话中,也有这种离鸟的形象。《海外南经》说狄山有一种鸟叫离朱,郭璞注曰:"今图作赤鸟。"清郝懿行《山海经笺疏》云:"今图作赤鸟者,赤鸟疑南方神鸟焦明之属也。"袁珂《山海经校注》认为,离朱即日中俊鸟。⑨郭璞注《海外东经》扶桑十日神话时又说:"羿之铄明离而毙阳乌。"⑩明离与阳乌对举,都是神话传说中的太阳神鸟。屈原《天问》云:"天式纵横,阳离爰死?大鸟何鸣,夫焉丧厥体?"萧兵等学者认为,阳离、大鸟,也就是"羿焉彃日?乌焉解羽"中的日中俊鸟。⑪

由此可见,"离"本为神话传说中的太阳神鸟,有火离、长离、明离、阳离等种种称谓,与太阳、火、光明等密切相关。《周易》中的八卦是通过阴阳爻组成三画卦拟

---

① [南朝梁]萧统编,[唐]李善注:《文选》下册,岳麓书社,2002年,第1765页。
② 安居香山、中村璋八辑:《纬书集成》中册,河北人民出版社,1994年,第635页。
③ [汉]班固撰,[唐]颜师古注:《汉书》三,吉林人民出版社,1998年,第1788页。
④ [汉]班固撰,[唐]颜师古注:《汉书》二,吉林人民出版社,1998年,第833页。
⑤ [南朝宋]范晔撰,[唐]李贤等注:《后汉书》第七册,中华书局,1965年,第1935页。
⑥ [南朝梁]萧统编,[唐]李善注:《文选》上册,岳麓书社,2002年,第477页。
⑦ [南朝梁]萧统编,[唐]李善注:《文选》上册,岳麓书社,2002年,第779页。
⑧ [南朝梁]萧统编,[唐]李善注:《文选》上册,岳麓书社,2002年,第786页。
⑨ 袁珂:《山海经校注》,上海古籍出版社,1980年,第204页。
⑩ 袁珂:《山海经校注》,上海古籍出版社,1980年,第261页。
⑪ 参见萧兵《楚辞与神话》,江苏古籍出版社,1987年,第52—55页。

《离》之九三：日昃之离，不鼓缶而歌，则大耋之嗟，凶

象八种自然形象，其中象征火的卦以"离"命名，正是源于离鸟这种古老的神话象征意义。所以《说卦传》说："离也者，明也。"又说："离为火，为日。""离为雉。"《周易·履》卦上九"鸟焚其巢"，《周易集解》引虞翻注也说："离为鸟，为火。"①这与《春秋元命苞》所说"火离为雉""火离为凤""火离为鸾""火离为孔雀"正相吻合。《周易》六十四卦中的《离》卦上卦下卦皆为"离"，故以"离"为名。《大象传》说："明两作，离；大人以继明照于四方。"显然是以太阳之"明"释卦名之"离"。"明两作"就是日两作，即太阳今天升起，明天又升起，相继不已。孔颖达《周易正义》说："离为日，日为明。今有上下二体，故云'明两作，离'也。"②

"离"字之义即明，涉"离"爻辞自然迎刃可解。

《离》之九三曰："日昃之离，不鼓缶而歌，则大耋之嗟，凶。"

"日昃"，指太阳过午西斜，约为未时，即下午二时前后。《书·无逸》："自朝至于日中昃。"孔颖达疏："《易》丰卦象曰：'日中则昃。'谓过中而斜昃也。昃亦名昳，言日蹉跌而下，谓未时也。"③

"离"为明，为日。六二爻的"黄离"是金黄色的太阳，象征着人生亮丽，事业辉煌。邓秉元《周易义疏》曰："黄离者，金黄之明，太阳正中之象也，故曰元吉。"④廖名春《〈周易〉经传十五讲》说："'黄离，元吉'是说人生辉煌，能善，就会吉利。"⑤本爻中的"日昃之离"则是斜日的光芒，象征着人生老之将至。王弼《周易注》曰："处下离之终，明在将没，故曰'日昃之离'也。"⑥胡瑗《周易口义》曰："九三过离之中，如日之昃，其光有所亏也。若人之年已衰耋。"⑦

"鼓"，敲击。《说文·攴部》："鼓，击鼓也。"《吕氏春秋·古乐》："以其尾鼓其腹。"高诱注："鼓，击也。"⑧《楚辞·离骚》："吕望之鼓刀兮。"王逸注："鼓，鸣

---

① ［清］李道平：《周易集解纂疏》，十三经清人注疏丛书本，中华书局，1994年，第494页。
② ［魏］王弼、［晋］韩康伯注，［唐］孔颖达疏：《周易正义》卷三，《十三经注疏》上册，中华书局，1980年，第43页。
③ ［汉］孔安国传，［唐］孔颖达疏：《尚书正义》卷十六，《十三经注疏》上册，中华书局，1980年，第222页。
④ 邓秉元：《周易义疏》，上海古籍出版社，2011年，第199页。
⑤ 廖名春：《〈周易〉经传十五讲》，北京大学出版社，2012年，第98页。
⑥ 楼宇烈：《周易注校释》，中华书局，2012年，第115页。
⑦ ［宋］胡瑗：《周易口义》卷五，《十八名家解周易》第五辑，长春出版社，2009年，第344页。
⑧ 陈奇猷：《吕氏春秋新校释》上册，上海古籍出版社，2002年，第303页。

也。"①谭介甫释文:"所谓鼓刀,即敲击扬声而歌之意。"②古代典籍中关于缶的演奏方式的描述,还有击、抚、拊、扣等多种,这些动词都有敲击、拍打之义。③

"缶",是中国古代的一种瓦器,其形"大腹而敛口",④一般用来盛酒浆和水,也作为乐器来使用。《说文·缶部》说:"缶,瓦器,所以盛酒浆,秦人鼓之以节歌。"由于缶在古代社会生活中具有多用性,与人们的日常生活联系密切,所以在相当长的时间内,并未被列入正式的乐器行列。明代学者朱载堉《律吕精义·内篇》卷八说:"《周礼》载诸乐器,独不言缶,《尔雅·释乐》亦不言缶,而缶乃在《释器》篇中,则缶本非乐器。"⑤缶作为乐器来使用,主要流行于民间,所以王肃说:"缶者,下民质素之器。"⑥

"耋",音dié,是中国传统对老龄的通称。《诗经·秦风·车邻》:"今者不乐,逝者其耋。"毛传:"耋,老也,八十曰耋。"⑦《说文》:"耋,八十曰耋。"《尔雅·释言》:"耋,老也。"郭璞注:"八十为耋。"⑧马融、服虔、杜预等认为七十为耋,何休等人又说六十为耋。高亨《周易古经今注》说:"耋乃老之通称,《尔雅》《方言》所训至当,汉儒强为指定年数,非也。"⑨大耋之嗟,即垂老之人的嗟叹。

爻辞说,年老迟暮,就像斜日的光辉,其明将没。此时若不鼓缶歌乐,颐养天年,则必然会老大伤悲,衰年嗟叹。如此则有凶险。

从古代文献记载的情况看,缶作为乐器来演奏,主要是表达愉悦、欢乐的感情,与悲情无关。李斯《上书秦始皇》说秦人"击瓮叩缶,弹筝搏髀,而歌呼呜呜"以"快耳目",⑩《淮南子·精神训》说穷鄙之社"扣盆拊瓴,相和而歌,自以为乐",⑪《墨

---

① [汉]王逸注,[宋]洪兴祖补注:《楚辞章句补注》,吉林人民出版社,2005年,第39页。
② 谭介甫:《屈赋新编》,转引自李方元、张玉琴《说"缶"》第三部分"乐器缶演奏方式",《黄钟》(武汉音乐学院学报)2007年第2期。
③ 参见李方元、张玉琴《说"缶"》一文第三部分"乐器缶演奏方式",《黄钟(武汉音乐学院学报)》2007年第2期。
④ 管振邦:《颜注急就篇译释》,南京大学出版社,2009年,第143页。
⑤ [明]朱载堉:《律吕精义》,中国古代音乐文献丛刊本,人民音乐出版社,1998年,第673页。
⑥ 《比》卦初六"有孚盈缶"王肃注语,转引自[宋]李昉等编纂《太平御览》第四册,中华书局,1995年,第3363页。
⑦ [汉]毛亨传,[汉]郑玄笺,[唐]孔颖达疏:《毛诗正义》卷六,《十三经注疏》上册,中华书局,1980年,第369页。
⑧ [晋]郭璞注,[宋]邢昺疏:《尔雅注疏》卷三,《十三经注疏》下册,中华书局,1980年,第2583页。
⑨ 高亨:《周易古经今注》,上海书店,1991年,第105页。
⑩ [南朝梁]萧统编,[唐]李善注:《文选》下册,岳麓书社,2002年,第1209页。
⑪ 何宁:《淮南子集释》中,新编诸子集成本,中华书局,1998年,第541页。

子·三辩》说"农夫春耕夏耘,秋敛冬藏,息于聆(瓴)缶之乐",①在拊瓴扣缶、相和而歌中得到休息。《晏子春秋》卷七说"齐景公饮酒数日而乐,释衣冠,自鼓缶",并对左右说"寡人甚乐此乐也"。② 西汉杨恽《报孙会宗书》描写自己"酒后耳热,仰天拊缶,而歌呼呜呜。其诗曰:'……人生行乐耳,须富贵何时?'"③由此可见,缶的演奏,只是为了陶情娱乐,率性而为,与钟鼓之乐所承载的礼乐教化内容不同。九三爻辞说,当人生面临"日昃之离"时,应"鼓缶而歌",否则便会有"大耋之嗟",实际就是强调人当老迈,应委事于人,解除俗务,自在娱乐,悠游度日,安享晚年,所以王弼说"鼓缶而歌"是"养志无为",④孔颖达说是"自取逸乐",⑤胡瑗说是"安神养志",⑥都认为这是一种乐天达观的表现。程颐对此的解释最为详明透彻:"九三居下体之终,是前明将尽,后明将继之时。人之终始,时之革易也,故为日昃之离,日下昃之明也。昃则将没矣。以理言之,盛必有衰,始必有终,常道也。达者顺理为乐。缶,常用之器也。鼓缶而歌,乐其常也。不能如是,则以大耋为嗟忧,乃为凶也。大耋,倾没也。人之终尽,达者则知其常理,乐天而已,遇常皆乐,如鼓缶而歌。不达者则恐,但有将尽之悲,乃大耋之嗟,为其凶也。此处死生之道也。"⑦

正是基于这种义理,后世文人在表现年老致仕、退归乡里这一主题时,常常引用或化用这段爻辞。如唐代张说《常州刺史平贞眘神道碑》:"道有行废,时有泰否。三入三出,无愠无喜。鼓缶而歌,悬车致仕。"⑧宋代范仲淹《宋故乾州刺史张公神道碑》:"我生既勤,我年斯臻。乃怀故园,乃谋嘉宾。鼓缶而嬉,以休厥身。"⑨石介《孙少傅致政小录》:"太子少傅乐安孙公致政归郓州……讽《易》离卦九三爻辞,且曰:乐以忘忧,自得小人之志;歌而鼓缶,不兴大耋之嗟。"⑩这种引用与化用,非常切合爻辞的原旨。

---

① [清]孙诒让:《墨子闲诂》上,新编诸子集成本,中华书局,2001年,第39页。
② 卢守助:《晏子春秋注译》,上海古籍出版社,2005年,第231页。
③ [南朝梁]萧统编,[唐]李善注《文选》下册,岳麓书社,2002年,第1285页。
④ 楼宇烈《周易注校释》,中华书局,2012年,第115页。
⑤ [魏]王弼、[晋]韩康伯注,[唐]孔颖达疏:《周易正义》卷三,《十三经注疏》上册,中华书局,1980年,第43页。
⑥ [宋]胡瑗:《周易口义》卷五,《十八名家解周易》第五辑,长春出版社,2009年,第344页。
⑦ 梁韦弦:《〈程氏易传〉导读》,齐鲁书社,2003年,第194页。
⑧ 周绍良主编:《全唐文新编》第1部第4册,吉林文史出版社,1999年,第2597页。
⑨ 曾枣庄、刘琳主编:《全宋文》第十九册,巴蜀书社,1990年,第18页。
⑩ 曾枣庄、刘琳主编:《全宋文》第三十册,巴蜀书社,1990年,第6页。

# 《离》之上九：王用出征，有嘉折首，获匪其丑，无咎

《离》卦上九为《周易》名爻，但人们对爻辞之义的理解却存在分歧。一种观点认为，"折首"即斩首；"匪"读为彼，指敌方；"丑"义为众。如高亨《周易大传今注》释为："王出兵征伐，有战胜之喜事，斩敌人之头，捉得敌人，无灾咎。"①陈鼓应、赵建伟《周易今注今译》释为："君王出征，有斩首之功，又俘获敌众，没有咎害。"②黄寿祺、张善文《周易译注》的观点与此略异，其释"匪其丑"为"非其类"，指不愿服从的异己。③ 另一种观点则认为，"首"为魁首，"匪"读为非，"丑"义为众。如刘大钧《周易概论》释为"王用兵出征，有令嘉奖折服首恶者。执获的（俘虏）不是一般随从者，（所以）无灾"。④ 相较之下，笔者以为，刘大钧先生的解释更有道理。本节文字试为申说。

"嘉"，义为称颂、嘉奖。《国语·晋语》："嘉吾子之赐。"⑤《汉书·李广苏建传》："武帝嘉其义。"⑥

"首"，指魁首，即首恶之人。"折首"，即诛杀首恶。王安石《易解》曰："折首者，歼厥渠魁之谓。"⑦认为"折首"即《尚书·胤征》"歼厥渠魁"义。来知德《周易集注》也说："折首者，折取其魁首，即歼厥渠魁也。"⑧孔颖达《尚书正义》说："歼

---

① 高亨：《周易大传今注》，齐鲁书社，1998年，第215页。
② 陈鼓应、赵建伟：《周易今注今译》，商务印书馆，2005年，第277页。
③ 参见黄寿祺、张善文《周易译注》，上海古籍出版社，2004年，第236—237页。
④ 刘大钧：《周易概论》（增补本），巴蜀书社，2008年，第337页。
⑤ [战国]左丘明撰，[三国吴]韦昭注：《国语》，中国史学要籍丛刊本，上海古籍出版社，2015年，第319页。
⑥ [汉]班固撰，[唐]颜师古注：《汉书》三，吉林人民出版社，1998年，第1700页。
⑦ [宋]李衡：《周易义海撮要》卷三，四库全书本。
⑧ [明]来知德集注：《周易》，国学典藏本，上海古籍出版社，2013年，第144页。

厥渠魁,谓灭其元首,故以渠为大,魁为帅,史传因此谓贼之首领为渠帅,本原出于此。"①

"丑",义为众。《诗经·小雅·出车》:"执讯获丑,薄言还归。"郑玄笺:"丑,众也。"②《诗经·小雅·吉日》:"升彼大阜,从其群丑。"郑玄笺:"丑,众也。"③《礼记·曲礼上》:"在丑夷不争。"郑玄注:"丑,众也。"④《尔雅·释诂》:"丑,众也。"爻辞中的"丑"指普通敌众,获匪其丑,即俘获的非普通敌众。李士鉁《周易注》曰:"禽贼禽王,所获者非其丑类,乃其魁也。"⑤

爻辞说,君王出师征伐,嘉奖诛杀首恶之人,结果被俘获者,并非普通敌众,而是敌首。如此可无咎害。

《汉书·陈汤传》刘向上疏中曾引用了这句爻辞,对于我们理解爻辞之义颇有启发:"昔周大夫方叔、吉甫为宣王诛猃狁而百蛮从,其《诗》曰:'嘽嘽焞焞,如霆如雷,显允方叔,征伐猃狁,荆蛮来威。'《易》曰:'有嘉折首,获匪其丑。'言美诛首恶之人,而诸不顺者皆来从也。今延寿、汤所诛震,虽《易》之折首、《诗》之雷霆不能及也。"⑥当时匈奴郅支单于杀了汉朝使者,侵凌乌孙、大宛等国,结盟康居,称雄西域。汉元帝建昭三年,甘延寿和陈汤出使西域,假借元帝之命发兵出击郅支,诛杀郅支单于及贵族一千五百余人,俘获一千余人,大获全胜。元帝欲重赏二人,但遭到一些大臣的反对,于是刘向上疏为甘、陈辩护,认为其"立千载之功,建万世之安,群臣之勋莫大焉","虽《易》之折首、《诗》之雷霆不能及也",应该给予重赏。最终元帝从其议,对甘、陈进行了赏赐。从这篇上疏中可以看出,刘向是以"嘉"为动词,认为"有嘉折首"是说嘉奖诛首恶之人,而使"诸不顺者皆来从也"。刘向是当时泰斗式的学者,他的解释在当时应是具有权威性的。

由此可见,"有嘉折首,获匪其丑"并不是鼓励斩首杀戮,而是通过严惩首恶,表彰斩获首恶之人,从而达到镇服敌众、减少杀戮的目的。程颐《程氏易传》曰:"夫明极则无微不照,断极则无所宽宥,不约之以中则伤于严察矣。去天下之恶,若

---

① [汉]孔安国传,[唐]孔颖达疏:《尚书正义》卷七,《十三经注疏》上册,中华书局,1980年,第158页。
② [汉]毛亨传,[汉]郑玄笺,[唐]孔颖达疏:《毛诗正义》卷九,《十三经注疏》上册,中华书局,1980年,第416页。
③ [汉]毛亨传,[汉]郑玄笺,[唐]孔颖达疏:《毛诗正义》卷十,《十三经注疏》上册,中华书局,1980年,第429页。
④ [汉]郑玄注,[唐]孔颖达疏:《礼记正义》卷一,《十三经注疏》上册,中华书局,1980年,第1233页。
⑤ [清]李士鉁:《周易注》,转引自马其昶《周易学说》,花城出版社,2002年,第306页。
⑥ [汉]班固撰,[唐]颜师古注:《汉书》三,吉林人民出版社,1998年,第2048页。

尽究其渐染诖误,则何可胜诛,所伤残亦甚矣。故但当折取其魁首,所执获者非其丑类,则无残暴之咎也。《书》曰:'歼厥渠魁,胁从罔治。'"①认为爻辞之意是说,王者正定邦国,征伐不从,当首恶必除,胁从不问,避免牵连过多,如此则无咎害。程颐的解说很好地揭示了爻辞的深刻意蕴。尚秉和《焦氏易诂》说:"获匪其丑者,言罪只首恶,刑不及众也。"②这与程颐的解释是一致的。

---

① 梁韦弦:《〈程氏易传〉导读》,齐鲁书社,2003年,第195页。
② 尚秉和著,常秉义点校:《焦氏易诂》,光明日报出版社,2005年,第80页。

# 《咸》之上六：咸其辅颊舌

《周易》第三十一卦名"咸"。在《咸》卦六爻中，初六、六二、九三、九五、上六五爻的爻辞皆以卦名"咸"开头，以咸为关键词或核心词。历代学者普遍认为，《咸》卦六爻的爻辞具有明显的连贯性和系统性，它以"咸"为贯穿动作，按照从头到脚的顺序，将连续的"情节"或"场景"组织在一起。因此，如何解释"咸"字的含义就成了理解《咸》卦卦义的关键所在。目前学界对《咸》卦之"咸"以及卦义的训释颇不一致，概而言之，有感应、针砭、[①]刑伤、[②]缄束[③]等多种说法，而其中感应说是易学史上的传统观点，也是目前学界的主流观点。不少学者在此基础上进而认为，卦名

---

[①] 按，此说认为，《咸》卦之"咸"为"鍼"（古"针"字）之省文，《咸》卦描写的是针石治病的种种情状。参见李俊川、萧汉明《医易汇通精义》，人民卫生出版社，1991年，第68页；萧汉明《释上海博物馆藏战国楚竹书〈周易〉豫、咸二卦》，《周易研究》2007年第6期；周策纵《易经咸卦卦爻辞新解——论其与针灸医术的关系》，《道家文化研究》第12辑，三联书店，1998年，第88—90页；兰甲云、胡不群《论〈周易〉古经咸卦与古代巫医及针疗》，《周易研究》2014年第3期。

[②] 按，此说由高亨首倡，其《周易古经今注》说："余谓咸之初义当训斩也，从戊，戊、戌古本一字，大斧也，口象物形，以戊斩物之状也。……本卦咸字皆斩伤之义。"（上海书店，1991年，第108页）其《周易大传今注》又说："咸，斩伤，即今之砍字。但爻辞诸咸字皆被外物所伤之义，不限于斩，故宜直训为伤。"（《齐鲁书社，1998年，第219页》程石泉《易辞新诠》也释"咸"为"斩"，为"伤"，但认为"卦爻辞与周文王囚羑里七年有关"，是记述周文王遭殷纣王囚禁时所受伤害的具体情形。（上海古籍出版社，2000年，第98—100页）马王堆帛书《周易》"咸"作"钦"，邓球柏《帛书周易校释》据此认为，"钦"当借为"砍"，训为"杀"。（湖南出版社，1996年，第265页）

[③] 按，此说由李零提出，其《死生有命，富贵在天：〈周易〉的自然哲学》认为，《咸》卦之"咸"当读为"缄"，引申为束缚、控制之义，卦爻辞描述的情境体现了明显的男权思想。（三联书店，2013年，第185—188页）

"咸"义为感,爻辞中的"咸"则为动词,义为动、触、撼或吻,①卦中六爻是描写了男女欢爱交合的过程。笔者以为,传统的感应说最为切合《咸》卦的卦义,今人的进一步阐发也大体未离经旨,问题的关键在于,卦名之"咸"与爻辞之"咸"的语义联系没有得到合理揭示。本节文字从语源学的角度试为申说。

"咸"为会意字,甲骨文作䇂,从戌从口,戌为斧形兵器。金文作䇂,从戈、从人、从口。戌或戈与口相合而成的"咸"有坚物入口之意。据著名历史学家、民族学家任乃强先生推测,此如坚戈一样能入口而具有刺激性的东西就是盐。盐之性为咸,咸字从戈与人、口,表示盐之味具有刺激性。②咸为五味之首,"合于人之舌与脏",③就会给人的感官带来特殊感觉,所以感觉之感最初就是用"咸"来表示的,如李士鉁《周易注》所说:"咸,古感字。"④后来文字分化,咸味之"咸"加卤旁变为鹹,感觉之"咸"则加心变为感。⑤

盐必须进入人的嘴里,接触人的口舌,其咸味才能被感知,所以"咸"字从戈、从口,以坚物入口会意。人们将口中含盐所品尝到的味道称为"咸",由此,"咸"的词源义就含有衔、啥、含之义,这一点可从"咸"的分化字中得到证明。《说文·卤部》:"鹹,衔也。"《广雅·释言》:"鹹,衔也。"《说文》《广雅》均以"衔"来解释"鹹",说明"鹹"(咸)的词源义确为"衔"。鹹为咸的孳乳字,从咸得声,亦受义于咸。古人正是从坚物入口、口中衔物的角度来命名咸的。古文字中还有"鹹"字,从

---

① 如王明《〈周易·咸卦〉新解》认为,"本卦'咸'字,都作动词用,就是'动'的意思。在不同的身体部位,施展不同的动作。"(《中国哲学》第七辑,三联书店,1982年,第252页)许德仓《试说〈周易〉中的'咸'卦》认为,"训'咸'为'感'时,这个'感'字还应该既有内在的'感受'、'感应'意思,同时更有一层外在的'撼动'的意思,也就是说'感'应通'撼'。"(《文史杂志》1997年第6期)张大芝《读〈易〉札记》认为,《咸》卦"讲的乃是男女婚合时的洞房花烛功夫","咸为感,感为动,为触,故亦作撼。"(《青海师范学院学报》1983年第3期)陈戌国《周易校注》亦认为,"这里'咸'也就是'撼',摇动的意思。"(岳麓书社,2004年,第76页)战国楚竹书及马王堆帛书《周易》"咸"作"钦",有学者又以"钦"为正字进行诠解,如何新《易经新解》认为,"钦,亲也,吻也。……本卦辞乃描写交感及调情(性前戏)的全过程"。(北京工业大学出版社,2007年,第161页)张惠仁《周易·咸卦》涉性爻辞正义及其它》认为,"'钦'即现代汉语里的'揿'。……'咸'(钦)字的真正含义应是'按'、'按摩'、'抚摸'、'触及'等,至于'交感''感应'则是主体采取了上述动作之后客体产生的生理及心里的反应并在此基础上产生的主客体之间的交相感应"。(《中国文化》1996年第1期)于茀《上海博物馆藏战国楚简〈周易〉补释》认为,"'钦'可以引申为'敬仰'、'仰慕、喜欢'。……'钦'如果用为动词,当也可以指用嘴巴去'钦'所喜欢的对象"。(《北方论丛》2007年第1期)笔者以为,"钦"为上古音溪母侵部字,"咸"为匣母侵部字,可通。故"钦"当读为"咸",以"咸"为正字。

② 参见任乃强《说盐》,《盐业史研究》1988年第1期。贡华南《咸:从"味"到"感"——兼论〈咸〉卦之命名》,《复旦学报》2007年第4期。

③ [清]王夫之:《书经稗疏》"咸苦酸辛甘"条,傅云龙、吴可主编《船山遗书》,北京出版社,1999年,第447页。

④ 马振彪:《周易学说》引,花城出版社,2002年,第309页。

⑤ 参见贡华南《咸:从"味"到"感"—兼论〈咸〉卦之命名》,《复旦学报》2007年第4期。

齿、从咸。《说文·齿部》曰："齸，啮也。从齿，咸声。"《广韵·洽韵》："齸，啮咋貌。"《集韵·咸韵》："齸，口持不啮。"朱骏声《说文解字定声》说："咸者，齸字之古文，啮也。"①"齸"亦为咸的孳乳字，受义于咸，更为明晰地保留了咸的词源义。此外，如缄、鍼、械、城等一系列从"咸"的字所表示的事项，也都具有衔含的特点或功能。②

卦名之"咸"是取感应、交感之义。《彖传》说："咸，感也。"《荀子·大略》论及《咸》卦时也说："咸，感也。"③《咸》卦言说的是男女交感之理。孔颖达《周易正义》说："此卦明人伦之始，夫妇之义，必须男女共相感应，方成夫妇。"④爻辞中"咸其拇""咸其腓""咸其股""咸其脢""咸其辅颊舌"之"咸"，则明显是施于"拇""腓""股""脢""辅颊舌"等人体部位的动作，应释为亲吻。从词源上来看，"咸"字既有感应之义，也有衔、啮、含之义。"咸"字最初所表示的感觉、感应，就是通过口来获得的。

《咸》卦上六曰："咸其辅颊舌。"

辅，《经典释文》："虞作䩅。"⑤《集韵》："辅，或作䩅。"《说文·车部》："辅，人颊车也。"《说文·面部》："䩅，颊也。"段玉裁《说文解字注》曰："《面部》曰：'䩅，颊车也。'面䩅自有本字。《周易》作'辅'，亦字之假借也。今亦本字废而借字行矣。"⑥䩅，统言之指面颊，所以䩅与颊可互称、互训。析言之，则指人面部下颌骨之外的表皮部分。段玉裁说："古多借辅为䩅。"⑦辅原意为绑在车轮外旁用以夹毂的两条直木。人之"䩅"同车之"辅"有类似的作用，所以"䩅"又可借为"辅"。《左传·僖公五年》："谚所谓'辅车相依，唇亡齿寒'者，其虞、虢之谓也。"杜预注："辅，颊辅。"孔颖达疏："《广雅》云：'辅，颊也。'则辅、颊为一……颊之与辅，口旁肌之名也。盖辅车一处分为二名耳。辅是外表，车是内骨，故云相依也。"⑧《楚辞·大招》有"靥辅

---

① [清]朱骏声：《说文通训定声》，武汉市古籍书店影印，1983年，第101页。
② 参见路沥云《说"甘"、"齸"之词源义》，《株洲师范高等专科学校学报》2005年第1期。
③ [清]王先谦：《荀子集解》下，新编诸子集成本，中华书局，1988年，第495页。
④ [魏]王弼、[晋]韩康伯注，[唐]孔颖达疏：《周易正义》卷四，《十三经注疏》上册，中华书局，1980年，第46页。
⑤ [唐]陆德明：《经典释文·周易音义》，《十三经注疏》上册，中华书局，1980年，第101页。
⑥ [汉]许慎撰，[清]段玉裁注：《说文解字注》，上海古籍出版社，1981年，第1270页。
⑦ [汉]许慎撰，[清]段玉裁注：《说文解字注》，上海古籍出版社，1981年，第757页。
⑧ [晋]杜预注，[唐]孔颖达疏：《春秋左传正义》卷十二，《十三经注疏》下册，中华书局，1980年，第1795页。

奇牙",王逸注"颊有靥辅"。① 曹植《洛神赋》有"辅靥承颧"。② 靥在辅上,靥辅在颊上,处于颧骨之下,正说明具体而言,"辅"并非"颊",而是人面部下颌骨之外的表皮部分,即孔颖达所谓"口旁肌"。

爻辞说,亲吻她的脸颊和口舌。

上六爻位最高,所以取象的部位也升至头面部的辅、颊、舌。男女之间经过交接相合,感情达到高潮,男子尽情地亲吻女子的脸颊和口舌。《象传》对此评论道:"咸其辅颊舌,滕口说也。"历来解易者都把"说"视为本字,而把"滕口说"释为驰骋言辞,信口开河。③ 其实这是一种误读,《象传》的"滕口说"只是对"咸其辅颊舌"这一交感行为的评论,与说话无关。"说"当读为"悦"。"滕"的本义为水向上翻腾,《说文》:"滕,水超踊也。"此处引申为口舌之动作。《象》辞意为,活动口舌而得到愉悦。④

---

① [汉]王逸注,[宋]洪兴祖补注:《楚辞章句补注》,吉林人民出版社,2005年,第228页。
② [南朝梁]萧统编,[唐]李善注:《文选》上册,岳麓书社,2002年,第598页。
③ 如黄寿祺、张善文:《周易译注》释为"腾扬空言",高亨《周易大传今注》释为"放纵其口谈",陈鼓应、赵建伟《周易今注今译》释为"驰骋言辞"。
④ 参见张建业主编《李贽全集注》第15册《九正易音注》,社会科学文献出版社,2010年,第184页。

# 《恒》之九三：不恒其德，或承之羞。贞吝

《恒》卦之"恒"，繁体作"恆"。《说文·二部》曰："恆，常也。从心，从舟，在二之间上下……死，古文恆，从月，《诗》曰：'如月之恆。'"段玉裁注曰："盖古文月字略似外字，古文恆直是二中月耳。"①"恆"字甲骨文作 ，金文作 ，从月在二之间，二代表天和地。这种"二中月"的构形，"取象于月在天地之间圆缺往复而寓永恒之意"，②引申为持久不断、长久不变。后期的金文和小篆加上了"心"字旁，小篆和汉初隶书"月"旁又讹变为"舟"，隶变后楷书写作"恆"。③

《恒》卦言说的是事物的恒久之理，所以《彖传》说："《恒》，久也。"《序卦传》说："《恒》者，久也。"《杂卦传》说："《恒》，久也。"孔颖达《周易正义》说："恒之为名，以长久为义。"④帛书易传《衷篇》又说："恒言不已。"⑤"已"为停止，"不已"就是持久不断，其意与今本《易传》各篇一致。就人事而言，《恒》卦是教人立身处世要有"持之以恒"的精神，并把恒久不变视为获致成功的重要前提。卦辞曰："恒，亨，无咎。"《彖传》曰："圣人久于其道而天下化成。"《子夏易传》曰："能久则通矣。"⑥司马光《温公易说》曰："久于其道，无不通也。行而可久，必其无咎也。"⑦只要持之以恒，就可以亨通无咎，获致成功；圣人"久于其道"，就可以成就教化天下的伟业。九三爻辞"不恒其德，或承之羞，贞吝"则从反面谈论了不能守恒必至羞

---

① [汉]许慎撰，[清]段玉裁注：《说文解字注》，上海古籍出版社，1981年，第1194页。
② 李学勤主编：《字源》下，天津古籍出版社，2012年，第1176页。
③ 参见赵爱学：《亙、亘及所从诸字考》，《成都大学学报》2007年第6期；柴桂敏《〈说文解字〉中"舟"形的来源与分流》，《安庆师范学院学报》2013年第1期。
④ [魏]王弼、[晋]韩康伯注，[唐]孔颖达疏：《周易正义》卷四，《十三经注疏》上册，中华书局，1980年，第47页。
⑤ 廖明春：《马王堆帛书周易经传释文》，《易学集成》第三卷，四川大学出版社，1998年，第3037页。
⑥ [春秋]卜子夏：《子夏易传》，四库全书本。
⑦ [宋]司马光：《温公易说》卷三，《十八名家解周易》第四辑，长春出版社，2009年，第24页。

吝的道理。

"恒",此处为使动用法,义为"使……长久"。

"或",不定之辞。据现代语言学研究,在古汉语中,作为虚词的"或"有"表示动作行为的发生、情况出现的不定时"①之义,可随文翻译。据此,"或承之羞"之"或"可释为"时常""经常",是表示"不恒其德"与蒙羞之间的必然性关系。黄侃《论语义疏》曰:"人若为德不恒,则必羞辱承之。羞辱必承,而云或者,或,常也,言羞辱常承之也。"②黄侃训"或"为"常",虽然只是据语境而疏其义,但非常切近爻辞之旨。

"承",承受,蒙受。"吝",鄙吝,羞吝,即羞耻、以为羞耻之义。

爻辞说,不能恒守其德,就会时常蒙受羞辱。老是如此,会为人鄙视。

"不恒其德"之"德",古今不少易学家都释为美德、道德,如明孙应鳌《淮海易谈》释之为"或善于前而失于后,或美于始而改于终",③黄寿祺《周易译注》、廖名春《〈周易〉经传十五讲》皆释为"不能恒久保持美德"。④ 笔者以为,这种解释是值得商榷的,因为道德、美德等只是"德"字的后起引申义,而不是其原意本义。

从字形来看,甲骨文中的"德"字由"彳"和"直"两部分构成。"彳"就是行,《尔雅·释宫》:"行,道也。"罗振玉《殷墟书契考释》:"(行)象四达之衢,人之所行也。"⑤商承祚《殷虚文字类编》:"古从行之字,或省其右作彳。"⑥"直"的本义为"用眼正对标杆测端直",⑦即《说文》所谓"正见"。而"彳"与"直"构成"惪"字,会"目视于途""择路而行"之意。⑧ 徐中舒主编《甲骨文字典》释之为"循行"。⑨ 金文以后又加上了"心"字底,写作"德"。王德培《〈书〉传求是札记》认为,周初"'德'字无道德义,……周初德字只当作一种'行为'或'作为'的意思来使用"。⑩ 赵伯雄

---

① 张玉金主编:《古今汉语虚词大辞典》,辽宁人民出版社,1996年,第318页。
② [清]刘宝楠:《论语正义》,十三经清人注疏丛书本,中华书局,1990年,第544页。
③ [明]孙应鳌:《淮海易谈》,《孙应鳌文集》,贵州教育出版社,1996年,第68页。
④ 黄寿祺、张善文《周易译注》,上海古籍出版社,2004年,第249页。廖名春《〈周易〉经传十五讲》,北京大学出版社,2004年,第113页。
⑤ 罗振玉:《殷墟书契考释》,转引自《汉语大字典》(三卷本),四川辞书出版社、湖北辞书出版社,1995年,第811页"行"字条。
⑥ 商承祚:《殷虚文字类编》,转引自《汉语大字典》(三卷本),四川辞书出版社、湖北辞书出版社,1995年,第811页"行"字条。
⑦ 谷衍奎:《汉字源流字典》,华夏出版社,2003年,第329页。
⑧ 参见孙熙国、肖雁《"德"的本义及其伦理和哲学意蕴的确立》,《理论学刊》2012年第8期。
⑨ 参见徐中舒主编《甲骨文字典》,四川辞书出版社,2006年,第168—169页。
⑩ 王德培:《〈书〉传求是札记》(上),《天津师大学报》1983年第4期。

《先秦"敬"德研究》认为:"德字的本义是指人的行为或作为"。① 陈来《古代宗教与伦理》也说:"德的原初含义与行、行为有关","从西周到春秋的用法来看,德的基本含义有二,一是指一般意义上的行为、心意,二是指具有道德意义的行为、心意"。②

　　《周易》本经是中国自有文字以来最古老的一部典籍,我们今天去解读产生于几千年前的卦爻辞,常常要去追索其行文用字的原初意义。就本爻而言,"不恒其德"之"德"也不应简单地释为道德、美德。屈万里《读易三种》认为,"不恒其德"之"德","以内心言,犹意志;以形于外者言,犹行为,非美德之谓也"。③ 笔者以为,"不恒其德"之"德"虽然未必就是美德,但也是指积极的具有正面价值的言行,而非"昏德""凶德"之属。《论语·述而》载:"子曰:善人吾不得而见之矣,得见有恒者,斯可矣。"朱熹《四书集注》曰:"恒,长久之意。张子曰:'有恒者,不贰其心。善人者,志于仁而无恶。'"④孔子所说的"有恒者"就是爻辞所说的"恒其德"者。在道德水准上,"有恒者"要次于"善人",更次于孔子所说的"君子"和"圣人"。恒心恒行虽未必就称得上善德善行,但却是人立身处世的底线,是善德善行的基础。从这一意义上说,"不恒其德"之人就是《诗经·卫风·氓》所谓"二三其德"之人,也就是不能"一德"之人。这样的人没有恒心和毅力,不能保持恒常的品行,往往出尔反尔,朝三暮四,见异思迁,做事难以成功,难免会招致别人的耻笑,所以爻辞说:"不恒其德,或承之羞。"《商书·咸有一德》有句名言:"德惟一,动罔不吉;德二三,动罔不凶。"⑤可以视为本爻的绝好注脚。杨万里《诚斋易传》释此爻说:"盖忽忻骤忿,父不能以安其子;初正终谲,士不能以孚其朋。如郑朋之两从,吕布之屡叛,人谁纳我?宜其无所容身也。"⑥忽忻骤忿、初正终谲、两从屡叛皆属于"不恒其德","不恒其德"就丧失了立身处世的底线,自然会蒙受羞辱,为人鄙视,无所容身。帛书易传《缪和》篇说:"'不恒其德',言其德行之无恒也。德行无道,则亲疏无;亲疏

---

① 赵伯雄:《先秦"敬"德研究》,《内蒙古大学学报》1985年第2期。
② 陈来:《古代宗教与伦理》,生活·读书·新知三联书店,1996年,第291页。
③ 屈万里:《读易三种·附录》,《屈万里全集》第一册,台北联经出版社,1983年,第877页。
④ [宋]朱熹:《四书章句集注》,中华书局,2011年,第95页。
⑤ [汉]孔安国传,[唐]孔颖达疏:《尚书正义》卷八,《十三经注疏》上册,中华书局,1980年,第166页。
⑥ [宋]杨万里:《诚斋易传》卷九,《十八名家解周易》第一辑,长春出版社,2009年,第220页。

· 203 ·

无，[则]必将[羞辱时至，故曰]'蔺'。"①认为"不恒其德"就是德行无恒、德行无道，如此则必将带来无亲有咎的后果。这与《诚斋易传》对爻辞的阐发是相通的。

《论语·子路》曰："子曰：南人有言曰：'人而无恒，不可以作巫医。'善夫！'不恒其德，或承之羞。'"②这是《论语》中唯一一次直接引用《周易》爻辞，其用意很值得玩味。清刘宝楠《论语正义》说："巫医者皆包道怀德，学彻天人，故必有恒之人。""是巫医皆以士为之，世有其授，精其求，非无恒之人所能为也。"③康有为《论语注》》说："巫所以交鬼神，医所以治疾病，非久于其道则不能精，……故孔子重之，欲其有恒而致精也。"④巫医是商周时期宗教文化的承载着、传播者，巫医之职具有很高的道德智慧要求，非持恒之人久于其道，则不能精其术，通其业，南人之言强调的就是对巫医之职的"恒德"要求。孔子引用《恒》卦爻辞与之相印证，就在于二者对恒德的倡导是相同的。

---

① 廖明春：《马王堆帛书周易经传释文》，《易学集成》第三卷，四川大学出版社，1998年，第3051—3052页。"羞辱时至故曰"六字为廖名春据上下文意新补，参见廖名春《〈周易〉经传十五讲》，北京大学出版社，2004年，第128页。
② [魏]何晏注，[宋]邢昺疏：《论语注疏》卷十三，《十三经注疏》下册，中华书局，1980年，第2508页。
③ [清]刘宝楠：《论语正义》，十三经清人注疏丛书本，中华书局，1990年，第543页。
④ [清]康有为：《论语注》，中华书局，1984年，第201页。

# 《恒》之九四：田无禽

从语言层面来看，现代学者对《恒》卦九四爻辞"田无禽"的解释主要有两种观点。一种观点认为，田指田地，禽指禽兽。"田无禽"即田中无禽兽。① 另一种观点认为，田指田猎，禽指擒获。"田无禽"即田猎无所获。② 笔者以为，无论是从语源学的角度考察，还是从义理的层面考量，后一种观点都更具有说服力。本节文字试为申说。

"田"，义为田猎、狩猎。蒋礼鸿《读字肊记》曰："有树谷之田字，有猎禽之田字，形同而非一字也。""田即网也，田所以取鸟兽，因之凡取鸟兽皆曰田矣。"③《师》卦六五"田有禽"，《周易集解》引荀爽曰："田，猎也。"④《诗·郑风》："叔于田。"传曰："田，取禽也。"⑤《尚书·大禹谟》："往于田。"孔传："田或作畋。"⑥《文选·张衡〈西京赋〉》李善注："孔安国《尚书传》曰：'田，猎也。田与畋同。'"⑦《广韵·先韵》："畋，取禽兽也。"《文选·司马相如〈子虚赋〉》："楚使子虚使于齐，王悉发车骑，与使者出畋。"李善注引司马彪曰："畋，猎也。"⑧楚竹书《周易·恒》卦"田"字正作"畋"。

"禽"，即擒，指擒获、猎获、收获。《师》卦六五"田有禽"，《经典释文》说："禽，

---

① 刘大钧、林忠军：《周易经传白话解》（上海古籍出版社，2006年）等持此说。
② 高亨《周易古经今注》（上海书店，1991年），黄寿祺、张善文《周易译注》（上海古籍出版社，2004年），陈鼓应、赵建伟《周易今注今译》（商务印书馆，2005年）等，皆持此说。
③ 蒋礼鸿：《读字肊记》，转引自《汉语大字典》（三卷本）中，四川辞书出版社、湖北辞书出版社，1995年，第2524页"田"字条。
④ ［清］李道平：《周易集解纂疏》，十三经清人注疏丛书本，中华书局，1994年，第134页。
⑤ ［汉］毛亨传，［汉］郑玄笺，［唐］孔颖达疏：《毛诗正义》卷四，《十三经注疏》上册，中华书局，1980年，第337页。
⑥ ［汉］孔安国传，［唐］孔颖达疏：《尚书正义》卷四，《十三经注疏》上册，中华书局，1980年，第137页。
⑦ ［南朝梁］萧统编，［唐］李善注：《文选》上册，岳麓书社，2002年，第60页。
⑧ ［南朝梁］萧统编，［唐］李善注：《文选》上册，岳麓书社，2002年，第238页。

徐本作擒。"①"禽"字甲骨文象一把长柄捕鸟网,会捕捉禽鸟之意。所以其本义为捕捉、捕获,是"擒"的本字。马叙伦《说文解字六书疏证》说:"禽,实'擒'之初文。"②李孝定《甲骨文字集释》也说:"禽本动词,遂名所获为禽,反于禽字增之手旁作擒,以当本谊。"③

由此可见,爻辞不过是说,田猎无所收获。

从义理的层面来看,现代许多易著都把"田无禽"释为人而无恒,打猎也猎获不到禽兽。④ 这种解释看似通顺,其实并未阐明爻辞的意旨。《恒》卦言说的是持恒之道,但持恒之道也要因事制宜,贵于守正。《恒》卦卦辞云:"恒,亨,无咎,利贞。"王弼《周易注》曰:"恒通无咎,乃利正也。"⑤程颐《程氏易传》曰:"恒所以能亨,由贞正也,故云利贞。""如君子之恒于善,可恒之道也;小人恒于恶,失可恒之道也。"⑥朱熹《周易本义》曰:"恒固能亨,且无咎矣,然必利于正,乃为久于其道,不正,则久非其道矣。天地之道,所以长久,亦以正而已矣。"⑦由此可见,《恒》卦言说的持恒之道是以贞正为原则的。"恒于善",才是"可恒之道"。在《恒》卦语境中考量,九四爻辞之"田"当指恒久于"田",即长期沉溺于游田之事,显然属于不正之恒。游田之事为贵族的娱乐活动,长期沉溺于此,必然会劳民伤财,荒废政事,不仅无功于人,甚至可能带来灾难。《史记·夏本纪》说:"帝太康失国。"集解引孔安国曰:"启子也,盘于游田,不恤民事,为羿所逐,不得反国。"⑧《尚书·无逸》说:"文王不敢盘于游田。"⑨《老子》说:"驰骋田猎,令人心发狂。"⑩《尚书·伊训》说"汤制官刑,儆于有位",对当时官场上的腐败现象"三风十愆"进行惩戒,其中三风之一就是"恒于游畋,时谓淫风"。⑪ 由此可见,古人对过度游猎是深以为戒的。九四爻辞的"田无禽",就是告诫人们,过度沉溺于游猎,是久非其道,劳而无益,而不是没有

---

① [唐]陆德明:《经典释文·周易音义》,《十三经注疏》上册,中华书局,1980年,第99页。
② 马叙伦:《说文解字六书疏证》,转引自《汉语大字典》(三卷本)上,四川辞书出版社、湖北辞书出版社,1995年,第199页"禽"字条。
③ 李孝定:《甲骨文字集释》,转引自周绪全、王澄愚《古汉语常用词通释》,重庆出版社,1988年,第284页。
④ 如廖名春《周易经传十五讲》(北京大学出版社,2004年)即持此说。
⑤ 楼宇烈:《周易注校释》,中华书局,2012年,第121页。
⑥ 梁韦弦:《〈程氏易传〉导读》,齐鲁书社,2003年,第203页。
⑦ [宋]朱熹:《周易本义》卷四,《十八名家解周易》第二辑,长春出版社,2009年,第56页。
⑧ 邹德金整理:《名家注评史记》上,天津古籍出版社,2010年,第36页。
⑨ [汉]孔安国传,[唐]孔颖达疏:《尚书正义》卷十六,《十三经注疏》上册,中华书局,1980年,第222页。
⑩ 陈鼓应:《老子注译及评介》,中华书局,1984年,第106页。
⑪ [汉]孔安国传,[唐]孔颖达疏:《尚书正义》卷八,《十三经注疏》上册,中华书局,1980年,第163页。

恒心就猎不到禽兽。

《象》曰："久非其位,安得禽也?"王弼《周易注》曰："恒于非位,虽劳无获也。"①孔颖达《周易正义》曰："田者,田猎也,以譬有事也。无禽者,田猎不获,以喻有事无功也。恒于非位,故劳而无功也。"②何谓"位"?《说文·人部》:"列中庭之左右谓之位。从人、立。"段玉裁注:"庭当作廷,字之误也。……中庭犹言廷中。古者朝不屋,无堂阶,故谓之朝廷。……《左传》云'有位于朝'是也。"③《尔雅·释宫》:"中庭之左右谓之位。"郭璞注:"群臣之侧位也。"刑昺疏:"位,群臣之列位也。"④由此可见,"位"的本义并非一般的位置,而是指"朝位",即官吏在朝廷所处的位置,亦即官位。《伊训》"儆于有位"、《恒》卦《象》辞"久非其位"之"位"皆为此义。"恒于游畋"就是"久非其位"。把持恒之道用于非正当的事情上,终日沉溺于游猎之乐,自然会荒废政事,劳而无功。爻辞实质上就是通过"田无禽"的具体事象警示人们,持恒之道,要志存高远,正当其位,持其所应持,为其所当为,只有这样,才能恒通无咎,获致成功。如果"久非其道,恒而不正",⑤则必然会"劳而无功"。吕柟《泾野先生周易说翼》说:"君子久于仁义之政,则下足以化民;久于仁义之谟,则上足以正君。舍是而恒焉,则虽术之如彼其诈也,行之如彼其久也,只以滋乱耳,田也何所获禽乎?"⑥牛钮《日讲易经解义》也说:"此一爻,是言恒非其道者,终无所益也。"⑦皆深得爻旨。

---

① 楼宇烈:《周易注校释》,中华书局,2012年,第122页。
② [魏]王弼、[晋]韩康伯注,[唐]孔颖达疏:《周易正义》卷四,《十三经注疏》上册,中华书局,1980年,第47页。
③ [汉]许慎撰,[清]段玉裁注:《说文解字注》,上海古籍出版社,1981年,第668页。
④ [晋]郭璞注,[宋]邢昺疏:《尔雅注疏》卷五,《十三经注疏》下册,中华书局,1980年,第2597页。
⑤ [清]牛钮等:《日讲易经解义》,海南出版社,2012年,第272页。
⑥ 马振彪:《周易学说》引,花城出版社,2002年,第323页。
⑦ [清]牛钮等:《日讲易经解义》,海南出版社,2012年,第277页。

# 《遯》之九四：好遯，君子吉，小人否

"遯"，义为退隐、退避。《说文》曰："遯，逃也。从辵，从豚。"遯为形声字兼会意字，从辵与豚。辵义为走路、急走。豚为小豕，其本性善逃。《孟子·尽心下》："今之与杨墨辩者，如追放豚。"赵岐注："今之与杨墨辩争道者，譬如追放逸之豕豚。"①可见豕豚逃跑时的激烈情形。张舜徽《说文约注》说："家畜中惟豚豕易亡，故篆体断从豚豕。"②"遯"字形义为豕逃，引申则为逃遯、退避之义。字或作"遁"，从辵从盾，亦为形声兼会意字。盾是古代战斗中用以躲避攻击、保护自身的一种兵器。《说文》："盾，……所以扞身蔽目。"《释名·释兵》曰："盾，遁也。跪其后避刃以隐遁也。"加"辵"旁，即表示持盾避刃急走，引申为逃遁、隐遁。《说文》："遁，迁也。一曰逃也。"《玉篇》："遁，逃也。"《广韵》："遁，隐也，去也。""遁"为后起字，与"遯"声义并同。③《集韵》以"遯"为"遁"之本字，今简化字通用"遁"字。

《遯》卦言说的就是隐遁、退避的道理，故以"遯"字为名。唐陆德明《经典释文》曰："遯，……又作'遁'，同；隐退也，匿迹避时，奉身退隐之谓也。"④唐李鼎祚《周易集解》引郑玄曰："遁，逃去之名也。"⑤唐孔颖达《周易正义》曰："遯者，隐退逃避之名。"⑥宋程颐《程氏易传》曰："遯，退也，避也，去之之谓也。"⑦九四的"好

---

① [汉]赵岐注，[宋]孙奭疏：《孟子注疏》卷十四下，《十三经注疏》下册，中华书局，1980年，第2778页。
② 张舜徽：《说文解字约注》第一册，华中师范大学出版社，2009年，第417页。
③ 或认为"遁"之本义当为迁移，即由一个地方到另一个地方，而逃则为后起义。《说文》："遁，迁也，一曰逃也。"段注："此字古音同循，迁延之意，凡逡遁字如此，今之逡巡也。《仪礼·郑注》：'用逡遁十有一。'""一曰逃也，此别一义，以'遁'同'遯'，盖浅人所增。"张舜徽《说文约注》："今则以遁为逃，用别义而本义废矣。"
④ [唐]陆德明：《经典释文·周易音义》，《十三经注疏》上册，中华书局，1980年，第101页。
⑤ [清]李道平：《周易集解纂疏》，十三经清人注疏丛书本，中华书局，1994年，第327页。
⑥ [魏]王弼、[晋]韩康伯注，[唐]孔颖达疏：《周易正义》卷四，《十三经注疏》上册，中华书局，1980年，第48页。
⑦ 梁韦弦：《〈程氏易传〉导读》，齐鲁书社，2003年，第207页。

·208·

遁",与九三"系遁"、九五"嘉遁"、上九"肥遁"分别言说了隐遁的不同境界。

"好遁"是一种美好适时的隐遁。林纾《遁园记》说:"曰好,喻名利之足以蛊人,乃乾体刚健(《遁》上卦为乾),绝之以遁,喻自克之君子也。"①隐遁是一种选择,也是一种放弃。选择隐遁山林,出离世俗,也就意味着放弃了功名利禄,而这样的选择与放弃并不是每个人都能做得到、做得好的。九三的"系遁",意味着人处当遯之时,仍有所系挂牵念,不能尽去利欲之心,所以不能远遁。这样做会给自己留下疾患,进一步发展是危险的,所以爻辞断为"有疾厉"。《日讲易经解义》说:"九三当遯之时,下比二阴,是危邦已不可入,乱邦已不可居,而犹恋恋于利禄而不忍释也,……此危之道也,其厉宜也。"②九四的"好遁",则意味着人在祸乱将起之时,能主动放弃世俗功利,从容不迫地隐遁山林,所谓"好遁者无所迫"。③《日讲易经解义》说:"此一爻,是言能绝富贵之念而勇于遁者也。"④

爻辞又说:"君子吉,小人否。"《象》传解释说:"君子好遁,小人否也。"这是强调只有果决刚断、悟于几先的君子才能好遁获吉,而小人则见小利而不知几微,不能象君子那样"好遁",难免祸及其身。《周易集解》引侯果曰:"君子刚断,故能舍之。小人系恋,必不能矣。故君子吉,小人凶矣。"⑤《日讲易经解义》说:"九四言君子吉、小人否者,盖营私之念,尽人之所同;而制欲之功,君子之所独。惟君子明于时之不可为,能绝所好而必遁;小人则牵于私情,何能以果遁乎?"⑥尚秉和《周易尚氏学》也说:"好遁者……当祸患未形之时,从容而遁也。然知几其神,惟君子能之,若小人则系恋而不去也。"⑦

后世典籍常以"好遁"指代美好适时的隐遁。《汉书·王贡两龚鲍传》说:"郭钦、蒋诩好遁不污。"颜师古注:"钦、诩不仕于莽,遁逃浊乱,不污其节。"⑧《汉书·叙传》也说:"郭钦、蒋诩,近遁之好。"应劭注曰:"《易》曰'好遁,君子吉。'言遭暴乱之世,好以和顺遁去,不罹其害也。"⑨这是说郭钦、蒋诩不仕王莽、适时退隐、免

---

① 马忠骏编辑:《遁园杂俎》"文集"卷一。载李兴盛、安春杰主编《何陋居集》(外二十一种),黑龙江人民出版社,1997年,第1398页。
② [清]牛钮等:《日讲易经解义》,海南出版社,2012年,第282—283页。
③ [晋]皇甫谧:《释劝论》,[清]严可均辑《全晋文》中,商务印书馆,1999年,第753页。
④ [清]牛钮等:《日讲易经解义》,海南出版社,2012年,第283页。
⑤ [清]李道平:《周易集解纂疏》,十三经清人注疏丛书本,中华书局,1994年,第331页。
⑥ [清]牛钮等:《日讲易经解义》,海南出版社,2012年,第283页。
⑦ 尚秉和:《周易尚氏学》,九州出版社,2005年,第214页。
⑧ [汉]班固撰,[唐]颜师古注:《汉书》三,吉林人民出版社,1998年,第2098页。
⑨ [汉]班固撰,[唐]颜师古注:《汉书》四,吉林人民出版社,1998年,第2825页。

灾全节的做法，近乎"好遯"的境界。姚思廉《止足论》说："唯阮思旷遗荣好遁，远殆辱矣。"①这是说阮思旷遗弃荣华富贵而适时隐退，远离了危险耻辱。这种用意，与爻辞的义旨十分切合。

---

① 周绍良主编：《全唐文新编》第一部第三册，吉林文史出版社，1999年，第1686页。

# 《遁》之九五：嘉遁，贞吉

"嘉"，义为美、善。《说文》："嘉，美也。"《尔雅·释诂》："嘉，美也。"爻辞说，完美的隐遁，正而吉。

李光地《周易折中》说："嘉之义，比好又优矣。"①"嘉"与"好"义同，只是在程度上要比好更优。所谓"嘉遁"，就是完美的隐遁。从爻位上看，九五高居尊位，刚中得正，下有应与，象征人处盛世，时运优越，政治前途一片光明。此时的隐遁，其意义已超出了知几远虑，预避灾祸的处世策略，而上升为一种独特的人生境界。晋代葛洪《抱朴子外篇》第一篇名为《嘉遁》，其论有曰："出处之事，人各有怀。故尧舜在上，而箕、颍有巢栖之客；夏后御世，而穷薮有握耒之贤。岂有虑于此险哉？盖各附于所安也。是以高尚其志，不事王侯，存夫爻象，匹夫所执，延州守节，圣人许焉。"②葛洪认为，在尧舜、夏后盛世之时，也有高义隐士，这类人的隐遁不是"虑于此险"，而是"附于所安"，是"隐居求志"，完善自身。他们志在山水之间乐得逍遥，视功名利禄荣华富贵犹如无物，"道存则尊，德胜则贵，……何必须权而显，俟禄而饱哉！"③其《逸民》篇也说："物各有心，安其所长。……嘉遁高蹈，先圣所许；或出或处，各从攸好。"④"人各有怀"，"物各有心"，"各从攸好"，意即人之志向不同，虽然明君临世，仍然出世隐遁，不过是自从心志而已。同一时代的孙承作有《嘉遁赋》，描绘了"嘉遁玄人"放情山水、自外名利、寄情老庄而无吉凶之累的悠游自在的生活。⑤陆机应孙承《嘉遁赋》作有《应嘉赋》，其赋首云："傲世公子，体逸怀遐，

---

① [清]李光地：《周易折中》，巴蜀书社，2014年，第169页。
② 杨明照：《抱朴子外篇校笺》上，新编诸子集成本，中华书局，1991年，第58页。
③ 杨明照：《抱朴子外篇校笺》上，新编诸子集成本，中华书局，1991年，第44页。
④ 杨明照：《抱朴子外篇校笺》上，新编诸子集成本，中华书局，1991年，第85—86页。
⑤ [清]严可均辑：《全晋文》下册，商务印书馆，1999年，第1544—1545页。

意邈澄霄,神夷静波。仰群轨以遥企,顿骏羽以婆娑,寄冲气于大象,解心累于世罗。"①这位任情率性、自在逍遥的"傲世公子"正是"嘉遁"境界的形象写照。由此可见,"嘉遁"不同于"好遁",它代表了一种回归自然、隐居求志的生活方式,正如汤用彤《汉魏两晋南北朝佛教史》所说:"厉操幽栖,高情避世,是曰嘉遁。"②

① [清]严可均辑:《全晋文》中册,商务印书馆,1999年,第1023页。
② 汤用彤:《汉魏两晋南北朝佛教史》,《汤用彤全集》第一卷,河北人民出版社,2000年,第124页。

# 《遁》之上九：肥遁，无不利

　　《遁》卦上九之"肥遁"，也是《周易》中的著名爻辞，曾被广为征引。但是从很早的时候起，关于"肥遁"就有了两种不同的文字版本和义理解说。二者孰是孰非，直到今天，仍无定论。

　　第一种说法可简称为"肥遁说"。传为孔子弟子子夏所作《子夏易传》曰："肥，饶裕也。"①这是如字为训，将"肥"释为"饶裕"。《周易集解》引虞翻曰："乾盈为肥。"②虽然是从象数的角度解《易》，但以"盈"释"肥"，显然也是如字为训。王弼《周易注》也作"肥遁"，并释之曰："最处外极，无应于内，超然绝志，心无疑顾。"③孔颖达《周易正义》则引《子夏易传》的说法并进一步解释说："心无疑顾，是遁之最优，故曰'肥遁'。"④这种观点被后世许多著名易学家所接受，如胡瑗《周易口义》说："肥遁者，优饶充裕之谓也。"⑤程颐《程氏易传》说："肥者，充大宽裕之意。"⑥朱熹《周易本义》也说："肥者，宽裕自得之意。"⑦古人引用此爻，也多作"肥遁"。如《三国志·许靖等传论》："秦宓始慕肥遁之高，而无若愚之实。"⑧晋葛洪《抱朴子·畅玄》："知足者则能肥遁勿用，颐光山林。"⑨《晋右军将军郑烈碑》："蹈明哲之高

---

① [魏]王弼、[晋]韩康伯注，[唐]孔颖达疏：《周易正义》卷四引，《十三经注疏》上册，中华书局，1980年，第48页。
② [清]李道平：《周易集解纂疏》，十三经清人注疏丛书本，中华书局，1994年，第332页。
③ 楼宇烈：《周易注校释》，中华书局，2012年，第125页。
④ [魏]王弼、[晋]韩康伯注，[唐]孔颖达疏：《周易正义》卷四，《十三经注疏》上册，中华书局，1980年，第48页。
⑤ [宋]胡瑗：《周易口义》卷六，《十八名家解周易》第五辑，长春出版社，2009年，第351页。
⑥ 梁韦弦：《〈程氏易传〉导读》，齐鲁书社，2003年，第210页。
⑦ 萧汉明、林忠军：《〈周易本义〉导读》，齐鲁书社，2003年，第124页。
⑧ [晋]陈寿撰，[南朝宋]裴松之注：《三国志》下，中国史学要籍丛刊本，上海古籍出版社，2011年，第902页。
⑨ 王明：《抱朴子内篇校释》，新编诸子集成本，中华书局，1985年，第22页。

尚,嘉肥遁而无闷。"①

第二种说法可简称为"飞遁说"。汉初淮南王刘安曾聘明《易》者九人作《易》注,名为《九师道训》。据《后汉书·张衡传》李贤注及《文选·张衡〈思玄赋〉》李善注所引,其释上九爻辞曰:"遁而能飞,吉孰大焉。"②学界普遍认为,这是以"飞"释"肥",把"肥遁"释为"遁而能飞"。西汉焦赣的《焦氏易林》是一部著名的演易之作,其《需之遁》曰:"去如飞鸿。"《节之遁》曰:"奋翅鼓翼。"《革之遁》曰:"退飞见祥。"尚秉和《焦氏易诂》认为:"是焦氏亦读肥为飞。"并认为,王弼《周易注》虽未明释"肥"字,"然云赠缴不能及,似亦读为飞。"③宋吕祖谦《古易音训》引晁氏曰:"肥,陆希声云:'本作飞。'"④古人引用此爻,也常作"飞遁",如张衡《思玄赋》:"文君为我端蓍,利飞遁以保名。"⑤曹植《七启》:"飞遁离俗,澄神定灵,轻禄傲贵,与物无营。"⑥《摄山栖霞寺明徵君碑铭》:"遂乃缅怀飞遁,抗迹崂山。"⑦

这两种说法,究竟哪一种更接近《周易》之古呢?笔者更倾向于前者,理由如下:

其一,现存最早的版本上博楚竹书《周易》作"肥腞(遯)";马王堆汉墓出土的帛书《周易》作"肥掾(遯)"。这说明《遁》卦上六爻辞本作"肥遁"。

其二,当代著名易学家刘大钧先生在《今、古文易学流变述略——兼论〈子夏易传〉真伪》一文中,征引大量《子夏易传》佚文,与上博楚竹书《周易》、帛书《易经》进行对比研究,发现其解经文字"与战国时代古文本用字多有相同","与汉初帛书今文《易》所用之字多有相同",而与后来诸本文字有别,认为"可证《子夏易传》确为先秦古本无疑也"。⑧而《子夏易传》正是如字为训,以"饶裕"释"肥"。

其三,《后汉书》李贤注所引《九师道训》"遁而能飞",李道平《周易集解纂疏》疏《遁》卦侯果注所引则作"遁而能肥",⑨孙星衍《周易集解》所引也作"遁而能

---

① [清]严可均辑:《全晋文》下,商务印书馆,1999年,第1592页。
② 参见[南朝宋]范晔撰,[唐]李贤等注《后汉书》第七册,中华书局,1965年,第1919页;[南朝梁]萧统编,[唐]李善注《文选》上册,岳麓书社,2002年,第465页。
③ 尚秉和著,常秉义点校:《焦氏易诂》,光明日报出版社,2005年,第81页。
④ [宋]吕祖谦:《古易音训》,黄灵庚、吴战垒主编《吕祖谦全集》第二册,浙江古籍出版社,2008年,第16页。
⑤ [南朝梁]萧统编,[唐]李善注:《文选》上册,岳麓书社,2002年,第458页。
⑥ 《曹植集校注》,建安文学全书,河北教育出版社,2013年,第364页。
⑦ 周绍良主编:《全唐文新编》第一部第一册,吉林文史出版社,1999年,第202页。
⑧ 刘大钧:《周易概论》(增补本),巴蜀书社,2008年,第280—281页。
⑨ [清]李道平:《周易集解纂疏》,十三经清人注疏丛书本,中华书局,1994年,第332页。

肥",可见仅据《后汉书》及《文选》注所引并不足以证明《遁》卦上六爻辞原本作"飞遁"。

其四,"矰缴不能及"是先秦两汉时常用的典故。《楚辞·哀时命》有"鸾凤翔于苍云兮,故矰缴而不能加"句,王逸注云:"以言贤者亦宜高举隐藏,法令不能拘也。"①王弼在注释《老子》第五十章时也用过这个典故:"鹰鹯以山为卑,而增巢其上,矰缴不能及,网罟不能到,可谓处于无死地矣。"②所以,虽然王弼注《遁》卦上六爻辞提到"矰缴不能及",但并不能以此断定王弼是读"肥"为"飞"。

其五,宋姚宽《西溪丛语》认为:"'肥'字古作'琶',与古'蜚'字相似,即今之'飞'字,后世遂改为'肥'字。"③邹德溥《易会》也认为:"'肥'字古作'琶',与'蜚'字相似,后世因讹为'肥'字。"④其实在古汉语中,"肥"与"飞"确有通假之例。《国语·吴语》:"建肥胡,奉文犀之渠。"汪远孙《国语考异发正》曰:"肥,古与'飞'通。"⑤张桁、许梦麟《通假大字典》说:"飞,帮母,微部;肥,并母,微部。帮、并旁纽双声,微部叠韵,属音近通假。"⑥"琶"与"蜚"字形相似,"肥"与"飞"读音相近,自然可以通假,但这同样可以得出"肥遁"之"肥"讹改为"飞"的结论。

其六,从义理上说,作"肥遁"也远较作"飞遁"为优。

若作"飞遁",则只是高飞远走,逃昧十足,难当"无不利"之断。若作"肥遁",则是一种自在、逍遥、无闷、无累、超然世外的高隐境界。王弼《周易注》对这种"肥遁"境界早有阐发:"最处外极,无应于内,超然绝志,心无疑顾。忧患不能累,矰缴不能及,是以肥遁,无不利也。"⑦唐代易学家侯果也有类似论述:"最处外极,无应于内,心无疑恋,超世高举,果行育德,安时无闷,遁之肥也,故曰'肥遁无不利'。"⑧孔颖达《周易正义》认为,这种境界"是遁之最优,故曰肥遁。"⑨这种观点得到了后世学者的认同和进一步阐发。程颐《周易程氏传》说:"肥者,充大宽裕之意。……

---

① [汉]王逸注,[宋]洪兴祖补注:《楚辞章句补注》,吉林人民出版社,2005年,第271页。
② [魏]王弼注,楼宇烈校释:《老子道德经注》,中华书局,2011年,第139页。
③ [宋]姚宽、陆游:《西溪丛语·家世旧闻》,唐宋史料笔记丛刊,中华书局,1993年,第23页。
④ [明]邹德溥:《易会》,四库存目本。
⑤ [清]汪远孙:《国语考异发正》,转引自《汉语大字典》(三卷本)中,四川辞书出版社、湖北辞书出版社,1995年,第2056页"肥"字条。
⑥ 张桁、许梦麟:《通假大字典》,黑龙江人民出版社,1993年,第852页。
⑦ 楼宇烈:《周易注校释》,中华书局,2012年,第125页。
⑧ [清]李道平:《周易集解纂疏》,十三经清人注疏丛书本,中华书局,1994年,第332页。
⑨ [魏]王弼、[晋]韩康伯注,[唐]孔颖达疏:《周易正义》卷四,《十三经注疏》上册,中华书局,1980年,第48页。

上九乾体刚断，在卦之外矣，又下无所系，是遁之远而无累，可谓宽绰有余裕也。"①朱熹《周易本义》说："以刚阳居卦外，下无系应，遁之远而处之裕者也，……肥者，宽裕自得之意。"②牛钮等《日讲易经解义》也说："此一爻，是言超然物外者，所以嘉其自得也。肥，谓处之裕如。""上九'肥遁，无不利'者，其心不为物累，无所疑虑故也。……如舜处深山之中，与木石居，与鹿豕游，浩浩落落，其胸中之经纶，自在天地间也，此所谓肥遁者哉。"③笔者认为，此说最为得解，而且按照这一理解，从"好遁""嘉遁"到"肥遁"，体现出隐遁境界的逐渐提升。诚如明代姜宝《周易传义补遗》所说："四之'好'，不如五之'嘉'。五之'嘉'，不如上之'肥'。"④

就《九师道训》而言，若读作"遁而能肥，吉孰大焉"，其义则为，隐遁而能处之裕如，没有什么吉祥比这更大。这样"肥"就成了"遁"的状态和结果，成了"遁"的理想境界，与《易传》倡导的"遁世无闷"思想是相通的。如此释读，远比"遁而能飞，吉孰大焉"更优。

汉代扬雄的《法言·重黎》论及范蠡之事时曾化用《遁》卦上九爻辞："至蠡策种而遁，肥矣哉！"晋李轨注曰："美蠡功成身退，于此一举最为善。"⑤范蠡是春秋时越国大夫，曾辅佐越王勾践艰苦复国。吴国灭亡后，范蠡以为功高名大，会给自己带来危险，而勾践又是个可与共患、难于安处之人，便辞官而去，泛舟五湖，后来经商致富。扬雄以一"肥"字嘉美范蠡之遁，正是取其超然物外、自在自得之意，而非如刘师培《法言补释》所言"此肥字亦与飞同"。⑥

---

① 梁韦弦：《〈程氏易传〉导读》，齐鲁书社，2003年，第210页。
② 萧汉明、林忠军：《〈周易本义〉导读》，齐鲁书社，2003年，第124页。
③ [清]牛钮等：《日讲易经解义》，海南出版社，2012年，第284—285页。
④ [清]李光地：《周易折中》引，巴蜀书社，2014年，第169页。
⑤ [清]汪荣宝：《法言义疏》，新编诸子集成本，中华书局，1987年，第330页。
⑥ [清]汪荣宝：《法言义疏》附录二刘师培《法言补释》，新编诸子集成本，中华书局，1987年，第623页。

# 《晋》之六二：晋如愁如,贞吉；
# 受兹介福,于其王母

《晋》卦六二爻辞可分两个层次来解读,第一层是"晋如愁如,贞吉"。

"晋"即卦名之"晋",为会意字,甲骨文作🔆,金文作🔆,从二矢,从日,为日上有两个倒矢形。倒矢为至①。毛居正《六经正误》说："晋,古文从两至字,下从日。"②《说文解字》曰："晋,进也,日出而万物进,从日,从臸。"段玉裁注曰："日出而万物进,故其字从日,从臸。臸者,到也,以日出而作会意。"③"日出而万物进"即《文子·上德》篇所谓"日出于地,万物蕃息"④之意,"晋"字正是以此会"进"意,引申则为进长、升进之义。战国楚竹书《容成氏》有"卉木晋长"之语,正用此义。⑤

"愁"字说解不一,古今主流观点皆如字为训,释为忧愁。如王弼《周易注》："进而无应,其德不昭,故曰'晋如愁如'。"孔颖达《周易正义》曰："六二进而无应于上,其德不见昭明,故曰'晋如愁如',忧其不昭也。"⑥这是释"愁"为"忧"。后世学者的易著如程颐《程氏易传》、朱熹《周易本义》、黄寿祺《周易译注》、金景芳《周易全解》等皆持此说。

王夫之在《周易稗疏》中提出一种新观点,认为："释作忧者,乃六朝以后之字

---

① 按"至"字之义,许慎《说文》释为："至,鸟飞从高下至地也。从一,一犹地也。"王筠认为："许君特据字形说之,于经无征。"商承祚说："甲古文至象矢镞,一者鹄也。矢中的,故曰至。"于省吾曰："于矢端着一横画,本象矢有所抵,引申为凡至之义。"罗振玉认为："至象矢远来降至地之形。"笔者以为此说近确。参见翟惠林编《基础汉字形音义说解》,甘肃人民出版社,2011年,第957页。
② [宋]毛居正：《六经正误》卷六《春秋左氏传正误》,转引自陈居渊《周易今古文考证》,商务印书馆,2015年,第253页。
③ [汉]许慎撰,[清]段玉裁注：《说文解字注》,上海古籍出版社,1981年,第550页。
④ 王利器：《文子疏义》,新编诸子集成本,中华书局,2000年,第295页。
⑤ 参见孟蓬生《上帛竹书(二)字词劄记》,上海大学古代文明研究中心、清华大学思想文化研究所编《上博馆藏战国楚竹书研究续编》,上海书店出版社,2004年,第452页。
⑥ [魏]王弼、[晋]韩康伯注,[唐]孔颖达疏：《周易正义》卷四,《十三经注疏》上册,中华书局,1980年,第49页。

义。古音子油反。乡饮酒义：'愁之为言愁也。'愁，坚固也。二与五正应，晋之犹笃者，故曰：愁如。"①这是读"愁"为"揫"。徐志锐《周易大传新注》承其说，释为"六二以柔顺之德而应于君，上进之心很坚决，有如用手揪住六五不放，任何力量都不能将其拆开，以形容其感情笃实与依附之深。"②

高亨《周易古经今注》又提出一种新说，认为："本卦晋字皆侵伐之进，其本字似当作戬。""愁疑借为遒，古字通用。……《说文》：'遒，迫也。'《广雅·释诂》：'遒，迫也。'……愁如即遒如，谓以兵胁迫敌国使之屈服也。"③李镜池《周易通义》也说："愁借为揫或遒，都有围聚迫降之意。"并释"晋如愁如"为"进攻并迫使商人投降"。④伍家璧《〈周易·晋卦〉与迎日歌》一文则认为，"晋字本义表示日出"，愁同遒，义为急迫。"晋如愁如""可解释为太阳运行急迫的样子"。⑤

唐陆德明《经典释文》中载有郑玄对"愁"字的注释："愁，壮由反，郑子小反，云变色貌。"⑥如果"愁"读如本字的话，应该是"壮由反"，郑玄读"愁"字为"子小反"，训为"变色貌"，实质上就是将"愁"读为"愀"，所以丁晏《周易解故》说："郑读愁为愀。"⑦"愁如"即"愀然"，也就是悚然动容的样子。朱骏声《六十四卦经解》采用了郑玄的说法，认为"愁、愀同，变色貌"。⑧笔者认为，这种说法最合乎爻旨。

"愁"，当作愀，训为恭谨，即恭敬、谨慎。《集韵·小韵》："愀，子小切，色变貌。或书作愁。"扬雄《法言·渊骞》："见其貌者肃如也，闻其言者愀如也。"宋咸注："愀然，谨也。"⑨"愀如"与"肃如"并称，是因为其义接近，所以宋咸注"愀然"为"谨"。马王堆帛书《老子甲本卷后古佚书·五行》篇云："行而敬之，礼也。既行之矣，[又]秋秋然而敬之者，礼气也。"⑩整理者将"秋秋"读为"愀愀"，而"愀愀"作为形容词修饰动词"敬"，显然也是恭谨之义。所以爻辞"晋如愁如"即"晋如愀如"，指事业上进而行为恭谨。

《晋》卦揭示的是事物进长的道理，所以以"晋"为名。《象传》说："晋，进也。"

---

① 傅云龙等主编：《船山遗书》第一卷，北京出版社，1999年，第250页。
② 徐志锐：《周易大传新注》，齐鲁书社，1986年，第228页。
③ 高亨：《周易古经今注》，上海书店，1991年，第120—121页。
④ 李镜池：《周易通义》，中华书局，1981年，第70页。
⑤ 武家璧：《〈周易·晋卦〉与"迎日歌"》，《周易研究》2009年第5期。
⑥ [唐]陆德明：《经典释文·周易音义》，《十三经注疏》上册，中华书局，1980年，第101页。
⑦ [清]丁晏：《周易解故》，转引自[清]丁寿昌《读易会通》，成都古籍书店，1988年，第422页。
⑧ [清]朱骏声著，胡双宝点校：《六十四卦经解》，国家图书馆出版社，2008年，第149页。
⑨ 转引自《康熙字典》卯集上"心"部"愀"字条，成都古籍书店，1980年。
⑩ 国家文物局古文献研究室：《马王堆汉墓帛书》（壹），文物出版社，1980年，第22页。

《序卦传》也说："晋者，进也。"从人事象征的角度说，《晋》卦是"教人以善进之道"。①孔颖达《周易正义》说："晋之为义，进长之名。此卦明臣之升进，故谓之晋。"②郭雍《郭氏传家易说》曰："《晋》卦取名之义，与《大有》略相类。《大有》火在天上，君道也。《晋》明出地上，臣道也。以人臣之进，独备一卦之义。"③牛钮《日讲易经解义》说："卦名为晋者，盖言君子负经济之才，由草野而升诸廊庙，有进之义也。"④从这一角度说，"晋如愁如"言说的正是"善进之道"，与卦名、卦义非常吻合。马王堆帛书易传《衷》篇有"'楷如秋如'，所以辟怒"⑤之说。其中"楷"当为"晋"之假借，"秋"为"愁"之异文，"辟"当读为"避"。"晋如愁如，所以避怒"，是说事业上进时言行更为恭谨守礼、肃警无逸，就能避免招致天人怨怒。《衷》篇的阐释发挥与爻旨颇为切合。

"受兹介福，于其王母"是第二层。

"介"义为"大"。《尔雅·释诂》："介，大也。"《诗经·小雅·甫田》："报以介福，万寿无疆。"朱熹《诗集传》："此言……报以大福，使之万寿无疆也。"⑥

"王母"义训，分歧很大，目前学界大约有七种不同的说法。一是从象数、爻位的角度立论，认为是指六二爻或六五爻，但不作具体身份认定。⑦二是释为"君母"。《汉书·王莽传》群臣上寿疏引《易》曰："受兹介福，于其王母。"颜师古注："王母，君母。"⑧宋代张根《吴园易解》说："王母，犹文母也。"⑨认为"王母"就是周文王之母。三是释为祖母。如程颐《程氏易传》曰："王母，祖母也，谓阴之至尊者，指六五也。"⑩丁寿昌《读易会通》曰："《程传》释为祖母是也……不曰母而曰王母

---

① [清]牛钮等：《日讲易经解义》，海南出版社，2012年，第292页。
② [魏]王弼、[晋]韩康伯注，[唐]孔颖达疏：《周易正义》卷四，《十三经注疏》上册，中华书局，1980年，第49页。
③ [宋]郭雍：《郭氏传家易说》，四库全书本。
④ [清]牛钮等：《日讲易经解义》，海南出版社，2012年，第292页。
⑤ 廖明春：《马王堆帛书周易经传释文》，《易学集成》第三卷，四川大学出版社，1998年，第3038页。
⑥ [宋]朱熹集注：《诗集传》，上海古籍出版社，1980年，第157页。
⑦ 如李鼎祚《周易集解》引虞翻曰："谓五已正中，乾为王，坤为母。"清李道平疏："五已变正为乾，乾为君，故为王。坤为母，故为王母。"这是说阴爻六五变为阳爻九五为君，也就是王。阴爻六二为母，也就是"王母"，即王后。尚秉和《周易尚氏学》说："下坤方为母，伏乾故曰'王母'。"这是以飞伏为说，也是以六二为"王母"。《周易集解》引《九家易》说："五动得正中，故二受大福矣。"《子夏易传》说："五以阴而降德也。"六五降德，六二受福，显然是以六五为"王母"。清牛钮等《日讲易经解义》说："王母，指六五，离为日，王之象，为中女，母之象。"这是说《晋》的上卦为"离"，"离"为日，有"王之象"，"离"又为中女，有"母之象"，所以"王母"当指上卦中爻六五而言。马恒君《周易正宗》说："王母指六五，六五柔爻占据天子位，故言王母。"
⑧ [汉]班固撰，[唐]颜师古注：《汉书》四，吉林人民出版社，1998年，第2773页。
⑨ [宋]张根：《吴园易解》，四库全书本。
⑩ 梁韦弦：《〈程氏易传〉导读》，齐鲁书社，2003年，第217页。

者，礼重昭穆。"①黄寿祺、张善文《周易译注》，金景芳、吕绍纲《周易全解》等皆持此说。高亨《周易古经今注》进一步认为"王母"是特指康叔的祖母大任。② 四是释为先妣。如朱熹《周易本义》曰："王母指六五，盖享先妣之吉占。"③《朱子语类》又说："盖《周礼》有享先妣之礼。"④明代蔡清《易经蒙引》说："凡高曾祖妣，皆先妣也。"⑤五是释为女酋长。如郭沫若《中国古代社会研究》认为："这'王母'二字，并不是祖母，也不是王与母，更不是所谓西王母，应该就是女酋长。"⑥兰甲云《周易古礼研究》从其说。六是释为"日母"。武家璧《〈周易·晋卦〉与〈迎日歌〉》一文认为，《晋》卦爻辞是一首古老的"迎日歌"，爻辞中的"王母"应是"日母"，即神话传说中的"浴日"者和"御日"者。⑦ 七是以王母之"母"为衍文或借字。如郭雍《郭氏传家易说》认为："此爻之义与卦辞相类，盖言侯之受赐福于王者。'母'字无别义，亦衍字也。"⑧廖明春《〈周易·晋〉卦爻辞新释》则认为，"母"是"谋"的借字，"王母"当读为"王谋"，六二爻辞的意思是"能受此大福，就在于其君王有谋"。⑨ 纵观以上诸说，笔者以为，朱熹释为"先妣"最为有见。

从典籍中的解释来看，"王母"应是对女性祖先的尊称。《尔雅·释亲》曰："父之妣为王母……王父之妣为曾祖王母……曾祖王父之妣为高祖王母。"据郭璞注，冠以"王"字的用意，是"如王者尊之"。⑩《礼记·曲礼下》说祭祀时又称"王母曰皇祖妣"，⑪这是尊之为神。可见"王母"是对女性祖先的尊称，祭祀时要更换名号，以示更加尊崇。朱熹《周易本义》释"王母"为"先妣"，但并未指出是哪位"先妣"。清代张惠言认为，"王母"应指周人的女始祖姜嫄，其《虞氏易礼》说："王母即先妣，周之王业，始于后稷，后稷即姜嫄之封，故周之受福自王母。周人享先妣，盖本诸此矣。"⑫丁山《古代神话与民族》也说："此'王母'犹卜辞言'高妣'，余谓即姜嫄之初

---

① ［清］丁寿昌：《读易会通》，成都古籍书店，1988年，第423页。
② 高亨：《周易古经今注》，上海书店，1991年，第121页。
③ 萧汉明、林忠军：《〈周易本义〉导读》，齐鲁书社，2003年，第126页。
④ ［宋］黎靖德编，杨绳其、周娴君校点：《朱子语类》第三卷，岳麓书社，1997年，第1640页。
⑤ ［明］蔡清：《易经蒙引》，四库全书本。
⑥ 郭沫若：《中国古代社会研究》，《郭沫若全集》历史编第一卷，人民出版社，1982年，第46页。
⑦ 武家璧：《〈周易·晋卦〉与〈迎日歌〉》，《周易研究》2009年第5期。
⑧ ［宋］郭雍：《郭氏传家易说》，四库全书本。
⑨ 廖明春：《〈〈周易·晋〉卦爻辞新释》，《社会科学战线》，2010年第4期。
⑩ ［晋］郭璞注，［宋］邢昺疏：《尔雅义疏》卷四，《十三经注疏》下册，中华书局，1980年，第2592页。
⑪ ［汉］郑玄注，［唐］孔颖达疏：《礼记正义》卷五，《十三经注疏》下册，中华书局，1980年，第1269页。
⑫ ［清］张惠言：《虞氏易礼》，《续修四库全书二十七·经部》，上海古籍出版社，1996年，第602页。

名。"① 根据典籍记载,周人确有祭祀先妣姜嫄的仪式活动。《周礼·春官·大司乐》:"乃奏夷则,歌小吕,舞《大濩》,以享先妣。"郑玄注曰:"先妣,姜嫄也。姜嫄履大人迹,感神灵而生后稷,是周之先母也。周立庙自后稷为始祖,姜嫄无所妃(配),是以特立庙而祭之,谓之閟宫。"② 在《诗经》中也有祭祀先妣姜嫄的相关记载,如《鲁颂·閟宫》:"閟宫有侐,实实枚枚。赫赫姜嫄,其德不回。"③《管子·轻重己》篇有夏至"天子祀于太宗……出祭王母"之说,据学者研究,所谓"出祭王母"也是指祭祀先妣姜嫄。④

姜嫄是周人的先母女祖,地位尊贵显赫,所谓"嗟初生民,时维姜嫄"。⑤ 周人定期享祭,以示"反古复始,不忘其所由生"。⑥ 爻辞把升进之福归于"王母"姜嫄所赐,其实也是劝人升进之时言行要更为恭谨守礼、肃警无逸,避免得意忘形,招致天人怨怒。

---

① 丁山:《古代神话与民族》,商务印书馆,2005年,第286页。
② [汉]郑玄注,[唐]贾公彦疏:《周礼注疏》卷二十二,《十三经注疏》上册,中华书局,1980年,第789页。
③ [汉]毛亨传,[汉]郑玄笺,[唐]孔颖达疏:《毛诗正义》卷二十,《十三经注疏》上册,中华书局,1980年,第614页。
④ 参见张雁勇《〈管子·轻重己〉"出祭王母"研究》,《古籍整理研究学刊》2015年第1期。
⑤ [汉]毛亨传,[汉]郑玄笺,[唐]孔颖达疏:《毛诗正义》卷十七,《十三经注疏》上册,中华书局,1980年,第528页。
⑥ [汉]郑玄注,[唐]孔颖达疏:《礼记正义》卷四十七,《十三经注疏》下册,中华书局,1980年,第1595页。

# 《蹇》之六二：王臣蹇蹇，非躬之故

《蹇》卦六二是《周易》中最有名的爻辞之一，因其义理涉及臣子之节而被广为征引。但从学理的角度看，爻辞不仅存在流传过程中的文字差异，而且也存在义理解读上的明显分歧。特别是近年帛易、竹易的出土发现与释读研究，更对传统文本及其解读构成了冲击。

在今本《周易》中，《蹇》卦六二爻辞作"王臣蹇蹇，匪躬之故"。这是历史上流传最广的一种读法。

"蹇蹇"之"蹇"，即卦名之"蹇"，读为 jiǎn。《说文·足部》说："蹇，跛也，从足，寒省声。""蹇"的本义为跛足，引申为行走艰难，进一步又引申为一般意义上的艰难。《广雅·释诂》说："蹇，难也。"《周易·蹇》卦卦象为☶，艮(☶)下坎(☵)上，下艮为山，上坎为水，"山者是岩险，水是阻难；水积山上，弥益危难。"①所以此卦名之曰"蹇"，而《象传》《序卦传》《杂卦传》以及帛书易传《二三子》皆以"难"释之。朱熹《周易本义》也说："蹇，难也，足不能进，行之难也。"②"蹇"字重叠构成复音词"蹇蹇"，表示"蹇"的程度更深、更大。《日讲易经解义》说："艰险至甚，故曰蹇蹇。"③爻辞中是以"蹇蹇"形容王的臣子历尽重重险阻，如明代汪瑗《楚辞集解》所说："蹇蹇，不避险难而竭力尽忠之意也。"④

"躬"的本义指整个身体，《说文》："躬，身也。"引申代指自身、自己。《诗经·卫风·氓》："静言思之，躬自悼矣。"郑笺："躬，身也。"⑤《论语·卫灵公》："躬自厚

---

① [魏]王弼、[晋]韩康伯注，[唐]孔颖达疏：《周易正义》卷四，《十三经注疏》上册，中华书局，1980年，第51页。
② 萧汉明、林忠军：《〈周易本义〉导读》，齐鲁书社，2003年，第131页。
③ [清]牛钮等：《日讲易经解义》，海南出版社，2012年，第323页。
④ [明]汪瑗：《楚辞集解》，转引自游国恩主编《离骚纂义》，中华书局，1980年，第71页。
⑤ [汉]毛亨传，[汉]郑玄笺，[唐]孔颖达疏：《毛诗正义》卷三，《十三经注疏》上册，中华书局，1980年，第325页。

而薄责于人。"邢昺疏:"躬,身也。"①《尔雅·释诂》:"朕、余、躬,身也。"郭璞注:"今人亦自呼为身。"②

"故",义为事。《广雅·释诂三》:"故,事也。"《广韵》:"故,事也。"王引之《经义述闻》说:"故,事也。言王臣不避艰难,尽心竭力者,皆国家之事,而非其身之事也。"③

按照今本《周易》的读法以及传统经注的解释,"此一爻,是明人臣致身之义也"。④当国家危难之际,为人臣者自当不避艰难,尽心竭力,努力奔走,以解时难。王弼《周易注》说:"处艰难之时,履当其位,居不失中,志匡王室,以应于五。不以五在难中,私身远害,执心不回,志匡王室者也。"⑤孔颖达《周易正义》解释说:"王谓五也,臣谓二也,九五居于王位而在难中,六二是五之臣,往应于五。履正居中,志匡王室,外能涉蹇难,而往济蹇,故曰'王臣蹇蹇'也。尽忠于君,匪以私身之故而不往济君,故曰'匪躬之故'。"⑥按照易例,卦中六爻,"五"为君位,"二"为臣位。当蹇难之时,六二以臣位而能历尽艰险以匡王室,而不是私身远害,明哲保身,故曰"王臣蹇蹇,匪躬之故"。这虽是从爻位的角度立论,但对爻义的解释还是比较清楚的。(按,其对"故"字的解释与王引之说有异)此后程颐、朱熹等人的易注都承袭了王注孔疏的观点而有所发挥。清代牛钮等人所撰《日讲易经解义》对此爻义理的阐发则更为透彻明晰:"六二柔顺精白,尽节之臣也,正应在上,方处蹇中;则是当国步艰难之秋、主忧臣辱之日,鞠躬尽瘁,不避危险以求济之,是王臣之蹇而又蹇者也。此其所以然者,盖二之心,但知君之当急,职之当尽,必如是而后可以塞臣子之责,副君上之托耳,非干誉邀宠而为厥躬之计也。"⑦

从古代引用《周易》的情况看,《蹇》卦六二爻辞又有作"王臣謇謇,匪躬之故"者。如汉《卫尉衡方碑》:"謇謇王臣,群公宪章。"⑧《冀州从事张表碑》:"委蛇公

---

① [魏]何晏注,[宋]邢昺疏:《论语注疏》卷十五,《十三经注疏》下册,中华书局,1980年,第2517页。
② [晋]郭璞注,[宋]邢昺疏:《尔雅注疏》卷二,《十三经注疏》下册,中华书局,1980年,第2573页。
③ [清]王引之:《经义述闻》上,《读书札记丛刊》第二集,世界书局,1975年,第26页。
④ [清]牛钮等:《日讲易经解义》,海南出版社,2012年,第323页。
⑤ 楼宇烈:《周易注校释》,中华书局,2012年,第145页。
⑥ [魏]王弼、[晋]韩康伯注,[唐]孔颖达疏:《周易正义》卷四,《十三经注疏》上册,中华书局,1980年,第51页。
⑦ [清]牛钮等:《日讲易经解义》,海南出版社,2012年,第323页。
⑧ [清]严可均辑:《全汉文》,商务印书馆,1999年,第1019页。

门,謇謇匪躬。"①《太尉杨震碑》:"謇謇其直,皦皦其清。"②由此,丁寿昌《读易会通》说:"汉人用易皆书从言。"③认为汉人引用或化用《周易·蹇》卦,都书写"从言"的"謇"字。徐芹庭《周易举正评述》也说,"蹇"字汉儒有作"謇"字者。④汉以后人引用或化用易辞作"謇"字者也很多。如魏桓范《世要论·谏诤篇》:"夫谏诤者,所以纳君于道,矫枉正非,救上之谬也。……惟正谏直谏可以补缺也。……《易》曰:'王臣謇謇。'《传》曰:'谔谔者昌。'直谏者也。"⑤晋陆机《辩亡论上》:"左丞相陆凯以謇谔尽规。"李善注"謇"字曰:"《周易》曰:'王臣謇謇,匪躬之故。'"⑥晋袁准《袁子正书》:"故少府杨阜,岂非忠臣哉?见人主之非,则勃然怒而触之;与人言,未尝不道也。岂非所谓'王臣謇謇,匪躬之故'者欤?"⑦刘勰《文心雕龙·奏启》:"夫王臣匪躬,必吐謇谔。"⑧唐郑处诲《明皇杂录》:"张九龄在相位,有謇谔匪躬之诚,玄宗既在位年深,稍怠庶政,每见帝无不急言得失。"⑨现代学者高亨由此认为,《蹇》卦之"蹇",当以"謇"为本字,其《周易古经今注》说:"蹇借为謇。……蹇蹇即謇謇。……余谓謇当训直谏也,从言,寒省声。""王臣蹇蹇,匪躬之故,言王臣謇謇忠告直谏者,非其身之事,乃君国之事也。"⑩由以上用例和释读可以看出,"謇"与"蹇"虽然只是一字之差,但却导致人们对爻辞义理的理解有了很大差别。

"謇謇"之说起于汉代,与汉人读解《离骚》有关。屈原《离骚》曰:"余固知謇謇之为患兮,忍而不能舍也。"王逸注曰:"謇謇,忠贞貌也。《易》曰:'王臣謇謇,匪躬之故。'舍,止也。言己忠言謇謇,谏君之过,必为身患,然中心不能自止而不言也。"⑪王逸以"忠贞貌"释"謇謇",下文又说"忠言謇謇",可见"忠言"实即"忠贞"的具体表现。那么,什么是忠言呢?《玉篇》曰:"忠,直也。"《增韵》曰:"忠,内尽其心而不欺也。"如此,忠言就是直言,忠言謇謇就是直言劝谏的样子。王逸《楚辞章句》是《楚辞》最早的完整注本,颇为后世楚辞学者所重,而其对"謇謇"的解释也为

---

① [清]严可均辑:《全汉文》,商务印书馆,1999年,第1020页。
② [清]严可均辑:《全后汉文》,商务印书馆,1999年,第1030页。
③ [清]丁寿昌:《读易会通》卷五,成都古籍书店,1988年,第456页。
④ 徐芹庭:《周易举正评述》,中国书店,2009年,第256页
⑤ [唐]魏征撰、吕效祖点校:《群书治要》,鹭江出版社,2004年,第777页。
⑥ [南朝梁]萧统编,[唐]李善注:《文选》下册,岳麓书社,2002年,第1601页。
⑦ [晋]陈寿:《三国志·魏书·陈群传》裴松之注引,中国史学要籍丛刊本,上海古籍出版社,2011年,第584页。
⑧ [南朝梁]刘勰著,詹锳义证:《文心雕龙义证》,上海古籍出版社,1989年,第878页。
⑨ [唐]郑处诲、裴庭裕:《明皇杂录·东观奏记》,中华书局,1994年,第25页。
⑩ 高亨:《周易古经今注》,上海书店,1991年,第134—135页。
⑪ [汉]王逸注,[宋]洪兴祖补注:《楚辞章句补注》,吉林人民出版社,2005年,第9—10页。

后世许多楚辞学者所接受。如 陆善经曰："言已知謇谔之言以为身患,忍此而不能舍。"刘良曰："謇謇,直言貌。言我固知直言之为己患,恐君之败,故忍此祸患而不能止。"周拱辰曰："謇謇乃謇謇谔谔之义,语不违心,憨直自任也。"朱冀曰："謇,直言貌。謇謇者,犯颜苦口,屡进说言也。"①

姜亮夫《楚辞通故》说："王逸以为忠贞者,盖本之刘向,此汉师读也。"②认为王逸以"忠贞"释"謇謇"是本于西汉的刘向,是汉代经师的读法。这一论断是有根据的。刘向《九叹·愍命》："虽謇謇以申志兮,君乖差而屏之。"王逸注曰："言己虽竭忠謇謇,以重达其志,君心乃乖差而不与我同,故遂屏弃而不见用也。"③刘向《愍命》是悯伤屈原命运不济、生不逢时之作,其"謇謇以申志"正承屈原"余固知謇謇之为患"而来,以表达竭尽忠贞、直言进谏之意。刘向《说苑·正谏》又说："《易》曰:'王臣蹇蹇,匪躬之故。'人臣之所以蹇蹇为难而谏其君者,非为身也,将欲以匡君之过,矫君之失也。"④其"蹇蹇为难"实即屈原《离骚》之"謇謇之为患"。唐代《群书治要》《帝范》《臣轨》等书引述《说苑》,"蹇蹇"皆作"謇謇"。

由此可见,刘向以"蹇蹇(謇謇)为难而谏其君"解释《蹇》卦爻辞"王臣蹇蹇",王逸以"忠贞""忠言"注释《离骚》"謇謇"时引述《蹇》卦爻辞"王臣謇謇,匪躬之故",说明他们所接受的《周易》与今本有所不同,其《蹇》卦六二爻辞"蹇蹇"写作"謇謇",而且刘向、王逸认为,"謇謇"义为"忠贞""忠言",屈原《离骚》"余固知謇謇之为患兮,忍而不能舍也"是化用了《蹇》卦六二爻辞"王臣謇謇,匪躬之故"。如此,爻辞的主题就变成了忠言直谏,不为自身,如高亨《周易古经今注》所说："王臣蹇蹇,匪躬之故,言王臣謇謇忠告直谏者,非其身之事,乃君国之事也。"⑤事实上,《蹇》卦六二爻辞的这种异文及其解说,对后世影响很大,古人征引六二爻辞主要就是基于这种异文和解说。

笔者认为,这种诠释其实是对《周易》的一种误读,这种误读肇始于刘向、王逸等人对《离骚》的释读。虽然《蹇》卦之"蹇蹇"存在着"謇謇"之异文,但此"謇謇"非彼"謇謇",《蹇》卦中的"謇謇"与《离骚》中的"謇謇"并不是同一个词。刘向、王逸等人误将二者混为一谈。

---

① 参见游国恩主编《离骚纂义》,中华书局,1980年,第71页。
② 《姜亮夫全集》第一册,云南人民出版社,2003年,第551页。
③ [汉]王逸注,[宋]洪兴祖补注:《楚辞章句补注》,吉林人民出版社,2005年,第309页。
④ [汉]刘向撰,向宗鲁校正:《说苑校证》,中华书局,1987年,第206页。
⑤ 高亨:《周易古经今注》,上海书店,1991年,第135页。

就"謇"字而言,其本义是口吃,说话不顺利。辽代释希麟《续一切经音义》于"謇涩"条下引《说文》曰:"謇,吃也,谓语难也。"①《广雅》曰:"謇,吃也。"注曰:"口吃,难于言也。"《通俗文》曰:"言不通利,谓之謇吃。"只是在宋元以后的辞书中,"謇"字才有了"正言""直言"等义训,②而且很明显,这种义训正是源于王逸等人对《离骚》诗句的注疏。由口吃难言如何派生出正言直谏,我们根本无从寻找词义演变的线索。正因如此,一些学者便转而从语音通转、文字假借的角度探讨《离骚》中的"謇謇"之义。如姜亮夫认为,"謇字为汉以前书所无,当即'謭'之通借",其义为"巧言""巧辩之言"。③汤炳正认为,"謇謇"当为"乾乾"之同音通用字,为"自强不息之意"。④赵逵夫认为"謇"当读为"鲠",训为"耿直","謇""蹇""謇謇"是"骾""鲠"在楚方言中的演变,它们只是一音之转。⑤徐广才则认为,"謇"当读为"訐"。⑥现在看来,第四种观点是最有理据的。

从音韵学的角度说,"訐""謇"古音可通。《楚辞·远游》:"鸾鸟轩翥而翔飞。"王逸注曰:"轩,一作骞。"⑦《广雅·释训》:"骞骞,飞也。"王念孙疏证:"王逸《九思》云:'鹔鹴兮轩轩。'轩与骞通。"⑧"轩"从干声,"骞""蹇"从寒声,是寒、干二声古可通用。"謇"与"蹇"同音相通⑨,而《说文》说"蹇"为"寒省声","訐"为"干声",则"謇""訐"也可以互通。在楚竹书《周易》中,"蹇"字均写作"訐",六二爻之"王臣蹇蹇"写作"王臣訐訐",⑩明白无误地证明了"謇""訐"二字可以互假。而"訐"可训为直言不讳。《说文》曰:"訐,面相斥罪,相告訐也。"《论语·阳货》:"恶訐以为直者。"皇侃义疏:"谓面发人之阴私。"⑪《广韵》:"訐,面斥人以言也。"《集韵·废韵》:"訐,直言。"所谓"面相斥罪""面发人之阴私""面斥人以言"都有直言不讳之义。《离骚》中的"謇謇"实即"訐訐"之假借,刘向、王逸等人释之为"忠

---

① 《正续一切经音义》,上海古籍出版社,1986年,第3854页。
② 如《康熙字典》引《广韵》:"謇,正言也。"引《韵会》:"謇,直言貌。"
③ 姜亮夫:《屈原赋校注》,人民文学出版社,1957年,第21页。
④ 参见崔富章主编《楚辞集校集释》,湖北教育出版社,2003年,第156—159页。
⑤ 赵逵夫:《屈骚探幽》(修订本),巴蜀书社,2004年,第316—318页。
⑥ 徐广才、张秀华:《〈离骚〉校读四则》,《古籍整理研究学刊》2009年第4期。
⑦ [汉]王逸注,[宋]洪兴祖补注:《楚辞章句补注》,吉林人民出版社,2005年,第175页。
⑧ [清]王念孙:《广雅疏证》,中华书局,1983年,第181页。
⑨ 高亨:《古字通假会典》,齐鲁书社,1989年,第182页。
⑩ 马承源主编:《上海博物馆藏战国楚竹书三》,上海古籍出版社,2003年,第235页。
⑪ [魏]何晏注,[宋]邢昺疏:《论语注疏》卷十七,《十三经注疏》下册,中华书局,1980年,第2526页。

贞""忠言""直言",是恰当其义的。但刘向、王逸等人又转而以此义释《蹇》卦爻辞,①朱熹等人又将"謇謇(讦讦)"之"直言"义与"謇謇"之"言难"义牵合为一,强解楚辞,②则纯属误读。

必须说明的是,虽然在楚竹书《周易》中,"蹇"字均写作"讦",六二爻之"王臣蹇蹇"写作"王臣讦讦",但这并不能证明《蹇》卦之"蹇"的本字或正字就是"讦"。事实上,直至汉代,《周易》六十四卦中包括卦名在内的很多用字仍未形成统一的书写形式,往往是一个字存在多种写法,而这多种写法之间通常是通转互假关系,其中的某一种写法即是该用字的本字或正字。就《蹇》卦之"蹇"而言,今本《周易》作"蹇",刘向、王逸等人所引《周易》作"謇",阜阳汉简本、帛书本作"蹇",汉石经作"蹇",楚竹书本作"讦"。这说明在汉代及其以前,《蹇》卦卦名多种写法并存,并未定于一尊。

"謇"字通行本《说文解字》未收,《说文·足部》之"蹇",徐铉等按语曰:"《易》'王臣蹇蹇',今俗作謇,非。"段玉裁注曰:"行难谓之蹇,言难亦谓之蹇,俗作謇,非。"③由此可见,"謇"是"蹇"的后起俗字,二者在"难"的意义上可以相通,《玉篇·言部》说:"謇,难也。"因此卦名当以"蹇"为正,其本义为跛,引申有行难之义,为凡难之称。而"蹇"为"蹇"之异构,从走、从足,其义相通,故"蹇""蹇"可以互借。徐灏《说文解字注笺·走部》曰:"蹇,《足部》蹇音义略同,皆谓行蹇难也。"《正字通·走部》曰:"蹇为蹇俗字。""謇"也与"蹇"相通。《玉篇·卩部》:"謇,难也。"张参《五经文字》:"謇,难也。"金建德《经今古文字考》:"《一切经音义》卷九《大智度论音义》引《古文官书》谓'謇,今作謇'。"④马衡《凡将斋金石丛稿》:"謇、謇、蹇三字古多通用。"⑤而"謇""讦"二字古音相近可以互假。由此可见,"蹇"字虽有多种

---

① 案,王逸之后,现代学者高亨《周易古经今注》力主此说。上海博物馆藏楚竹书《周易》"蹇"字均作"讦",整理者濮茅左认为,"讦"与"蹇""謇"古音相通,意亦相近,为正言直谏之义。郑万耕《周易释读八则——以楚竹书为参照》(《〈周易〉研究》2005年第2期)认为濮茅左所释深得《蹇》卦之义,"此卦本义是讲正言直谏之事"。黄人二《上海博物馆藏战国楚竹书(三)研究》(台中高文出版社2005年)、林志鹏《上海博物馆藏楚竹书〈周易〉字词札记》(武汉大学简帛网2007年10月30日)均认同濮茅左之说,认为"讦""謇"均从言,二字互通,《周易》之"蹇"当训直谏。
② 如朱熹《楚辞集注》说:"謇謇,难于言也。直辞进谏,己所难言,而君亦难听,故其言之出有不易者,如謇吃然也。"龚景瀚《离骚笺》说:"《玉篇》:'謇,难也,吃也。'朱说为本义;王训为忠贞,则转义也,兼之始备。"游国恩主编《离骚纂义》说:"蹇之本义泛指行动之难,謇字后出,专指发言之难。此处謇謇,即以謇谔难言状忠直极谏之貌也。"
③ [汉]许慎撰,[清]段玉裁注:《说文解字注》,上海古籍出版社,1981年,第169页。
④ 金德建:《经今古文字考》,转引自陈居渊《周易今古文字考证》,商务印书馆,2015年,第277页。
⑤ 马衡:《凡将斋金石丛稿》,中华书局,1977年,第231页。

写法,但皆当以"蹇"为卦名正字、本字。而《蹇》卦六二爻辞当作"王臣蹇蹇,匪躬之故","蹇蹇,不避险难而竭力尽忠之意也"。

《蹇》卦六二爻辞的另一处异文是"躬"字。今本《蹇》卦六二爻辞"王臣蹇蹇,匪躬之故",楚竹书本作"王臣䚯䚯,非今之古"。① 帛书易传《二三子》所引作"王臣蹇蹇,非今之故"。②

楚竹书本、帛书本"躬"字皆作"今",说明这种异文现象绝非出于偶然,当是语音通转所致。《诗经·邶风·谷风》:"我躬不阅,遑恤我后。"《礼记·表记》引作"我今不阅",③汉石经鲁诗碑作"我今不说"。④ 马瑞辰《毛诗传笺通释》曰:"今对后言,三家当有作'今'者,'躬''今'双声通用。"⑤在上古音中,"躬"属见母冬韵,"今"属见母侵韵,冬、侵合韵,所以"躬"与"今"双声叠韵,可以互相通假。⑥《九辩》:"今修饰而窥镜兮,后尚可以窜藏。"黄灵庚《屈赋楚简补证》认为,"今修饰"即"躬修饰",王逸注"身虽隐匿"云云,盖亦以"今"为"躬"。⑦

楚竹书本"故"字作"古",在古汉语中"故"与"古"是可以相通的。《楚辞·招魂》:"魂兮归来,反故居些。"王逸注:"故,古也。"《盂鼎》:"古丧师。"杨树达《积微居读书记》按:"假古为故。"《石鼓文·而师》:"古我来口。"郭沫若注:"古读为故。"《说文·口部》:"古,故也。"⑧

由此可见,在上古语言中,"躬"与"今"、"古"与"故"都是可以相互通假的,问题的关键在于,"躬"与"今"哪一个才是爻辞的本字、正字。在帛书《二三子》中,孔子是以"今"为本字来解说爻辞的,如此,爻辞意为:王臣历尽险难而竭力尽忠,这种情形由来已久,不独而今。《二三子》曰:"《易》曰:'王臣蹇蹇,非今之故。'孔子曰:'王臣蹇蹇'者,言丌难也。夫唯智丌难也,故重言之,以戒今也。君子智难而备[之],则不难矣;见几而务之,[则]有功矣。故备难[者]易,务几者成,存丌人,不言吉凶焉。'非今之故'者,非言独今也,古以状也。"⑨

---

① 马承源主编:《上海博物馆藏战国楚竹书三》,上海古籍出版社,2003年,第235页。
② 廖明春:《马王堆帛书周易经传释文》,《易学集成》第三卷,四川大学出版社,1998年,第3026页。
③ [汉]郑玄注,[唐]孔颖达疏:《礼记正义》卷五十四,《十三经注疏》下册,中华书局,1980年,第1639页。
④ 马衡:《汉石经集存》,科学出版社,1957年,第3页。
⑤ [清]马瑞辰撰:《毛诗传笺通释》,十三经清人注疏丛书本,1988年,第135页。
⑥ 参见王力《汉语语音史》,中国社会科学出版社,1985年,第67页。
⑦ 黄灵庚:《屈赋楚简补证》,《云梦学刊》2005年第1期。
⑧ 参见陈居渊《周易今古文考证》,商务印书馆,2015年,第278—279页。
⑨ 廖明春:《马王堆帛书周易经传释文》,《易学集成》第三卷,四川大学出版社,1998年,第3026页。

按照帛书《易传》的解释，"王臣蹇蹇"是言说为王臣者面临的艰难，因为作《易》者深知其艰难的程度，所以加重语气"重言之"，以告诫、警示今天的王臣们要知难。"非今之故"，是说这种历经艰难的情形不只是当今才发生的事，在古代也是屡见不鲜的。帛书《二三子》又由此引申生发出为臣者知难有备就会化难为易的道理。"备难"就是充分认识到可能出现的艰难，准备好克服艰难的必要条件。"务几"就是及时发现艰难的苗头而有效应对。" 智难而备[之]，则不难矣；见几而务之，[则]有功矣。"这样，就会变难为易，获得成功。

一些学者根据《二三子》的解说，认为爻辞当以"今"为正字。如刘大钧认为："由此爻上下文意考之，其作'今'亦较之今本作'躬'似于义更胜。今本作'躬'，恐抄书者失误。"①陈雄根《〈周易〉零释》认为："'匪躬之故'初或作'非今之故'，因'今''躬'音近，'今'转写作'躬'，全句遂有不同之诠释。"②金春峰《周易经传梳理与郭店楚简思想新释》认为："就文义言，《二三子问》于义为长。"③笔者以为，若以"今"为正字，则爻辞"王臣蹇蹇，非今之故"只是对一种普遍事实的陈述，即王臣历尽险难以事其君，自古而然。若以"躬"为正字，则爻辞"王臣蹇蹇，匪躬之故""是明人臣致身之义"。④ 从义理上看，后者显然比前者更加厚重深长。因此，帛书《二三子》很可能是以借字为本字来解说《周易》经文，从而造成了误读。

《蹇》卦六二爻辞之"蹇蹇"与"躬"在今本、帛书本、竹书本《周易》中存在着明显的文字差异。从成因上看，这种文字差异其实只是上古文字使用上的同音通假现象。但由于语音的变化，后世一些学者不识通假，便以借字为本字，来解释《蹇》卦爻辞，造成了对爻辞意旨的不同理解甚至误读。而这种误读又借助诠释者的学术权威而被人们接受。正视这种误读现象，厘清误读的原因，揭示易辞固有的义理，正是本书"玩辞"的重要内容。

---

① 刘大钧:《今、帛、竹书〈周易〉疑难卦爻辞及今古文辨析（二）》,《周易研究》2004年第6期。
② 陈雄根:《〈周易〉零释》,张光裕、黄德宽主编《古文字学论稿》,安徽大学出版社,2008年,第454页。
③ 金春峰:《周易经传梳理与郭店楚简思想新释》,中国言实出版社,2004年,第135页。
④ [清]牛钮等:《日讲易经解义》,海南出版社,2012年,第323页。

# 《解》之六三：负且乘，致寇至，贞吝

"负"，负物，即用背背物。《释名·释姿容》："负，背也。置项背也。"王先慎引《明堂位》注曰："负之为言背也。"①《周易集解》引虞翻曰："负，倍也。"李道平疏："倍即背也。"②

"且"，此处用为连词，表示并列关系，相当于"又""而且"。

"乘"，音 chéng，用为动词，义为乘车。

"寇"，《尚书·舜典》："寇贼奸宄。"《传》曰："群行攻劫曰寇。"③郑玄注："强聚为寇。"④即用暴力取财为寇。此处用为名词，指劫夺者。

爻辞说，背负重物而乘车，招致寇盗来抢夺，老是这样，必然会有吝惜。

《解》卦六三是《周易》中被广为征引的名爻，它以极为简洁的文字描绘了一个负物乘车的形象场景，并以此揭示了行为错位可能带来的危害。《系辞传上》对此作了十分精彩的解说："负也者，小人之事也；乘也者，君子之器也。小人而乘君子之器，盗思夺之矣。"《系辞传》认为，负物徒行是小人之事，乘车而行才是君子所为。自身是小人的身份却背负重物乘坐君子的车驾，这种反常的错位行为很容易招致盗寇的抢夺。

在西周乃至春秋时期，"君子""小人"主要是对某种社会身份的泛称，君子是贵族统治者，小人泛指平民或劳动者。清代经学大师俞樾在《群经平义》中谈到《论语》"喻义章"的解读时指出："古书言君子小人大都以位而言。"⑤这里所说的

---

① [汉]刘熙撰，[清]毕沅疏，[清]王先谦补：《释名疏证补》，中华书局，2008 年，第 81 页。
② [清]李道平：《周易集解纂疏》，十三经清人注疏丛书本，中华书局，1994 年，第 370 页。
③ [汉]孔安国传，[唐]孔颖达疏：《尚书正义》卷三，《十三经注疏》上册，中华书局，1980 年，第 130 页。
④ [汉]郑玄注，[唐]贾公彦疏：《周礼注疏》卷三十六，《秋官·司刑》贾疏引，《十三经注疏》上册，中华书局，1980 年，第 880 页。
⑤ [清]程树德：《论语集释》引，新编诸子集成本，中华书局，2006 年，第 267 页。

"位",就是社会等级地位。按照这一解释,《系辞传》所谓的"君子"显然就是属于统治者的贵族阶层,"小人"则是属于被统治者的平民百姓,而"负"与"乘"则是分属于"小人"与"君子"这两种不同等级身份者的行为。文献记载表明,在经济不发达、物质不丰富而又等级分明的上古社会,只有贵族才有乘车的资格,而平民百姓则只能负戴徒行。《论语·先进》中的孔子,不肯卖掉自己的车子为早逝的颜回置办棺椁,其强调的理由就是"吾从大夫之后,不可徒行也"。[1] 按照礼法规定,大夫出行是不能徒步行走的,必须乘坐车驾。《孟子·梁惠王上》在谈论王道仁政理想时说:"谨庠序之教,申之以孝悌之义,颁白者不负戴于道路矣。"[2]把"颁白者不负戴于道路"视为富民教民政策的具体效验,正说明负戴徒行才是当时平民百姓的常态。由此可见,负物徒行与乘车而行不仅反映了贫富的差距,更是社会地位、身份等级的标志与象征。而在爻辞设定的情境中,本该负物徒行的小人,却背负重物乘车而行。这是"小人而乘君子之器","故寇盗知其非己所有,于是竞欲夺之"。[3] 爻辞以此揭示了"处非其分"[4]的错位、越位行为的危险性,强调人的行为应与自己的身份地位相称,符合等级社会的礼法规范。

在春秋以前,从社会地位的角度划分君子、小人是时代的共识。但随着时代的发展,人们逐步认识到地位的不同给君子与小人造成的思想认识、行事能力、道德修养上的差别,由此,君子、小人的内涵也渐渐发生了变化,由等级身份的概括转变为道德价值的判定,成为"有德者无德者"的代名词,如宋代大儒朱熹所说:"君子小人只是个正不正。"[5]清代经学家俞樾也说:"后儒专以人品言君子小人。"[6]而人们对《解》卦六三爻辞义理的解读也因此发生了变化,由"处非其分"变成了"德不称位"。[7] 如胡瑗《周易口义》说:"六三乃以不正之质居至贵之地,是小人在君子之位也……故致寇盗之至,为害于己而夺取之。"[8]程颐《程氏易传》说:"小人而窃盛位,虽勉为正事,而气质卑下,本非在上之物,终可吝也。"[9]《日讲易经解义》也说:

---

[1] [魏]何晏注,[宋]邢昺疏:《论语注疏》卷十一,《十三经注疏》下册,中华书局,1980年,第2498页。
[2] [汉]赵岐注,[宋]孙奭疏:《孟子注疏》卷一,《十三经注疏》下册,中华书局,1980年,第2671页。
[3] [魏]王弼、[晋]韩康伯注,[唐]孔颖达疏:《周易正义》卷四,《十三经注疏》上册,中华书局,1980年,第52页。
[4] [清]牛钮等:《日讲易经解义》,海南出版社,2012年,第331页。
[5] [宋]黎靖德编,杨绳其、周娴君校点:《朱子语类》第三卷,岳麓书社,1997年,第1583页。
[6] [清]程树德:《论语集释》引,新编诸子集成本,中华书局,2006年,第267页。
[7] [清]王先谦:《荀子集解》下,中华书局,1988年,第328页。
[8] [宋]胡瑗:《周易口义》卷八,《十八名家解周易》第五辑,长春出版社,2009年,第365页。
[9] 梁韦弦:《〈程氏易传〉导读》,齐鲁书社,2003年,第234页。

"此一爻,是做无才德者,不宜在高位也。……天下惟有德者宜在高位。六三阴柔不中正而居下之上。乃无德而窃据高位者,则褫辱所必加,斥逐所必至,虽得之,必失之。……所谓致寇至者,盖德不配位,人将夺之。"①而"负乘""负乘致寇"也因此成为常典,用来比喻居非其位、才不称职而招致祸患。如《后汉书·灵帝纪赞》:"灵帝负乘,委体宦孽。征亡备兆,《小雅》尽缺。"李贤注:"《易》曰:'负且乘,致寇至。'言帝以小人而乘君子之器也。"②《三国志·蜀志·刘二牧传第一》:"璋才非人雄,而据土乱世,负乘致寇,自然之理,其见夺取,非不幸也。"③刘知幾《史通·辨职》:"世之从仕者,若使之为将也,而才无韬略;使之为吏也,而术靡循良;使之属文也,而匪娴于辞赋;使之讲学也,而不习于经典。斯则负乘致寇,悔吝旋及。"④

汉代学者董仲舒《举贤良对策》一文曾引用《解》卦六三爻辞论证其"不与民争利"的思想主张:"岂可以居贤人之位而为庶人行哉!夫皇皇求财利,常恐匮乏者,庶人之意也;皇皇求仁义,常恐不能化民者,大夫之意也。《易》曰:'负且乘,致寇至。'乘车者君子之位也,负担者小人之事也,此言居君子之位而为庶人之行者,其患祸必至也。"⑤董仲舒认为,急急忙忙地求财求利,常担心贫困匮乏,这是平民百姓的情状;急急忙忙地求仁求义,常担心不能用仁义感化百姓,这是卿大夫的情状。如果身为卿大夫而为庶人之行,与民争利,那就会带来灾祸。董仲舒把"负且乘"理解为"居君子之位而为庶人之行",也就是认为《解》卦六三爻的事象之辞"负且乘"的语义内涵是君子之器没有承载君子之行,君子在享用君子之器的同时表现出小人之行。这虽然也是从"位"的角度区分君子与小人,但与《系辞传》"小人而乘君子之器"的诠释角度则明显不同,体现出古人援引《周易》的灵活性特征,所谓"因爻辞而别有会心,非释爻也"。⑥

---

① [清]牛钮等:《日讲易经解义》,海南出版社,2012年,第331页。
② [南朝宋]范晔撰,[唐]李贤等注:《后汉书》第一册,中华书局,1965年,第360页。
③ [晋]陈寿撰,[南朝宋]裴松之注:《三国志》下,中国史学要籍丛刊本,上海古籍出版社,2011年,第805页。
④ [唐]刘知幾撰,[清]浦起龙通释:《史通》,中国史学要籍丛刊本,上海古籍出版社,2015年,第255页。
⑤ [清]严可均辑:《全汉文》,商务印书馆,1999年,第236—237页。
⑥ [清]陈法:《易笺》卷五,《黔南丛书(点校本)》第1辑,贵州人民出版社,2009年,第299—300页。

# 《损》之六三：三人行，则损一人；
# 一人行，则得其友

　　《周易》中的《损》《益》二卦深受古人推崇，曾被反复讨论，广为征引。在帛书易传《要》篇、《淮南子·人间训》、《说苑·敬慎》以及《孔子家语·六本》等古代文献中，都有"孔子读《易》至于《损》《益》，未尝不喟然而叹"的记载。东汉末年，扬雄作《太玄赋》，其开篇第一句便是"观大易之损益兮，览老氏之倚伏"。[1] 古人之所以青睐《损》《益》二卦，高扬损益之道，一个重要原因，就是因为《损》《益》二卦集中体现了《周易》学说的重要内容，即天地之道，损益之道也就是《易传》所说的"一阴一阳之谓道"。由损益之道"足以观天地之变"，"足以观得失"。[2] 而最能体现这种义理的就是《损》卦六三爻辞"三人行，则损一人；一人行，则得其友"。

　　从文字表层来看，爻辞是以直白的语言概括了我们日常行事中经常会遇到的一种现象。三个人行事，常常有一个人会因为意见相左而被排斥、被孤立，即"损一人"。一个人行事，则会因为势单力薄而寻求朋友的帮助，即"得其友"。就像古代的卜筮，"三人占则从二人之言"，即三个人分别占卜同一件事情，最后则依从其中两个结果相同或相似的人。而一个人占卜，意见虽然统一，但又缺乏足够的说服力，因此需要得到相同意见的支持。这正如朱熹《周易本义》注此爻时所说："两相与则专，三则杂而乱。"[3]

　　从深层意蕴来看，爻辞实质上是以人的行事为喻，言说阴阳之间的减损之道。来知德《周易集注》说："两相得则专，三则杂乱，三损其一者，损有余也，两也。一人得友者，益不足也，两也。天地间阴阳刚柔不过此两而已，故孔子《系辞》复以天

---

[1] 费振刚、仇仲谦、刘南平校注：《全汉赋校注》，广东教育出版社，2005年，第285页。
[2] 帛书易传《要》篇，参见连劭名《帛书〈周易〉疏证》，中华书局，2012年，第412页、414页。
[3] 萧汉明、林忠军：《〈周易本义〉导读》，齐鲁书社，2003年，第133—134页。

地男女发之。"①这是说"一阴一阳之谓道","天地间阴阳对待,唯两而已",②无论是一阴二阳,还是一阳二阴,都不符合刚柔平衡、阴阳相生之道,所以"三人行则损一人"。而"孤阳不生","孤阴不长",所以"一人行则得其友"。《系辞传》正是从这一角度对爻辞进行了哲学意义上的阐发:"天地氤氲,万物化醇;男女构精,万物化生。《易》曰'三人行则损一人,一人行则得其友',言致一也。""絪缊"即"氤氲",谓阴阳二气交相融合;"男女"则泛指一切相互对待的异性事物,包括兽之牝牡,鸟之雌雄,人之男女。《系辞传》认为,《损》卦九三爻辞之所以以二人同行为吉利,是因为二人合作,可以获得成功,就如同天地氤氲、男女构精一样,可以成就化醇化生之功。明代理学家苏濬《周易生生篇》曰:"三而损一,两也;一而得又,亦两也。宇宙间无孤立之理,天地以一阴一阳而成造化,男女以一阴一阳而成人道。"③牛钮《日讲易经解义》曰:"造化之生机与人类之事为,莫不合两为一以尽变化而成功能。试观天地,本两也,及其以气相交,阴阳絪缊,浓密无间,则两而一矣。而万物之以气化者,于是醇厚而不漓焉。男女,本两也,及其以形相交,阴阳施受,精气感通,则两而一矣。而万物之以形化者,于是生生而不息焉。夫天地男女,所以成化醇化生之功者,以其絪缊构精,专一而不二也。《易》曰'三人行则损一人;一人行则得其友',损一人者,两也;得其友者,亦两也。两相与则专一,若三则杂乱不能成功,损其间吾两之人,所以致吾两者之专一也,言致一也。"④由此可见,《易传》作者从《损》卦九三爻辞体悟到了一个深刻道理:对立面的交相融合、相互沟通是一切事物生化的根源,是天地万物的基本法则,这个基本法则,也就是《系辞传》所说的"一阴一阳之谓道"。

---

① [明]来知德集注:《周易》,国学典藏本,上海古籍出版社,2013年,第193页。
② [清]陈梦雷:《周易浅述》,九州出版社,2004年,第249页。
③ [明]苏濬:《周易生生篇》,四库存目本。
④ [清]牛钮等:《日讲易经解义》,海南出版社,2012年,第572页。

# 《损》之上九：弗损益之，无咎，贞吉，利有攸往，得臣无家

在马王堆出土的帛书易传《要》篇中，孔子将《损》《益》二卦视为"君者之事"，①在《淮南子·人间训》所载孔子语中，也有"损益者，其王者之事与"的说法，②而历代易学家也普遍认为，《损》《益》二卦中包含着君民关系的内容。《损》卦是损下益上，象征损民益君；《益》卦则是损上益下，象征损君益民。损下益上名为"损"，损上益下名为"益"，《损》《益》两卦的命名就体现了作《易》者鲜明的思想倾向。李鼎祚《周易集解》引郑玄曰："人君之道以益下为德，故谓之益也。"③孔颖达《周易正义》引向秀曰："明王之道，志在惠下，故取下谓之损，与下谓之益。"④范仲淹《易义》说："下者上之本，本固则邦宁……然则益上曰损，损上曰益者，何也？夫益上则损下，损下则伤其本也，是故谓之损。损上则益下，益下则固其本也，是故谓之益。"⑤程颐《程氏易传》也说："损上而益于下，则为益；取下而益于上，则为损。在人上者施其泽以及下，则益也；取其下以自厚，则损也。譬诸垒土，损于上以培厚其基本，则上下安固矣，岂非益乎？取于下以增上之高，则危坠至矣，岂非损乎？"⑥泽下比奉上具有更大的社会意义，所以《益》卦《彖传》充分肯定了这种"损上益下"的为君之道："损上益下，民说无疆；自上下下，其道大光。"减损君上的财物，而增益下民的财物，使老百姓得以安居乐业，则万民皆喜悦无疆；君上以谦卑的态度礼敬下民，则其道大大光明。牛钮《日讲易经解义》说："君益民，而民受君之益，民悦

---

① 连劭名：《帛书〈周易〉疏证》，中华书局，2012年，第412页。
② 何宁：《淮南子集释》下，新编诸子集成本，中华书局，1998年，第1247页。
③ [清]李道平：《周易集解纂疏》，十三经清人注疏丛书本，中华书局，1994年，第382页。
④ [魏]王弼、[晋]韩康伯注，[唐]孔颖达疏：《周易正义》卷四，《十三经注疏》上册，中华书局，1980年，第53页。
⑤ 增枣庄、刘琳主编：《全宋文》第九册，巴蜀书社，1990年，第759—760页。
⑥ 梁韦弦：《〈程氏易传〉导读》，齐鲁书社，2003年，第245页。

道光。而民之益，即为君之益，此卦之所以为益也。"①在《损》《益》二卦中，最能体现这种义理的是《损》卦上九爻辞："弗损益之，无咎，贞吉，利有攸往，得臣无家。"本节文字试作解读。

"弗损益之"是说在上者不损害下民的利益而施惠于下民。程颐《程氏易传》释为"在上能不损其下而益之"，②保巴《周易原旨》释为"居上不损下而反益之"，③皆深得爻旨。

"贞"，义为当，与作为占断之辞的"贞"有别。"贞吉"，即当吉。《巽》卦上九"丧其资斧，贞凶"，王引之《经义述闻》曰："贞，当也。贞凶者，当凶也。《洛诰》我二人共贞，释文引马注曰，贞，当也。《离骚》摄提贞于孟陬兮，谓当孟陬之月也。"④《广雅·释诂三》："贞，当也。"《豫》卦六五"贞疾"，日本宇多天皇《周易抄》释为："贞者，当。"⑤俞樾《群经平议·周易一》也说："贞之言当也。"⑥

"利有攸往"是《周易》本经的特殊语汇，在经文中凡14见，意为利于有所前往，有所前进，有所行动，表示前进、行动的条件、时机有利。

爻辞说，在上者不损害下民的利益而施惠于下民，没有咎害，会很吉利，利于有所前往。

牛钮《日讲易经解义》说："此一爻，是言上九普其惠于天下，而得遂益民之志也。"⑦"弗损益之"实质上言说的就是"损上益下"的为君之道，是爻辞的核心所在，"无咎，贞吉，利有攸往"言说的则是"弗损益之"的积极效应，是对"弗损益之"这种为君之道的充分肯定。胡瑗《周易口义》说："大凡居上者，不可常损下以益己。今上九居损之极，在艮之终，更无损下之道，是以施仁义之术生成天下，以益天下之民，如此则得其无咎，以贞获吉。既获其吉，则所往何不利哉。"⑧杨万里《诚斋易传》说："上九居损之终……能不损其下以益其下，宜其无咎，宜其正吉，宜其利有攸往。"⑨皆深得爻旨。

---

① ［清］牛钮等：《日讲易经解义》，海南出版社，2012年，第344页。
② 梁韦弦：《〈程氏易传〉导读》，齐鲁书社，2003年，第250页。
③ ［元］保巴：《周易原旨·易源奥义》，易学典籍选刊本，中华书局，2009年，第130页。
④ ［清］王引之：《经义述闻》上，《读书札记丛刊》第二集，世界书局，1975年，第8页。
⑤ 转引自［日］河野贵美子《〈周易〉在古代日本的继承与展开》，《中国典籍与文化》2010年第1期。
⑥ ［清］俞樾：《群经平议》，《续修四库全书一七八·经部·群经总义类》，上海古籍出版社，1996年，第10页。
⑦ ［清］牛钮等：《日讲易经解义》，海南出版社，2012年，第342页。
⑧ ［宋］胡瑗：《周易口义》卷七，《十八名家解周易》第五辑，长春出版社，2009年，第368页。
⑨ ［宋］杨万里：《诚斋易传》卷十一，《十八名家解周易》第一辑，长春出版社，2009年，第233页。

"得臣无家"之义,现代学者的解说颇不一致,如高亨《周易古经今注》释为"得一无家室之臣仆",①刘大钧《周易概论》释为"得贤臣而忘家室",②黄寿祺、张善文《周易译注》释为"得到广大臣民的拥戴而不限于一家",③金景芳、吕绍纲《周易全解》释"得臣"为"得天下人心归服",释"无家"为"归服的人很多,不分远近内外",④陈鼓应、赵建伟《周易今注今译》释为"得食臣禄而不再闲居于家",⑤廖明春《周易经传十五讲》释为"得到奴仆就会失去大夫",⑥吴辛丑《周易讲读》释为"得到奴仆而没有得到封地",⑦马恒君《周易正宗》释为"得到臣民而失去家"。⑧可谓众说纷纭,莫衷一是。笔者以为,相较之下,汉代人的解说更为合理。

据《汉书·五行志》记载,谷永曾引用《损》卦爻辞"得臣无家",劝谏汉成帝不宜微服出游,纵情声色,"乐家人之贱事",其辞曰:"《易》称'得臣无家',言王者臣天下,无私家也。"⑨这是说君王臣服天下,就应以天下为家,再无私家了。蔡邕《答诏问灾异》曰:"《易》曰'得臣无家',言有天下者,何私家之有。"⑩与谷永的解释非常一致。这种观点也为后世一些易学家所采纳。如王弼《周易注》曰:"得臣则天下为一,故'无家'也。"⑪《周易集解》引王肃曰:"刚阳居上,群下共臣,故曰'得臣'矣。得臣则万方一轨,故'无家'也。"⑫杨万里《诚斋易传》也说:"得臣谓得天下臣民之心,无家谓无自私其家之益。"⑬君王以天下为家,"无自私其家之益",则"臣民俱受其益"。⑭由此可见,"得臣无家"正是对"弗损益之"的为君之道的具体说明。

---

① 高亨:《周易古经今注》,上海书店,1991年,第142页。
② 刘大钧:《周易概论》(增补本),巴蜀书社,2008年,第347页。
③ 黄寿祺、张善文:《周易译注》,上海古籍出版社,2004年,第318页。
④ 金景芳、吕绍纲:《周易全解》,上海古籍出版社,2005年,第329页。
⑤ 陈鼓应、赵建伟:《周易今注今译》,商务印书馆,2005年,第367页。
⑥ 廖明春:《周易经传十五讲》,北京大学出版社,2004年,第123页。
⑦ 吴辛丑:《周易讲读》,华东师范大学出版社,2007年,第133页。
⑧ 马恒君:《周易正宗》,华夏出版社,2007年,第343页。
⑨ [汉]班固撰,[唐]颜师古注:《汉书》二,吉林人民出版社,1998年,第1025页。
⑩ 邓安生:《蔡邕集编年校注》上,河北教育出版社,2002年,第242页。
⑪ 楼宇烈:《周易注校释》,中华书局,2012年,第153页。
⑫ [清]李道平:《周易集解纂疏》,十三经清人注疏丛书本,中华书局,1994年,第381页。
⑬ [宋]杨万里:《诚斋易传》卷十一,《十八名家解周易》第一辑,长春出版社,2009年,第233页。
⑭ [清]陈廷敬:《午亭文编》卷二十五,李豫主编《阳城历史名人文存》第三册,三晋出版社,2010年,第559页。

# 《姤》之初六：系于金柅，贞吉；有攸往，见凶，羸豕孚蹢躅

《周易》第四十四卦名"姤"。许慎《说文·女部》无"姤"字。姤是后起俗字，其古文作"遘"。陆德明《经典释文·周易音义》说："姤，薛云古文作遘，郑同。"[①]汉石经亦作"遘"。钱大昕《十驾斋养新录》说："古《易》卦名本作'遘'，王辅嗣始改为'姤'。"[②]遘是"冓"与"辵(辶)"的组合象形会意字。"辵"在甲骨文金文中是示动符号，是"冓"的行为指示符。"冓"则是"遘"的初文，"遘"的含义主要由"冓"的含义确定。"冓"为会意字，甲骨文作〿，金文作〿，象两鱼相遇嘴相接呷形，[③]会相遇、遇合之义。后来由于"冓"作了偏旁，相遇之义便另加偏旁"辵(辶)"写作"遘"来表示。《说文》："遘，遇也。"《尔雅·释诂》："遘，逢，遇也。"张参《五经文字》："遘，遇也。""姤"字后起，义与"遘"同。《广雅·释言》："姤，遇也。"《姤》卦言说的是事物相遇之理，卦名"姤"即取相遇、遇合之义。《序卦传》说："姤者，遇也。"《杂卦传》说："姤，遇也。"孔颖达《周易正义》也说："姤，遇也。"[④]

在古汉语中，遘与逅，媾与姤，音义均很切近。《说文新附》说："姤，偶也。从女，后声。"相遇则偶，所以"姤"也通婚媾之"媾"，表示男女遇合。《姤》卦正是以男女遇合为切入点来阐发相遇之理的。

卦辞说："姤，女壮，勿用取女。"《彖》传说："姤，遇也，柔遇刚也。'勿用取女'，不可与长也。"王弼《周易注》说："施之于人，即女遇男也。一女而遇五男，为壮至

---

① [唐]陆德明：《经典释文》，《十三经注疏》上册，中华书局，1980年，第102页。
② [清]钱大昕：《十驾斋养新录》卷一"朱文公本义"条，上海书店，1983年，第10页。
③ 参见谷衍奎《汉字源流字典》"冓"字条，华夏出版社，2003年，第523—524页；熊国英《中国象形字大典》"冓"字条，天津古籍出版社，2012年，第188页。
④ [魏]王弼、[晋]韩康伯注，[唐]孔颖达疏：《周易正义》卷五，《十三经注疏》上册，中华书局，1980年，第57页。

甚,故不可取也。"①这是从整个卦形来立论。《姤》卦卦象为☰☴,一阴在下,五阳在上,是一柔遇五刚,一阴遇五阳。从人事象征的角度说,则是一女遇五男。一个女人能够与五个男人相敌,可见其"为壮至甚",因此卦辞说"女壮"。中国古代传统观念崇尚男强女弱,男刚女柔。《女戒·敬慎》说:"阴阳殊性,男女异行。阳以刚为德,阴以柔为用;男以强为贵,女以弱为美。故鄙谚有云:'生男如狼,犹恐其尪;生女如鼠,犹恐其虎。'"②女人在性情上比男人强势,会令男人难以驾御;女人在身体上比男人强壮,又会令男人在性事上力不从心,损伤身体,因此卦辞说"勿用取女"。朱熹《周易本义》说:"取以自配,必害乎阳。"③《周易集解》引郑玄曰:"女壮如是,壮健以淫,故不可取。妇人以婉娩为其德也。"④

初六是全卦唯一的阴爻,而且是"一阴乘五阳",⑤象征"壮女"。爻辞"系于金柅,贞吉。有攸往,见凶,羸豕孚蹢躅"紧承卦辞之义,从正反两个层面阐发了相遇"壮女"时的应对策略。本节从文字训释入手试做解读。

"系",或作"繋",义为牵系、牵引。《说文·系部》:"系,繋也。"段玉裁注:"引申为凡总持之称。……系者,垂统于上而承于下也。"⑥"六朝以后舍系不用,而假繋为系。"⑦朱骏声《说文通训定声》说:"垂统于上而连属于下谓之系。……经传多以繋为之。"⑧杜预《春秋经传集解序》孔颖达疏曰:"系者,以下缀上,以末连本之辞。"⑨胡煦《周易函书约注》曰:"凡在下而附于上,则为系。"⑩可见"系"义为牵系而非捆缚,是"上"对"下"的牵制、控制。《象》曰:"'系于金柅',柔道牵也。"《周易集解》引虞翻曰:"巽为绳,牵于二也。"⑪正是以"牵"释"系"。

"金柅",是理解本爻意旨的关键所在。王弼《周易注》曰:"金者,坚刚之物,柅者,制动之主。"⑫其注语仅说明"柅"的功用是"制动",而没有明确说明"柅"究竟

---

① 楼宇烈:《周易注校释》,中华书局,2012年,第164页。
② [清]陈宏谋辑:《五种遗规》,中国华侨出版社,2012年,第103页。
③ 萧汉明、林忠军:《〈周易本义〉导读》,齐鲁书社,2003年,第137页。
④ [清]李道平:《周易集解纂疏》,十三经清人注疏丛书本,中华书局,1994年,第401页。
⑤ [清]李道平:《周易集解纂疏》,十三经清人注疏丛书本,中华书局,1994年,第401页。
⑥ [汉]许慎撰,[清]段玉裁注:《说文解字注》,上海古籍出版社,1981年,第1129页。
⑦ [汉]许慎撰,[清]段玉裁注:《说文解字注》,上海古籍出版社,1981年,第1158页。
⑧ [清]朱骏声:《说文通训定声》,武汉市古籍书店影印,1983年,第565页。
⑨ [晋]杜预注,[唐]孔颖达疏:《春秋左传正义》卷一,《十三经注疏》下册,中华书局,1980年,第1703页。
⑩ [清]胡煦:《周易函书约注》卷九,《十八名家解周易》第三辑,长春出版社,2009年,第213页。
⑪ [清]李道平:《周易集解纂疏》,十三经清人注疏丛书本,中华书局,1994年,第404页。
⑫ 楼宇烈:《周易注校释》,中华书局,2012年,第165页。

为何物。唐孔颖达《周易正义》引马融曰："柅者，在车之下，所以止轮令不动者也。"①这种说法被后人广泛继承并发挥成"止车木"，亦即塞于车轮下的制动木块，相当于车闸。宋人丁度等人编纂的《集韵·旨韵》说："柅，止车轮木。"②胡瑗《周易口义》说："柅者，车轮之下制车之行，是制动之器。"③程颐《周易程氏传》说："柅，止车之物，金为之，坚强之至也。"④朱熹《周易本义》说："柅，所以止车，以金为之，其刚可知。"⑤但这种说法也存在问题。第一，古代用在车轮下阻止车轮转动的木块，称为"轫"，而不称为"柅"。《说文》："轫，碍车也。"《玉篇·车部》："轫，碍车轮木。"《汉书·扬雄传上》"既发轫于平盈兮"颜师古注引服虔曰："轫，止车之木。"⑥第二，"止车之木"置于车轮之下，非可牵系之物。闻一多先生曾注意到这一点，其《周易义证类纂》说："柅即轫……然柅所以止车，不当云系。"⑦

侯乃峰《〈周易·姤卦〉"金柅"考辩》一文认为，柅当为经常出土于车马坑中的一种铜制车马器，即考古学界所说的"弓形器"，在古代典籍中称为"觹"。《诗·小雅·采薇》："象弭鱼服"，毛传："象弭，弓反末也，所以解紒（结）也。"郑笺："弭，弓反末，弰者，以象骨为之，以助御者解辔紒（结），宜滑也。"⑧《说文·弓部》："弭，弓无缘，可以解辔纷者。"⑨古人驾驭马车是"四马六辔"（《诗·秦风》郑笺），即四匹马拉的车要有六条辔绳握持在御者手中，辔绳的尾部则系缚在御者腰间的"弭"上。其中左手握持的三条辔绳尾部系缚在弓形"弭"左边的曲臂上，右手握持的三条辔绳尾部系缚在弓形"弭"右边的曲臂上。这样可以防止辔绳纷乱，失去对车马的控制，即《说文》所谓"可以解辔纷者"。御者欲左转弯，则向后扯拉左手的辔绳，欲右转弯，则向后扯拉右手的辔绳，将"弭"向后扯拉，则可以停止车辆前进。所以系缚着六条辔绳的"弭"就相当于现代机械车的方向盘和刹车器，起着重要的制动作用。⑩

---

① [魏]王弼、[晋]韩康伯注，[唐]孔颖达疏：《周易正义》卷五，《十三经注疏》上册，中华书局，1980年，第57页。
② [宋]丁度等撰：《集韵》，载《小学名著六种》，中华书局，1998年，第75页。
③ [宋]胡瑗：《周易口义》卷七，《十八名家解周易》第五辑，长春出版社，2009年，第374页。
④ 梁韦弦：《〈程氏易传〉导读》，齐鲁书社，2003年，第263页。
⑤ 萧汉明、林忠军：《〈周易本义〉导读》，齐鲁书社，2003年，第137页。
⑥ [汉]班固撰，[唐]颜师古注：《汉书》四，吉林人民出版社，1998年，第2377页。
⑦ 闻一多：《周易义证类纂》，《闻一多全集》二，生活·读书·新知三联书店，1982年，第15页。
⑧ [汉]毛亨传，[汉]郑玄笺，[唐]孔颖达疏：《毛诗正义》卷九，《十三经注疏》上册，中华书局，1980年，第414页。
⑨ [汉]许慎撰，[清]段玉裁注：《说文解字注》，上海古籍出版社，1981年，第1125页。
⑩ 参见侯乃峰《〈周易·姤卦〉"金柅"考辩》，《周易研究》2010年第6期。

《姤》之初六：系于金柅，贞吉；有攸往，见凶，羸豕孚蹢躅

笔者以为，此说最为得解。在古代典籍中，"从爾之字多与从尼之字通"，①如"金柅"之"柅"在《子夏传》中就写作"鑈"，在《说文解字》中又写作"橺"；同时，"耳"与"爾"、"弭"与"獼"也是古籍中常见的通假字，②所以，"耳"声之字与"尼"声之字也是可以相通的。再从音理上说，"弭"属明纽支部，"柅"属泥纽脂部，声为邻纽，韵为通转，二者古音非常接近，完全可以通假。由此可以说，"金柅"就是"金弭"，王弼说"柅者，制动之主"是非常正确的。③

"系于金柅"，即牵系在铜制车弭上。杨万里《诚斋易传》曰："系之大车之金柅，系之则有牵而不得逞。"④在这里，"系于金柅"只是一种比喻，爻辞不过是说，应像牵引铜制车弭，控制车马行驶一样，牵制、约束那过壮之女的行为，使其不能自由自纵，保持正定，就会获得吉祥。《象》曰："系于金柅，柔道牵也。"孔颖达《周易正义》曰："柔道牵者，阴柔之道，必须有所牵系也。"⑤

如果说"系于金柅，贞吉"是从正面劝谕，"有攸往，见凶，羸豕孚蹢躅"则是从反面设诫。"有攸往，见凶"是告诫人们，如果不对"壮女"加以牵制、约束，任其发展，必然会出现凶险。如王弼《周易注》所说："若不牵于一，而有攸往行，则唯凶是见矣。"⑥杨万里《诚斋易传》说："若不有以系而止之，或听其往而进，则凶矣。"⑦朱熹《周易本义》也说："静正则吉，往进则凶。"⑧"羸豕孚蹢躅"则是通过形象的比喻对"有攸往，见凶"进行具体说明。

"羸豕"之义，易学史上曾有三种不同的说法。王弼、孔颖达等如字为训，释

---

① ［清］丁寿昌：《读易会通》，成都古籍书店，1988年，第505页。
② 高亨、董治安：《古字通假会典》，齐鲁书社，1989年，第398页。
③ 关于"金柅"之义，学界素有争论，除本节所论外，还有织绩器一说。如孔颖达《周易正义》引王肃曰："织绩之器，妇人所用。"来知德《周易集注》曰："柅者，牧丝之具也。"高亨《周易大传今注》云："柅，织布帛之一种工具，缠线于其上，线之一端系于机。此物东北人呼为'闹子'，闹即柅之转音。……线为柔物，金柅为刚物，线系于金柅，是柔物被牵于刚物。以喻人与人之关系，则是柔者被牵于刚者，柔道被牵于刚道，遇事甚难自主，故柔道能持正乃吉。"楼宇烈《周易注校释》曰："《说文》：'籰，收丝者也。''屎，籰柄也。或从木，尼声。'然则'柅'即'屎'，纺车转轮之把。丝缠为籰，籰受制于柅，所以注说：'柅者，制动之主。'"从爻辞的文理、义理来看，释为"金弭"最为得解。杨万里《诚斋易传》说："系之大车之金柅，系之则有牵而不得逞……且系于金柅，系何物也？羸豕也。"显然"牧丝之具"难当此任。
④ ［宋］杨万里：《诚斋易传》卷十二，《十八名家解周易》第一辑，长春出版社，2009年，第238页。
⑤ ［魏］王弼、［晋］韩康伯注，［唐］孔颖达疏：《周易正义》卷五，《十三经注疏》上册，中华书局，1980年，第57页。
⑥ 楼宇烈：《周易注校释》，中华书局，2012年，第165页。
⑦ ［宋］杨万里：《诚斋易传》卷十二，《十八名家解周易》第一辑，长春出版社，2009年，第238页。
⑧ 萧汉明、林忠军：《〈周易本义〉导读》，齐鲁书社，2003年，第137页。

"羸豕"为羸弱之豕,"谓牝猪也";①马融、陆绩、宋衷、尚秉和等则读"羸"为"累(缧)",释"羸豕"为系缚之豕。② 现代学者陆宗达《说文解字通论》一书则认为"古羸娄同音,羸豕即婁猪"。③ 笔者以为,此说最为有见。

首先,训"羸"为"娄"存在训诂学上的依据。《诗经·豳风·东山》:"果臝之实,亦施于宇。"毛传:"果臝,栝楼也。"④李时珍《本草纲目·草部》说:"栝楼即果臝二字音转也。"⑤陈奂《毛诗传疏》说:"果栝、臝楼,皆一声之转。"⑥王国维《观堂集林·〈尔雅〉草木虫鱼鸟兽名释例》也说:"栝楼亦果臝之转语。"⑦程瑶田《果臝转语记》则进一步认为,草之栝楼、果臝,鸟之国臝,虫之螟蠃,皆为同源词。⑧ 在上古语音中,羸、臝声近,娄、楼音同。臝既可声转为楼,则羸亦可声转为娄,诚如陆宗达《说文解字通论》所说:"羸豕即婁猪,犹苦蒌即果臝。"

其次,娄猪的民俗文化象征意义与爻辞的意旨更为切合。娄猪是发情的母猪。据《左传·定公十四年》记载,卫灵公的夫人南子与宋国公子朝私通,野人歌曰:"既定尔娄猪,盍归吾艾豭?"杜预注:"娄猪,求子猪,以喻南子。艾豭,喻宋朝。"⑨"娄"字后写作"㺒",《玉篇·豕部》:"㺒,求子猪。"《集韵·侯韵》:"㺒,求子豕也。通作娄。"发情的母猪为何要以"娄"命名呢? 章太炎《小学答问》曾谈到过这一问题:"问曰:《说文》:'娄,空也。从毋,从中女。娄,空之义也……。'义不明憭,何以解之? 答曰:《春秋传》:'既定尔娄猪。'《集解》:'娄猪,求子猪也。'此当为本义,谓女求男,牝求牡也。"⑩章太炎认为,"娄"字的本义当为"女求男,牝求牡",很有见地,但未作深入阐发。现代学者陆宗达《说文解字通论》认为,"从字形上看,娄字从毋,《说文·毋部》说:'从女有奸者。'……可以理解娄字从毋从女,是就女性这

---

① 王弼《周易注》曰:"羸豕,谓牝豕也。群豕之中,豭强而牝弱,故谓之羸豕也。"孔颖达《周易正义》曰:"羸豕,谓牝豕也。群豕之中,豭强而牝弱也,故谓牝豕为羸豕。"
② 陆德明《经典释文》曰:"羸,郑、虞作累,马君以为大索,是也。"李鼎祚《周易集解》引虞翻曰:"巽绳操之,故称'羸'。"又引宋衷曰:"羸,大索,所以系豕者也。"李道平疏引陆绩曰:"羸读为累,即缧绁之缧,古字通。"故"羸豕"即"累豕"或"缧豕",亦即被系缚之豕。
③ 陆宗达:《说文解字通论》,北京出版社,1981年,第108页。
④ [汉]毛亨传,[汉]郑玄笺,[唐]孔颖达疏:《毛诗正义》卷八,《十三经注疏》上册,中华书局,1980年,第396页。
⑤ 王庆国:《〈本草纲目〉(金陵本)新校注》,中国中医药出版社,2013年,第687页。
⑥ [清]陈奂:《毛诗传疏》,《皇清经解续编》本。
⑦ 王国维:《观堂集林》(外二种),河北教育出版社,2003年,第108页。
⑧ [清]程瑶田:《果臝转语记》,《安徽丛书》第二期,安徽丛书编印处,1934年。
⑨ [晋]杜预注,[唐]孔颖达疏:《春秋左传正义》卷五十六,《十三经注疏》下册,中华书局,1980年,第2151页。
⑩ 《章太炎全集》七,上海人民出版社,2000年,第454页。

《姤》之初六：系于金柅，贞吉；有攸往，见凶，羸豕孚蹢躅

方面说的。娄字还从中，中是内，指内心。所以娄字从字形反映的意义本是女性春情发动的意思。至于许慎娄字训空(古空孔同语)，则是指的女子的生殖器官。"①张建铭、张婉如《汉字字根》一书则根据对"娄"的甲骨文字形的分析进一步认为："甲骨文从臼、从女、从日，疑为性交之象。从臼从女，示搂抱义。从日，外象女阴，中象男阳具入之之形。……小篆从毋从中，从女。《说文》：'毋，从女有奸者。'会意。中为内入义。……女性发情，生殖器官涨开而中空，故娄有孔空义、隆起义。"②笔者以为，这种语源学的分析是有道理的。"娄"的文字构形是性交之象，其"空"义则是指女性发情时涨开而中空的生殖器官，所以杜预把"娄猪"解为"求子猪"，章太炎把"娄"字释为"女求男，牝求牡"，是可信的。在后世语言中，娄有时指女子无行，为淫乱女子之恶称。如元曲中有"浪包娄""泼贱娄"等习语，顾学颉、王学奇《元曲释词》说"是骂女人不正经的话"。③ 其实称淫乱不守妇德的女人为"娄"，正是由"娄"字本义引申而来。古代字书中还有"㜷"字，如《广韵》："㜷，女人恶称。"《集韵》："㜷，妇无廉也。"《龙龛手镜》卷二女部："㜷，力主反，女人之恶称也。"则显然是基于"娄"的本义而另造的专字，用来指代淫乱无廉的女人。

"孚"，通浮，义为轻浮躁动。王弼《周易注》说："孚，犹务躁也。""务躁"之"务"，郭京《周易举正》作'"骛"，并说："字义恰作'骛'字。"④焦循《周易补疏》说："王氏以'孚'为'务躁'，盖读'孚'为'浮'。浮，轻也，谓轻躁也。'孚''浮'古字通，《释名》'浮，孚也'是也。'务'为'骛'之通借；'务''骛'皆训'强'。乱驰为'骛'，'骛躁'言其奔驰而轻躁也。"⑤

"蹢躅"，音 dízhú，同踯躅，不安静而徘徊之状。陆德明《经典释文》："蹢躅，不静也。"⑥程颐《周易程氏传》："蹢躅，跳踯也。"⑦胡瑗《周易口义》："蹢躅，躁动之貌。"⑧朱骏声《六十四卦经解》："蹢躅，跳踯不静也。"⑨

在爻辞中，"羸豕即娄猪"，是比喻初六爻所象征的淫壮之女。王弼《周易注》

---

① 陆宗达：《说文解字通论》，北京出版社，1981 年，第 107—108 页。
② 张建铭、张婉如：《汉字字根》，山东友谊出版社，2010 年，第 466 页。
③ 顾学颉、王学奇：《元曲释词》，中国社会科学出版社，1983 年，第 317 页。
④ 徐芹庭：《周易举正评述》，中国书店，2009 年，第 82 页。
⑤ [清]焦循：《周易补疏》，转引自伍华主编《周易大辞典》，中山大学出版社，1993 年，第 168 页。
⑥ [唐]陆德明：《经典释文》，《十三经注疏》上册，中华书局，1980 年，第 102 页。
⑦ 梁韦弦：《〈程氏易传〉导读》，齐鲁书社，2003 年，第 263 页。
⑧ [宋]胡瑗：《周易口义》卷七，《十八名家解周易》第五辑，长春出版社，2009 年，第 374 页。
⑨ [清]朱骏声著，胡双宝点校：《六十四卦经解》，国家图书馆出版社，2008 年，第 187 页。

说:"羸豕,谓牝豕也。……夫阴质而躁恣者,羸豕特甚焉。"①胡瑗《周易口义》说:"羸豕,牝豕也,淫壮之甚者也。"②钱钟书《管锥编》也说:"盖以豕之象拟示淫欲也。"③这样的女子一旦相遇,就要对其行为严格限制、约束,所谓"系于金柅";反之,如果恣其所欲,就会像发情的牝猪一样轻浮躁动不能安静,正如王弼《周易注》所说:"以不贞之阴,失其所牵,其为淫丑,若羸豕之孚务蹢躅也。"④

---

① 楼宇烈:《周易注校释》,中华书局,2012年,第165页。
② [宋]胡瑗:《周易口义》卷七,《十八名家解周易》第五辑,长春出版社,2009年,第374页。
③ 钱钟书:《管锥编》第一册,中华书局,1986年,第27页。
④ 楼宇烈:《周易注校释》,中华书局,2012年,第165页。

# 《姤》之九五：以杞包瓜，含章，有陨自天

　　《姤》之九五是《周易》本经中歧解最多的爻辞之一，而分歧的焦点在于对"以杞包瓜"的理解。从文字训释的层面看，古今学者的见解大致可概括为两类。第一类，是把"杞"与"瓜"视为两种植物，把"包"视为使"杞"与"瓜"建立联系的动词，并在此基础上对爻辞的意旨进行诠释。如程颐、杨万里、黄寿祺、孙敬华等皆认为，爻辞是用高大的杞树以绿叶蔽护树下的甜瓜比喻君上下求贤者。① 朱震、耿南仲、杨简、牛钮等认为，爻辞是以"以杞包瓜"比喻君子约制小人，"杞"喻指君子，"瓜"则比喻小人。② 高亨《周易大传今注》认为，爻辞是说"殷纣宠妲己，囚戮忠臣，以博妲己之欢……正如割下可以养人之苞谷，用包不能充饥之甘瓜"。③ 臧守虎《〈易经〉读本》认为，"以杞包瓜"即"用杞柳包裹瓜果"，是比喻"肚腹包裹胎儿也"。④

　　第二类，是把"包瓜"视为一种植物，即"匏瓜"，并在此基础上对爻辞的意旨进行诠释。如王弼《周易注》说："杞之为物，生于肥地者也。包瓜为物，系而不食者

---
　① 如程颐《程氏易传》曰："夫上下之遇，由相求也。杞，高木而叶大；处高体大而可以包物者，杞也。美实之在下者，瓜也；美而居下者，侧微之贤之象也。九五尊居君位，而下求贤才，以至高而求至下，犹以杞叶而包瓜，能自屈尊如此。"这是以高大的杞树比喻君上，以地上的瓜比喻在下的贤者，而释"包"为蔽护。认为爻辞是以高大的杞树以绿叶蔽护树下的甜瓜比喻君上下求贤者。杨万里《诚斋易传》曰："九五以刚明之德……下逮九二中正之臣，如杞叶之高而俯包瓜实之美……尧下逮舜之侧微，以杞包瓜之象。"与程颐的观点颇为一致。今人黄寿祺《周易译注》、孙敬华《〈姤卦〉意辨》等皆持此说。
　② 如朱震《汉上易传》曰："杞似樗，叶大而荫……瓜譬则民，瓜虽可欲，而溃必自内始。九五当阴长之时，……遇九二之贤而用之，以刚中守道，防民之溃，故曰以杞包瓜。"耿南仲《周易新讲义》曰："杞者，刚忍之物也，九二之象也。瓜者，柔脆之物也，初六之象也。人君之于小人，欲包而制之，亦在用贤而已。九五用之以包初，善用贤以畜民者也。"杨简《杨氏易传》曰："杞者，美材也，九二之象。瓜者，阴柔在下之物，初六之象。九五中正在上……而用九二之贤，以杞叶包瓜，以柔道制小人。"牛钮《日讲易经解义》曰："此一爻，是言制小人之有道，而功能回造化也。杞，高大坚实之木，君子之象；瓜，甘美善溃之物，小人之象。……君子居尊位，而下防始生之小人，如以杞而包瓜者也。"
　③ 高亨：《周易大传今注》，齐鲁书社，1998年，第286页。
　④ 臧守虎：《〈易经〉读本》，中华书局，2007年，第259页。

也。……得地而不食,含章而未发。"①王弼认为,杞生长在肥沃土地上,是为"得地";包瓜则挂起来而不食用,即"不食"。杞和包瓜的品质是"得地而不食",比类到人事上就是"含章而未发"。孔颖达《周易正义》则直书"以杞包瓜""包瓜为物"为"以杞匏瓜""匏瓜为物"。② 在另一位唐代易学家张弧的易学著作《周易上经王道小疏》中,"包瓜"也写作"匏瓜",其书已失传,但宋代吕祖谦《古易音训》中有"张弧作匏"③的记载。现代很多学者都接受了"匏瓜"之说,但对爻辞的具体解释则颇不一致。如闻一多《周易义证类纂》认为,"杞"当读为"系","包瓜"当作"匏瓜"。"系匏瓜盖谓络系之以为樽"。④ 胡朴安《周易古史观》认为,"以杞包瓜含章者,杞,柳也。包瓜,即匏瓜。匏瓜系于杞柳之上,累累如含章"。⑤ 李镜池《周易通义》认为,"爻辞说梦见缠着杞树往上长的匏瓜,很好看"。⑥ 陈鼓应、赵建伟《周易今注今译》认为,"杞"当读为"己","包瓜"读为"匏瓜",爻辞是说"有人增以匏瓜,内含文采,预示着将有福庆从天而降"。⑦ 刘先枚《周易新证》认为"'杞包瓜'之'杞',应为'祀'之借字。杞、祀均在古韵之部,可以互借。'包瓜'即'匏瓜'。'杞包瓜'即祭祀匏瓜星"。⑧ 郑衍通《周易探源》则以"包瓜含章"为句,认为"包瓜即匏瓜,星名,……章,月之光辉。包瓜含章,月近匏瓜星也。"⑨

笔者以为,第一类观点,将"杞"与"瓜"视为两种植物,将"包"视为使"杞"与"瓜"发生联系的动词,是缺乏依据的。以此解读爻辞,最为牵强附会。第二类观点虽然也不免穿凿求奇,但把"包瓜"解为"匏瓜"则是合理可取的。本节文字试作申说。

今本"杞"字,楚竹书《周易》作"芑"。古籍中"芑""杞"互假。《山海经·东山经》:"有木焉,……其名曰芑。"郝懿行《山海经笺疏》:"李善注《西京赋》引此经作杞,云:'杞如杨,赤理。'是知杞假借作芑也。"⑩帛书《周易》作"忌"。刘大钧先生

---

① 楼宇烈:《周易注校释》,中华书局,2012年,第166页。
② [魏]王弼、[晋]韩康伯注,[唐]孔颖达疏:《周易正义》卷五,《十三经注疏》上册,中华书局,1980年,第57页。
③ [宋]吕祖谦:《古周易》,四库全书本。
④ 《闻一多全集》二,生活·读书·新知三联书店,1982年,第6页。
⑤ 胡朴安:《周易古史观》,世纪出版集团、上海古籍出版社,2006年,第128页。
⑥ 李镜池:《周易通义》,中华书局,1981年,第88页。
⑦ 陈鼓应、赵建伟:《周易今注今译》,商务印书馆,2005年,第394页。
⑧ 刘先枚:《周易新证》,《周易研究》1991年第1期。
⑨ 郑衍通:《周易探源》,南洋出版社,2002年,第230页。
⑩ 袁珂:《山海经校注》,上海古籍出版社,1980年,第114页。

说:"疑此三字皆以从'己'而互通。"①其实"杞"当读为"纪",为"纪"的借字。帛书"杞"作"忌",正为"纪"字或体。郭店楚竹书《太一生水》"以纪为万物经","纪"原作"忌",整理者隶定为"纪",②而"杞""苣"也当读为"纪"。《左传·桓公二年》引《春秋经》:"杞侯来朝。"③《公羊传》《穀梁传》"杞"字皆作"纪"。④《诗经·秦风·终南》:"有纪有堂"。《白孔六帖》引作"有杞有棠",王引之《经义述闻》说:"纪读为杞。"⑤马瑞辰《毛诗传笺通释》也说:"纪,当读为杞梓之杞。"⑥是二字通用之证。在古代汉语中,纪、记皆在见母、之部,常相通假,皆有表识、记录之义。《史记·本纪》索引:"纪者,记也。本其事而记之。"⑦《释名·释典艺》:"记,纪也,纪识之也。"⑧《广韵》:"纪,识也。"《博雅》:"记,识也。""识"当读为zhì,即记录之义。《广雅》:"记,书也。"《玉篇》:"记,录也。"《广韵》:"记,志也。"

今本"包"字,帛书《周易》作"枹",孔颖达《周易正义》引《子夏易传》作"鞄",李鼎祚《周易集解》及所引虞氏易作"苞"。包、枹、鞄、苞四字以音同形似而相通,但当以"鞄"为正字。《诗经·邶风》"鞄有苦叶",《周礼》壶涿氏注引作"苞"。⑨《诗经·秦风·晨风》"山有苞栎",《鲁诗》"苞"作"枹"。《否》卦九五"系于苞桑",帛书《周易》作"枹桑"。朱起凤《辞通》:"丛生曰苞,古字少,每假包字为之。"王树楠《费氏古易订文》引司马氏曰:"包与鞄同。"⑩包瓜即鞄瓜,也就是今天所说的葫芦,在爻辞中则指鞄瓜星。吕祖谦《古易音训》说:"鞄瓜,星名。"⑪郑衍通《周易探源》、刘先枚《周易新证》也认为"鞄瓜"当指"鞄瓜星"。⑫

---

① 刘大钧:《今、帛、竹书〈周易〉疑难卦爻辞及其今古文辨析》(二),《周易研究》2004年第6期。
② 参见陈伟:《郭店竹书别释》,湖北教育出版社,2003年,第28页。
③ [晋]杜预注,[唐]孔颖达疏:《春秋左传正义》卷五,《十三经注疏》下册,中华书局,1980年,第1743页。
④ 参见[汉]何休注,[唐]徐彦疏《春秋公羊传注疏》卷四,《十三经注疏》下册,中华书局,1980年,第2214页;[晋]范宁注,[唐]杨世勋疏《春秋穀梁传注疏》卷三,《十三经注疏》下册,中华书局,1980年,第2373页。
⑤ [清]王引之:《经义述闻》上,《读书札记丛刊》第二集,世界书局,1975年,第137页。
⑥ [清]马瑞辰撰,陈金生点校:《毛诗传笺通释》,十三经清人注疏丛书本,中华书局,1989年,第388页。
⑦ 邹得金整理:《名家注评史记》,天津人民出版社,2010年,第1页。
⑧ 徐复:《释名补疏》中,载《徐复语言文字学晚稿》,江苏教育出版社,2007年,第64页。
⑨ [汉]郑玄注,[唐]贾公彦疏:《周礼注疏》卷三十七,《十三经注疏》上册,中华书局,1980年,第889页。
⑩ 王树楠:《费氏古易订文》,文史哲出版社,1990年,第186页。
⑪ [宋]吕祖谦:《古周易》,四库全书本。
⑫ 郑衍通:《周易探源》,南洋出版社,2002年,第230页。刘先枚《周易新证》,《周易研究》1991年第1期。

匏瓜星在银河东岸,由五颗星组成,形似匏瓜。在古人的信仰中,匏瓜星是天子果园,匏瓜星明大光润是岁熟年丰的预兆。《史记·天官书》:"匏瓜,有青黑星守之,鱼盐贵。"司马贞《索隐》引《荆州占》曰:"匏瓜,一名天鸡,在河鼓东。匏瓜明,岁则大熟也。"张守节《正义》:"匏瓜五星,在离珠北,天子果园。占:明大光润,岁熟。"①《楚辞·九怀·思忠》:"援匏瓜兮接粮。"洪兴祖补注:"《大象赋》:'匏瓜荐果于震闺。'注云:'五星在离珠北,天子之果园。占大光润则岁丰,不尔则瓜果之实不登。'"②可见古人是以匏瓜星大明为岁熟年丰之兆。

　　"章",义为明。《礼记·乐记》:"大章,章之也。"郑玄注:"大章,尧乐名也,言尧德章明也。"③《丰》卦六五:"来章,有庆誉,吉。"李鼎祚《周易集解》引虞翻曰:"章,显也。"李道平纂疏:"《姤》'品物咸章',荀氏云'章,明也'。《书·泰誓》曰:'天有显道',孔传'言天有明道',是显亦明也。'章'与'显'皆训明,故云'章,显也'。"④含章,即内含光明,指匏瓜星体明大光润。

　　"陨",义为降。《说文》:"陨,从高下也。""有陨自天"即自天而降。《春秋繁露·祭义》:"五谷,食物之性也,天之所以为人赐也。"⑤此即"有陨自天"之义。

　　爻辞说:纪识匏瓜星象,内含光明,上天将降赐丰收年景。

　　我们有理由相信,《姤》卦九五爻辞本是一则星占记录。中国的星占术起源很早,在甲骨卜辞中就有不少关于星占的内容。西周时期还设有专门负责星占的官员"保章氏"。《周礼·春官》说保章氏的职责是"掌天星,以志星辰日月之变动,以观天下之迁,辨其吉凶",⑥即观察并记录星辰的明暗变化以辨吉凶。匏瓜星明大光润是岁熟年丰的预兆,这一星象被星占家观察到并记录下来。而易辞作者正是利用了匏瓜星占的记录撰制了《姤》卦九五爻辞。

---

① 邹得金整理:《名家注评史记》,天津人民出版社,2010年,第459页。
② [汉]王逸注,[宋]洪兴祖补注:《楚辞章句补注》,吉林人民出版社,2005年,第282页。
③ [汉]郑玄注,[唐]孔颖达疏:《礼记正义》卷三十八,《十三经注疏》上册,中华书局,1980年,第1534页。
④ [清]李道平:《周易集解纂疏》,十三经清人注疏丛书本,中华书局,1994年,第486页。
⑤ [清]苏舆撰,钟哲点校:《春秋繁露义证》,新编诸子集成本,中华书局,2010年,第439页。
⑥ [汉]郑玄注,[唐]贾公彦疏:《周礼注疏》卷二十六,《十三经注疏》上册,中华书局,1980年,第819页。

# 《困》之卦辞：困，亨。贞，大人吉，无咎。有言不信

《周易》第四十七卦名"困"。《说文·囗部》说："困，故庐也。从木在囗中。"许慎将"困"字本义释为"故庐"，显然有些牵强附会，但将"困"字构形判定为"木在囗中"，则是完全正确的。"囗"字读wéi。《说文·囗部》说："囗，回也，象回帀（匝）之形。""囗"的本义为围绕，是"围"的初文。汉语中凡从囗取义的字，皆与围绕、环形、约束、界限等义有关。"困"字"从木在囗中"，其词源义应是木被缠绕、捆束，其本义应是捆束，是捆的本字，围困、困难、困苦、困穷、困厄、困乏等义皆由此引申而来。赵撝谦《六书本义》说："困，木在囗中，木不得申也，借为穷困、病困之义。"①后来表示捆束的"困"写作"捆"，而"困"则用来表示围困、困苦等引申义。卦名之"困"即为困穷、困厄之义。陆德明《经典释文》曰："困，穷也，穷悴掩蔽之义。"②孔颖达《周易正义》曰："困者，穷厄委顿之名，道穷力竭，不能自济，故名为'困'。"③朱熹《周易本义》曰："困者，穷而不能自振之义。"④

《困》卦卦辞可以分为"困，亨""贞，大人吉，无咎""有言不信"三个层次加以解读。

《困》卦言说的是人生的困境，而卦辞却说"困，亨"，其中包含了物极必反、困极则变的义理，正如欧阳修《易童子问》所说："'困，亨'者，困极而后亨，物之常理也。所谓《易》穷则变，变则通也。"⑤程颐《程氏易传》也说："物极则反，事极则变，

---

① [明]赵撝谦：《六书本义》，转引自《康熙字典》丑集上"囗"部"困"字条，成都古籍书店，1980年。
② [唐]陆德明：《经典释文·周易音义》，《十三经注疏》上册，中华书局，1980年，第102页。
③ [魏]王弼、[晋]韩康伯注，[唐]孔颖达疏：《周易正义》卷五，《十三经注疏》上册，中华书局，1980年，第59页。
④ 萧汉明、林忠军：《〈周易本义〉导读》，齐鲁书社，2003年，第141页。
⑤ 李之亮：《欧阳修集编年笺注》四，巴蜀书社，2007年，第525页。

困既极矣,理当变也。"①帛书易传《缪和》篇曾引述《困》卦卦辞,为我们解读卦辞义理提供了重要依据:"缪和问于先生曰:凡生于天下者,无愚智、贤不肖,莫不愿利达显荣。今《周易》曰:困,亨,贞,大人吉,无咎。有言不信。敢问大人何吉于此乎?子曰:……天之道,壹阴壹阳,壹短壹长,壹晦壹明,夫人道仇之。是故汤[囚于桀]王,文王拘于羑里,秦缪公困于殽,齐桓公辱于长勺,越王勾践困于会稽,晋文君困于骊氏。故古至今,伯王之君未尝困而能□□[者,未之有]也。"②缪和根据《困》卦卦辞提出疑问,何以"困"对于大人而言吉而无咎。孔子的回答首先从人道与天道运行规律相合相通的高度立论,认为天道运行是阴阳循环、晦明交替、寒暑转化,物极必反,所以人事上也是困与达迭相交替,困极则变,困而后达,这与欧阳修、程颐等人的阐释是相通的。其次,孔子又列举了成汤、文王等历史人物走出困境、成就大业的事例,进一步说明了困极则变,困而后达的道理。刘向《说苑·杂言》中也有一段文字,与《缪和》篇非常接近:"吾闻人君不困不成王,列士不困不成行。昔者汤困于吕,文王困于羑里,秦穆公困于殽,齐桓困于长勺,勾践困于会稽,晋文困于骊氏。夫困之为道,从寒之及暖,暖之及寒也。唯贤者独知而难言之也。易曰:困,亨,贞,大人吉,无咎。有言不信。圣人所与人难言,信也。"③《说苑·杂言》同样从寒暑转化、物极必反的天道规律来言说困极则通、困而后达的人道教训,而其中"人君不困不成王"等语则把"困"对于大人而言吉而无咎的道理更清楚地突显出来。

当然,困境的改变离不开人的主观能动作用,所以卦辞又说"贞,大人吉,无咎"。大人在困境之中能获吉免咎,得以亨通,关键就在于一个"贞"字,正如《程氏易传》所说:"困而能贞,大人所以吉也。"④何谓"贞"?《子夏易传》说:"贞,正也。"《乾·文言》曰:"贞者,事之干也。……贞固足以干事。"认为正固是处事的根本。《荀子·儒效》说:"万物莫足以倾之之谓固。"认为君子应"执神而固","神固之谓圣人"。⑤ 朱熹《周易本义》说:"贞固者,知正之所在,而固守之。"⑥所以"贞"即"贞固",亦即固守正道,坚守德操。《荀子·劝学》曰:"是故权利不能倾也,群众不能

---

① 梁韦弦:《〈程氏易传〉导读》,齐鲁书社,2003年,第281页。
② 廖名春:《马王堆帛书周易经传释文》,《易学集成》第三卷,四川大学出版社,1998年,第3046页。
③ [汉]刘向撰,向宗鲁校证:《说苑校证》,中华书局,1987年,第421页。
④ 梁韦弦:《〈程氏易传〉导读》,齐鲁书社,2003年,第277页。
⑤ [清]王先谦:《荀子集解》上,新编诸子集成本,中华书局,1988年,第133页。
⑥ 萧汉明、林忠军:《〈周易本义〉导读》,齐鲁书社,2003年,第259页。

移也,天下不能荡也,生乎由是,死乎由是,夫是之谓德操。"①大人在困境之中仍固守正道,坚守德操,所以能获吉免咎,得以亨通。孔颖达《周易正义》说:"小人遭困,则穷斯滥矣。君子遇之,则不改其操,……然后得吉而无咎,故曰'贞,大人吉,无咎'。"②《彖传》说:"困而不失其所,亨,其唯君子乎!""困而不失其所"就是困而不失其所守,就是身处困境不改其操,就是"贞"。只有正身修德的大人君子才能达到这样的境界,小人则做不到,所以《系辞传》说:"困,德之辨也。"认为在困境之中适可分辨人的品德高下。帛书易传《缪和》、刘向《说苑·杂言》中所列举的成汤、文王、秦穆公、齐桓公、越王勾践、晋文公等历史人物,之所以能走出困境,成就大业,与他们的坚固自守、"困而不失其所"是分不开的。

"有言不信"的训释也存在分歧。《彖传》说:"有言不信,尚口乃穷也。"王弼《周易注》说:"处困而言,不见信之时也。非行言之时,而欲用言以免,必穷者也。"③孔颖达《周易正义》进一步解释说:"处困求通,在于修德,非用言以免困;徒尚口说,更致困穷,故曰'尚口乃穷'也。"④《日讲易经解义》也说:"卦辞言处困之时,当守贞处默,以善全其道也。……苟非其人,不安乎义命,愤时嫉俗,形于议论,则虽有言,不能取信于人,适足滋多口之憎,而重益其困,大人岂如是乎? 此又处困者所当戒也。"⑤这是说,当人身处困穷之时,说话没有人相信。话说多了,还会带来更坏的结果;君子应当洁身自守,多修己德,少说为佳。赵建伟《出土简帛〈周易〉疏证》认为:帛书《缪和》篇"释'有言不信'为有所言说者反不可信,因此主张……'不言而信'(《黄帝四经·经法·名理》)"。⑥ 这是历史上对卦辞"有言不信"最流行的解读。

在古汉语中,信与伸常常通假。如《礼记·儒行》:"起居竟信其志。"郑玄注:"信,读如屈伸之伸,假借字也。"⑦《诗经·邶风·击鼓》:"于嗟洵兮,不我信兮。"

---

① [清]王先谦:《荀子集解》上,新编诸子集成本,中华书局,1988年,第19页。
② [魏]王弼、[晋]韩康伯注,[唐]孔颖达疏:《周易正义》卷五,《十三经注疏》上册,中华书局,1980年,第59页。
③ 楼宇烈:《周易注校释》,中华书局,2012年,第175页。
④ [魏]王弼、[晋]韩康伯注,[唐]孔颖达疏:《周易正义》卷五,《十三经注疏》上册,中华书局,1980年,第59页。
⑤ [清]牛钮等:《日讲易经解义》,海南出版社,2012年,第379—380页。
⑥ 赵建伟:《出土简帛〈周易〉疏证》,台湾万卷楼图书有限公司,2000年,第280页。
⑦ [汉]郑玄注,[唐]孔颖达疏:《礼记正义》卷五十九,《十三经注疏》下册,中华书局,1980年,第1670页。

《经典释文》:"信即古伸字也。"①《系辞传下》:"往者屈也,来者信也。屈信相感,而利生焉。尺蠖之屈,以求信也。"《经典释文》:"信本又作伸。"②因此又有学者以"伸"来解释"有言不信"之"信"。如清代李光地《周易折中》说:"'有言不信',信字疑当作伸字解。"③朱骏声《六十四卦经解》也说:"信又读如屈伸之伸。"④如此,卦辞"有言不信"又可以理解为"有言不伸",即有话不说出去。笔者以为,这种解释与"处困之时,当守贞处默,以善全其道"的爻旨更为吻合。刘沅《周易恒解》说:"困之时不可求伸于言,惟当自守其正。"适可作为爻辞之解。⑤

---

① [唐]陆德明撰、黄焯断句:《经典释文·毛诗音义》,中华书局,1983年,第58页。
② [唐]陆德明:《经典释文·周易音义》,《十三经注疏》上册,中华书局,1980年,第104页。
③ [清]李光地:《周易折中》,巴蜀书社,2014年,第227页。
④ [清]朱骏声著,胡双宝点校:《六十四卦经解》,国家图书馆出版社,2008年,第198页。
⑤ 按,刘沅在此语之后,又曰"兑为口,有言象。坎为耳痛,不信象",这是拘于象数,又解"信"为相信之"信",故本章曰"适可作为爻辞之解"。参见马振彪《周易学说》,花城出版社,2002年,第450页。

# 《困》之六三：困于石，据于蒺藜；入于其宫，不见其妻，凶

"据"，凭借，倚仗。繁体作"據"。《说文》："據，杖持也。从手，豦声。"段玉裁注："谓倚仗而持之也。杖者，人所據，则凡所據皆曰杖。據，或作据。"①《广韵》："據，依也。"

"蒺藜"，一年生草本植物，果实有刺，又名茨、屈人、止行。《尔雅·释草》："茨，蒺藜。"郭璞注："布地蔓生，细叶，子有三角，刺人。"②《诗经·鄘风·墙有茨》："墙有茨，不可扫也。"毛传："茨，蒺藜也。"③李时珍《本草纲目·蒺藜》："蒺，疾也；藜，利也；茨，刺也。其刺伤人，甚疾而利也。屈人、止行，皆因其伤人也。"并引陶弘景《本草》曰："多生道上及墙上，叶布地，子有刺……《易》云：据于蒺藜，言其凶伤。"④

"宫"，上古时期对房屋、居室的通称，秦汉以后则特指帝王之宫。《说文》："宫，室也。"《尔雅·释宫》："宫谓之室，室谓之宫。"应劭《风俗通义》说："宫、室一也。秦汉已来，尊者以宫为常号，下乃避之云室耳。"⑤陆德明《经典释文·尔雅音义》说："古者贵贱同称宫，秦汉以来，惟王者所居称宫焉。"⑥

爻辞说，困于乱石之中，无法前行，欲凭依石上的蒺藜从乱石丛中攀爬出来，却被刺伤了手；返回家中，又不见了自己的妻子。

《困》卦言说的是人生的困境，卦中六爻则逐一展示了各种类型的困境。六三

---

① [汉]许慎撰，[清]段玉裁注：《说文解字注》，上海古籍出版社，1981年，第1051页。
② [晋]郭璞注，[宋]邢昺疏：《尔雅注疏》卷八，《十三经注疏》下册，中华书局，1980年，第2627页。
③ [汉]郑玄笺，[唐]孔颖达疏：《毛诗正义》卷三，《十三经注疏》上册，中华书局，1980年，第313页。
④ 王庆国：《〈本草纲目〉（金陵本）新校注》，中国中医药出版社，2013年，第601—602页。
⑤ [汉]应劭撰，王利器校注：《风俗通义校注》下，中华书局，1981年，第575页。
⑥ [唐]陆德明撰，黄焯断句：《经典释文·尔雅音义》，中华书局，1983年，第415页。

爻展示的困境可以分为"困于石,据于蒺藜"和"入于其宫,不见其妻"两个层面,而"凶"则是对六三爻所示困境的基本判断。

"困于石",就是为石所困,但"困"的具体情状各家所释不一,如刘大钧释为"乱石挡道",①黄寿祺释为"困在巨石下",②高亨释为"蹎于石",③即"行路被石绊倒也",④李镜池释为"一个犯罪的人被绑在嘉石上"。⑤邓秉元释为"困于石室"。⑥仔细玩味,笔者以为刘大钧先生的解释最为平实得当。"困于石"就是困于乱石丛中,被乱石阻断了去路。《左传·襄公二十五年》陈文子释此爻曰:"困于石,往不济也。"⑦"济"有"成"义。《尔雅·释言》:"济,成也。"被乱石所困,就意味着道路不通,无法前行。《系辞传下》释之曰:"非所困而困焉,名必辱。"六三本不该被乱石所困,但却陷入了这样的困境中,这是由于六三择路不慎,妄行取困,其名声必然会受到损辱。

据于蒺藜,是说凭藉乱石上的蒺藜从乱石丛中攀爬出来,以摆脱困境。但蒺藜有刺,屈人止行,所以《左传·襄公二十五年》陈文子释之曰:"据于蒺藜,所恃伤也。"⑧"据于蒺藜"意味着所凭藉的东西反而会使自己受到伤害。《系辞传下》释之曰:"非所据而据焉,身必危。"本已身处困境,却又凭借不该凭借之物来摆脱困境,必然会使自己面临更大的危险。

入于其宫,不见其妻,是说六三既为石所困,又伤于蒺藜,只好放弃所往,返回家中,可是又不见了妻子,陷入了更加窘迫的困境。《左传·襄公二十五年》陈文子释之曰:"无所归也。"⑨程颐《程氏易传》曰:"'宫',其居所安也;妻,所安之主也。知进退之不可,而欲安其居,则失其所安矣。"⑩清李光地《周易折中》曰:"三居进退之际,行而困者也。伤于外者,必反其家。而又无所归,甚言妄行取困,其极

---

① 刘大钧:《周易概论》(增补本),巴蜀书社,2008年,第352页。
② 黄寿祺、张善文:《周易译注》,上海古籍出版社,2004年,第364页。
③ 高亨:《周易古经今注》,上海书店,1991年,第159页。
④ 高亨:《周易大传今注》,齐鲁书社,1998年,第300页。
⑤ 李镜池:《周易通义》,中华书局,1981年,第93页。
⑥ 邓秉元:《周易义疏》,上海古籍出版社,2011年,第283页。
⑦ [晋]杜预注,[唐]孔颖达疏:《春秋左传正义》卷三十六,《十三经注疏》下册,中华书局,1980年,第1983页。
⑧ [晋]杜预注,[唐]孔颖达疏:《春秋左传正义》卷三十六,《十三经注疏》下册,中华书局,1980年,第1983页。
⑨ [晋]杜预注,[唐]孔颖达疏:《春秋左传正义》卷三十六,《十三经注疏》下册,中华书局,1980年,第1983页。
⑩ 梁韦弦:《〈程氏易传〉导读》,齐鲁书社,2003年,第279页。

如此。"①

孔颖达《周易正义》曰:"困者,穷厄委顿之名,道穷力竭,不能自济,故名为'困'。"②朱熹《朱子本义》曰:"困者,穷而不能自振之义。"③孔颖达、朱熹皆认为《困》卦言说的困境是不能"自济""自振"的困厄,必须凭借外力帮助方能脱困,即程颐《程氏易传》所谓"亨困之道,必由援助"。④但脱困之"据"也须慎重选择。六三"据于蒺藜"以脱乱石之困,非但未能脱困,反为蒺藜所伤,高亨《周易古经今注》认为是"譬人之遭乎坎坷之境,而依乎奸究之人",⑤深得爻旨。

《韩诗外传》曾引用本则爻辞:"《易》曰:'困于石,据于蒺藜;入于其宫,不见其妻,凶。'此言困而不见据贤人者也。昔者秦缪公困于崤,疾据五羖大夫、蹇叔、公孙支而小霸;晋文困于骊氏,疾据咎犯、赵衰、介子推而遂为君;越王勾践困于会稽,疾据范蠡、大夫种而霸南国;齐桓公困于长勺,疾据管仲、宁戚、隰朋而匡天下。此皆困而知据贤人者也。夫困而不知疾据贤人,而不亡者,未尝有之也。"⑥与爻辞之旨非常吻合。

---

① [清]李光地:《周易折中》,巴蜀书社,2014年,第229页。
② [魏]王弼、[晋]韩康伯注,[唐]孔颖达疏:《周易正义》卷五,《十三经注疏》上册,中华书局,1980年,第59页。
③ 萧汉明、林忠军:《〈周易本义〉导读》,齐鲁书社,2003年,第141页。
④ 梁韦弦:《〈程氏易传〉导读》,齐鲁书社,2003年,第280页。
⑤ 高亨:《周易古经今注》,上海书店,1991年,第160页。
⑥ 屈守元:《韩诗外传笺疏》,巴蜀书社,1996年,第544页。

# 《井》之九三：井渫不食，为我心恻；可用汲，王明，并受其福

　　《井》卦位列《周易》第四十八，是《周易》中较少的以实物形象命名的卦。水井起源很早，古有"黄帝穿井""伯益作井""尧民凿井"等传说。如同人工取火一样，水井的出现也是人类文明进步的重要标志之一，对于改善人类生产生活发挥了十分重要的作用。《周易》作者取日常水井之象而设卦，表面上言说的是修浚水井的问题，其中也隐喻着君子修美自身、惠物无穷的道理。孔颖达《周易正义》说："井者，物象之名也。古者穿地取水，以瓶引汲，谓之为井。此卦明君子修德养民，有常不变，始终无改，养物不穷，莫过乎井。故以修德之卦取譬，名之井焉。"[1]《系辞传下》曾三次陈述《周易》中具有道德象征意蕴的九卦，而《井》卦便是其中之一。《系辞传》说："井，德之地也。""井以辨义。"《周易集解》引姚信曰："井养而不穷，德居地也。"[2]《周易折中》引陆九渊曰："君子之义，在于济物，于井之养人，可以明君子之义。"[3]这就是说，井是道德栖居的营地，井可以用来衡量或辨别君子的道义，因为君子惠泽民众毫无保留，正如井水利养众人，取用不竭。但是，泉水清冽，如果不被汲食，则无以施养物之功；君子盛德，如果不被时用，也无以收泽民之效。《井》卦九三爻辞"井渫不食，为我心恻；可用汲，王明，并受其福"，就是以井为喻，言说了"济物者必为时用，而后可收其效"[4]的深刻道理。

　　"渫"，音 xiè，义为清除污垢。《说文·水部》："渫，除去也。"李鼎祚《周易集

---

① ［魏］王弼、［晋］韩康伯注，［唐］孔颖达疏：《周易正义》卷五，《十三经注疏》上册，中华书局，1980年，第59页。
② ［清］李道平：《周易集解纂疏》，十三经清人注疏丛书本，中华书局，1994年，第661页。
③ ［清］李光地：《周易折中》，巴蜀书社，2014年，第547页。
④ ［清］牛钮等：《日讲易经解义》，海南出版社，2012年，第389页。

《井》之九三：井渫不食，为我心恻；可用汲，王明，并受其福

解》引荀爽曰："渫，去秽浊，清洁之意也。"①李道平《周易集解纂疏》引向秀《易义》曰："渫者，浚治去泥浊也。"②应劭《风俗通义》曰："不停污曰井渫。"③王弼《周易注》曰："渫，不停污之谓也。"④"不停污"即不使污泥停滞淤积。孔颖达《周易正义》曰："渫，治去秽污之名也。井被渫治，则清洁可食。"⑤

"为"，王弼《周易注》曰："为，犹使也。"⑥在先秦典籍中，这种用例并不罕见。《国语·晋语》："为后世之见之也。"《鲁语》："其为后世昭前之令闻也。"韦昭注并云："为，使也。"⑦《左传·昭公二十年》："今君疾病，为诸侯忧，是祝史之罪也。"⑧《左传·隐公元年》："遂为母子如初。"⑨其中的"为"，皆用作"使"。罗振玉《增订殷墟书契考释》说："（爲）从爪，从象……卜辞作手牵象形……意古者役象以助劳。其时，或尚在服牛乘马以前。"⑩可见"使"正是"为"字的本义。

"恻"，《说文》："恻，痛也。"《一切经音义》："恻，谓恻恻然心中痛也。"《广雅》："恻，悲也。"《广韵》："恻，怆也。"

"并"，义为全、全都。王引之《经义述闻》："并之言普也，遍也，谓天下普受其福也。古声并普相近，故《说文》普字以并为声。……《小雅·宾之初筵》：既醉而出，并受其福，谓主人与众宾普受其福也。"⑪

爻辞说，水井掏治洁净却不被汲食，使我心中隐隐凄恻。应该赶快汲用，如王道圣明，大家将共受福泽。

在《井》卦爻辞中，曾两次说到井水"不食"的问题，初六说"井泥不食"，九三说"井渫不食"。虽同为"不食"，但二者的意蕴迥然有别。初六之"不食"，是因为水

---

① ［清］李道平：《周易集解纂疏》，十三经清人注疏丛书本，中华书局，1994年，第433页。
② ［清］李道平：《周易集解纂疏》，十三经清人注疏丛书本，中华书局，1994年，第433页。
③ ［汉］应劭撰，王利器校注：《风俗通义校注》下册，中华书局，1981年，第580页。
④ 楼宇烈：《周易注校释》，中华书局，2012年，第180页。
⑤ ［魏］王弼、［晋］韩康伯注，［唐］孔颖达疏：《周易正义》卷五，《十三经注疏》上册，中华书局，1980年，第60页。
⑥ 楼宇烈：《周易注校释》，中华书局，2012年，第180页。
⑦ ［战国］左丘明撰，［三国吴］韦昭注：《国语》，中国史学要籍丛刊本，上海古籍出版社，2015年，第312、100页。
⑧ ［晋］杜预注，［唐］孔颖达疏：《春秋左传正义》卷四十九，《十三经注疏》下册，中华书局，1980年，第2092页。
⑨ ［晋］杜预注，［唐］孔颖达疏：《春秋左传正义》卷二，《十三经注疏》下册，中华书局，1980年，第1717页。
⑩ ［清］罗振玉：《殷墟书契考释》，转引自《汉语大字典》（三卷本）中册，四川辞书出版社、湖北辞书出版社，1995年，第2033页。
⑪ ［清］王引之：《经义述闻》上，《读书札记丛刊》第二集，世界书局，1975年，第28—29页。

井久不渫治，淤积成泥，无法被人汲食，这是比喻"无其具而为人所弃"。①《日讲易经解义》说："初之不食，德不足也，其咎在己。"②九三之"不食"则不同，此时井已渫治，水冽泉寒，但仍不被人汲食，这是比喻"有其具而人不用"。③ 孔颖达《周易正义》说："井渫而不见食，犹人修己全洁而不见用。"④胡瑗《周易口义》说："九三以阳爻居阳，履得其正，有刚明之才而在下体，如井之清洁而不为人之所食，亦若君子有仁义之术，不为时君之所用。"⑤《日讲易经解义》也说："九三……德本足以致君泽民，未当通显，功效难施，犹井之渫洁而不为人食者然。"⑥

井渫不食，其咎不在井，在人；身修不用，其咎不在己，在君。爻辞说："王明，并受其福。"只有君王圣明，知人善用，有道君子才能尽其德能，致君泽民。孔颖达《周易正义》说："井之可汲，犹人可用，若不遇明王，则滞其才用；若遭遇贤主，则申其行能。"⑦《日讲易经解义》也说："如有王之明者，知其可用而用之，则启沃之方，上可跻君德于雍熙；惠鲜之泽，下可引斯民于恬养。君民咸利，而无不受其福也。"⑧如果王者不明，则难免"井渫不食"的悲剧。《日讲易经解义》说："此君之德，必以明为大也。……明之一言，诚探本之论也夫。"⑨

《井》卦九三爻的义理涉及"士不遇"的社会问题，具有强烈的政治针对性，因而曾被古人广泛引用。如西汉司马迁作《屈原列传》，有感于楚王放逐屈原一事，曾借此爻发论曰："怀王以不知忠臣之分，故内惑于郑袖，外欺于张仪，疏屈平而信上官大夫、令尹子兰。兵挫地削，亡其六郡，身客死于秦，为天下笑，此不知人之祸也。《易》曰：'井渫不食，为我心恻；可用汲，王明，并受其福。'王之不明，岂是福哉！"⑩楚王昏庸，亲佞疏忠，终致国亡身死，从反面说明了"可用汲，王明，并受其福"的道理。王符《潜夫论·明忠》篇说："人君不开精诚以示贤忠，贤忠亦无以得达。《易》曰：'王明，并受其福。'是以忠臣必待明君乃能显其节，良吏必得察主乃

---

① ［清］牛钮等：《日讲易经解义》，海南出版社，2012 年，第 389 页。
② ［清］牛钮等：《日讲易经解义》，海南出版社，2012 年，第 389 页。
③ ［清］牛钮等：《日讲易经解义》，海南出版社，2012 年，第 389 页。
④ ［魏］王弼、［晋］韩康伯注，［唐］孔颖达疏：《周易正义》卷五，《十三经注疏》上册，中华书局，1980 年，第 60 页。
⑤ ［宋］胡瑗：《周易口义》卷八，《十八名家解周易》第五辑，长春出版社，2009 年，第 384 页。
⑥ ［清］牛钮等：《日讲易经解义》，海南出版社，2012 年，第 389—390 页。
⑦ ［魏］王弼、［晋］韩康伯注，［唐］孔颖达疏：《周易正义》卷五，《十三经注疏》上册，中华书局，1980 年，第 60 页。
⑧ ［清］牛钮等：《日讲易经解义》，海南出版社，2012 年，第 390 页。
⑨ ［清］牛钮等：《日讲易经解义》，海南出版社，2012 年，第 390 页。
⑩ 邹得金整理：《名家注评史记》下，天津人民出版社，2010 年，第 931 页。

能成其功。"①徐幹《中论·爵禄》篇也说:"圣人以无势位为穷,百工以无器用为困,困则其资亡,穷则其道废,故孔子栖栖而不居者,盖忧道废故也。《易》曰:'井渫不食,为我心恻,可用汲,王明,并受其福。'"②忠臣待明君才能显节成功,圣人无势位就会身穷道废,皆深得爻辞的意旨。

在古代的书面语言中,"井渫""井渫不食"也成为人们常用的雅词,用来指代品德高洁、有德才而不被重用,如汉王粲《登楼赋》:"惧匏瓜之徒悬兮,畏井渫之莫食。"③陆机《与赵王伦笺荐戴渊》:"伏见处士戴渊,砥节立行,有井渫之洁:安穷乐志,无风尘之慕。"④宋陈亮《与吕伯恭正字》之三:"何不警其越俎代庖之罪,而乃疑其心恻井渫不食乎?"⑤清钱谦益《第三问》:"屈子者,得《诗》之真者也,当怀王之时,井渫不食,不知其主之不悟,而忧思彷徨,眷顾宗国。"⑥

---

① [汉]王符著,[清]汪继培笺,彭铎校正:《潜夫论笺校正》,新编诸子集成本,中华书局,1985年,第362页。
② 张涛、傅根清:《申鉴中论选译》,凤凰出版社,2011年,第157—158页。
③ [南朝梁]萧统编,[唐]李善注:《文选》上册,岳麓书社,2002年,第331页。
④ [清]严可均辑:《全晋文》中,商务印书馆,1999年,第1033页。
⑤ 《陈亮集》(增订本)下册,中华书局,1987年,第322页。
⑥ 钱曾笺注,钱仲联标校:《钱牧斋全集》三,上海古籍出版社,2003年,第1852页。

# 《革》之六二：己日乃革之，征吉，无咎

《周易》第四十九卦名"革"。"革"为象形字，早期金文作🔲，由🔲+🔲构成。林义光《文源》认为，"🔲象兽头角足尾之形"，🔲为双手，"象手治之"。① 张舜徽《说文解字约注》则据"革"之古文🔲认为，"🔲则纯象兽皮首尾四肢之状。从🔲，则象两手治之事。……治皮去毛曰革，因之更改亦曰革。"② 由此可见，"革"的造字本义就是以双手除去兽皮上的毛，引申之，则有变化、变革、改革之义。《说文》："革，兽皮治去其毛曰革。"段玉裁注曰："治去其毛，是更改之义。故引申为凡更新之用。"③《尚书·尧典》："鸟兽希革。"孔传："鸟兽毛羽稀少改易。"④《公羊传·成公二年》："革取清者。"何休注："革，更也。"⑤《玉篇·革部》："革，改也。"

卦名"革"即取革更、改革之义。⑥《周易集解》引郑玄曰："革，改也。"⑦孔颖达

---

① 林义光：《文源》，转引自胡培俊编著《常用字字源字典》，湖北辞书出版社，2012 年，第 198 页。
② 张舜徽：《说文解字约注》第一册，华中师范大学出版社，1983 年，第 650 页。
③ [汉]许慎撰，[清]段玉裁注：《说文解字注》，上海古籍出版社，1981 年，第 211 页。
④ [汉]孔安国传，[唐]孔颖达疏：《尚书正义》卷二，《十三经注疏》上册，中华书局，1980 年，第 119 页。
⑤ [汉]何休注，[唐]徐彦疏：《春秋公羊传注疏》卷十七，《十三经注疏》下册，中华书局 1980 年，第 2290 页。
⑥ 按《革》卦之革，传统经注皆释为改革、革更之革，现当代学界则出现了不少新说。如闻一多《周易义证类纂》释之为皮革之革，是马的胸带和车子的皮饰所用的皮革。（《闻一多全集》二，生活·读书·新知三联书店，1982 年，第 10—11 页）桑东辉《司法审判的〈易经〉探源——革卦新解》认为，《革》卦之革"是治皮鞣革（即去皮毛）的意思，引申为推狱断案，并含有原始刑讯的隐义。治去毛皮如用刑于人。"（《中南大学学报》2007 年第 1 期）赵清慎《〈周易·革卦〉卦义的重新认识》认为，"《革卦》从卦名到经文中的每一个革字，无例外地均应读割。"（《复旦学报》1989 年第 6 期）马王堆帛书《周易·革》卦之"革"皆作"勒"，一些学者又以"勒"为本字，进行了新的解说，如邓球柏《帛书周易校释》认为，"勒，刻也"，为刻石而记识之义。（湖南人民出版社，2002 年，第 344—348 页）张乘健《周易本事》认为，今本《周易·革》卦之革是"勒"字的省文，古文原作"勒"。"'勒'字作名词用，指马勒；作动词用，谓控制，勒紧马头。"（浙江古籍出版社，2014 年，第 352—361 页）笔者以为，以上诸说置诸卦爻辞中，皆有牵强难通之处，故只在注释中加以介绍，不作申说。
⑦ [清]李道平：《周易集解纂疏》，十三经清人注疏丛书本，中华书局，1994 年，第 435 页。

《周易正义》曰："革者,改变之名也。"①《朱子语类》述朱熹语曰："革是更革之谓。"②又曰："革者,变故而为新也。"③《周易折中》引俞琰曰："革者,变也。"④《杂卦传》曰："《革》,去故也。"革就是除去陈旧的东西,使事物出现新的变化。变革是自然界和人类社会中的普遍现象和必然规律。阴阳、日月的变化形成春、夏、秋、冬四季轮流交替,大自然才充满活力,生机勃勃;推翻旧的政治制度,建立新的政治制度,社会才能不断进步,向前发展。《革》卦言说的就是关于变革的道理。孔颖达《周易正义》说："此卦明改制革命,故名'革'也。"⑤

《革》卦六二曰："己日乃革之,征吉,无咎。"其中的"己日乃革"与卦辞中的"己日乃孚"前后相应。因此,如何理解"己日"之义,就成为理解爻辞乃至全卦之义的关键所在。

在古代汉语中,己、已、巳三字极易混淆,所以学界对"己日"的解释历来众说纷纭,难成定谳。通行本《十三经注疏》作"巳日乃孚""巳日乃革",王弼读"巳日"为"已日",释为结束、终止之日,即改革完成之日。⑥此说流布较广,洪迈《容斋随笔》说："自王辅嗣以降,大抵谓即日不孚,已日乃孚,'已'字读如'矣'音,盖其义亦止如是耳。"⑦"已"字确有结束、终止、完成之义,⑧以此解释"已日乃孚"也勉强可通,但以此解释"已日乃革之"则牵强难通,而二者的含义应是前后相应的。

高亨、李镜池、臧守虎、唐明邦等则认为,《周易》的原文应是"巳日乃孚""巳日乃革之","巳"借为"祀","巳日"即祭祀之日。⑨胡朴安、谢祥荣、黄荣武等人也认为"己"当读为"巳",但为十二地支之"巳",指癸巳日,即《尚书·武成》所记载的

---

① [魏]王弼、[晋]韩康伯注,[唐]孔颖达疏:《周易正义》卷五,《十三经注疏》上册,中华书局,1980年,第60页。
② [宋]黎靖德编,杨绳其、周娴君校点:《朱子语类》第三卷,岳麓书社,1997年,第1658页。
③ [宋]黎靖德编,杨绳其、周娴君校点:《朱子语类》第三卷,岳麓书社,1997年,第1657页。
④ [清]李光地:《周易折中》,巴蜀书社,2014年,第568页。
⑤ [魏]王弼、[晋]韩康伯注,[唐]孔颖达疏:《周易正义》卷五,《十三经注疏》上册,中华书局,1980年,第60页。
⑥ 参见楼宇烈《周易注校释》,中华书局,2012年,第183页。
⑦ [宋]洪迈撰,穆公校点:《容斋随笔》上,上海古籍出版社,2015年,第159页。
⑧ 《广雅·释诂》:"已,成也。"《玉篇·巳部》:"已,毕也。"《国语·齐语》:"有司已于事而竣。"韦昭注:"已,毕也。"
⑨ 参见高亨《周易古经今注》,上海书店,1991年,第169—170页;李镜池《周易通义》,中华书局,1981年,第97—98页。臧守虎《〈易经〉读本》,中华书局,2007年,第283—285页。唐明邦《周易评注》,中华书局,1995年,第128页。

武王伐纣日"。① 单从卦辞来看,上述说法似乎各有道理,但从整个《革》卦来考察,则经不起推敲。

唐代李鼎祚、宋代朱震、清代顾炎武、近代尚秉和等人则认为,《周易》的原文应是"己日乃孚""己日乃革之","己"为十天干之"己"。

与传世本《周易》不同,上博楚简《周易·革》卦卦辞作"改日乃孚",六二爻辞作"改日乃革之"。② 一些学者以此为依据对卦爻辞进行了重新释读。濮茅左释"改"为"攺",释"攺日"为"逐鬼禳祟之日"。③ 朱兴国又进一步指出,"攺日"乃指革凶除害之日,即建除十二辰中的"除日",亦即丛辰十二辰中的"害日"。④ 邢文认为,今本《周易》的"巳日乃孚""巳日乃革之"之"巳",当以"巳"字古义读之,"巳"即是"改","巳日"即是改革之日,上博楚简《周易》径作"改日乃孚",是为确证。⑤ 于茀则认为,"改日"与关乎古礼的"改邑""改火""改岁"等语在形式上相似,"改日"之"日"应指"历数","改日"当指改革历法,即所谓"改正朔"。⑥ 上述各家都以上博楚简《周易》的异文为立论根据,以"改"或"攺"为本字、正字来解说卦爻之辞,虽然不乏新意,但从整个《革》卦来考察,仍然有牵强之处。

笔者以为,上述诸说中,"己日"说最为合理。"己日"在卦中共出现两次,除卦辞外,六二爻又说:"己日乃革之,征吉,无咎。"非常明确地说出"己日"乃改革开始之日。而改革选择在"己日"进行,说明"己日"必然具有特殊的意义。

唐李鼎祚《周易集解》作"己",其引虞翻、荀爽注皆读"己日"之"己"为十天干之"己",但对"己日"的特殊意义并未作出具体说明,仅仅是从象数的角度解易。⑦ 宋代朱震《汉上易传》首次对己日作出比较明确的解释:"(己)当读作'戊己'之'己',十日至'庚'而更;更,革也。"⑧ 明末清初顾炎武《日知录》承袭此说,并进一步加以分析申述:"天地之化,过中则变,日中则昃,月盈则食,故《易》之所贵者中。十干则戊己为中,至己则过中,而将变之时矣,故受之以庚,庚者,更也。天下之

---

① 参见胡朴安《周易古史观》,上海古籍出版社,2006 年,第 141—143 页;谢祥荣《周易见龙》,巴蜀书社,2010 年,第 480—481 页;黄荣武《〈周易〉革卦中的武王伐纣日——"戊子"说质疑》,《北京化工大学学报》2004 年第 3 期。
② 马承源主编:《上海博物馆藏战国楚竹书》(三),上海古籍出版社,2003 年,第 59 页。
③ 马承源主编:《上海博物馆藏战国楚竹书》(三),上海古籍出版社,2003 年,第 199 页。
④ 朱兴国:《楚竹书〈周易·革〉"改日"考释》,简帛研究网 2007 年 3 月 4 日。
⑤ 邢文:《〈诗论〉之"改"与〈周易〉之"革"》,《中国哲学史》2011 年第 1 期。
⑥ 于茀:《楚简〈周易〉革卦"改日"考释》,《复旦大学学报》2016 年,第 4 期。
⑦ 参见[清]李道平《周易集解纂疏》,十三经清人注疏丛书本,中华书局,1994 年,第 436 页,439 页。
⑧ [宋]朱震:《汉上易传》卷五,《十八名家解周易》第四辑,长春出版社,2009 年,第 339 页。

事当过中而将改变之时,然后革而人信之矣。"①近代学者尚秉和《周易尚氏学》认同顾氏之说。② 今人黄寿祺、张善文《周易译注》也持这种观点,认为:"古代以'十干'纪日,己正当前五数与后五数之中而交转相变之时,故有'转变'的象征寓意;其后一数'庚',则有'已变庚'之义。卦辞取'己日'为象,说明面临当须'转变'之际果断推行变革,并能够心怀'孚信',则天下也将以'信'应之;这样就可获'元亨',利于守'正',其悔必将消亡。"③与其他说法相较,这种观点最有理据,令人信服。

"己"是十天干的第六位。在上古时代,六是个具有特定含义的数字,表示事物发展的极端状态,这种意义的形成,源于人类的六方位观念。④《黄帝内经·素问·六节脏象论》称:"天以六六之节以成一岁。""天有十日,日六竟而周甲,甲六复而终岁,三百六十日法也。"⑤六十日为一甲子,六甲子为一岁,六表示一个时段的终结、极点。《管子·幼官》以数字与季节相配,春为八,夏为七,季夏为五,秋为九,冬为六。《礼记·月令》也以六配冬。冬季是一年的终结,六也包含终结、极点的意义,所以二者相配。而"己"在天干序列中位居第六,自然也包含终结、极点的意义,代表着事物发展的极端状态。

《汉书·律历志上》有"理纪于己,敛更于庚"之说。⑥ 所谓"理纪"即治理之义。《国语·周语》:"稷则遍诫百姓,纪农协功。"韦昭注:"纪谓综理也。"⑦《穀梁传·庄公二十二年》:"灾,纪也。"范宁注:"灾谓罪恶。纪,治理也。有罪当治理之。"⑧而"敛更"则为"改更"之误。王念孙《读书杂志》四"敛更"条曰:"敛更二字义不相属,诸书亦无训更为敛者,敛当为改字之误也。郑注《月令》云:'庚之言更也,万物皆肃然改更。'范望注《太元·元数》云:'庚,取其改更。'皆其证也。……

---

① [明]顾炎武著,黄汝成集释:《日知录集释》,上海古籍出版社,2006年,第28—29页。
② 参见尚秉和《周易尚氏学》,九州出版社,2005年,第287页。
③ 黄寿祺、张善文《周易译注》,上海古籍出版社,2004年,第377页。
④ 参见叶舒宪、田大宪《中国古代神秘数字》第六章"飞龙御六合",社会科学文献出版社,1998年,第109—137页。
⑤ [清]张志聪:《黄帝内经素问集注》,中医非物质文化遗产临床经典名著丛书本,中国医药科技出版社,2014年,第34、35页。
⑥ [汉]班固撰,[唐]颜师古注:《汉书》二,吉林人民出版社,1998年,第774页。
⑦ [战国]左丘明撰,[三国吴]韦昭注:《国语》,中国史学要籍丛刊本,上海古籍出版社。2015年,第13页。
⑧ [晋]范宁注,[唐]杨世勋疏:《春秋穀梁传注疏》卷六,《十三经注疏》下册,中华书局,1980年,第2385页。

《月令正义》引此正作'改更于庚'。"[①]由此可见,《汉书·律历志》也是把己日视为适于治理之时,是事物发展到极端状态的阶段,接下来的"庚"则代表着事物已经实现了"改更"。

由此可见,《周易·革》卦的"己日乃孚""己日乃革之",讲的是变革的时机问题。己日是天干的第六位,象征旧事物已经发展到终极阶段,改革的条件已经成熟。在这种时机进行变革,才能取得民众的信任,大胆前行,必获吉祥。

---

[①] [清]王念孙:《读书杂志》,中国训诂学研究会主编"高邮王氏四种"之二,江苏古籍出版社,1985年,第211页。

# 《革》之九五：大人虎变，未占有孚

对于九五爻辞的训释，学界也存在不同的说法，主要争论焦点在于"变"字之义。传统观点皆以"变"为动词，为变化之义。现代一些学者则提出了新的观点，认为"变"为名词。如闻一多《周易义证类纂》、高亨《周易古经今注》、臧守虎《易经读本》等皆认为变、辩、辫古皆通用，义为文。"大人虎变"犹言"大人虎文"，"虎文"即指老虎的毛色斑纹。① 训"变"为"文"，虽然存在训诂学上的依据，但以此来解读爻辞，并不符合《革》卦的义理。

笔者认为，"变"当为动词，义为变化，如程颐《程氏易传》所说："变者，事物之变。"②在本卦中则指虎豹毛色斑纹的变化。朱熹《周易本义》说："虎，大人之象。变，谓希革而毛毨也。"③李道平《周易集解纂疏》说："变，谓毛希革而易新。"④即谓虎豹旧毛脱落，改换新毛。虎豹是中国境内毛色斑文最为绚烂多彩的大型动物，《文心雕龙·原道》说："虎豹以炳蔚凝姿。"⑤《文心雕龙·情采》又说："虎豹无文，则鞟同犬羊。"⑥"鞟"是去毛的兽皮。虎豹以斑斓的皮毛形成雄姿。如果虎豹没有

---

① 案：闻一多《周易义证类纂》曰："新出熹平石经变作辩。《说文》曰：'辩，驳文也。'《广韵》辩同斑。《文选·上林赋》'被斑文'注曰：'斑文，虎豹之皮也。'《七启》'拉虎摧斑'注曰：'斑，虎文也。'……《汉书·叙传上》曰：'楚人谓虎文斑。'虎变彪变，犹言虎文豹文，故《象传》曰'其文炳''其文蔚'。"(《闻一多全集》二，生活·读书·新知三联书店，1982年，第11—12页) 高亨《周易古经今注》曰："变疑借为辩，古字通用。《困·文言传》：'由辩之不早辩也。'《释文》：'辩荀作变。'《礼记·礼运》：'大夫死宗庙谓之变。'郑注：'变当作辩，声之误也。'并其佐证。《说文》：'辩，驳文，从文，辡声。'《广雅·释诂》：'辩，文也。'然则大人虎变犹云大人虎文矣。上六云：'君子豹变。'义同。《象传》曰：'大人虎变，其文炳也。君子豹变，其文蔚也。'正以文释变耳。"(上海书店，1991年，第171页) 臧守虎《〈易经〉读本》则认为，"虎变""豹变"的"变"字"语出双关，文蕴两意"，"既有变改、改革的意思，古代又与'辫''斑'通用，有斑文、文饰的意思。"(中华书局，2007年，第287—288页)
② 梁韦弦：《〈程氏易传〉导读》，齐鲁书社，2003年，第290页。
③ 萧汉明、林忠军：《〈周易本义〉导读》，齐鲁书社，2003年，第144页。
④ [清]李道平：《周易集解纂疏》，十三经清人注疏丛书本，中华书局，1994年，第442页。
⑤ [南朝梁]刘勰著，詹锳义证：《文心雕龙义证》上，上海古籍出版社，1989年，第8页。
⑥ [南朝梁]刘勰著，詹锳义证：《文心雕龙义证》中，上海古籍出版社，1989年，第1148页。

了绚烂多彩的毛色斑文,那么虎豹的皮就如同犬羊的皮了。当然,虎豹毛色斑文的炳蔚多姿,绚烂多彩,并非与生俱来,而是长大退掉绒毛后,才变得疏朗焕散,鲜艳美丽。陆佃《埤雅》说:"古云:虎豹之驹,未成文已有食牛之气。及长退毛,然后疏朗焕散,盖亦养而成之。"①这个由未成文到成文的变化过程,就是所谓"虎变""豹变"。《象传》说:"大人虎变,其文炳也。""君子豹变,其文蔚也。"其意是说,虎变而"其文炳","豹变"而"其文蔚"。"虎变""豹变"是因,"文炳""文蔚"是果。唐李德裕《望匡庐赋》云:"豹文忽变,蔚然以姿。"②"蔚然以姿",正是"豹文忽变"的结果。清刘大櫆《论文偶记》曾引此爻阐发文章变化之理曰:"文贵变。《易》'虎变文炳,豹变文蔚',又曰'物相杂,故曰文'。故文者,变之谓也。一集之中篇篇变,一篇之中段段变,一段之中句句变,神变、气变、境变、音节变、字句变。"③虎变而文炳,豹变而文蔚,文章体现出变化之理,就会更具有文彩。都是把"虎变""豹变"之"变"理解为变化之义。

在易理中,"文"与"变"有着密切关系,"文"乃是"变"的结果,是在变化的过程中形成的。《贲》卦《彖》传说:"观乎天文,以察时变;观乎人文,以化成天下。"天文即天的文采,指日月星辰的运动变化等天文现象,人文即人的文采,指社会典章、礼仪等人文现象。化就是"变",指教行之后民众的变化。所谓"教行于上,则化成于下"。④"天文"是"时变"的结果,"人文"是"化成天下"的结果,所以王弼《周易注》说:"观天之文,则时变可知也;观人之文,则化成可知也。"⑤观察天之文,就可以察知时序的变化;观察人之文,就可以察知教行之后社会秩序的变化。《系辞传》中还有"通其变,遂成天下之文"的著名论断。高亨《周易大传今注》说:"成犹定也。"⑥"天下之文"是因事物不断变化而形成的,因此通晓事物变化的规律,就可以推定"天下之文"。由此可见,"变"是绝对的,"文"是相对的,没有"变"也就没有"文",不懂得"变",也就不懂得"文"了。就爻辞而言,虎变而文炳,则是比喻大人推行变革之后自身的德业焕然一新,声威昭著天下,就像老虎的毛皮经过希革之

---

① [清]陈梦雷等编纂:《古今图书集成》第52册,《博物汇编·禽虫典·豹部汇考》引,中华书局、巴蜀书社,1985年。
② 吴宗慈编撰:《庐山志》下册,江西人民出版社,1996年,第27页。
③ 漆绪邦、王凯符选注:《桐城派文选》,安徽人民出版社,1984年,第185页。
④ [汉]许慎撰,[清]段玉裁注:《说文解字注》,上海古籍出版社,1981年,第691页。
⑤ 案今本王弼《周易注》作"观人之文,则化成可为也",清阮元《周易校勘记》曰:"古本'为'作'知'。"似于义更胜,今从之。
⑥ 高亨:《周易大传今注》,齐鲁书社,1998年,第400页。

后,变得疏朗焕散,绚烂多彩。正如孔颖达《周易正义》所说:"九五居中处尊,以大人之德为革之主,损益前王,创制立法,有文章之美,焕然可观,有似虎变,其文彪炳。"[1]邓秉元《周易义疏》也说:"大人虎变者,言大人一革,如虎之毛毯,文采灿然,是所谓文炳。"[2]

"占",是有疑而问;"未占",是不须占问,等于说不须置疑。爻辞说,大人推行变革后,既显其德,又见其威,天下之人心无疑虑,无不信从。《周易集解》引马融曰:"虎变威德,折冲万里,望风而信。"[3]孔颖达《周易正义》曰:"汤武革命,广大应人,不劳占决,信德自著。"[4]

---

[1] [魏]王弼、[晋]韩康伯注,[唐]孔颖达疏:《周易正义》卷五,《十三经注疏》上册,中华书局,1980年,第61页。
[2] 邓秉元:《周易义疏》,上海古籍出版社,第297页。
[3] [清]李道平:《周易集解纂疏》,十三经清人注疏丛书本,中华书局,1994年,第442页。
[4] [魏]王弼、[晋]韩康伯注,[唐]孔颖达疏:《周易正义》卷五,《十三经注疏》上册,中华书局,1980年,第61页。

# 《鼎》之九四:鼎折足,覆公悚,其形渥,凶

"覆",倾覆,倾倒。

"悚",音 sù。郑玄《周易注》:"糁谓之悚,震为竹,竹萌曰笋,笋者悚之为菜也,是八珍之食"。①孔颖达《周易正义》:"悚,糁也,八珍之膳,鼎之实也。"②字或作"𩚳"。《说文·𩞬部》:"𩚳,鼎实,惟苇及蒲。……从𩞬速声。或从食、束。"《玉篇·𩞬部》:"𩚳,鼎实,或作悚。"字又作"蔌"。《诗经·大雅·韩奕》:"其蔌惟何,惟笋及蒲。"毛传:"蔌,菜也。"《尔雅·释器》:"菜谓之蔌。"郭璞注:"蔌者,菜茹之总名。"郝懿行义疏:"蔌者,悚之假音也。"③马瑞辰《毛诗传笺通释》:"蔌即悚字之异体。"④由此可见,"悚"又作"𩚳"或蔌,是一种糁与笋等做成的菜粥,乃当时的"八珍之食"。

"形",指鼎身。帛书《周易》作"刑"。丁寿昌《读易会通》:"古刑与形通。……《汉高彪碑》:'形不妄滥。'《隶释》云:'以形为刑。'《楚相孙叔敖碑》:'因埋掩其刑。'……《隶释》云:'以刑为形。'"⑤《孔子家语·屈节解》:"诚于此者刑乎彼。"《颜氏家训·名实》引作"诚于此者形于彼"。⑥皆表明"刑"与"形"古字通用。

"渥",音 wò。《说文》:"渥,沾也。"《广雅·释诂》:"渥,浊也。"王弼《周易

---

① [汉]郑玄撰,[宋]王应麟等辑,[清]惠栋考补:《增补郑氏周易》卷中,《十八名家解周易》第一辑,长春出版社,2009年,第18页。
② [魏]王弼、[晋]韩康伯注,[唐]孔颖达疏:《周易正义》卷五,《十三经注疏》上册,中华书局,1980年,第61页。
③ [清]郝懿行:《尔雅义疏》,安作璋主编《郝懿行集》第四册,齐鲁书社,2010年,第3260页。
④ [清]马瑞辰撰,陈金生点校:《毛诗传笺通释》,十三经清人注疏丛书本,中华书局,1989年,第1010页。
⑤ [清]丁寿昌:《读易会通》,成都古籍书店,1988年,第569页。
⑥ 王利器:《颜氏家训集解》,新编诸子集成本,中华书局,1993年,第306页。

注》："渥，沾濡之貌也。"①丁易东《周易象义》："鼎覆则膏沈缘其外边而下，故其形渥。"②查慎行《周易玩辞集解》："形渥乃覆公𫗧之象，谓鼎旁汁沈淋漓也。"③

爻辞说，鼎器难承重荷鼎足断折，王公的美食被倾覆，鼎身沾濡龌龊，有凶险。

鼎是商周时期权贵之家的烹煮食器，由青铜铸成，一般为圆形三足，少数为方形四足。一旦鼎足折断，鼎身翻倒，鼎中的"八珍之膳"就会被倾覆，鼎身也会被沾濡玷污。从鼎的角度说，折足覆𫗧是由于鼎实超重，鼎承载了超出自己负荷能力的菜粥。古人由此推阐的义理为，凡不自量力，强任其事者，难免自及凶灾。《系辞传》说："德薄而位尊，知小而谋大，力小而任重，鲜不及矣！《易》曰：'鼎折足，覆公𫗧，其形渥，凶。'言不胜其任也。"认为道德浅薄而占据尊位，智慧不足而谋划大事，力量微小却担当重任，很少有不遇到灾祸的。《鼎》卦九四爻辞言说的就是不胜其任而遭遇凶险的道理。王弼《周易注》说："知小谋大，不堪其任，受其至辱，灾及其身，故曰'其形渥，凶'也。"④与《系辞传》的论述一脉相承。《易林·解之观》说："布衣在位，乘非其器。折足覆𫗧，毁伤我玉。"⑤虽是化用易辞，但也准确而形象地阐明了此爻的意旨。班彪《王命论》曾引此爻说："驽蹇之乘，不骋千里之途；燕雀之畴，不奋六翮之用；楶棁之材，不荷栋梁之任；斗筲之子，不秉帝王之重。《易》曰：'鼎折足，覆公𫗧。'不胜其任也。"⑥提醒世人要正视自己的现实条件，要有自知之明，凡事都要量力而行，否则就会折足覆𫗧，招致凶祸。胡瑗《周易口义》也说："夫鼎之实必有齐量，不可以盈溢。若遇其盈溢，必有覆𫗧之凶。君子之人，虽有才德，亦有分量。若职事过其才分，则有隳官之谤矣。"⑦

从用鼎者的角度说，折足覆𫗧是由于以小鼎承重𫗧，是选用不当。古人由此推阐的义理是，干天下大事者要知人善用，任非其人，则后患无穷。董仲舒《春秋繁露·精华篇》说："以所任贤，谓之主尊国安；所任非其人，谓之主卑国危。万世必然，无所疑也。其在《易》曰：'鼎折足，覆公𫗧。'夫鼎折足者，任非其人也；覆公𫗧者，国家倾也。是故任非其人而国家得不倾者，自古至今，未尝闻也。"⑧程颐《程氏

---

① 楼宇烈：《周易注校释》，中华书局，2012年，第187页。
② [宋]丁易东：《周易象义》，四库全书本
③ 张玉亮、辜艳红点校：《查慎行集》第一册，浙江古籍出版社，2014年，第248页。
④ 楼宇烈：《周易注校释》，中华书局，2012年，第187页。
⑤ [汉]焦延寿撰，尚秉和注、常秉义点校：《焦氏易林注》，光明日报出版社，2006年，第431页。
⑥ [南朝梁]萧统编，[唐]李善注：《文选》，岳麓书社，2002年，第1560页。
⑦ [宋]胡瑗：《周易口义》卷十，《十八名家解周易》第五辑，长春出版社，2009年，第388页。
⑧ [清]苏舆撰，钟哲点校：《春秋繁露义证》，新编诸子集成本，中华书局，2002年，第97页。

易传》也说:"四,大臣之位,任天下之事者也。天下之事,岂一人所能独任!必当求天下之贤智,与之协力。得其人,则天下之治,可不劳而致也;用非其人,则败国家之事,贻天下之患。……其不胜任而败事,犹鼎之折足也。"①皆认为爻辞是以用鼎比喻用人。

上述两种观点其实是相通的,只是诠释的角度不同而已。无论是自我用事还是用人谋事,都应度德量力,人尽其才,这样才会避免折足覆𫗧之凶。②

在后世语言中,"折足""覆𫗧""折足覆𫗧"等也因此成为常典,用来比喻不胜其任而坏事、遭灾。如《汉书·叙传》:"外不量力,内不知命,则必丧保家之主,失天年之寿,遇折足之凶,伏鈇钺之诛。"③扬雄《国三老箴》:"负乘覆𫗧,奸宄侏张。"④。《三国志·魏书·何夔传》注引孙盛曰:"公府掾属,古之造士也,必擢时隽,搜扬英逸,得其人则论道之任隆,非其才则覆𫗧之患至。"⑤《后汉书·谢弼传》:"夫台宰重器,国命所继。今之四公,唯司空刘宠断断守善,余皆素餐致寇之人,必有折足覆𫗧之凶。"⑥刘琨《拜谢大将军都督并州表》:"况臣凡陋,拟踪前哲,俯惧折鼎,虑在覆𫗧。"⑦

---

① 梁韦弦:《〈程氏易传〉导读》,齐鲁书社,2003 年,第 295 页。
② 按,"形渥"二字存在异文,因而也形成歧解。帛易作"刑屋"。汉石经、《汉纪十二·武帝纪》引作"刑剭"。吕祖谦《古易音训》说《九家》、京、虞、一行、陆希声皆作"刑剭"。"刑剭"是古代的一种刑罚,指贵族官僚犯法在屋中受刑,以别于民众在市上受刑。故本作"刑屋",后称"刑剭"。自汉代以来,便有学者认为,爻辞当以"刑剭"为正。《周礼·秋官·司烜氏》:"邦若屋诛。"郑玄注:"屋读如'其刑剭'之'剭'。剭诛,谓所杀不于市而适甸师氏者也。"贾公彦疏:"屋诛,谓甸师氏屋舍中诛,则王之同族及有爵者也。"《周礼·天官·醢人》疏引郑玄注:"𫗧之为菜也,是八珍之食,臣下旷官,失君之美道,当刑之于屋中。"《周礼·秋官·司烜氏》疏引郑玄注:"𫗧,美馔。鼎三足,三公象。若三公倾覆王之美道,屋中刑之。"据郑意,此爻用鼎覆作为比喻,说明为人臣,若倾覆王之美道,等待的是在屋中受刑。《汉书·叙传》:"底剧鼎臣。"颜师古注引服虔曰:"底,致也。《周礼》有屋诛,诛大臣于屋下,不露也。《易》曰:'鼎折足,覆公𫗧,其形渥,凶。'谓诛朱博、王嘉之属也。"其对易辞的理解与郑玄同。虞翻作"其刑渥",并云:"刑渥,大刑也。"《汉书·叙传》师古注:"剭者,厚刑,谓重诛也。"无论是"屋中刑之",还是"大刑""重诛",都是说用鼎之人因"覆公𫗧"而"及于刑辟"。此说虽亦可通,但就本卦以鼎设喻而言,以"形渥"为正,释为鼎形沾濡,在文理上更胜一等。
③ [汉]班固撰,[唐]颜师古注:《汉书》四,吉林人民出版社,1998 年,第 2793 页。
④ [清]严可均辑:《全汉文》,商务印书馆,1999 年,第 553 页。
⑤ [晋]陈寿撰,[南朝宋]裴松之注:《三国志》上,中国史学要籍丛刊本,上海古籍出版社,2011 年,第 343 页。
⑥ [南朝宋]范晔撰,[唐]李贤等注:《后汉书》第七册,中华书局,1965 年,第 1860 页。
⑦ [清]严可均辑:《全晋文》中,商务印书馆,1999 年,第 1141 页。

## 《震》之卦辞：震，亨。震来虩虩，笑言哑哑；震惊百里，不丧匕鬯

《周易》第五十一卦名"震"，卦辞及六爻爻辞皆有"震"字。对于"震"字之义，当代学界存在两种不同的说法：一种说法是祖述传统观点，释"震"为雷；另一种说法则释"震"为动，认为卦中言说的是人们面对地震时的种种情状。[①] 单纯从卦爻辞来看，因为文字过于简约古奥，似乎为两种说法都提供了阐释的空间。但是如果从卦名用字、卦象寓意以及古人的信仰实际来看，还是传统观点更有理据，更令人信服。

"震"字从雨，从辰。帛书《周易》卦名正作"辰"。"辰"是"震"的字根，是"震"的本字。商承祚《说文中之古文考》说："辰，（甲骨文）象以手振岩石，乃振之初字。"[②]周谷城《古史零证·释辰》认为，甲骨文中的"辰"字"就形体而言，正像人在崖下凿石之状"，"上面一部分为石头……下半部象征右手拿着槌子，在崖下以槌击凿石之状"。"以槌击凿石，必有震动，必发大声……这等等现象，正是辰字的基本意义。我们的祖宗拿这辰字造作字根，造成许多派生的字来"。[③] 所以"辰"字的基本意义即可表示震动，也可表示雷声。《说文·辰部》曰："辰，震也。三月阳气动，雷电振，民农时也。"许氏以"震"释"辰"属于声训现象，震从辰声，辰含震义。而辰之训震，与下文"雷电振"相应，说明"辰"即可表示雷声，也可表示雷电震动。通行本《周易》卦名作"震"，"震"字的本义正是雷，因为雷雨常常并作，所以"震"

---

① 如程建功《〈周易·震〉卦辞、爻辞正诂》(《周易研究》2005 年第 1 期)，袁宏禹、曹卫玲《试析〈周易·震〉卦的传播观》(《东南传播》2009 年第 2 期)，李立平《〈易经〉震卦对地震的认识》(《地震研究》1991 年第 4 期)，黄天骥《周易辨原·第 51〈震〉辨》(广东人民出版社，2008 年，第 504—510 页)等皆持此说。

② 商承祚：《说文中之古文考》，转引自《汉语大字典》(三卷本)下，四川辞书出版社、湖北辞书出版社，1995 年，第 3606 页"辰"字条。

③ 《周谷城史学论文选集》，人民出版社，1983 年，第 433—434 页。

字从雨,辰声,也兼取"辰"字之义。《说文·雨部》曰:"震,劈历,振物者。"段玉裁注:"劈历,疾雷之名。《释天》曰:'疾雷为霆。'《仓颉篇》曰:'霆,霹雳也。'然则古谓之霆,许谓之震。"①《诗·小雅·十月之交》:"烨烨震电,不宁不令。"《毛传》:"震,雷也。"②《春秋·隐公九年》:"三月癸酉,大雨震电。"《春秋公羊传》何休注:"震,雷也;电,霆也。"③《春秋左传》孔颖达疏:"震是雷之霹雳。"④作为《周易》卦名,"震"字取用的应是其本义——雷。在《国语·晋语》中,司空季子为公子重耳解卦时便说:"震,雷也。"⑤

《震》卦卦象为☳☳,上震下震。八经卦中"震"的卦象为☳,二阴下降,一阳上升,象征阴阳冲突为雷,⑥即《淮南子·地形训》所谓"阴阳相薄为雷",⑦所以《说卦传》说"震为雷"。而六十四卦中的《震》卦是二震相重,所以《象》辞说"洊雷,震;君子以恐惧修省",意为迅雷相继而作,这便是《震》卦的意象;君子观《震》卦之象,悟知应当恐惧天威,修身省过。孔颖达《周易正义》曰:"洊者,重也,因仍也;雷相因仍,乃为威震也。此是重震之卦,故曰'洊雷,震'也。君子以恐惧修省者,君子恒自战战兢兢,不敢懈惰;今见天之怒,畏雷之威,弥自修身,省察己过,故曰'君子以恐惧修省'也。"⑧

雷电霹雳本是一种自然现象,但是在缺乏科学智慧的古代中国人眼中却充满了神秘和恐惧。他们认为这种自然现象是出于上天的意志,代表着天之威怒。《汉书·叙传》:"雷电皆至,天威震曜。"⑨《论衡·雷虚》:"隆隆之声,天怒之音。"⑩上天通过雷电霹雳对人的德行的缺失提出警示或进行惩罚。《诗经·小雅·十月之

---

① [汉]许慎撰,[清]段玉裁注:《说文解字注》,上海古籍出版社,1981年,第1008页。
② [汉]毛亨传,[汉]郑玄笺,[唐]孔颖达疏:《毛诗正义》卷十二,《十三经注疏》上册,中华书局,1980年,第446页。
③ [汉]何休注,[唐]徐彦疏:《春秋公羊传注疏》卷三,《十三经注疏》下册,中华书局,1980年,第2210页。
④ [晋]杜预注,[唐]孔颖达疏:《春秋左传正义》卷四,《十三经注疏》下册,中华书局,1980年,第1734页。
⑤ [战国]左丘明撰,[三国吴]韦昭注:《国语》,中国史学要籍丛刊本,上海古籍出版社,2015年,第239页。
⑥ 参见张善文《八卦名义略说》,《湖南科技学院学报》,2008年第6期。
⑦ 何宁:《淮南子集释》上,新编诸子集成本,中华书局,1998年,第377页。
⑧ [魏]王弼、[晋]韩康伯注,[唐]孔颖达疏:《周易正义》卷五,《十三经注疏》上册,中华书局,1980年,第62页。
⑨ [汉]班固撰,[唐]颜师古注:《汉书》四,吉林人民出版社,1998年,第2813页。
⑩ [汉]王冲撰,黄晖校释:《论衡校释》一,新编诸子集成本,中华书局,1990年,第294页。

《震》之卦辞:震,亨。震来虩虩,笑言哑哑;震惊百里,不丧匕鬯

交》:"烨烨震电,不宁不令。"郑笺:"雷电过常,天下不安,政教不善之征。"①因此雷电霹雳的规训与惩罚,某种意义上就成了人们坚守道德理性的依托。《论语·乡党》:"迅雷风烈,必变。"朱熹集注:"必变者,所以敬天之怒。"②《礼记·玉藻》:"若有疾风、迅雷、甚雨则必变,虽夜必兴,衣服冠而坐。"郑玄注:"必变、必兴而坐,敬天之怒。"③孔颖达疏曰:"所以敬畏天威也。"④《淮南子·时则训》《吕氏春秋·仲春纪》《礼记·月令》等典籍中还有闻雷"戒慎容止"的说法。闻雷必变,戒慎容止,就是根据天威的警示而"恐惧修省",调整自己的行为。《震》卦《象传》正是基于人们对雷电霹雳的敬畏心理,而把上天的警示与人的道德修省联系起来。

"震"之本义为雷。按照象辞相应之理,卦名及卦中之"震"皆应释为雷。而从上古时代的信仰实际来看,只有释为雷,震卦卦义及卦爻辞的义理才能得到合理揭示。

卦辞曰:"震,亨。震来虩虩,笑言哑哑;震惊百里,不丧匕鬯。"这实质上是从两个层面阐明了面对雷震应当持有的态度。

第一层是"震来虩虩,笑言哑哑",其义理与《象传》近同。

"虩",音 xì。王弼《周易注》:"虩虩,恐惧之貌也。"⑤《释文》:"马云'恐惧貌',郑同。荀作愬愬。"⑥《帛易》作"朔朔"。《履》卦九四:"履虎尾,愬愬终吉。"《释文》云:"马本作虩虩,……云恐惧也。"⑦《说文·虎部》:"虩,《易》'履虎尾虩虩',恐惧也。"正与马本同。《汉书·石奋传》:"童仆愬愬如也,唯谨。"颜师古注:"此愬读与阋阋同,谨敬之貌也。"⑧《吕氏春秋·慎大览》曾引《履》卦九四爻辞,高诱注曰:"愬,……读如虩。"⑨据此可知,"愬""虩"二字音同义近而互假,为恐惧而戒慎之义。

"哑",音 è。《说文·口部》:"哑,笑也。"《玉篇·口部》:"哑,笑声。"《经典释

---

① [汉]毛亨传,[汉]郑玄笺,[唐]孔颖达疏:《毛诗正义》卷十二,《十三经注疏》上册,中华书局,1980年,第446页。
② [宋]朱熹:《四书章句集注》,中华书局,2011年,第116页。
③ [清]孙希旦:《礼记集解》引,十三经清人注疏丛书本,中华书局,1989年,第786页。按,《礼记正义》引郑玄注仅有"敬天之怒"四字。
④ 此为《礼记·月令·仲春之月》孔颖达疏引《玉藻》时的释语。见[汉]郑玄注,[唐]孔颖达疏《礼记正义》卷十五,《十三经注疏》上册,中华书局,1980年,第1362页。
⑤ 楼宇烈:《周易注校释》,中华书局,2012年,第189页。
⑥ [唐]陆德明:《经典释文·周易音义》,《十三经注疏》上册,中华书局,1980年,第102页。
⑦ [唐]陆德明:《经典释文·周易音义》,《十三经注疏》上册,中华书局,1980年,第99页。
⑧ [汉]班固撰,[唐]颜师古注:《汉书》三,吉林人民出版社,1998年,第1533页。
⑨ 王利器:《吕氏春秋注疏》第三册,巴蜀书社,2002年,第1640页。

文》引马融曰:"哑哑,笑声。"①扬雄《法言·学行》:"或人哑而笑曰:'须以发策决科。'"②《吴越春秋·越王无余外传》:"禹乃哑然而笑。"徐天佑注:"哑,笑声。"③

《震》卦象征着迅雷相仍,天威震怒,而卦辞则占断为"亨"。当然,这个"亨"是有条件的,那就是"震来虩虩"。当迅雷相仍之时,心怀恐惧戒慎,修饬其身,省察其过,有则改之,无则加勉,如此即可"笑言哑哑",获致亨通。孔颖达《周易正义》说:"震既威动,莫不惊惧;惊惧以威则物皆整齐,由惧而获通,所以震有'亨'德。"④牛钮《日讲易经解义》说:"震亨何如?人当震之来时,苟能虩虩然恐惧修省、而不敢有一毫慢易之心,则图维之周、虑事之熟,始于忧勤、终于安适,而一笑一言皆哑哑自如矣。……震有亨道如此。"⑤《象》曰:"'震来虩虩',恐致福也;'笑言哑哑',后有则也。"认为"震来虩虩,笑颜哑哑"是说恐惧谨慎能够带来福泽,警惧之后行为就能遵循法则。《周易正义》说:"威震之来,初虽恐惧,能因惧自修,所以致福也。……致福之后,方有笑言,以曾经戒惧,不敢失则。"⑥牛钮《日讲易经解义》说:"云震来虩虩者,盖忧患灾害自外而来,惟心存戒惧,不敢少宁,则忧患消而安乐至,恐虽非福,乃所以致福也。又云笑言哑哑者,盖遇事而惧,则审虑必极其精,区画必极其当,一举一动无不合于法则,此所以得相安无事而笑言哑哑也。"⑦

第二层"震惊百里,不丧匕鬯",又从另一个角度揭示了面对雷震应当持有的态度。

"震惊百里",是比喻雷声震惊的地域之广。《象》曰:"'震惊百里',惊远而惧迩也。"程颐《程氏易传》曰:"雷之震及于百里,远者惊、迩者惧,言其威远大也。"⑧

"匕",是古代的一种取食的器具,长柄浅斗,形状像汤勺。《说文》:"匙,匕也。"王弼《周易注》:"匕,所以载鼎实。"孔颖达《周易正义》引陆绩云:"匕者,棘匕。桡鼎之器。"又云:"匕形似毕,但不两岐耳。以棘木为之,长三尺,刊柄与末。《诗》云'有捄棘匕'是也。用棘者,取其赤心之义。祭祀之礼,先烹牢于镬,既纳诸

---

① [唐]陆德明:《经典释文·周易音义》,《十三经注疏》上册,中华书局,1980年,第102页。
② 汪荣宝:《法言义疏》,新编诸子集成本,中华书局,1987年,第31页。
③ 张觉:《吴越春秋校正注疏》,知识产权出版社,2014年,第186页。
④ [魏]王弼、[晋]韩康伯注,[唐]孔颖达疏《周易正义》卷五,《十三经注疏》上册,中华书局,1980年,第61—62页。
⑤ [清]牛钮等:《日讲易经解义》,海南出版社,2012年,第407—408页。
⑥ [魏]王弼、[晋]韩康伯注,[唐]孔颖达疏《周易正义》卷五,《十三经注疏》上册,中华书局,1980年,第62页。
⑦ [清]牛钮等:《日讲易经解义》,海南出版社,2012年,第408页。
⑧ 梁韦弦《程氏易传》导读,齐鲁书社,2003年,第298页。

《震》之卦辞：震，亨。震来虩虩，笑言哑哑；震惊百里，不丧匕鬯

鼎而加幂焉。将荐乃举幂而以匕出之，升于俎上，故曰'匕，所以载鼎实'也。"①匕是古代的一种取食的器具，用来盛入或取出鼎中的食物，即所谓"载鼎食"。卦中匕、鬯连用，则"匕鬯"之"匕"当指匕中之"柶"，又名"角匕"。《说文》曰："匕，……一名柶。"又曰："礼有柶，柶，匕也。"段玉裁注："盖常用器曰匕，礼器曰柶。"②《广韵·至韵》："柶，角匕，大丧用之。"，《仪礼·士冠礼》郑玄注："柶，状如匕，以角为之者，欲滑也。"③柶是古代的一种盛甜酒的礼器，《仪礼·士冠礼》："凡醴皆设柶。"又曰："以柶祭醴三，兴，筵末坐，啐醴，建柶。"郑玄注："建柶，扱柶于醴中。"④醴即甜酒。古籍中言及"柶"，皆与醴有关。

"鬯"，音 chàng，古代祭祀所用香酒名。《尚书·周书·洛诰》云："予以秬鬯二卣。"孔颖达疏曰："《释草》云：'秬，黑黍。'《释器》云：'卣，中罇也。'以黑黍为酒煮郁金之草，筑而和之，使芬香调畅，谓之秬鬯。"又云："《周礼》'郁鬯之酒，实之于彝'，此言在卣者，《诗·大雅·江汉》及《文侯之命》皆言'秬鬯一卣，告于文人'，则未祭实之以卣，祭时实之以彝。"⑤可见古代祭祀时，须用角匕把专供祭典用的黑黍郁金草香酒从卣中取出放入彝中。"匕鬯"即指此时盛在角匕中的香酒。故《说文》云："鬯，以秬酿郁草，芬芳攸服以降神也。……匕所以扱之。《易》曰：'不丧匕鬯。'"⑥

迅雷相仍，声闻百里，远近皆惊，而主祭者手持角匕中的香酒却不曾洒落一滴，正说明其处变不惊，镇定自若，素养高深。这样的人才能担当大任，因此《象传》说："出，可以守宗庙社稷，以为祭主也。"王弼《周易注》也说："不丧匕鬯，则己出可以守宗庙。"⑦"宗庙社稷"代指国家，"祭主"代指一国之主，即诸侯。面临霹雳震动而能不丧匕鬯，则堪任祭祀之主；面临社会震荡而能镇定自若，则堪任一国之领袖。牛钮《日讲易经解义》说："所谓震惊百里者，盖言国家事变卒临，众志摇动，如雷震百里之内，远迩皆为之惊惧也。当此时而有长子之责者，乃能处之凝定，不失所主，

---

① [魏]王弼、[晋]韩康伯注，[唐]孔颖达疏：《周易正义》卷五，《十三经注疏》上册，中华书局，1980年，第62页。
② [汉]许慎撰、[清]段玉裁注：《说文解字注》，上海古籍出版社，1981年，第691页，第479页。
③ [汉]郑玄注、[唐]贾公彦疏：《仪礼注疏》卷二，《十三经注疏》上册，中华书局，1980年，第951页。
④ [汉]郑玄注、[唐]贾公彦疏：《仪礼注疏》卷二，《十三经注疏》上册，中华书局，1980年，第952—953页。
⑤ [汉]孔安国传，[唐]孔颖达疏：《尚书正义》卷十五，《十三经注疏》上册，中华书局，1980年，第216—217页。
⑥ [汉]许慎撰、[清]段玉裁注：《说文解字注》，上海古籍出版社，1981年，第404—405页。
⑦ 楼宇烈：《周易注校释》，中华书局，2012年，第190页。

则持重之德真足以负荷重器,可以守宗庙社稷而为天地神人之祭主矣。"①

《尚书·尧典》中有舜"烈风雷雨弗迷"而"陟帝位"的记载,②《史记·五帝本纪》写作:"尧使舜入山林川泽,暴风雷雨,舜行不迷。"③宋蔡沈《书经集传》释其义为:"遇烈风雷雨非常之变而不震惧失常,非固聪明诚智确乎不乱者,不能也。《易》:'震惊百里,不丧匕鬯。'义为近之。"④这是说,舜处于大自然的恶劣环境中,虽经不寻常的烈风雷雨之变,仍能镇静如恒,安然而处,且无所迷惘。由此可证其足堪大任,所以《史记·五帝本纪》说:"尧以为圣。"⑤这与《震》卦《象传》"不丧匕鬯"则"出可以守宗庙社稷"的意旨相同。

---

① [清]牛钮等:《日讲易经解义》,海南出版社,2012年,第408页。
② [汉]孔安国传,[唐]孔颖达疏:《尚书正义》卷三,《十三经注疏》上册,中华书局,1980年,第126页。
③ 邹得金整理:《名家注评史记》上,天津人民出版社,2010年,第10页。
④ 王春林:《〈书集传〉研究与校注》,人民出版社,2012年,第193页。
⑤ 邹得金整理:《名家注评史记》上,天津人民出版社,2010年,第10页。

# 《艮》之卦辞：艮其背，不获其身；行其庭，不见其人，无咎

《艮》卦卦辞是《周易》中最有名的卦辞之一，深受历代经学家和哲学家的重视，曾被反复讨论、广为征引。值得注意的是，人们对卦辞具体含意的解读一直众说纷纭，让人难以把握，所以有必要加以辨正。

"艮"字甲骨文作𠁾，篆文作𥃩，与"見"（𥃩）的文字构形相近。"見"字从目从儿，儿为正面人形，表示向前看。"艮"字从目从匕，"匕"为反人，表示扭头向后看。唐兰《殷墟文字记》说："见为前视，艮为回顾。"[①]人的头颈转动的角度有限，扭头向后看时，头颈转到一定角度就会受限而止，眼光也随之定止不动。由此"艮"字引申为限止、停止之义。[②]

《说文·匕部》说："艮，很也。从匕目。……《易》曰：'艮其限。'匕目为限。"许慎以"很"释"艮"，曾引发后人许多争议和误解。其实此处之"很"乃"限"字之误。《广韵·去声·二十七恨》引《说文》即作"限"："艮，卦名也，止也，《说文》'限也'。"清钮树玉《段氏说文注订》认为："《广韵》引作'限也'，与下文引《易》合，亦

---

① 唐兰：《殷墟文字记》，转引自李圃、郑明主编《古文字释要》"艮"字条，上海教育出版社，2010 年，第 789 页。
② 按"艮"字之义，古代易著皆以限止为训，现代易著则提出多种新说，如高亨《周易古经今注》认为，在甲、金文等早期文字中，"見"字从目从人，而"艮"字从目从匕，匕即人之反文，则艮即见之反文。艮者顾也，为还视之义，引申为注视之义。（上海书店，1991 年，第 179—180 页）徐山《释"艮其背"》认为，在甲骨文中字形形体的正书和反书无别，"艮"和"見"本为一字，"艮"的本义就是"見"，"艮其背"即见其人之背。（《泉州师范学院学报》2003 年第 1 期）陈鼓应、赵建伟《周易今注今译》认为，古代艮、谨同为见母文部字，为同音字。"艮"字当为"谨"字之假。"艮其背"意为谨慎其背后。（商务印书馆，2005 年，第 466 页）刘琳《〈艮卦〉新解》认为："'艮'有'弯'之义。""'艮其背'者，'谦逊恭和之貌'。"（《现代语文》2013 年第 4 期）金春峰《周易经传梳理与郭店楚简思想新释》认为，帛书《周易》"艮"作"根"，《易传》皆训"艮"为"止"，"止原为趾，脚趾，与根义相通，根植于人，即为趾。"因此"艮"应训为趾。（中国言实出版社，2004 年，第 14 页）鲁庆中《'艮'者，根也——〈周易〉艮卦名义新释》则认为："艮"当依帛书《周易》释为"根"。笔者以为，现代学者提出的新说虽不乏创见，但皆不及传统的"限止说"更切合卦爻之义，故本节文字试为申说。

·277·

与《正义》合","当不误"。① 严章福《说文校议议》说:"当作'限'也。下文独引九三爻辞,亦为字训限。"②沈涛《说文古本考》也说:"《广韵·二十七恨》引'很'作'限',盖古本如是。《易传》曰:'艮,止也。'止即限义。许引《易》'艮其限',正释限之义。今本乃字形相近之误。"③由此可见,《说文》原本就是训"艮"为"限"。《释名》也说:"艮,限也。"

"艮"之本义为"限",所以从艮得声之字也多含有"限止"义,如垠字从土艮声,《广雅疏证·释丘》:"垠,厓也。凡边界谓之垠。"④《后汉书·班固传》"南趡朱垠"李善注引《说文》:"垠,界也。"⑤限字从阜艮声,《说文·阜部》:"限,阻也。"《小尔雅·广诂》:"限,界也。"⑥眼睛的"眼"也从艮得声,含有"限"义。《释名·释形体》:"眼,限也。"人的眼珠在眼眶当中,受眼眶的限制。眼珠灵活转动而能不出于外,赖有限以止之,所以《释名》以"限"释"眼"。《周礼·考工记·轮人》:"望其毂,欲其眼也。"郑玄注:"郑司农云:眼读如限切之限。"⑦他如"跟"字,本义为足跟部,即脚所止之处。帛书《周易》"艮"字作"根","根"之本义为树木之根,即木所止之处,也含有限止之义。

卦名之"艮"就是限止之义。《象传》曰:"艮,止也。"《杂卦传》曰:"艮,止也。"《序卦传》曰:"艮者,止也。"《说卦传》曰:"艮以止之。""艮,止也。"都训"艮"为"止"。而传统经注也都释"艮"为限止之义。吕祖谦《古易音训》引郑玄曰:"艮之言限也。"⑧叶适《朝议大夫蒋公墓志铭》载宋代易学家郭雍语曰:"艮者,限也。限立而内外不越。"⑨朱熹《周易本义》曰:"艮之义则止也。"⑩《艮》卦言说的就是限止的道理。卦辞"艮其背,不获其身;行其庭,不见其人,无咎"以形象的比喻展示了限止邪欲的具体方式,"艮其背"是卦辞的核心所在,"不获其身"及"行其庭,不见其人"皆由"艮其背"生发而来。从字面意思来看,"艮其背"是说限止在其背后。

---

① [清]纽树玉:《段氏说文注订》,转引自丁福保《说文解字诂林》,中华书局,1988年,第8267、8266页。
② [清]严章福:《说文校议议》,转引自丁福保《说文解字诂林》,中华书局,1988年,第8266页。
③ [清]沈涛:《说文古本考》,转引自丁福保《说文解字诂林》,中华书局,1988年,第8266页。
④ [清]王念孙:《广雅疏证》,中华书局,1983年,第301页。
⑤ [南朝宋]范晔撰,[唐]李贤等注:《后汉书》第五册,中华书局,1965年,第1366页。
⑥ 黄怀信:《小尔雅汇校集释》,三秦出版社,2003年,第65页。
⑦ [汉]郑玄注,[唐]贾公彦疏:《周礼注疏》卷三十九,《十三经注疏》上册,中华书局,1980年,第907页。
⑧ 黄灵庚、吴战垒主编:《吕祖谦全集》第二册,浙江古籍出版社,2008年,第25页。
⑨ 《叶适集》中,中华书局,2010年,第354页。
⑩ 萧汉明、林忠军:《〈周易本义〉导读》,齐鲁书社,2003年,第188页。

《艮》之卦辞:艮其背,不获其身;行其庭,不见其人,无咎

限止的对象是什么,卦辞简约古奥,略而未提。王弼说是"物欲",①孔颖达说是"动欲",②黄寿祺说是"邪欲",③大抵应是非分的欲念。把非分的欲念限止在人的背后,这正是《艮》卦限止之道的关键所在。袁枚《随园四记》说:"人之欲,惟目无穷。耳耶,鼻耶,口耶,其欲皆易穷也。目仰而观,俯而察,尽天地之藏,其足以穷之耶?然而古之圣人受之以《观》,必受之以《艮》,《艮》者,止也。'于止知其所止',黄鸟且然,而况于人。"④人的眼目在前,背后不能见物。把动人欲念之物限止在人的背后,则人不见其物,心不生其念,非分的欲念就不会俘获人的身心。王弼《周易注》说:"'艮其背',目无患也。'不获其身',所止在后,故不得其身也。……唯不相见乃可也。施止于背,不隔物欲,得其所止也。背者,无见之物也,无见则自然静止,静止而无见,则不获其身矣。"⑤孔颖达《周易正义》曰:"目者能见之物。施止于面,则抑割所见,强隔其欲,是目见之所患;今施止于背,则目无患也。……老子曰:'不见可欲,使心不乱。'……故施止于无见之所,则不隔物欲,得所止也。若施止于面而不相通,强止其情,则奸邪并兴。"⑥王弼、孔颖达认为,把动人欲念之物限止在人的背后,则"目无患",并能"得其所止",达到限止的目的。如果把动人欲念之物置于面前,然后再"强隔其欲","强止其情",则不仅是"目见之所患",甚至会使限止的效果适得其反,"奸邪并兴"。钱钟书《管锥编》认为,王弼、孔颖达的解释是取《老子》之旨,"以闭塞视听为静心止欲之先务。……有可欲之物陈吾前,恐其乱衷曲也,不面对作平视而转身背向之,犹《革》之'革面'。……背,面之反向也。"⑦

"行其庭,不见其人",是紧承前文理趣,用形象的比喻进一步说明"艮背"之道。把可欲之物限止在人的背后,使目无见,就像行走在庭院里,以背相对,则看不见庭院里的人。王弼《周易注》说:"'行其庭,不见其人',相背故也。……相背者,

---

① 王弼曰:"施止于背,不隔物欲,得其所止也。"见楼宇烈《周易注校释》,中华书局,2012年,第193页。
② 孔颖达曰:"艮,止也……施止于人,则是止物之情,防其动欲,故谓之'止'。"见[魏]王弼、[晋]韩康伯注,[唐]孔颖达疏《周易正义》卷五,《十三经注疏》上册,中华书局,1980年,第62页。
③ 黄寿祺:"'艮其背',说明'抑止'人的邪欲,应当在其人尚未觉察到是'邪欲'时,就不知不觉地制止掉;犹如'抑止'于'背后',则被止者眼不见'邪欲'为何物,即《王注》所谓'目无患也'。"见《周易译注》,上海古籍出版社,2004年,第401页。
④ 王英志编纂校点:《袁枚全集新编》第五册,浙江古籍出版社,2015年,第235页。
⑤ 楼宇烈:《周易注校释》,中华书局,2012年,第193页。
⑥ [魏]王弼、[晋]韩康伯注,[唐]孔颖达疏《周易正义》卷五,《十三经注疏》上册,中华书局,1980年,第62页。
⑦ 钱钟书:《管锥编》第一册,中华书局,1986年,第32—33页。

虽近而不相见,故'行其庭,不见其人'也。"①程颐《程氏易传》也说:"庭除之间,至近也。在背,则虽至近不见,谓不交于物也。外物不接,内欲不萌,如是而止,乃得止之道。于止为无咎也。"②

当然,《周易》的"艮背"之道,只是以躲避外在诱惑的方式求得内心的静定。隔绝诱惑,就心静神定,诱惑当前,很可能就心乱如麻。这种"艮背"功夫,远不如通过深厚的道德修养所形成的内心定力更为可靠,所以卦辞最后仅仅断为"无咎"。宋代郑汝谐的《东谷易翼传》就指出了这一点:"'艮其背'者,所谓不见可欲,使心不乱也。不见而后不乱,见则乱矣,故仅为'无咎'而已。"③钱钟书《管锥编》也说:"然虽言不见,而实知其可欲,动心忍性,适滋'抑割''强止'之患;故禅人'忘心不除境'(《五灯会元》卷一七宝觉),所谓'闭目不窥,已是一重公案'(魏泰《东轩笔录》卷一二),亦所谓'看的不妨,想的独狠'(沈廷松《皇明百家小说》第一一三帙《笑禅录》)。"④

---

① 楼宇烈:《周易注校释》,中华书局,2012年,第193页。
② 梁韦弦:《〈程氏易传〉导读》,齐鲁书社,2003年,第302页。
③ 《中华大典·文献目录典·古籍目录分典·经总部·易部》,上海古籍出版社,2012年,第209页。
④ 钱钟书:《管锥编》第一册,中华书局,1986年,第33页。

# 《艮》之九三：艮其限，列其夤，厉薰心

《艮》卦言说的是艮止的道理。卦中六爻近取诸身,从脚到头,自下而上,从不同部位阐发艮止之理的得失情状。九三之"艮"则在人体之"限"。

"限",本义为界限。《小尔雅·广诂》："限,界也。"①爻辞中指人体上下交界处,即腰部。《经典释文》引马融曰："限,要也。"②"要"为"腰"的古字。《周易集解》引虞翻曰："限,腰带处也。"③王弼《周易注》曰："限,身之中也。"楼宇烈校释："'限',束腰带处称'限',所以说'身之中'也。"④朱熹《周易本义》曰："限,身上下之际,即腰胯也。"⑤

"列",《周易集解》等作"裂"。王念孙《读书杂志》曰："《易·艮》九三'列其夤',《大戴记·曾子天圆篇》'割列襆瘗',《管子·五辅篇》'大袂列',《荀子·哀公篇》'两骖列',皆古分裂字也。《说文》：'列,分解也。''裂,缯余也。'义各不同。今则分裂字皆作裂,而列但为行列字矣。"⑥"列"字从刀,其本义为以刀割物使分；而"裂"为衣裂,以音同义近故可通用。帛书《易经》作"戾",语音相近,都有破裂之义,也可相通。

"夤",音 yín,指脊骨两旁的肉。《经典释文》云："夤,引真反。马云：'夹脊肉也。'郑本作䏰。"⑦《玉篇·肉部》："䏰,脊肉也。"《集韵·谆韵》："䏰,夹脊肉也。通作夤。"《说文》云："胂,夹脊肉也,从肉申声。"段玉裁注曰："夕部夤,敬惕也,周

---

① 黄怀信：《小尔雅汇校集释》,三秦出版社,2003 年,第 65 页。
② [唐]陆德明：《经典释文·周易音义》,《十三经注疏》上册,中华书局,1980 年,第 103 页。
③ [清]李道平：《周易集解纂疏》,十三经清人注疏丛书本,中华书局,1994 年,第 462 页。
④ 楼宇烈：《周易注校释》,中华书局,2012 年,第 194 页。
⑤ 萧汉明、林忠军：《〈周易本义〉导读》,齐鲁书社,2003 年,第 149 页。
⑥ [清]王念孙：《读书杂志》,"高邮王氏四种"丛书之二,江苏古籍出版社,1985 年,第 369 页。
⑦ [唐]陆德明：《经典释文·周易音义》,《十三经注疏》上册,中华书局,1980 年,第 103 页。

易假为胂……《周易音义》云:'胂,以人反。'则胂音同夤……《艮》九三字当是上肉下寅,故郑本作脪。"①胡秉虔《说文管见》曰:"《周易·艮》象'列其夤',当作'脪'。《释文》云:'郑本作脪,马云夹脊肉也。'本从肉从寅,写者或移'肉'于'寅'上,遂误成'夤'耳。《说文》:'胂,夹脊肉也。'寅、申古通用,古篆作申,隶变则寅,寅即申也。"②由此可见,"夤"的本字当为从肉从寅的"脪"。由于寅、申古通用,所以字又可写作"胂"。古人抄写《艮》卦"脪"字时,本欲移肉于寅上,变为上肉下寅之字,却误传写为"夤"字。

"厉",义为"危"。《象》曰:"艮其限,危薰心也。"即以"危"训"厉"。《韩诗外传》引此爻也作"危薰心"。

"薰",义为薰灼,烧灼。《诗经·大雅·云汉》:"忧心如薰。"毛传:"薰,灼也。"③

爻辞说,施止于他的腰部,脊背两侧的肌肉如同裂开一样,忧危像烈火一样薰灼其心。

腰部受到限止,长久静止不动,就会导致脊背两侧的肌肉疲劳酸痛,如同裂开一样,因此说"艮其限,列其夤"。肌体的酸痛反映在心理上,就会有忧危如薰的感觉,因此说"厉薰心"。爻辞是以止腰列脊、忧危薰心为喻,进一步说明施止不当、不得其所的危害,其后果显然要比六二爻"艮其腓,不拯其随,其心不快"严重得多。诚如《日讲易经解义》所说:"止道贵乎得宜,原不可以固执。""九三过刚不中,据其一偏之见,执于止而不知变,是艮其限者也。如是,则事势乖离、物情暌隔,若分裂其夤然。"④

《韩诗外传》曾引用这句爻辞来说明"防邪禁佚"的道理:"孔子曰:'口欲味,心欲佚,教之以仁。心欲安,身欲劳,教之以恭。好辩论而畏惧,教之以勇。目好色,耳好声,教之以义。'《易》曰:'艮其限,列其夤,危薰心。'《诗》曰:'吁嗟女兮,无与士耽。'皆防邪禁佚,调和心志。"⑤孔子说,人的身心有种种欲念,当教之以仁、恭、

---

① [汉]许慎撰,[清]段玉裁注:《说文解字注》,上海古籍出版社,1981年,第322页。
② [清]胡秉虔:《说文管见》,转引自漆永祥《汉学师承记笺释》下,上海古籍出版社,2006年,第966页。
③ [汉]毛亨传,[汉]郑玄笺,[唐]孔颖达疏:《毛诗正义》卷十八,《十三经注疏》上册,中华书局,1980年,第562页。
④ [清]牛钮等:《日讲易经解义》,海南出版社,2012年,第418页。
⑤ 屈守元:《韩诗外传笺疏》,巴蜀书社,1996年,第135页。

《艮》之九三：艮其限，列其夤，厉薰心

勇、义之德，使之"发而中节"，不失常道，而不是强行防禁，断然限止。《外传》引《艮》卦爻辞和《卫风》诗句进一步发挥孔子之言，意在说明，"防邪禁佚"应"调和心志"、教之以德，而不能采用止腰列脊、隔绝男女的简单做法。可谓深得易理。马其昶说："三居卦中时止时行之地，而强遏其生机，故厉。君子之防邪禁佚，惟养之以义理，使心志调和，自无危薰之患。强制如二，断灭如三，皆非所尚。"[1]

---

[1] 马振彪：《周易学说》，花城出版社，2002年，第508页。

# 《艮》之六五：艮其辅，言有序，悔亡

辅，本字当作"䩉"。《经典释文》释《咸》卦上六"咸其辅颊舌"曰："虞作䩉。"①《集韵》："辅，或作䩉。"《说文·车部》："辅，人颊车也。"《说文·面部》："䩉，颊也。"段玉裁注"辅"字曰："《面部》曰：'䩉，颊车也。'面䩉自有本字。《周易》作'辅'，亦字之假借也。今亦本字废而借字行矣。"②宋翔凤曰："辅与䩉同训，字亦通用。"䩉，统言之指面颊，所以䩉与颊可互称、互训。析言之，则指人面部下颌骨之外的表皮部分。段玉裁说："古多借辅为䩉。"③辅原意为绑在车轮外旁用以夹毂的两条直木。人之"䩉"同车之"辅"有类似的作用，所以"䩉"又可借为"辅"。《左传·僖公五年》："谚所谓'辅车相依，唇亡齿寒'者，其虞、虢之谓也。"杜预注："辅，颊辅。"孔颖达疏："《广雅》云：'辅，颊也。'则辅、颊为一……颊之与辅，口旁肌之名也。盖辅车一处分为二名耳。辅是外表，车是内骨，故云相依也。"④《楚辞·大招》有"靥辅奇牙"，王逸注"颊有靥辅"。⑤曹植《洛神赋》有"辅靥承颧"。⑥靥在辅上，靥辅在颊上，正说明具体而言，"辅"并非"颊"，而是人面部下颌骨之外的表皮部分，即孔颖达所谓"口旁肌"。

爻辞说，施止于口旁肌肉，出言则有条理，有分寸，悔恨就会消亡。

王弼《周易注》在解释《咸》卦时说："辅、颊、舌者，所以为语之具也。"⑦限止口旁肌肉的活动，就是让人管住嘴巴，慎止言语，不乱说话。陈梦雷《周易浅述》说：

---

① [唐]陆德明：《经典释文·周易音义》，《十三经注疏》上册，中华书局，1980年，第101页。
② [汉]许慎撰，[清]段玉裁注：《说文解字注》，上海古籍出版社，1981年，第1270页。
③ [汉]许慎撰，[清]段玉裁注：《说文解字注》，上海古籍出版社，1981年，第757页。
④ [晋]杜预注，[唐]孔颖达疏：《春秋左传正义》卷十二，《十三经注疏》下册，中华书局，1980年，第1795页。
⑤ [汉]王逸注，[宋]洪兴祖补注：《楚辞章句补注》，吉林人民出版社，2005年，第228页。
⑥ [南朝梁]萧统编，[唐]李善注：《文选》上册，岳麓书社，2002年，第598页。
⑦ 楼宇烈：《周易注校释》，中华书局，2012年，第119页。

"人莫大于言行,艮趾艮腓慎其行,艮辅慎其言也。"①能止其口辅,则言不妄发,发必有序,就可以避免悔恨之事的发生。

语言是人类最重要的交际工具,在人类的社会生活中发挥着重要作用。但是作为工具,一旦使用不当,也会带来麻烦甚至危险。这就是语言功用的两面性。古代中国人很早就认识到了语言功用的负面性效应,提出了"慎言"的主张。《诗经·大雅·抑》:"慎尔出话,敬而威仪。"②《国语·周语下》:"言无远,慎也。"③《逸周书·小开》:"汝夜何修非躬,何慎非言,何择非德?呜呼,敬之哉。"④《论语·子张》:"君子一言以为知,一言以为不知,言不可不慎也。"⑤今本《易传》中也曾多次提到"慎言"的问题。如《系辞传上》说:"乱之所生也,则言语以为阶。"《系辞传下》说:"言行,君子之枢机,枢机之发,荣辱之主也。言行,君子之所以动天地也,可不慎乎?"《颐》卦《象传》也说:"君子以慎言语,节饮食。"这些忠告式的警句反复强调出言要谨慎,要慎言防祸,慎言防乱,不仅是缘于动乱时代的危机意识、忧患意识,其中也包含了对语言社会公用性的敬畏以及对其负面效应的下意识的警惕。

《艮》卦六五是《周易》中最明确的反映慎言意识的爻辞,它明确提出了一条言语表达的原则——言有序。有学者认为,"言有序"是"要求言语从混杂散乱的状态中调整过来,使词与词、句与句之间的次序、条理明晰得当"。⑥ 其实,从爻辞整体来看,"言有序"的前提是"艮其辅",爻辞强调的应是对出言的控制,而不是言语的内部次序与结构。所谓"言有序",是指君子出言要适合时宜、适合场所、适合对象、适合身份、适合礼仪法度。

帛书易传《二三子》篇结合对《艮》卦六五爻辞的解读,论述了"慎言"的问题。"[卦曰:'艮其辅],言有序。'孔子曰:'[慎]言也。吉凶之至也,必皆于言语。择善[而言恶],择利而言害,塞人之美,扬人之恶,可谓无德,其凶亦宜矣。君子虑之

---

① [清]陈梦雷:《周易浅述》,九州出版社,2004年,第307页。
② [汉]毛亨传,[汉]郑玄笺,[唐]孔颖达疏:《毛诗正义》卷十八,《十三经注疏》上册,中华书局,1980年,第555页。
③ [战国]左丘明撰,[三国吴]韦昭注:《国语》,中国史学要籍丛刊本,上海古籍出版社,2015年,第62页。
④ 据黄怀信《〈逸周书〉各家旧校注勘误》,"夜"字为衍文。"何"当为"何不"之省,犹后世之"盍"。"非"当读为"彼"(古无轻唇音,故"非"可借为"彼")。三句意为:"你何不修养你那身体,何不谨慎你那言语,何不选择你那道德?"参见《古文献与古史考论》,齐鲁书社,2003年,第122页。
⑤ [魏]何晏注,[宋]邢昺疏:《论语注疏》卷十九,《十三经注疏》下册,中华书局,1980年,第2533页。
⑥ 周德美:《〈周易〉的言语观及其影响》,《古籍整理研究学刊》1999年第3期。季中扬《论〈周易〉语言观及其对古典文论的影响》(《淮阴师范学院学报》2007年第4期)以及许多现代易著都持这种观点。

内,发之口,言义不言不[义],言利不言害,塞人之恶,扬[人之]美,可谓有序矣.'"①帛书易传认为,言语是招致吉凶的关键,君子必须谨慎出言。而慎言的基本内涵便是言语"有序",即言善不言恶,言义不言不义,言利不言害,应当尽量显扬他人的美言善行而不是过错。《说苑·政理》篇说:"言人之善者,有所得而无所伤也;言人之恶者,无所得而有所伤也。故君子慎言语矣,……择言出之,令口如耳。"②这与《二三子》的慎言思想非常一致。

徐幹《中论·贵言》曾引用此爻阐发君子贵言的道理:"君子必贵其言……君子非其人则弗与之言,若与之言,必以其方:农夫则以稼穑,百工则以技巧,商贾则以贵贱,府史则以官守,大夫及士则以法制,儒生则以学业。故《易》曰:'艮其辅,言有序。'不失事中之谓也。"③徐幹认为,"艮其辅,言有序"言说的就是"非其人则弗与之言,若与之言,必以其方"的道理,君子不仅要谨慎选择言谈的对象,还要根据言谈对象的不同而选择言语的内容,以使言谈"不失事中",有序得体。

从帛书易传《二三子》的解读以及《中论·贵言》的引用来看,爻辞强调的是言语的外在秩序,而不是内在条理,与《左传·襄公三十一年》北宫文子论君子威仪时所说的"言语有章"④类似。后世文论家经常引用"言有序"来论说文章之理,如方苞《又书货殖传后》:"《春秋》之制义法,自太史公发之,而后之深于文者亦具焉。义即《易》之所谓'言有物'也,法即《易》之所谓'言有序'也。"⑤包世臣《与杨季子论文书》:"窃谓自唐氏有为古文之学,上者好言道,其次则言法。说者曰:'言道者,言之有物者也;言法者,言之有序者也。'"⑥刘熙载《艺概·经义概》:"以文言之,言有物为理,言有序为法。"⑦方苞等人将"言有序"与"言有物"对举,认为"言有物"指文章要有思想内容,"言有序"指文章要讲究形式技巧,使《周易》中的"言有序"与"言有物"思想具有了文学理论的价值维度。应该指出,方苞等人是把"言有序"简单地理解为言语要讲究条理性与逻辑性,并进行了引申发挥,与爻辞的原旨已相去甚远。

---

① 廖明春:《马王堆帛书周易经传释文》,《易学集成》第三卷,四川大学出版社,1998年,第3029—3030页。按,本文参照连劭名《帛书周易疏证》对廖名春释文进行了修正。
② [汉]刘向撰,向宗鲁校正:《说苑校正》,中华书局,1987年,第164页。
③ 林家骊:《徐幹集校注》,建安文学全书本,河北教育出版社,2013年,第81页。按,该书将"不失事中之谓也"断为"不失事,中之谓也",似不确。
④ [晋]杜预注,[唐]孔颖达疏:《春秋左传正义》卷四十,《十三经注疏》下册,中华书局,1980年,第2016页。
⑤ 贾文昭编著:《桐城派文论选》,中华书局,2008年,第37页。
⑥ 《包世臣全集》中(《中衢一勺》《艺舟双楫》),黄山书社,1993年,第261页。
⑦ [清]刘熙载:《艺概》,上海古籍出版社,1978年,第182页。

# 《艮》之上九：敦艮，吉

《艮》卦上九也是《周易》名爻，元代经学家吴澄的《易纂言》曾说："此爻一卦之主也……六爻惟此最善。"①但爻辞的义理究竟是什么，历代易著的训解都显得模棱浮泛，让人难以把握。如孔颖达《周易正义》释"敦艮"为"用敦厚以自止"，②黄寿祺、张善文《周易译注》承其说，释为"以敦厚的品德抑止邪欲"。③ 朱熹《周易本义》释"敦艮"为"敦厚于止"，④陈梦雷《周易浅述》承其说，释为"敦厚其止"，⑤金景芳、吕绍纲《周易全解》进一步解释为"止得更加敦厚笃实"。⑥ 黄怀信《周易本经汇校新解》又释为"厚重地限制"。⑦ 如此训解，使得"敦艮"之义就像水中之月、雾中之花一样难见真切。为此，一些当代易著又提出了新的见解，如刘大钧《周易概论》释为"敦厚知止"；⑧廖名春《〈周易〉经传十五讲》释为"注重限止"。⑨ 纵观上述各种观点，笔者以为廖名春先生的说法最为得解。

"敦"有厚义，因此而有敦厚、笃厚之说。引申之，敦又有重视、崇尚、爱好之义。《左传·僖公二十七年》："臣亟闻其言矣，说礼、乐而敦《诗》《书》。"孔颖达疏曰："敦，谓厚重之。"⑩所谓"厚重之"即重视、崇尚、爱好之意。《后汉书·五行

---

① ［元］吴澄《易纂言》，四库全书本。
② ［魏］王弼、［晋］韩康伯注，［唐］孔颖达疏：《周易正义》卷五，《十三经注疏》上册，中华书局，1980年，第63页。
③ 黄寿祺、张善文：《周易译注》，上海古籍出版社，2004年，第407页。
④ 萧汉明、林忠军：《〈周易本义〉导读》，齐鲁书社，2003年，第149页。
⑤ ［清］陈梦雷：《周易浅述》，九州出版社，2004年，第307页。
⑥ 金景芳、吕绍纲：《周易全解》（修订本），上海古籍出版社，2005年，第412页。
⑦ 黄怀信：《周易本经汇校新解》，清华大学出版社，2014年，第178页。
⑧ 刘大钧：《周易概论》，巴蜀书社，2008年，第357页。
⑨ 廖名春：《〈周易〉经传十五讲》，北京大学出版社，2004年，第136页。
⑩ ［晋］杜预注，［唐］孔颖达疏：《春秋左传正义》卷十六，《十三经注疏》下册，中华书局，1980年，第1822页。

一》:"太尉李固以为清河王雅性聪明,敦诗悦礼。"①"敦诗悦礼"与"说礼、乐而敦《诗》《书》"义同。《后汉书·梁统传》:"温恭谦让,亦敦《诗》《书》。"②《隋书·儒林传论》:"敦经悦史,砥身砺行。"③"敦"亦为重视、爱好之义。由于"敦"有重视、崇尚、爱好之义,所以又可与"悦""乐"连用,组成复合词,表示尊崇、爱好。如,《后汉书·儒林传》:"(谢该)清白异行,敦悦道训。"④《郑兴传》:"窃见河南郑兴,执义坚固,敦悦《诗》《书》。"⑤《王龚传》:"王公束修厉节,敦乐艺文。"⑥由此可见,所谓"敦艮",就是"敦悦于艮",也就是重视限止的道理,这当然是吉祥的。

---

① [南朝宋]范晔撰,[唐]李贤等注:《后汉书》第十一册,中华书局,1965年,第3281页。
② [南朝宋]范晔撰,[唐]李贤等注:《后汉书》第五册,中华书局,1965年,第1170页。
③ 《二十五史卷五南史、北史、隋书》,中国文史出版社,2003年,第1521页。
④ [南朝宋]范晔撰,[唐]李贤等注:《后汉书》第九册,中华书局,1965年,第2585页。
⑤ [南朝宋]范晔传,[唐]李贤等注:《后汉书》第五册,中华书局,1965年,第1220页。
⑥ [南朝宋]范晔传,[唐]李贤等注:《后汉书》第七册,中华书局,1965年,第1820页。

# 《归妹》之六三：归妹以须，反归以娣

《周易》第五十四卦名"归妹"。"归"字古文作"歸"，为会意兼形声字。甲骨文作 ✍，从帚从𠂤，𠂤亦声。𠂤帚为扫帚，因妇女常用帚扫地，所以用来代表妇女。𠂤即土堆。用帚扫土，是女子嫁后的事情。金文另加义符"彳"（半条街）和"止"（脚），以突出行动，会执帚之人到来之意，也即女子出嫁。篆文省去"彳"并整齐划一，隶变后楷书写作"歸"，①如今简化作"归"。所以"归"（歸）的本义即为女子出嫁。《诗经·周南·葛覃》毛传："妇人谓嫁曰归。"②《春秋公羊传·隐公二年》："其言归何？妇人谓嫁曰归。"③《说文》："归，女嫁也。"《周易集解》引虞翻曰："归，嫁也。"④"妹"，指未婚少女。王弼《周易注》："妹者，少女之称也。"⑤《诗经·大雅·大明》："大邦有子，俔天之妹。"宋严粲《诗缉》："大邦有贤女，譬天之妹，尊之之辞也。"⑥高亨《周易古经今注》说："此言大邦之子如天上之少女也。"⑦后世民间传说"老鼠嫁女"在不少地方又被称为"老鼠嫁妹"，都说明"妹"可以指代未婚少女。卦名"归妹"，即嫁出少女之义。孔颖达《周易正义》曰："归妹犹言嫁妹也。"⑧项安世《周易玩辞》曰："归妹不必曲说，但嫁皆女之少时，故古之言嫁者，例曰归妹。"⑨《归妹》卦言说的就是少女出嫁的问题。《杂卦传》："归妹，女之终也。"韩康伯注

---

① 参见谷衍奎《汉字源流字典》，华夏出版社，2003年，第114页。
② [汉]毛亨传，[汉]郑玄笺，[唐]孔颖达疏：《毛诗正义》卷一，《十三经注疏》上册，中华书局，1980年，第277页。
③ [汉]何休注，[唐]徐彦疏：《春秋公羊传注疏》卷二，《十三经注疏》下册，中华书局，1980年，第2203页。
④ [清]李道平：《周易集解纂疏》，十三经清人注疏丛书本，中华书局，1994年，第471页。
⑤ 楼宇烈：《周易注校释》，中华书局，2012年，第198页。
⑥ [宋]严粲：《诗缉》，转引自向熹《诗经词典》（修订本），商务印书馆，2014年，第398页。
⑦ 高亨：《周易古经今注》，上海书店，1991年，第44页。
⑧ [魏]王弼、[晋]韩康伯注，[唐]孔颖达疏：《周易正义》卷五，《十三经注疏》上册，中华书局，1980年，第64页。
⑨ [宋]项安世：《周易玩辞》卷十，《十八名家解周易》第一辑，长春出版社，2009年，第121页。

曰:"女终于出嫁也。"①出嫁,意味着女子终得依归。但女子出嫁,必须遵从礼法规范,所以帛书《衷》篇说:"归妹以正女也。"②所谓"正女",就是以礼法规范少女的婚嫁行为。这正概括出了《归妹》卦的主题。

《归妹》卦六三爻辞"归妹以须,反归以娣"言说的是上古时期的婚姻礼俗。"归妹以须"言说的是媵婚制度中的姪娣从嫁之俗。

"须"字之义,歧说较多,或如字为训而释为须待之"须",③或以为通"嫳"而释为"妾"或"贱女",④或以为通"嬬"而释为"正室"。⑤ 由于对"须"字的训释有别,导致对爻义的理解也大相径庭。陆德明《经典释文》说荀爽、陆绩本"须"字作"嬬",马王堆汉墓出土的帛书《易经》也作"嬬",子夏《易传》、孟喜《周易章句》、京房《周易章句》作"嫥"。由此可见,"须"与"嫳""嬬""嫥"通,当指某种女性,而非须待之"须"。厘清"嫳"与"嬬""嫥"之本义,才是理解爻辞的关键。

《说文》曰:"嫳,女字也。""嫳"字是古代女子的人名用字,《战国策·魏策》记有美人"闾须",《楚辞·离骚》中有著名的"女嫳",湖北云梦睡虎地四号秦墓出土的木牍中记有"东室季须",《汉书·樊哙传》记有樊哙之妻、吕后之妹"吕须",《广陵厉王刘胥传》记有女巫"李女须",古代天文学中还有"须女"之星。张凤翼《文选纂注》说:"嫳者,女人通称。"⑥何以"嫳""须"会成为古代女子的人名用字,成为古代女子的通称,萧兵《楚辞与神话》一书曾做过推论:"古无偏旁,嫳即须。《说文》卷九:'须,面毛也。从页,从彡。'须在男人面上就是胡须,在女性脸上只是汗毛。我国民俗:姑娘结婚前夕必须用线把脸上的汗毛绞去(或用刀剃掉)。这,现代湖北(古楚境)还称为'绞脸''开脸'(他处略同),……所以,未开脸者就是处女,女须就是'女'而有'须'(面毛),就好像不梳髻的就是丫头一样(丫头者双鬟之谓,'丫'字象形,初无贬义)。""'须'是战国秦汉时代少女常用的名字或称呼,意指

---

① [魏]王弼、[晋]韩康伯注,[唐]孔颖达疏:《周易正义》卷九,《十三经注疏》上册,中华书局,1980年,第96页。
② 廖明春:《马王堆帛书周易经传释文》,《易学集成》第三卷,四川大学出版社,1998年,第3037页。
③ 如《周易集解》引虞翻曰:"须,需也。"王弼《周易注》曰:"室主犹存而求进焉,进未值时,故有须也。"陆德明《经典释文》曰:"须,待也。"程颐《程氏易传》曰:"须,待也。待者,未有所适也。"今人邓秉元《周易义疏》亦持此说。
④ 如陆德明《经典释文》曰:"荀、陆作嬬,陆云妾也。"朱熹《周易本义》则说:"须,女之贱者。"
⑤ 如廖明春《〈周易〉经传十五讲》认为,"须"当从帛书《易经》与荀爽、陆绩本作"嬬",释为正室,《广雅·释亲》:"妻谓之嬬。"
⑥ [明]张凤翼:《文选纂注》,四库全书存目本。

'处女''姑娘',……也可能有'佳美'之意。"①

笔者以为,萧兵先生的推论是有道理的。战国时的著名美女闲娹,又称为闲须或闲嫛。《荀子·赋篇》:"闲娹、子奢,莫之媒也。"杨倞注:"闲娹,古之美女。"②《战国策·魏策》:"左白台而右闲须,南威之美也。"鲍彪注:"白台、闲须,皆美人。"金正炜注:"按《说文》:'须,女字也。贾侍中说楚人谓女曰须。'"③《楚辞·七谏·怨世》:"亲谗谀而疏贤圣兮,讼谓闲娹为丑恶。"王逸注:"闲娹,好女也。"洪兴祖补注认为,娹音邹,又音须。④ 扬雄《反离骚》:"资娹娃之珍髢兮",《汉书·杨雄传》颜师古注引韦昭曰:"娹当作嫛。梁王魏婴之美人曰闲嫛。"⑤朱起凤《辞通》说:"娹字读如须,故通作须。嫛与须古通。"⑥姜亮夫《楚辞通故》也说:"女嫛、闲娹、孟娹,皆谓女之娟好者也。须、娹古双声同韵,盖一音之变也。"⑦值得注意的是,这位称为闲娹、闲须或闲嫛的美女,又被称为"闲姝"。《战国策·楚策》:"闲姝、子奢,莫知媒兮。"黄丕烈曰:"闲姝、子奢,《外传》作闲娹、子都,姝娹、奢都,皆同字。"⑧《荀子·赋篇》"闲娹、子奢,莫知媒兮",《楚辞·七谏》洪兴祖补注引也作"闲姝"。⑨娹、须、嫛可通转为"姝",而"姝"义为美。《诗经·邶风·静女》:"静女其姝。"毛传:"姝,美色也。"孔疏:"其美色姝然。"⑩《诗经·齐风·东方之日》:"彼姝者子。"郑笺:"姝,美好之子。"孔疏:"言彼姝然美好之子。"⑪由此可见,古人以"嫛"为"女字",为"女人通称",是因为"嫛"字含有年轻貌美之义。

"嫛"的本义则是指女性柔弱娇好。《说文》:"嫛,弱也。"段玉裁注:"嫛之言,濡也。濡,柔也。"⑫《集韵·虞韵》:"嫛,妇人弱也。"在古汉语中,女性之柔弱又用"嬔"来表示。《说文》:"嬔,姌也。""姌,弱长貌。"《史记·司马相如列传》:"柔桡

---

① 萧兵:《楚辞与神话》,江苏古籍出版社,1987年,第286页。
② [清]王先谦:《荀子集解》下,中华书局,1988年,第484页。
③ 诸祖耿:《战国策集注汇考》中,江苏古籍出版社,1985年,第1237—1238页。
④ [汉]王逸注,[宋]洪兴祖补注:《楚辞章句补注》,吉林人民出版社,2005年,第253页。
⑤ 按今本《汉书》颜师古注无韦昭此语,王先谦《汉书补注》云官本颜师古注末有此语。参见郑文《杨雄文集笺注》,巴蜀书社,2000年,第154页。
⑥ 朱起凤:《辞通》上册,上海古籍出版社,1982年,第72页。
⑦ 姜亮夫:《楚辞通故》一,云南人民出版社,1999年,第176页。
⑧ 诸祖耿:《战国策集注汇考》中,江苏古籍出版社,1985年,第842页。
⑨ [汉]王逸注,[宋]洪兴祖补注:《楚辞章句补注》,吉林人民出版社,2005年,第253页。
⑩ [汉]毛亨传,[汉]郑玄笺,[唐]孔颖达疏:《毛诗正义》卷二,《十三经注疏》上册,中华书局,1980年,第310页。
⑪ [汉]毛亨传,[汉]郑玄笺,[唐]孔颖达疏:《毛诗正义》卷五,《十三经注疏》上册,中华书局,1980年,第350页。
⑫ [汉]许慎撰,[清]段玉裁注:《说文解字注》,上海古籍出版社,1981年,第1098页。

嫚嫚,妩媚姌嫋。”司马贞索引:“妩媚孅弱。”[①]由此可以看出,“嬬”之“弱”义并非病弱,而是指女性的体态柔弱纤细,妩媚娇好。而“嬬”字也同样是古代女子的人名用字,《集韵·候韵》:“嬬,女字。”

“媷”的本义也指女性美好可爱。《玉篇》:“媷,孅也。”《六书故》:“孅又作媄,音义同。”《说文》:“媄,色好也。”《六书统》:“媄,重文作孅。……一曰少女也。”所以段玉裁《说文解字注》释“媷”为“可爱之貌”。[②]

“媭”与“嬬”皆含有女性年轻貌美之义,因此又被当作女子的人名用字。而所谓“楚人谓姊为媭”[③]“嬬……下妻也”[④]“妻谓之嬬”[⑤]等皆为方言用法和后起之义。作为中国最古老的一部典籍,《周易》经文常常使用文字的原初意义,《归妹》卦六三爻辞“归妹以须”就是这样一个典型例子。“须”通“媭”或“嬬”,也通“媷”,是年轻貌美女子的泛称。“归妹以须”与初九爻的“归妹以娣”句式相同,其意为,嫁出少女,连同她年轻貌美的姪娣们一起嫁过去。

按照商周时代的媵婚制度,贵族嫁女,常以出嫁女子的妹妹等人陪嫁,陪嫁者谓之媵。《仪礼·士婚礼》郑玄注:“古者嫁女必姪娣从,谓之媵。侄,兄之子,娣,女弟也。”[⑥]爻辞“归妹以娣”“归妹以须”说的就是这种姪娣随嫁的婚姻现象。婚姻缔结之后,“妹”为正妻,即嫡妻;“娣”即小妹妹则为媵。媵婚制的目的,是为了巩固双方家庭的婚姻关系,一旦嫡妻不育,嫡妻之妹所生的儿子同样可以作为嫡子继承家业,承嗣宗祖。

“反归以娣”言说的则是媵婚制度下的“反马”“待年”之俗。

“反归”,虞翻释为“反马归”,即反马以归。李道平《周易集解纂疏》也释为“反马归”。[⑦] 所谓“反马”即返还马匹之礼,是三月庙见仪式的后续礼仪。[⑧]《春秋·宣公五年》:“秋,齐高固来逆叔姬。”“冬,齐高固及子叔姬来。”鲁宣公五年秋天,齐国大夫高固来到鲁国迎娶叔姬,冬天,高固又带着妻子叔姬来到鲁国。《左传》解

① 邹得金整理:《名家注评史记》下,天津人民出版社,2010 年,第 1156 页。

② [汉]许慎撰,[清]段玉裁注:《说文解字注》,上海古籍出版社,1981 年,第 1091 页。

③ [汉]许慎撰,[清]段玉裁注:《说文解字注》,上海古籍出版社,1981 年,第 1085 页。

④ [汉]许慎撰,[清]段玉裁注:《说文解字注》,上海古籍出版社,1981 年,第 1098 页。

⑤ 《广雅·释亲》,转引自《汉语大字典》(三卷本)上,四川辞书出版社、湖北辞书出版社,1995 年,第 1086 页“嬬”字条。

⑥ [汉]郑玄注,[唐]贾公彦疏:《仪礼注疏》卷五,《十三经注疏》上册,中华书局,1980 年,第 968 页。

⑦ [清]李道平:《周易集解纂疏》,十三经清人注疏丛书本,中华书局,1994 年,第 475 页。

⑧ 关于“三月庙见”仪式,请参阅本书对《归妹》上六爻辞的有关论述。

释说:"冬来,反马也。"①意思说这年冬天高固携妻入鲁是专为"反马"而来的。郑玄《箴膏肓》说:"大夫以上,其嫁皆有留车、反马之礼。留车,妻之道也;反马,婿之义也。高固以秋九月来逆叔姬,冬来反马,则妇入三月祭行乃反马,礼也。"②"留车"是女方家族的自谦行为,意在表示女子不一定能通过三个月的考察,因而将女子来嫁时的车马留下,以备她被遣返时使用。"反马"的用意正好相反,是表示女子已经"成妇",不会复返,故将女方所留车马返还原主。《左传·宣公五年》杜预注:"礼,送女留其送马,谦不敢自安。三月庙见,遣使反马。"孔颖达疏曰:"礼,送女适于夫氏,留其所送之马,谦不敢自安于夫,若彼出弃,则将乘之以归,故留之也。至三月庙见,夫妇之情既固,则夫家遣使反其所留之马,以示与之偕老,不复归也。"③"反归以娣"即"反归及娣",其意为,男方遣使反归车马时,连同陪嫁的尚未成年的妹妹一起送回娘家。

六三爻辞中的"娣"之"归",并非如某些注家所说是被休而遣归母家,而是"待年父母国"。所谓"待年",是指作为陪嫁的嫡妻之娣,因为年龄太小,还不能"承事"君子,婚礼之后又返回到娘家,以待成年后再送回夫家。这种婚姻礼俗在《春秋》中有所记载。隐公二年:"冬十月,伯姬归于纪。"隐公七年:"春,王三月,叔姬归于纪。"叔姬是伯姬的妹妹,伯姬出嫁时,叔姬随嫁。但因年龄尚幼,婚礼之后又返回父母之国等待成年,五年之后,才正式嫁过去。《春秋穀梁传》范宁集解:"叔姬,伯姬之娣。至此归者,待年于父母之国,六年乃归。"④明何楷《诗经世本古义》:"待年不行于礼有之。《公羊传》注云:'诸侯之媵,八岁备数,十五从嫡,二十承事君子,未任承事,还待年父母之国。'"⑤班固《白虎通义·嫁娶》:"姪娣年虽少,犹从适人者,明人君无再娶之义也。还待年于父母之国,未任答君子也。……《公羊传》曰'叔姬归于纪',明待年也。"⑥六三爻中的"娣",随"反马"车队回到母家,就是因为年少随嫁,须"还待年于父母之国"。

---

① [晋]杜预注,[唐]孔颖达疏:《春秋左传正义》卷二十二,《十三经注疏》下册,中华书局,1980年,第1872页。
② [晋]杜预注,[唐]孔颖达疏:《春秋左传正义》卷二十二引,《十三经注疏》下册,中华书局,1980年,第1872页。
③ [晋]杜预注,[唐]孔颖达疏:《春秋左传正义》卷二十二,《十三经注疏》下册,中华书局,1980年,第1872页。
④ [晋]范宁注,[唐]杨世勋疏:《春秋穀梁传注疏》卷二,《十三经注疏》下册,中华书局,1980年,第2370页。
⑤ [清]胡承珙:《毛诗后笺》,黄山书社,1999年,第110页。
⑥ [清]陈立撰,吴则虞点校:《白虎通疏证》,新编诸子集成本,中华书局,1994年,第470页。

# 《归妹》之上六：女承筐，无实；士刲羊，无血。无攸利

　　《归妹》卦上六爻辞涉及上古时代的一种婚姻礼俗——庙见仪式，本节文字试做解说。

　　"女"，在上古典籍中，一般指未婚之女。《康熙字典·女部》说："已嫁曰妇，未字曰女。"①俞正燮《癸巳类稿·释士补仪礼篇名义》说："《左传》言'女而不妇'，《国语》孔子言'女智莫若妇'，女与妇异……实则在父母家曰女，亲迎时亦曰女，在婿家未庙见亦曰女，既庙见始曰妇。"②

　　"承"，义为捧、奉。"实"，指筐中的祭品。郑玄《周易注》曰："宗庙之礼，主妇奉筐米。"③

　　"士"，未婚男子之称。黄生《义府·士》说："士者，少男之称。《易·大过》'老妇得其士夫'，此本义也。又壮字、婿字皆从士，意益可见。"④俞正燮《癸巳类稿·释士补仪礼篇名义》说："士者，古人年少未冠娶之通名。《易》象言'老夫女妻，老妇士夫'，《诗》言……'有女怀春，吉士诱之'……夏小正言'绥多士女'，《孟子》言'绥厥士女'，士与女对，明是未冠娶。"⑤孔广森《经学卮言》也说："未嫁称女，未娶称士，故士皆与女为对文。"⑥

　　"刲"，音 kuī，义为刺、割。《说文》："刲，刺也。从刀，圭声。""刲羊"，指杀羊

---

① 《康熙字典》丑集下"女"部"女"字条，成都古籍书店影印，1980 年。
② 《俞正燮全集》第一册，黄山书社，2005 年，第 307—308 页。
③ [汉]郑玄撰，[宋]王应麟等辑，[清]惠栋考补：《增补郑氏周易》卷中，《十八名家解周易》第一辑，长春出版社，2009 年，第 19 页。
④ [清]黄生：《字诂义府合按》，中华书局，1984 年，第 159 页。
⑤ 《俞正燮全集》第一册，黄山书社，2005 年，第 307 页。
⑥ [清]孔广森：《经学卮言》，转引自向熹《诗经词典》，四川人民出版社，1986 年，第 411 页。

《归妹》之上六：女承筐，无实；士刲羊，无血。无攸利

祭祖。《国语·楚语下》："诸侯宗庙之事，必自射牛、刲羊、击豕，夫人必自春其盛。"①

爻辞说，女子手捧竹筐，筐里空无一物；男子以刀刺羊，羊却没有流血。没有什么好处。

"士"与"女"，是对未婚男女的称谓，筐无实，羊无血，是以形象委婉的语言来说明祭祀未成，而称女、称士，祭祀未成，则意味着男女婚约失败，未成夫妇。来知德《周易集注》说："凡夫妇祭祀，承筐而采蘋蘩者，女之事也；刲羊而实鼎俎者，男之事也。今上与三，皆阴爻，不成夫妇，则不能供祭祀矣。"②李道平《周易集解纂疏》也说："女之适人，实筐以贽于舅姑；士之妻女，刲羊以告于祠庙。筐无实，羊无血，约婚不终者也；曰女曰士，未成夫妇之辞；先女后士，咎在女矣。"③这种决定夫妻关系能否最终缔结的祭祀活动，就是上古时期贵族婚礼中的"三月庙见"仪式，诚如清代学者刘寿曾《昏礼重别论对驳义》所说："上六承筐为三月庙见之礼。"④

"三月庙见"是古代贵族婚礼中的最后一个仪式，在"妇入三月"时举行。女子在嫁入夫家的最初三个月内不能与夫同居，只有举行了"三月庙见"仪式即拜见了夫家祖庙之后，女子的妻子身份才被确认，男女双方才算正式结为夫妇。《礼记·曾子问》引孔子语曰："取妇之家，……三月而庙见，称'来妇'也；择日而祭于祢，成妇之义也。"⑤所谓"三月而庙见，称'来妇'也"，是说女子嫁入夫家三个月时举行拜祭夫家祖庙的仪式，向祖先报告"来妇"的信息。来嫁之女第一次获得了"妇"的称谓，其新妇的身份和地位得到了完全的确认。所谓"择日而祭于祢，成妇之义也"，是说在舅姑（公婆）已经亡故的情况下，拜祭完夫家祖庙，还要择日拜祭夫家祢庙（奉祀亡父的宗庙），这才意味着女子已经正式成为妻子。

庙见礼设在亲迎三月之后举行，是为了对新妇进行考察，以达到慎重择妇的目的。班固《白虎通义·嫁娶》说："三月一时，物有成者，人之善恶可得知也，然后乃可得事宗庙之礼。"⑥清人江永《礼记训义择言》补充说："古人之意，盖欲迟之一时，

---

① ［战国］左丘明撰，［三国吴］韦昭注：《国语》，中国史学要籍丛刊本，上海古籍出版社，2015年，第374页。
② ［明］来知德集注：《周易》，国学典藏本，上海古籍出版社，2013年，第252页。
③ ［清］李道平：《周易集解纂疏》，十三经清人注疏丛书本，中华书局，1994年，第478页。
④ ［清］刘寿琪：《昏礼重别论对驳义》，《续皇清经解》第五册。
⑤ ［汉］郑玄注，［唐］孔颖达疏：《礼记正义》卷十八，《十三经注疏》下册，中华书局，1980年，第1392页。
⑥ ［清］陈立撰，吴则虞点校：《白虎通疏证》，新编诸子集成本，中华书局，1994年，第464页。

· 295 ·

观其妇之性行,和于夫,宜于室人,克成妇道,然后可庙见而祭祢。"①《公羊传·成公九年》何休注则说:"必三月者,取一时足以别贞信,贞信著然后成妇礼。"②胡新生《试论春秋时期贵族婚礼中的"三月庙见"仪式》又进一步分析说:"设立三月庙见礼的用意并不是一般意义上的'别贞信',换言之,不能把'别贞信'……理解成考察新妇是否是处子的活动,……周人在亲迎和成婚之间设置三个月的考验期,其真正目的是为了检验新妇是否怀有别人的孩子,保证她日后所生的子女具有夫方纯正的血统。"③由此可见,三月庙见是一种"慎择妇之礼",④其表层原因是考察性行,克成妇道,其深层原因则是为了检验贞信,维护血统。《归妹》卦上六以"女承筐,无实;士刲羊,无血"这种形象的语言告诉我们,"女"与"士"最终未能举行三月庙见仪式,来嫁之女没有获得新妇的身份和地位,男女之间的婚约宣告失败。而失败的原因就是来嫁之女存在着性行、贞信方面的问题,未能通过三个月的考验期。

---

① [清]江永:《礼记训义择言》,转引自[清]朱彬撰《礼记训纂》上册,中华书局,1996年,第296页。
② [汉]何休注,[唐]徐彦疏:《春秋公羊传注疏》卷十七,《十三经注疏》下册,中华书局,第2293页。
③ 胡新生:《试论春秋时期贵族婚礼中的"三月庙见"仪式》,《东岳论丛》2000年第4期。
④ [清]刘毓崧:《通义堂文集》卷三,文物出版社,1984年影印。

# 《丰》之九三：丰其沛，日中见沫，  折其右肱，无咎

《丰》卦是《周易》中比较难解的卦之一，特别是对卦中九三爻辞"丰其沛，日中见沫，折其右肱，无咎"的解读，更是众说纷纭。如果以现代易著作为检索的依据，那么可以将学界的观点梳理归纳为如下诸说：

其一，暗中折臂说。现代多数学者都认为爻辞是对黑暗中折断右臂这一特定情景的写实性描绘，如刘大钧、林忠军《周易经传白话解》释为："（天）越来越暗，中午出现昏黑，（黑暗中）折断了右臂，（但）无咎灾。"①张立文《帛书周易注译》释为："扩大遮阳的黑云，昏暗不明，日中看见小星。折断他的右臂，（可以治愈），无害。"②马恒君《周易正宗》释为："黑暗很大，正午见到小星。折断右臂，没有咎害。"③周振甫《周易译注》释为："日光被乌云覆盖，沛然下雨，正午能看见小星，有人不慎滑倒折其右臂，治愈而无灾患。"④虽然学者对"沛"、"沫"等字具体含义的理解有异，但都把爻辞视为对折断右臂这一特定情景的写实性描述。

其二，古代故事说。高亨《周易古经今注》《周易大传今注》认为，"沫"借为"魅"，指鬼怪之类。爻辞描述的是一则古代故事："有人焉，大其布幔以蔽门窗，日中之时忽见妖魔，惊骇而仆，折其右臂，医之而愈，故无咎。"⑤

其三，梦占说。陈鼓应、赵建伟《周易今注今译》认为，"日中见沫，折其右肱"属于梦占，其释爻辞为："好像被苇席遮蔽起来，中午梦见星星，折断了右臂，但结果

---

① 刘大钧、林忠军：《周易经传白话解》，上海古籍出版社，2006年，第137页。
② 张立文：《帛书周易译注》，中州古籍出版社，1992年，第198页。
③ 马恒君：《周易正宗》，华夏出版社，2007年，第434页。
④ 周振甫：《周易译注》，中华书局，1991年，第293页。
⑤ 高亨：《周易大传今注》，齐鲁书社，1998年，第339页。

不会有咎害。"①

其四，比喻说。一些学者认为"折其右肱"只是比喻之辞，但喻指的对象各家所说很不一致，如黄寿祺、张善文《周易译注》释为："丰大掩遮光明的幡幔，犹如太阳正当中天却出现小星；若能像折断右臂一样屈己慎守，则不致咎害。"②廖名春《〈周易〉经传十五讲》释为："阴影越来越丰大，把整个太阳都遮住了，斗枸后小星星也出现了。就像折断了右臂一样，没有什么了不起的大问题。"③李尚信《去蔽除障明德丰——〈周易〉古经丰卦解读》认为，"丰其蔀，日中见沫"是喻指君王明德受到遮蔽，"折其右肱"是指斩除君王身边掌握大权的佞臣。④ 吴国源《〈周易·丰〉的思想意义及其解释方法问题》则认为，"丰其沛，日中见沫"是比喻"贤臣功业显赫却遭受最为严重的猜疑"，"折其右肱"是喻指"贤臣失去了辅佐他创立显赫功业的重要助手"。⑤

其五，日食说。一些学者认为爻辞描写的是日食现象，如萧汉明《上海博物馆藏战国楚竹书〈易经〉释卦二则》认为，"丰（豐）"是一种用玉装饰的贵重大鼓，在爻辞中用为动词，义为击鼓救日。爻辞是说："日中之时，太阳进一步暗昧，王者与配宰带领国人举行祭祀，敲击玉鼓，并决定废黜一位股肱大臣以当灾祸，这样就不会有灾祸发生了。"⑥郑任钊、郑张尚芳《也谈〈易经〉简帛本的蛊、丰二卦——与萧汉明先生商榷》赞同萧汉明的击鼓救日说，但又据帛书《周易》"肱"字作"弓"，将"折其右肱"释为"拉折右边的救日弓"。⑦臧守虎《易经读本》则认为，"丰"是大的意思，《丰》卦是"记录周代一次日食发生的情况"，九三爻辞是说，日食遮蔽的面积大，中午见到星星，人们恐慌无措，狂乱奔走，结果有人摔折了右臂，没有过错。⑧

上述诸说，可谓小同大异，人言人殊，令初学者眼花缭乱，无所适从；而爻辞的真正意旨仍然如在雾中，没有得到合理的揭示。笔者以为，上述说法中"日食说"最合爻辞意旨，但各家对爻辞的具体解说颇多牵强，而且差异很大。以下拟从文字

---

① 陈鼓应、赵建伟：《周易今注今译》，商务印书馆，2005年，第495页。
② 黄寿祺、张善文：《周易译注》，上海古籍出版社，2004年，第427页。
③ 廖名春：《〈周易〉经传十五讲》，北京大学出版社，2004年，第140页。
④ 李尚信：《去蔽除障明德丰——〈周易〉古经丰卦解读》，《周易研究》2015年第2期。
⑤ 吴国源：《〈周易·丰〉的思想意义及其解释方法问题》，《西安建筑科技大学学报》（社会科学版）2016年第4期。
⑥ 萧汉明：《上海博物馆藏战国楚竹书〈易经〉释卦二则》，《周易研究》2006年第2期。
⑦ 郑任钊、郑张尚芳：《也谈〈易经〉简帛本的蛊、丰二卦——与萧汉明先生商榷》，《周易研究》2006年第6期。
⑧ 臧守虎：《〈易经〉读本》，中华书局，2007年，第322—333页。

训释入手,对日食说进行修正、申说。

"丰",即卦名之"丰",王弼《周易注》、李鼎祚《周易集解》、楚竹书《周易》、王家台秦简"易占"皆作"豐",唯石经《周易》、马王堆帛书《周易》作"豊"。《经典释文》释《丰》卦之"豐"曰:"依字作'豐'。今并'三'、直画,犹是变体。若'曲'下作'豆','禮'字耳,非也。世人乱之久矣。"①按陆德明的说法,"'丰'是'豐'的变体,而石经与帛书《周易》的"豊"字则为讹字。

事实上,"豊"与"豐",在甲骨文中是同一个字✦,金文写作✦或✦,属于象形字,表示礼器✦(豆)中盛满作为祭品的两串玉器✦,"像二玉在器之形",②代表祭祀的含义。篆文齐整化,分为两体,以豊(豊)表示祭祀,以豐(豐)表示丰满③,经过隶变以后,楷书写作"豊"与"豐"。《说文解字》说:"(豊),行礼之器也。从豆,象形。凡豊之属皆从豊。读与禮同","(豐),豆之丰满者也。从豆,象形"。前者即"礼"(禮)之本字,后者即《丰》卦之"豐"。

许慎说"豐"的本义是"豆之丰满者",段玉裁注曰:"谓豆之大者也。引申之,凡大皆曰豐。"④《国语·楚语》:"彼若谋楚,其必有豐败也哉。"注:"豐,大也。"⑤扬雄《方言》:"凡物之大貌曰豐。"⑥《丰》卦之"丰"即取"丰大"之义。《丰·彖》说:"丰,大也。"《序卦传》也说:"丰者,大也。"本爻及六二、九四爻中的"丰"字,不是指一般的丰大,而是指遮蔽太阳的阴影丰大。

"沛",通"旆",本义指旗帜、帐幕一类的东西,与六二爻"丰其蔀"之"蔀"相类,都是比喻遮蔽日光的阴影。王弼《周易注》说:"沛,幡幔,所以御盛光也。"⑦陆德明《经典释文》说:"沛,本或作旆,谓幡幔也。"⑧"沛"与"旆"皆从市得声,所以可以通假。"御盛光"就是阻止、遮挡阳光。

"丰其沛",是倒装语序,应读为"其沛丰",意为遮蔽太阳的阴影丰大。

"沫",音 mèi,诸书多作"昧"。陆德明《经典释文》说:"《字林》作昧……云斗

---

① [唐]陆德明:《经典释文·周易音义》,《十三经注疏》上册,中华书局,1980 年,第 103 页。
② 王国维:《观堂集林·释礼》,河北教育出版社,2003 年,第 144 页。
③ 按,豊与丰,在古代其实是两个字,陆德明视"丰"为"豐"的变体,现代汉语则直接以"丰"为"豐"的简化字。
④ [汉]许慎撰,[清]段玉裁注:《说文解字注》,上海古籍出版社,1981 年,第 389 页。
⑤ [战国]左丘明撰,[三国吴]韦昭注:《国语》,中国史学要籍丛刊本,上海古籍出版社,2015 年,第 363 页。
⑥ 周祖谟:《方言校笺》,中华书局,1993 年,第 4 页。
⑦ 楼宇烈:《周易注校释》,中华书局,2012 年,第 202 页。
⑧ [唐]陆德明:《经典释文·周易音义》,《十三经注疏》上册,中华书局,1980 年,第 103 页。

枸后星。……《子夏传》云：'沬，星之小者。'马同。薛云：'辅星也。'"①虞翻曰："沬，小星也。"《九家易》曰："沬，斗枸后小星也。"②从本卦爻辞来看，此处的"沬"当与六二和九四爻中"日中见斗"的"斗"合观。斗为北斗七星，稍亮、稍大，则沬当指稍暗、稍小的星。《春秋运斗枢》曰："第一至第四为魁，第五至第七为枸，合为斗，居阴播阳，故称北斗。"③子夏、马融、薛虞、虞翻、《九家易》、《字林》等以"小星""辅星""斗枸后星"释"沬"，是有道理的。

六二爻"丰其蔀，日中见斗"，是说阴影丰大，几乎把整个太阳都遮住了，以至于正午时分北斗星就显现出来；九三爻"丰其沛，日中见沬"，则是说阴影越来越丰大，把整个太阳都遮住了，以至于在正午时分连斗枸后的小星星也显现出来。《日讲易经解义》说："夫丰沛则障蔽更甚于蔀，所以沬之小星虽日中而亦见也。"④事实上，爻辞言说的就是阴影丰大而蔽日的日食现象，这一点古人早已论及。李光地《周易折中》说："《易》中所取者虽虚象，然必天地间有此实事，非凭虚造设也。日中见斗，甚而至于见沬，所取喻者，固谓至昏伏于至明之中，然以实象求之，则如太阳食时是也。食限多则大星见，食限少则小星亦见矣。所以然者，阴气蔽障之故。"⑤惠栋《周易述》也说："见斗见沬，日蚀之征。""小星见则日全蚀矣。"⑥

"肱"，音 gōng，是人的手臂。古代常以"股肱"比喻大臣，如《尚书·益稷》："帝曰：'臣作朕股肱耳目。'""股肱喜哉，元首起哉，百工熙哉！"⑦《左传·昭公九年》："君之卿佐，是谓股肱；股肱或亏，何痛如之！"⑧在爻辞中，"右肱"也是比喻大臣。《学古堂日记·读周易日记》说："《书》曰'股肱喜哉'，谓股肱之臣也，此经之肱亦然。古者以右为上，右肱谓大臣之用事者。"⑨

"折其右肱，无咎"，是说废黜负有罪责的股肱之臣，就会避免灾难。

在中国古代，日食一直被看作是上天对人间政事不善如君王失德、强臣擅权等

---

① [唐]陆德明：《经典释文·周易音义》，《十三经注疏》上册，中华书局，1980年，第103页。
② [清]李道平：《周易集解纂疏》，十三经清人注疏丛书本，中华书局，1994年，第484页。
③ [清]李道平：《周易集解纂疏》，十三经清人注疏丛书本，中华书局，1994年，第484页。
④ [清]牛钮等：《日讲易经解义》，海南出版社，2012年，第439页。
⑤ [清]李光地：《周易折中》，巴蜀书社，2014年，第266页。
⑥ [清]惠栋：《周易述》下，九州出版社，2005年，第1059页。
⑦ [汉]孔安国传，[唐]孔颖达疏：《尚书正义》卷五，《十三经注疏》上册，中华书局，1980年，第141页、144页。
⑧ [晋]杜预注，[唐]孔颖达疏：《春秋左传正义》卷四十五，《十三经注疏》下册，中华书局，1980年，第2057页。
⑨ [清]雷浚，汪之昌编：《学古堂日记》，华文书局，1896年。

所发出的严重警告,如汉代杜钦在其《举贤良方正对策》中所说:"臣闻日蚀、地震,阳微阴盛也。臣者,君之阴也;子者,父之阴也;妻者,夫之阴也;夷狄者,中国之阴也。《春秋》日蚀三十六,地震五,或夷狄侵中国,或政权在臣下,或妇乘夫,或臣子背君父,事虽不同,其类一也。"①一旦出现日食,帝王要通过修德、修政、修救、修禳等措施来消解日食可能带来的灾难,相关的大臣或诸侯则要为此承担责任,而承担责任的具体方式,不是废黜,就是被杀。《左传·昭公七年》记载:"夏,四月,甲辰,朔,日有食之。晋侯问于士文伯曰:'谁将当日食?'对曰:'鲁卫恶之,卫大鲁小。'公曰:'何故?'对曰:'去卫地,如鲁地,于是有灾,鲁实受之。其大咎,其卫君乎!鲁将上卿。'公曰:'《诗》所谓"彼日而食,于何不臧"者,何也?'对曰:'不善政之谓也。国无政,不用善,则自取谪于日月之灾。'"②昭公七年,日食起于卫而终于鲁,士文伯认为,卫将遭受大的灾祸,当由卫国的国君承担责任;鲁国将受其余殃,当由其国之上卿承担责任。

《丰》卦九三"丰其沛,日中见沫,折其右肱,无咎"言说的就是日食现象以及修救日食的一种具体方式。东汉经学大师郑玄注此爻时说:"犹大臣用事于君,君能诛之,故无咎。"③《学古堂日记》进一步解释说:"右肱谓大臣之用事者,专权倚势,蔽君之明,谪见于天,日为之食;是必诛而去之,乃得免民众叛离之咎。"④正是基于这种理解,《汉书》曾三次征引九三爻辞。

《汉书·五行志》载:"《易》曰:'悬象著明,莫大于日月。'是故圣人重之,载于三经。于《易》,在《丰》之《震》曰:'丰其沛,日中见昧,折其右肱,无咎。'……明小人乘君子,阴侵阳之原也。"颜师古注曰:"言遇日食之灾,则当退去右肱之臣,乃免咎。"⑤

《汉书·王商传》张匡上书:"(王商)执左道以乱政,诬罔,悖大臣节,故应是而日蚀。《周书》曰:'以左道事君者诛。'《易》曰:'日中见昧,则折其右肱。'"苏林注曰:"日者,人君之象;中者,明之盛。盛而昧,折去右肱之臣用,无咎也。"⑥

---

① [清]严可均辑:《全汉文》,商务印书馆,1999年,第314页。
② [晋]杜预注,[唐]孔颖达疏:《春秋左传正义》卷四十四,《十三经注疏》下册,中华书局,1980年,第2048页。
③ [汉]郑玄撰,[宋]王应麟等辑,[清]惠栋考补:《增补郑氏周易》卷中,《十八名家解周易》第一辑,长春出版社,2009年,第19页。
④ [清]雷浚、汪之昌编:《学古堂日记》,华文书局,1896年。
⑤ [汉]班固撰,[唐]颜师古注:《汉书》二,吉林人民出版社,1998年,第1105页。
⑥ [汉]班固撰,[唐]颜师古注:《汉书》四,吉林人民出版社,1998年,第2269页。

《汉书·元后传》王凤上疏:"《五经》传记,师所诵说,咸以日蚀之咎在于大臣非其人,《易》曰:'折其右肱。'此臣二当退也。"①

由此可见,以"丰其蔀,日中见斗""丰其沛,日中见沫"为日食之象,以"折其右肱"为修救之法,在汉代是非常流行的看法。

---

① [汉]班固撰,[唐]颜师古注:《汉书》四,吉林人民出版社,1998年,第2675页。

# 《丰》之上六：丰其屋，蔀其家，闚其户，闃其无人，三岁不覿，凶

　　《丰》卦上六是《周易》本经最著名的爻辞之一，曾被人们广为征引，反复讨论。从古人诠释和征引的实际情况来看，上六爻辞最能体现《丰》卦之旨，很值得玩味。

　　"蔀"，原义为遮蔽阳光、风雨的棚席。《丰》卦六二："丰其蔀，日中见斗。"郑玄《周易注》曰："蔀，小席。"①王弼《周易注》曰："蔀，覆暧障光明之物也。"②《广韵》："蔀，小席也。"引申为遮蔽。《周易集解》引虞翻曰："蔀，蔽也。"③

　　"家"，指一家人生活居住的私人空间。陆德明《经典释文·周易音义》说："《说文》：'家，居也。'案，人所居称家，《尔雅》'室内谓之家'是也。"④

　　"闚"，音 kuī，或作窥。在古籍中，"闚""窥"声同义近，常相通假，但二者并非等义异体字，所以段玉裁《说文解字注》说："此与窥义别。"⑤闚，本义为从门缝中偷看。《说文》："闚，闪也。""闪，闚头门中也。从人在门中。"⑥人在门中，即表示从门缝中偷看。《字林》："闪，倾头门内视也。"慧琳《一切经音义》卷一百："闚，《集训》云：门中窃见也。"而"窥"的本义则为从孔隙中偷看。《说文·穴部》："窥，小视也。"徐锴系传："视之于隙穴也。"⑦二者在窥伺、偷看等引申意义上相通。就爻辞而言，还以作"闚"最为恰切。

---

① [清]李道平：《周易集解纂疏》，十三经清人注疏丛书本，中华书局，1994年，第483页。按，唐陆德明《经典释文·周易音义》"蔀"作"菩"，晁氏曰："菩，古文蔀字。"徐芹庭《周易举正评述》曰："盖二字古音同，故得通用也。"
② 楼宇烈：《周易注校释》，中华书局，2012年，第202页。
③ [清]李道平：《周易集解纂疏》，十三经清人注疏丛书本，中华书局，1994年，第485页。
④ [唐]陆德明：《经典释文·周易音义》，《十三经注疏》上册，中华书局，1980年，第101页。
⑤ [汉]许慎撰，[清]段玉裁注：《说文解字注》，上海古籍出版社，1981年，第1039页。
⑥ [汉]许慎撰，[清]段玉裁注：《说文解字注》，上海古籍出版社，1981年，第1039页。
⑦ [南唐]徐锴：《说文解字系传》，中华书局，1987年，第151页。

"阒"，音 qù，寂静无声。《说文·门部》："阒，静也。"《玉篇》："阒，静无人也。"其，为并列连词，相当于"而"，表示顺承关系。"阒其无人"即"阒而无人"。

"觌"，音 dí，义为见、相见。《说文·见部》："觌，见也。"《春秋·庄公二十四年》："大夫宗妇觌用币。"《公羊传》："觌者何，见也。"①《礼记·郊特牲》："不敢私觌。"《周礼·秋官·司仪》郑玄注："私面，私觌也。"②《荀子·大略》："私觌，私见也。"③

爻辞说，丰大房屋，却遮蔽了居室，从门缝中往里窥视，寂静无人，时过三年仍不见有人出入，凶险。

《丰》卦言说的是事物"丰大"的道理，获致"丰大"的根本在于"明以动"。《丰》卦卦象是下离上震，离为明，震为动。《彖传》说："丰，大也；明以动，故丰。"程颐《程氏易传》说："以明而动，动而能明，皆致丰之道。"④明是明德，动是行动。以光明之德去行动，去求丰大，才能真正获致成功。然而丰极必衰，满而招损，求丰过甚必至凶灾。所以《序卦传》说："《丰》者，大也。穷大者必失其居。"俞琰《周易集说》说："大而能谦则豫，大而至于穷极则必失其所安。"⑤牛钮《日讲易经解义》也说："穷极侈大，欲败度，纵败礼，必失居安之道。"⑥穷极侈大之人，败坏礼度法数，必将丧失安居的处所。而《丰》卦上六爻辞则以丰屋蔀家的具体事象形象地说明了这一道理。

上六以阴柔之质居于《丰》卦之终，处于震动之极，象征着人才德不足却居位高高在上，志得意满，穷极侈大，飞扬跋扈。"丰其屋"正是穷极侈大的具体表现。来知德《周易集注》说："上六以柔暗之质，居明动丰亨之极，承平既久，奢侈日盛，故有'丰其屋'之象。"⑦"丰其屋"就是扩大自己的房屋建筑，使其变得更加高大。李光《读易详说》曰："丰其屋，谓壮大其所居也。"⑧《象》曰："丰其屋，天际翔也。"

---

① [汉]何休注，[唐]徐彦疏：《春秋公羊传注疏》卷八，《十三经注疏》下册，中华书局，1980年，第2237页。
② [汉]郑玄注，[唐]贾公彦疏：《周礼注疏》卷三十八，《十三经注疏》上册，中华书局，1980年，第899页。
③ [清]王先谦：《荀子集解》下，新编诸子集成本，中华书局，1988年，第494页。
④ 梁韦弦：《〈程氏易传〉导读》，齐鲁书社，2003年，第316页。
⑤ [清]李光地：《周易折中》引，巴蜀书社，2014年，第604页。
⑥ [清]牛钮等：《日讲易经解义》，海南出版社，2012年，第613—614页。
⑦ [明]来知德集注：《周易》，国学典藏本，上海古籍出版社，2013年，第257页。
⑧ [宋]李光：《读易详说》，四库全书本。

《丰》之上六：丰其屋，蔀其家，闚其户，阒其无人，三岁不觌，凶

《朱子语类》曰："似说'如翚斯飞'样，言其屋高大，到于天际。"①丁寿昌《读易会通》引苏嵩坪曰："屋宇垂者谓之荣，亦谓之屋翼。天际翔，言屋高若翱翔于天际，如翚飞鸟革之象也。"②"蔀其家"是说高大的房屋把自己的家遮蔽起来。李光《读易详说》曰："蔀其家，谓遮罩其所藏也。"③这种丰屋蔀家式的丰大，只是个人欲望的无限膨胀，是败礼、败度的穷极侈大，张浚《紫岩易传》说："丰其屋，以聚敛衷积为事，自盈也。蔀其家，家道不明也。"④如此丰大，必然会祸及其家，"闚其户，阒其无人，三岁不觌"正是对这种凶险后果的具体描写。张载《横渠易说》云："丰屋蔀家，自蔽之甚，……穷大而失居者也"。⑤李道平《周易集解纂疏》云："丰者，大也。至于上则穷乎大矣。丰屋蔀家，窥户无人，失居之象也。"⑥高亨《周易古经今注》也说："窥其户，则空寂无人，且三年之久，不见有人，其或囚，或流，或逃，或死，可知矣。此巨家被祸之象也。"⑦

《左传》宣公六年，伯廖评论郑公子曼满时曾引用此爻，从中可见爻辞的本义。其文曰："郑公子曼满与王子伯廖语，欲为卿。伯廖告人曰：'无德而贪，其在《周易》丰之离，弗过之矣。'间一岁，郑人杀之。"杜预注曰："丰上六曰：'丰其屋，蔀其家，闚其户，阒其无人，三岁不觌，凶。'义取无德而大其屋，不过三岁必灭亡。"孔颖达疏曰："丰大其屋，又障蔽其家，暗之甚也。以甚暗而处大屋，不能久享其利，其屋虽大，其室将空，故窥其户而阒然无人也。经三岁而不能显见，则凶。义取无德而居乃屋，不过三岁必灭亡。"⑧郑国的公子曼满，与王子伯廖交谈，表示自己想获得"卿"的高位。伯廖对他的贪念深为鄙夷，便和别人说：曼满这人无德而贪，这大概就是《周易》中《丰》之《离》（即《丰》卦上六爻）所说的无德而丰大其屋的情形，他的结局不会超出爻辞的暗示。后来仅隔一年，郑人便杀了曼满。从伯廖引《易》以及杜预、孔颖达的注疏来看，爻辞是通过"无德而大其屋""其屋虽大，其室将空"的具体描写，揭示了求丰过甚而致凶的道理。

---

① [宋]黎靖德编，杨绳其、周娴君校点：《朱子语类》第3卷，岳麓书社，1997年，第1671页。
② [清]丁寿昌：《读易会通》，成都古籍书店，1988年，第620页。
③ [宋]李光：《读易详说》，四库全书本。
④ 马振彪：《周易学说》引，花城出版社，2002年，第541页。
⑤ [宋]张载：《横渠易说》卷二，《十八名家解周易》第二辑，长春出版社，2009年，第380页。
⑥ [清]李道平：《周易集解纂疏》，十三经清人注疏丛书本，中华书局，1994年，第489页。
⑦ 高亨：《周易古经今注》，上海书店，1991年，第195页。
⑧ [晋]杜预注，[唐]孔颖达疏：《春秋左传正义》卷二十二，《十三经注疏》下册，中华书局，1980年，第1872—1873页。

扬雄《解嘲》中有一段著名的文字，其意与《丰》卦上六爻旨颇为契合,：“炎炎者灭，隆隆者绝，观雷观火，为盈为实。天收其声，地藏其热。高明之家，鬼瞰其室。”这是说火烧得太旺，就要熄灭，雷震得太响，就会断绝其声。看看震雷和大火，声势多么盛大而雄壮，结果雷声消失在天际，光热收藏到地下。高敞明亮的宅第，鬼就要来窥视他的屋子。李光地《周易折中》引石介语云：“始显大，终自藏，皆圣人戒其过盛。子云曰：'炎炎者灭，隆隆者绝……高明之家，鬼瞰其室。'正合此义。"①姚范《援鹑堂笔记》引何焯述李光地语云：“此解《丰》卦之义，胜于传、注多矣。'炎炎'，火也；'隆隆'，雷也。《丰》卦雷在上，则是'天收其声'；火在下，则是'地藏其热'。'丰其屋，蔀其家，窥其户，阒其无人'，即所谓'高明之家，鬼瞰其室'。扬子云变《易》辞象以成文。"②张调元《京澳纂文》说：“至'阒其户，阒其无人，三岁不觌'，则扬子所谓天收其声，地藏其热，乃震终之象……爻辞以人事比况。"③丁寿昌《读易会通》也说：“雷火丰象，子云之说，正释此爻之义。"④古人引用上六爻辞也正是基于这种义理。

蔡邕《释诲》曾化用《丰》卦六二爻辞：“隆贵翕习，积富无崖，据巧蹈机，以忘其危。……人毁其满，神疾其邪，利端始萌，害渐亦牙。蔽蔽方縠，天夭是加，欲丰其屋，乃蔀其家。"⑤这是说不择手段追求大富大贵，却忘了可能带来的危险后果。富贵盈满会招致人们的诋毁，其奸邪不正会招致神灵的憎恨。获得不当私利的同时，危害也已开始萌生。刚刚享有爵禄之贵，而天罚就已加身。就像《丰》卦上六爻辞所说，想要扩大房屋建筑，却把自己的家遮蔽在了黑暗中。这段文字是《释诲》中华颠胡老为务世公子解释"睹暧昧之利，而忘昭晰之害；专必成之功，而忽蹉跌之败"时所说，其引用《丰》卦上六爻辞意在说明，无德而贪、过度求丰，必然会招致灾难，与爻辞意旨颇为契合。三国魏嵇康《秋胡行》曰：“富贵尊荣，忧患谅独多。古人所惧，丰屋蔀家。"⑥与《释诲》之意颇为切近。

---

① ［清］李光地：《周易折中》引，巴蜀书社,2014 年，第 468 页。
② ［清］姚范：《援鹑堂笔记》卷二，转引自钱钟书《管锥编》第三册，中华书局,1986 年，第 956 页。
③ 古都郑州文化丛书编委会编，张惠民、陈斌校点：《张调元文集》上册，中州古籍出版社,2004 年，第 23 页。
④ ［清］丁寿昌：《读易会通》，成都古籍书店,1988 年，第 620 页。
⑤ 按，蔡邕《释诲》"蔽蔽"原作"速速"，"縠"原作"縠"，"天夭"原作"夭夭"。清李慈铭《越缦堂读书记》云："玩其上下文义……皆谓小人方逞其得志，而天罚已加，方字与是字对，縠乃縠之误，速乃蔽之借。方縠者，谓方得禄也。速速不必定以夭夭重字为对，古人文皆如是。"（上海书店出版社,2000 年，第 239—240 页）今从之。
⑥ 殷翔、郭全芝：《嵇康集注》，黄山书社,1986 年，第 43 页。

《丰》之上六：丰其屋，蔀其家，阒其户，阒其无人，三岁不觌，凶

扬雄《将作大匠箴》也化用了《丰》卦六二爻辞："昔在帝世，茅茨土阶。夏卑宫室，在彼沟洫。桀作瑶台，纣为璇室，人力不堪，而帝业不竟。诗咏宣王，由俭改奢。观丰上六，大屋小家。"①这是说尧舜为帝之世，以茅草盖屋，土作台阶。夏禹时也不讲求宫观奢华，而致力于农业水利。桀纣之时则大力建造豪华宫殿，致使人力困顿不堪，最终导致帝业不竟。《诗经·小雅·斯干》咏赞周宣王改奢尚俭的事迹，观看《丰》卦上六爻辞，则揭示了丰屋失居的道理。所谓"大屋小家"，即孔颖达"其屋虽大，其室将空"之义。文中以《丰》卦上六爻辞与桀纣为瑶台璇室而帝业不竟之事相发明，颇合爻旨。大概是受扬雄此文的影响，晋代干宝《周易注》即认为《丰》卦上六爻辞是写纣王之事："丰其屋，此盖讬纣之侈，造为璇室玉台也。蔀其家者，以讬纣多倾国之女也。社稷既亡，宫室虚旷，故曰'窥其户，阒其无人'……'三岁不觌，凶'，然则璇室之成，三年而后亡国矣。"②认为爻辞是写纣王侈造璇室，固然牵强，但其对爻辞意旨的揭示还是十分允恰的。

而在扬雄、干宝之后，丰屋蔀家、丰屋之祸、丰屋生灾、丰屋之过、丰屋之戒等则成为古人常用的典故，用来指代宫室奢华可能带来的灾难。如晋嵇绍《谏齐王冏书》："夏禹以卑室称美，唐虞以茅茨显德，丰屋蔀家，无益危亡。"③三国魏杨阜《谏营洛阳宫殿观阁疏》："不夙夜敬止，允恭恤民，而乃自暇自逸，惟宫台是侈是饰，必有颠覆危亡之祸。《易》曰：'丰其屋，蔀其家；窥其户，阒其无人。'王者以天下为家，言丰屋之祸，至于家无人也。"④《魏书·阳固传》："世宗末，中尉王显起既成，集僚属飨宴。酒酣问固曰：'此宅何如？'固对曰：'晏婴湫隘，流称于今；丰屋生灾，著于《周易》。此盖同传舍耳，唯有德能卒。愿公勉之。'"⑤晋葛洪《抱朴子·广譬》："章华构，而丰屋之过成；露台辍，而玄默之风行。"⑥晋袁宏《后汉纪·光武帝纪》："起第宅，采椽粗朴，足避风雨。常称丰屋之戒，若不修德，虽有崇台广厦，犹传舍也。"⑦王勃《〈乾元殿颂〉序》："然则卑宫丧礼，采椽轻四海之尊；丰屋延灾，柏梁非万乘之有。"⑧这些引用和化用之例，可以更好地帮助我们理解爻辞的义理。

---

① 郑文：《扬雄文集笺注》，巴蜀书社，2000年，第297页。
② [清]李道平：《周易集解纂疏》，十三经清人注疏丛书本，中华书局，1994年，第487页。
③ [清]严可均辑：《全晋文》中册，商务印书馆，1999年，第673页。
④ [清]严可均辑：《全三国文》上册，商务印书馆，1999年，第274页。
⑤ 《二十五史卷四魏书、北齐书、周书》，中国文史出版社，2003年，第749页。
⑥ 杨明照：《抱朴子外篇校笺》，新编诸子集成本，中华书局，1991年，第338页。
⑦ [晋]袁宏撰，李兴和点校：《袁宏〈后汉纪〉集校》，云南大学出版社，2008年，第84页。
⑧ 何林天校注：《重订新校王子安集》，山西人民出版社，1990年，第171页。

# 《兑》之初九：和兑，吉

《周易》第五十八卦名"兑"。《序卦传》说："兑者，说也。"《象传》也说："兑，说也。"历代学者通常读"说"为"喜悦"之"悦"。现代一些学者则读"说"为"言说"之"说"。① 由于卦名之"兑"意义隐晦，卦爻之辞又过于简略，缺少有效的语境，因此影响到人们对卦义的理解和对全卦的把握。

许慎《说文·儿部》说："兑，说也。"其《说文·言部》则收录了"说"的两种释义："说，说释也。一曰谈说也。从言兑。"可见在许慎时代，"说"一个字形记录了两个词，其一是表示"说释"（悦怿）义，②后来写作"悦"，其二是表示"谈说"义，仍写作"说"，这种字与词的复杂对应关系造成了人们理解上的障碍。那么，二义之中究竟哪一个才是《兑》卦之"兑"的真正意义呢？

在甲、金文中，不见"说""悦"字，但皆有"兑"字，写作""""。孔广居《说文疑疑》认为："兑从人，从八、口。八，分也。人喜悦则解颐也。"③林义光《文源》也说："兑即悦之本字……从人、口、八。八，分也。人笑故口分开。"④高鸿缙《中国字例》认为："林说是也。八之意本为分，取假象分背之形，指事字，动词，后世（殷代已然）借用数目八九之八，久借不返，乃又加刀为意符（言刀所以分也）作分，以还

---

① 如高亨《周易古经今注》说："说既从言，当以谈说为本义"，"本卦兑字皆谓谈说"。（上海书店，1991年，第202—203页）臧守虎《〈易经〉读本》说："'兑'是说的古字，就是说话、交谈的意思。"（中华书局，2007年，第336页）黄天骥《周易辨原》则将"兑"的喜悦义和言说义进行了综合："旧说释'兑'为欣悦，不无道理。高亨先生释'兑'为说，也属合理。但如果把两种说法结合起来，强调'兑'具有言语沟通和解释说服的意思，则似更符合它的本义。"（广东人民出版社，2008年，第566页）王毅《〈易·兑〉之'兑'新诂》又根据先秦文献和出土文献认定《兑》卦之"兑"为"兑祭"，是"一种以言语责问的祝祷之法"，在《周礼》中列为"六祈"之义，在出土文献中写作"祱""敓"。（《安徽学院学报》2012年第2期）
② 按，段玉裁《说文解字注》曰："说释，即悦怿。说、悦，释、怿，皆古今字。许书无悦怿二字也。"
③ 孔广居：《说文疑疑》，转引自何添《论〈说文〉四级声子》，天津教育出版社，2010年，第35页。
④ 林义光：《文源》，转引自《汉语大字典》（三卷本）上，四川辞书出版社、湖北辞书出版社，1995年，第271页"兑"字条。

其原,殷以来两字分行,鲜知其本为一字矣。"①

"人喜悦则解颐""人笑故口分开",即人因为喜悦高兴而开口笑了。这是一种会心的笑,会心即内心的理解、沟通、信服。《尔雅·释诂》:"悦,乐也。"邢昺疏曰:"悦者,心乐也。《小雅·都人士》云:'我心不说。'悦、说音、义同。"②《论语·学而》:"学而时习之,不亦说乎? 有朋自远方来,不亦乐乎?"刑昺疏曰:"谯周云,说深而乐浅也。一曰在内曰说,在外曰乐。"③程颐《程氏论语解》曰:"说在心,乐主发散,在外。"④可见"说"并非一般意义上的喜悦,而是内心的悦服、悦纳,用成语说就是"心悦诚服"。《尔雅·释诂》曰:"悦,服也。"郭璞注:"谓喜而服从。"郝懿行《义疏》:"悦者,古作说,《说文》说释即悦怿也。"⑤"悦……既训乐,又训服者,服之言伏也,喜悦之至,转为屈伏,义相成也。""悦训服者,孟子所谓'中心悦而诚服'是也。"⑥因此在传世的先秦文献中,表示"喜悦"之义往往不用"说",而是另有其字,如乐、欣、忻、喜等。而表示悦服、悦纳之义则通常用"说"。如《诗经·召南·草虫》:"亦既觏止,我心则悦。"毛传:"说,服也。"⑦《尚书·武成》:"大赉于四海,而万姓悦服。"孔传:"天下皆悦仁服德。"⑧他如《论语·子路》:"近者说,远者来。"⑨《荀子·大略》:"近者说则亲,远者悦则附。"⑩《庄子·徐无鬼》:"今先生何以说吾君,使吾君说若此乎?"⑪《左传·烛之武退秦师》:"秦伯说,与郑人盟。"⑫其中的"说"皆为悦服、悦纳之义。

"兑"是说、悦的本字,其义为悦服、悦纳。后来随着文字的发展、演变,"兑"字作了偏旁,悦服、悦纳之义便另加偏旁"忄"写作"说"来表示。因为"说"的意义不

---

① 高鸿缙:《中国字例》,转引自《汉语大字典》(三卷本)上,四川辞书出版社、湖北辞书出版社,1995年,第241页"八"字条。
② [晋]郭璞注,[宋]邢昺疏:《尔雅注疏》卷一,《十三经注疏》下册,中华书局,1980年,第2569页。
③ [魏]何晏注,[宋]邢昺疏:《论语注疏》卷一,《十三经注疏》下册,中华书局,1980年,第2457页。
④ [宋]朱熹:《四书章句集注》,中华书局,2011年,第49页。
⑤ [清]郝懿行:《尔雅义疏》,安作璋主编《郝懿行集》第四册,齐鲁书社,2010年,第2685页。
⑥ [清]郝懿行:《尔雅义疏》,安作璋主编《郝懿行集》第四册,齐鲁书社,2010年,第2687—2688页。
⑦ [汉]毛亨传,[汉]郑玄笺,[唐]孔颖达疏:《毛诗正义》卷一,《十三经注疏》上册,中华书局,1980年,第286页。
⑧ [汉]孔安国传,[唐]孔颖达疏:《尚书正义》卷十一,《十三经注疏》上册,中华书局,1980年,第185页。
⑨ [魏]何晏注,[宋]邢昺疏:《论语注疏》卷十三,《十三经注疏》下册,中华书局,1980年,第2507页。
⑩ [清]王先谦:《荀子集解》下,新编诸子集成本,中华书局,1988年,第507页。
⑪ [清]郭庆藩:《庄子集释》下,新编诸子集成本,中华书局,2004年,第821页。
⑫ [晋]杜预注,[唐]孔颖达疏:《春秋左传正义》卷十七,《十三经注疏》下册,中华书局,1980年,第1831页。

断扩大,也泛指一般的喜悦,所以有时人们仍用"兑"来表示悦服、悦纳之义。如《吕氏春秋·劝学》:"凡说者,兑之也,非说之也。今世之说者,多弗能兑而反说之。夫弗能兑而反说,是拯溺而硾之以石也,是救病而饮之以堇也,使世益乱、不肖主重惑者从此生矣。"①其中"兑之"之"兑"义为悦服,"说之"之"说"义为取悦。其文意为:凡说教,在于使人悦服于所说的道理,而不是为了取悦于人。今世之说教者,多不能使人悦服于所说的道理,而反取悦于人。若不能使人悦服于所说的道理而反取悦于人,那就像欲拯救落水的人而反而给其绲上石块使之沉入水底,欲治病救人而反给病人饮服毒药,使世道更加混乱、无才德的人主惑上加惑的局面即由此造成。再如郭店楚简《性自命出》:"同方而交,以道者也;不同方而[交,以故者也]。同兑而交,以德者也;不同兑而交,以猷者也。……凡兑人勿吝也,身必从之,言及则明举之而勿伪。"②其中的"兑"亦为悦服之义。其文大意为:同道者交往是因为同道,不同道者交往则有某种缘故。互相悦服的人交往是因为同德,不互相悦服的人交往则有某种企图。凡是要使人心悦诚服,就不要有隐藏,说过的话要能够身体力行,行为公开而不虚伪。

卦名之"兑"就是悦服之义。《彖传》说:"兑,说也。……说以先民,民忘其劳。说以犯难,民忘其死。"先民谓导民前进。《说文》:"先,前进也。"《兑》之卦义是使人悦服,用之政治,是使民悦服。执政者如以悦服之道导民前进,则民忘其劳而不怨;以悦服之道使民犯难,则民忘其死而不辞。《论语·子路》:"子路问政。子曰:'先之,劳之。'"孔安国《论语孔氏训解》曰:"先导之以德,使民信之,然后劳之。《易》曰:'说以先民,民忘其劳。'"③这显然是把"说"(兑)解为悦服、信服。

表示悦服、悦纳之义的"兑"后来加"讠"旁写作"说",也透漏出古人的一种观念,即以言辞使人悦服、悦纳才谓之"说"(兑),徐锴《说文解字系传》所谓"说之,亦使悦怿也",④意即通过言语解释使人愉悦信服。事实上,在古汉语中,施者主体的言说,受者客体的悦服、悦纳,施受二者的关系过程——劝说,都是用同一个字即"说"来表达的,至于读音的差别,则是语用中破读的结果。它们读音、意义似有差异,实为一种活动的两个方面,即交际双方行为及其过程结果的表达。而"说"的

---

① 陈奇猷:《吕氏春秋新校释》上册,上海古籍出版社,2002年,第198—199页。
② 刘钊:《郭店楚简校释》,福建人民出版社,2005年,第104—105页。
③ [魏]何晏注,[宋]邢昺疏:《论语注疏》卷十三,《十三经注疏》下册,中华书局,1980年,第2506页。
④ [南唐]徐锴:《说文解字系传》,中华书局,1987年,第45页。

本字即为"兑"。这种交际语词的生成、扩大,正是古汉语"施受同辞""施受同训""施受引申"规律的体现。① 后来,由于文字的进一步发展,"说"的义项越来越多,人们又另造了从忄从兑的"悦"字来分担其悦服、喜悦之义。

王夫之《周易内传》说:"'兑'为'欣说'之'说',又为'言说'之'说',而义固相通。言说者,非徒言也,称引详婉,善为辞而使人乐听之,以移其情。"②"善为辞而使人乐听之,以移其情"就是以言辞使人悦服悦纳,这种理解显然超出了以往易学的解读传统,具有创造性,对于我们重新理解《兑》卦的含义具有重要的启示意义。如上所述,"兑"(说)字本身就含有"言说"的义项,而在八经卦中,"兑"卦本身也具有"言说"之意涵。在《说卦传》中,古人曾明确地把八卦与人体建立起对应关系,"兑"卦恰恰就对应着"口":"乾为首,坤为腹,震为足,巽为股,坎为耳,离为目,艮为手,兑为口。""兑……为口舌。"孔颖达《周易正义》解释说:"兑,西方之卦,主言语,故为口也。""为口舌,……取口舌为言语之具也。"③刘勰《文心雕龙·论说》篇说:"说者悦也,兑为口舌,故言咨悦怿。"咨通资,义为凭藉。刘勰认为,"兑"字加"讠(言)"旁组成"说"字,是表示凭藉言辞让人悦服之义。④ 基于此,《兑》卦之"兑"的完整意涵应是以言辞使人悦服,借用王夫之的话说就是"言说者所以说(悦)人"。⑤

"兑"字之义既明,则涉"兑"爻辞也就有了诠释语境和诠释方向。初九"和兑,吉",是说以心平气和的言语使人悦服,吉利。"和"是言说的方式和态度,"兑"则是如此言说想要得到的结果。九二之"孚兑"、六三之"来兑"、九四之"商兑"、上六之"引兑"都应按照这一思路进行索解。

---

① 参见田有成《原"说"》,《榆林高等专科学校学报》1999 年第 1 期。
② [清]王夫之:《周易内传》,傅云龙等主编《船山遗书》第一卷,北京出版社,1999 年,第 142 页。
③ [魏]王弼、[晋]韩康伯注,[唐]孔颖达疏《周易正义》卷九,《十三经注疏》上册,中华书局,1980 年,第 94—95 页。
④ 参见张灯《〈文心雕龙〉新注新译》,贵州人民出版社,2003 年,第 178 页。
⑤ [清]王夫之:《周易内传》,傅云龙等主编《船山遗书》第一卷,北京出版社,1999 年,第 142 页。

# 《节》之卦辞:节,亨。苦节,不可贞

　　《周易》第六十一卦名"节"。"节"是现代的简化汉字,简化之前的繁体字形作"節"。《说文》说"節"字"从竹,即声",而"即"字"从皀,卪声"。"卪"音jié,与"節"同音。《字汇·卪部》:"卪,同㔾。"《玉篇》:"卪,子结切,音節。"古代字书多把"卪(㔾)"与"節"视为古今字关系,现代学者则认为,"卪"为"節"之源字,"節"为"卪"之孳乳字。"卪"的甲骨文字形作 ,为人屈膝长跪之形。清代学者吴大澂《说文古籀补》认为,"卪"的初义为骨节;①杨树达《中国文字学概要》《积微居小学述林·释卪》认为,"卪"的本义为"胫头节",即膝关节。② 张舜徽《说文解字约注》"節"字条说:"凡两骨相承处,必凹凸不平,竹之有节处似之。"③膝关节的重要作用是连接大腿、小腿两段肢体骨骼,而竹节的作用也是连接竹茎各段。膝关节向外突出,竹节也向外突出。由此可见,"節"是由"卪"引义分化创造的新字,"卪"加了表示义类的"竹"产生"節",其本义为竹节。《说文》曰:"節,竹约也。从竹,即声。"段玉裁《说文解字注》曰:"约,缠束也。竹节如缠束之状。"④《玉篇·竹部》曰:"節,竹约也,竹木不通。"竹节向外突出,呈缠束状;而竹节的生长又将原本通畅的竹筒隔断,使空间受限,由此,"節"又引申出约束、限制之义。

　　卦名之"节"为节止、节制、控制之义。《杂卦传》云:"节,止也。"朱熹《周易本义》曰:"节,有限而止也。"⑤俞琰《周易集说》曰:"节者,约也。有限而止之谓,非

---

① [清]吴大澂:《说文古籀补》,参见许超《"節"(节)的词义引申与其文化蕴含研究》,南京师范大学硕士论文,2014年,第12页。
② 参见杨树达《积微居小学述林》,中华书局,1983年,第43页"释卪";《中国文字学概要》,上海古籍出版社,1988年,第26页。
③ 张舜徽:《说文解字约注》第二册,华中师范大学出版社,2009年,第1109页。
④ [汉]许慎撰,[清]段玉裁注:《说文解字注》,上海古籍出版社,1981年,第356页。
⑤ 萧汉明、林忠军:《〈周易本义〉导读》,齐鲁书社,2003年,第159页。

但训止也。"①连斗山《周易辨画》曰:"节者,制而不使其过之谓也。"②王夫之《周易内传》曰:"节,竹节也,有度以限之而不逾也。"③王申子《大易缉说》曰:"节者,约其过以归于中也。"④由此可见,作为卦名之"节",其最基本的内涵是通过节制与约束达到"止"的目的。《节》卦讲的就是节制之道。所谓节制就是指节制约束事物的发展,以使其不超越合理的界线。事物的发展一旦超越合理的界线,就会走向反面。

大而言之,"节"可以理解为社会制度和礼仪规范对行事为人的约束、限制。《象》曰:"节以制度。"《论语·学而》云:"知和而和,不以礼节之,亦不可行也。"⑤制度和礼法实质上就是节制、规范人们行为的仪则。先秦典籍中所说的"节事"就属于这一范畴。《左传·昭公元年》:"先王之乐,所以节百事也。"⑥《国语·越语下》:"夫国家之事,有持盈,有定倾,有节事。""持盈者与天,定倾者与人,节事者与地。"⑦《礼记·礼器》:"是故先王之制礼也以节事,修乐也以道志。"⑧

小而言之,"节"也包括饮食、用度上的节制和约束,也就是我们今天常说的节约、节俭。《逸周书·谥法篇》曰:"好廉自克曰节。"⑨《新书·道术》曰:"费弗过适谓之节,反节为靡。"⑩《左传·成公十八年》:"节器用。"杜预注:"节,省也。"⑪《吕氏春秋·召类篇》:"其惟仁且节与?"高诱注:"节,俭也。"⑫先秦典籍中的"节用"就属于这一范畴。《论语·学而》曰:"节用而爱人,使民以时。"⑬《墨子·公孟》曰:"夫智者,必尊天事鬼,爱人节用,合焉为知矣。"⑭《左传·昭公十九年》:"吾闻

---

① [元]俞琰:《周易集说》,四库全书本
② [清]连斗山:《周易辨画》,四库全书本
③ 傅云龙等主编:《船山遗书》第一卷,北京出版社,1999年,第146页。
④ [元]王申子:《大易缉说》,四库全书本
⑤ [魏]何晏注,[宋]邢昺疏:《论语注疏》卷一,《十三经注疏》下册,中华书局,1980年,第2458页。
⑥ [晋]杜预注,[唐]孔颖达疏:《春秋左传正义》卷四十一,《十三经注疏》下册,中华书局,1980年,第2024页。
⑦ [战国]左丘明撰,[三国吴]韦昭注:《国语》,中国史学要籍丛刊本,上海古籍出版社,2015年,第423页。
⑧ [汉]郑玄注,[唐]孔颖达疏:《礼记正义》卷二十四,《十三经注疏》下册,中华书局,1980年,第1441页。
⑨ 黄怀信:《逸周书校补注译》,西北大学出版社,1996年,第305页。
⑩ [汉]贾谊著,阎振益等注:《新书校注》,新编诸子集成本,中华书局,2000年,第304页。
⑪ [晋]杜预注,[唐]孔颖达疏:《春秋左传正义》卷二十八,《十三经注疏》下册,中华书局,1980年,第1923页。
⑫ 陈奇猷:《吕氏春秋新校释》下册,上海古籍出版社,2002年,第1378页。
⑬ [魏]何晏注,[宋]邢昺疏:《论语注疏》卷一,《十三经注疏》下册,中华书局,1980年,第2457页。
⑭ [清]孙诒让:《墨子闲诂》下,新编诸子集成本,中华书局,2001年,第454页。

抚民者,节用于内,而树德于外。"①《荀子·天论》:"强本而节用,则天不能贫。"②

卦辞说:"节,亨;苦节,不可贞。"

《节》卦言说的是节制之道。举凡制度、礼仪、道德等其实都是对人的行为的节制。正是有了这种节制,才使个人行为的合理性、有效性和社会内部的稳定性、有序性得到基本保证,所以卦辞断以"亨",从总体上对节制之道进行了肯定。孔颖达《周易正义》曰:"制事有节,其道乃亨。"③程颐《程氏易传》曰:"事既有节,则能致亨通,故《节》有亨义。"④

"苦节"在全卦中两次出现,如何理解其内涵,关系到对卦义的正确把握。历史上人们对"苦节"的解释基本一致,皆释为过度节制。如王弼《周易注》说:"为节过苦,则物所不能堪也;物不能堪,不可复正也。"⑤孔颖达《周易正义》说:"节须得中。为节过苦,伤于刻薄,物所不堪,不可复正,故曰'苦节,不可贞'也。"⑥程颐《程氏易传》说:"节贵适中,过则苦矣。节至于苦,岂能常也?"⑦虽然各家对"贞"字的解释有异,但对"苦节"的解释是一致的。俞琰《周易集说》也说:"凡物过节则苦,味之过正,形之过劳,心之过思,皆谓之苦。节而苦,则非通行之道,故曰'其道穷也'。"⑧依此,则卦辞谈论的核心问题是"节之有度""节贵适中"。现代学者如黄寿祺、金景芳、廖名春等都承袭了这种说法。笔者以为,这种解释是值得商榷的。

《节》卦提倡节制之道,对于"不节"的做法是予以否定的,所以六三爻辞就明确告诉人们,"不节若则嗟若",不知节制,最后就会伤心嗟叹,后悔不迭。接下来爻辞又分别提出"节"的三种情状即安节、甘节、苦节进行评说。三者虽然都是"节",但对"节"的态度不同,结果也不同。六四说:"安节,亨。""安节",即安于节制。程颐云:"如四之义,非强节之,安于节者也,故能致亨。"⑨牛钮《日讲易经解

---

① [晋]杜预注,[唐]孔颖达疏:《春秋左传正义》卷四十八,《十三经注疏》下册,中华书局,1980年,第2088页。
② [清]王先谦:《荀子集解》下,新编诸子集成本,中华书局,1988年,第307页。
③ [魏]王弼、[晋]韩康伯注,[唐]孔颖达疏:《周易正义》卷六,《十三经注疏》上册,中华书局,1980年,第70页。
④ 梁韦弦:《〈程氏易传〉导读》,齐鲁书社,2003年,第337页。
⑤ 楼宇烈:《周易注校释》,中华书局,2012年,第216页。
⑥ [魏]王弼、[晋]韩康伯注,[唐]孔颖达疏:《周易正义》卷六,《十三经注疏》上册,中华书局,1980年,第70页。
⑦ 梁韦弦:《〈程氏易传〉导读》,齐鲁书社,2003年,第337页。
⑧ [清]李光地:《周易折中》引,巴蜀书社,2014年,第369页。
⑨ 梁韦弦:《〈程氏易传〉导读》,齐鲁书社,2003年,第339页。

义》曰:"安,顺而无勉强之谓。"①九五说:"甘节,吉,往有尚。""甘节",即甘于节制。丁易东《周易象义》说:"甘者对苦之称,'理义之说我心,如刍豢之说我口',故心所说者,谓之甘心;心甘于节,谓之甘节。"②牛钮《日讲易经解义》说:"甘,乐意而无艰苦之谓。"③而上六则说:"苦节,贞凶。"卦辞以及上六爻辞的"苦节"与六四的"安节"、九五的"甘节"句式相同,"苦"与"安""甘"意义相对。既然"安节"可释为安于节制,"甘节"可释为甘于节制,则"苦节"自然可释为苦于节制。苦于节制,就是把节制当作一件苦事。高亨《周易古经今注》释卦辞说:"苦节者,以俭为苦也。苦节则必奢,君子奢则病国,小人奢则败家,是苦节乃不可之事,故曰,苦节,不可贞。"④虽然只是从饮食、用度的层面谈节制,但对"苦节"的理解还是相当深刻的。从更广泛的层面说,如果把节制当作一件苦事,就不能够对自己的行为加以节制、约束,就会随心所欲,恣意放纵,其行为的合理性、有效性就难以保证。因此卦辞说"苦节,不可贞",爻辞说"苦节,贞凶"。

"苦节"可以释为苦于节制,从这种义理出发,卦辞及上六爻辞中的"贞"字当释为定固。《释名·释言语》:"贞,定也。"《文言传》:"贞固足以干事。"王引之《经义述闻·周易上》:"则固守之谓贞。"⑤俞樾《春秋名字解诂补义》:"是贞有固义。"⑥《荀子·儒效》说:"万物莫足以倾之之谓固。"⑦贞固即定固,意即固守不变。金景芳《周易全解》说:"贞在此是长久的意思。"⑧卦辞"不可贞",意思是说,以节制为苦,这种态度不可固守不变。爻辞说"贞凶",程颐释为"固守则凶",⑨金景芳《周易全解》释为"坚持地施行下去,必凶",⑩廖明春《周易经传十五讲》释为"固守不变,有凶险"。⑪如此,"苦节,贞凶"可理解为,以节制为苦,这种态度固守不变有凶险。⑫"贞凶"与"不可贞"义理是相同的。"苦"与"安""甘"是相对相反的,安节

---

① [清]牛钮等:《日讲易经解义》,海南出版社,2012年,第471页。
② [宋]丁易东:《周易象义》,四库全书本。
③ [清]牛钮等:《日讲易经解义》,海南出版社,2012年,第471页。
④ 高亨:《周易古经今注》,上海书店,1991年,第208页。
⑤ 王引之:《经义述闻》上,《读书札记丛刊》第二集,世界书局,1975年,第37页。
⑥ [清]俞樾:《春秋名字解诂补义》,《皇清经解续编》第5册,上海书店出版社,1988年,第1017页。
⑦ [清]王先谦:《荀子集解》上,新编诸子集成本,中华书局,1988年,第133页。
⑧ 金景芳、吕绍纲:《周易全解》,上海古籍出版社,2005年,第467页。
⑨ 梁韦弦:《〈程氏易传〉导读》,齐鲁书社,2003年,第340页。
⑩ 金景芳、吕绍纲:《周易全解》,上海古籍出版社,2005年,第471页。
⑪ 廖明春:《〈周易〉经传十五讲》,北京大学出版社,2004年,第145页。
⑫ 按,《节》之上六"苦节,贞凶"后尚有"悔亡"二字,与爻义不谐,廖明春《周易经传十五讲》说"疑'悔亡'前有脱文"。

致亨,甘节得吉,苦节有凶。由此可见,《节》卦强调的是心甘情愿的主动节制,而不是勉强违心的被动节制。只有心甘情愿,心悦诚服,节制之道才能顺利施行,才能成为常态。

# 《节》之初九：不出户庭，无咎

《节》卦初九爻辞说："不出户庭，无咎。"九二爻辞说："不出门庭，凶。"虽然只有"户"与"门"一字之别，但占断的结果却截然相反，一为"无咎"，一为"凶"，其中的义理很值得探究。

首先，从语言层面说，户与门有别。户，为古代房屋的进出口。《说文》曰："户，护也，半门曰户，象形。"又曰："门（門）从二户，象形。"朱骏声《说文通训定声》曰："一扇曰户，两扇曰门。"①户只有一扇，而门则有两扇。户与门所处位置也不同。《玉篇·门部》："门，人所出入也。在堂房曰户，在区域曰门。"朱骏声《说文通训定声》曰："在于堂屋曰户，在于宅区域曰门。"②明魏校《六书精蕴》曰："凡室之口曰户，堂之口曰门。内曰户，外曰门。"③《左传·昭公二十七年》："王使甲坐于道，及其门，门、阶、户、席皆王亲也，夹之以铍。"孔颖达正义曰："言从门至阶，从阶至户，从户至席，皆是王之亲兵也。"④文中大门、台阶、内室门、酒席边这样的描写顺序，说明了"门""户"在住宅中所处位置的不同。"门"是住宅（宅区域）最外边可以容车马进出的出入口，是院落的大门，而"户"则为经过台阶后到达的内室（堂屋）之门。《诗经·唐风·绸缪》："绸缪束楚，三星在户。"朱熹集注："户，室户也。"⑤《礼记·礼器》："未有入室而不由户者。"⑥

"庭"在上古语言中，既可指室外的空间，也可指室内的空间。《说文·广部》：

---

① ［清］朱骏声：《说文通训定声》，武汉市古籍书店影印，1983年，第804页。
② ［清］朱骏声：《说文通训定声》，武汉市古籍书店影印，1983年，第804页。
③ ［明］魏校：《六书精蕴》，转引自《康熙字典》卯集中"户"部"户"字条，成都古籍书店影印，1980年。
④ ［晋］杜预注，［唐］孔颖达疏：《春秋左传正义》卷五十二，《十三经注疏》下册，中华书局，1980年，第2116页。
⑤ ［宋］朱熹集注：《诗集传》，上海古籍出版社，1980年，第70页。
⑥ ［汉］郑玄注，［唐］孔颖达疏：《礼记正义》卷二十三，《十三经注疏》下册，中华书局，1980年，第1435页。

"庭，宫中也。"段玉裁注："宫者，室也。室之中曰庭。"①朱骏声《说文通训定声》："庭，今俗谓之厅……堂、寝、正室皆曰庭。"②皆释为室内的空间。《玉篇·广部》："庭，堂阶前也。"《玉海》："堂下至门谓之庭。"《字汇·广部》："庭，门屏之内。"《诗经·齐风·著》"俟我于庭乎而"，朱熹集注："庭，在大门之内，寝门之外。"③皆释为室外的空间。

"户"既为通向内室（堂屋）的门，则"户庭"当为屋室之庭，即屋室之内。胡朴安《周易古史观》曰："户庭，室内也。"④李镜池曰："户庭：家室之内。"⑤这种解释是正确的。帛书《周易》作"不出户牖，无咎"，⑥这种表述更为缜密明确，于义更胜。

"门"既为住宅最外边的出入口，则"门庭"当为屋室之外、大门之内的空间。《周礼·天官·阍人》："掌埽门庭。"郑玄注："门庭，门相当之地。"⑦即指屋室之外，对着大门的空地。程颐《程氏易传》曰："门庭，门内之庭。"⑧胡朴安《周易古史观》曰："在室曰户，在宅曰门。门庭，室外之庭，已出户矣。"⑨黄寿祺《周易译注》曰："门庭，门内庭院。"⑩

从义理上说，初九处《节》卦之始，居位最下，象征行事之初，力量尚弱，时不我利，宜于节制慎守，不应盲目外行。爻辞意在告诉人们，行事之始就应谨言慎行，有节有度，见通则行，见阻则止。王申子《大易缉说》曰："阳刚在下，居得其正。当《节》之初，知其时未可行，故谨言慎行。至于不出户外之庭，是知节而能止者，故无咎。"⑪徐在汉《易或》曰："户以节人之出入，泽以节水之出入。初不出户庭，以极其缜密为不出，此其所以无咎。"⑫《象传》认为，初九"不出户庭"而"无咎"的原因在于"知通塞"。所谓"知通塞"就是知道道路的畅通与堵塞。道路畅通，则迈步前行，道路堵塞，则见险知止，不出户庭，而其深层含义则是指时之通塞。孔颖达《周

---

① [汉]许慎撰，[清]段玉裁注：《说文解字注》，上海古籍出版社，1981年，第793页。
② [清]朱骏声：《说文通训定声》，武汉市古籍书店影印，1983年，第872页。
③ [宋]朱熹集注：《诗集传》，上海古籍出版社，1980年，第59页。
④ 胡朴安：《周易古史观》，世纪出版集团、上海古籍出版社，2006年，第172页。
⑤ 李镜池：《周易通义》，中华书局，1981年，第119页。
⑥ 参见连劭名《帛书周易疏证》，中华书局，2012年，第71页。
⑦ [汉]郑玄注，[唐]贾公彦疏：《周礼注疏》卷七，《十三经注疏》上册，中华书局，1980年，第687页。
⑧ 梁韦弦：《〈程氏易传〉导读》，齐鲁书社，2003年，第338页。
⑨ 胡朴安：《周易古史观》，世纪出版集团、上海古籍出版社，2006年，第173页。
⑩ 黄寿祺、张善文：《周易译注》，上海古籍出版社，2004年，第460页。
⑪ [清]李光地：《周易折中》引，巴蜀书社，2014年，第283页。
⑫ [清]李光地：《周易折中》引，巴蜀书社，2014年，第283页。

易正义》说:"知通塞者,识时通塞,所以不出也。"①杨万里《诚斋易传》说:"塞则行之户庭而准,通则行之四海而准,……初九穷而在下,故不出户庭。"②牛钮《日讲易经解义》说:"时有通塞,通则当行,塞则当止。初九之不出户庭,知时之塞而未通,故不出也;使时值其通,亦必出而用世矣。"③

而九二则处于《节》卦第二爻位,由户庭进至门庭,象征着时势已由塞转通,发生了变化。此时如执迷不出,就会坐失良机。李光地《周易折中》曰:"时应塞而塞,则为慎密不出,虽足不窥户,可也。时不应塞而塞,则为绝物自废,所谓出门同人者安在哉!"④牛钮《日讲易经解义》说:"九二当可行之时,乃出潜离隐之地也……夫当可为之时,乃不出而为之,则知节而不知通,自失可为之机矣,不亦凶乎?"⑤《象传》认为,九二"不出门庭"而"凶"的原因在于"失时极"。何谓"时极"?马王堆汉墓出土帛书《黄帝四经·称》曰:"时极未至,而隐于德;既得其极,远其德,浅[致]以力。"⑥《管子·势》曰:"未得天极,则隐于德;已得天极,则致其力。"⑦"时极"就是《管子》中的"天极",指天道运行当中所积累的必要的条件和时机。《称》篇说,在条件和时机不具备时,要自隐其身以修德待时,在条件和时机成熟时,应广施其德,努力用事。《象传》认为,九二"不出门庭"是知通不出,错失"时极",必有凶险。

---

① [魏]王弼、[晋]韩康伯注,[唐]孔颖达疏:《周易正义》卷六,《十三经注疏》上册,中华书局,1980年,第70页。
② [宋]杨万里:《诚斋易传》卷十六,《十八名家解周易》第一辑,长春出版社,2009年,第267页。
③ [清]牛钮等:《日讲易经解义》,海南出版社,2012年,第469页。
④ [清]李光地:《周易折中》,巴蜀书社,2014年,第284页。
⑤ [清]牛钮等:《日讲易经解义》,海南出版社,2012年,第470页。
⑥ 陈鼓应:《黄帝四经今注今译》,商务印书馆,2007年,第362页。
⑦ 黎翔凤:《管子校注》中,新编诸子集成本,中华书局,2004年,第885页。

# 《中孚》之卦辞:中孚,豚鱼吉, 利涉大川,利贞

《周易》第六十一卦名"中孚"。"孚"字在《周易》经文中共出现三十九次,表达了一个十分重要的观念——信。"孚"为会意字,甲骨文从爪、从子,会抱子哺乳之形。"子"在甲骨文里为幼儿状。母亲抱子哺乳是一种绝对真诚而不虚伪的慈爱之举,由此又引申出"诚信"之义。①

《说文》曰:"孚,卵孵也。……一曰信也。""孚"的"卵孵"义其实是抱子哺乳之词源义的引申,即母亲抱子哺乳置换成了禽鸟抱蛋孵化。历史上很多文字学家都信从《说文》的观点,以"卵孵"为"孚"的本义,并试图由此揭示其"信"义的由来。如徐锴《说文解字系传》说:"孚,信也。鸟之孵卵皆如其期,不失信也。"②段玉裁《说文解字注》说:"鸡卵之必为鸡,凫卵之必为凫,人言之信如是矣。"③徐灝《说文解字注笺》则说:"鸟之孚卵,以气相感而成形,所谓寂然不动,感而遂通,引申为上下交孚之义,相孚必以诚信,因之孚谓之信也。"④这些说法虽未揭示出"孚"字"信"义的真正由来,但也强化了"孚"字的"信"义。

作为一种道德观念,"孚"的基本含义就是"诚信"。《尔雅·释诂上》:"孚,信也。"邢昺疏:"谓诚实不欺也。"⑤《说文》曰:"诚者,信也。""信者,诚也。"这实质上就是以"诚""信"互训的方式阐明了"诚信"二字的本来含义就是诚实不欺,恪守信

---

① 参见徐山《释"孚"》,《周易研究》2007 年第 4 期。
② [南唐]徐锴:《说文解字系传》,转引自《汉语大字典》(三卷本)上,四川辞书出版社、湖北辞书出版社,1995 年,第 1012 页"孚"字条。
③ [汉]许慎撰,[清]段玉裁注:《说文解字注》,上海古籍出版社,1981 年,第 222 页。
④ [清]徐灝:《说文解字注笺》,转引自蒋人杰编纂《说文解字集注》,上海古籍出版社,1996 年,第 581 页。
⑤ [晋]郭璞注,[宋]邢昺疏:《尔雅注疏》卷一,《十三经注疏》下册,中华书局,1980 年,第 2569 页。

用。程颐说:"存于中为孚,见于事为信。"①则是把"孚"所代表的诚信视为存在于人内心的自律准则。卦名"中孚"就是中心诚信,即内心怀有诚信。《杂卦传》说:"中孚,信也。"孔颖达《周易正义》说:"信发于中,谓之中孚。"②胡瑗《周易口义》说:"信由中出,故谓中孚。"

卦辞"中孚,豚鱼,吉。利涉大川,利贞"是对全卦主旨和要义的概括和说明。

"豚",音 tún,义为小猪。"豚鱼"等于说小猪小鱼,比喻微隐之物。"豚鱼吉"并不是说"豚鱼"之"吉"。《彖》曰:"豚鱼吉,信及豚鱼也。"所谓"信及豚鱼"就是诚信之德施及豚鱼,司马光《温公易说》曰:"豚鱼,幽贱无知之物,苟饲以食,则应声而集。"③卦辞是以信及豚鱼,即对豚鱼之类微隐无知之物都能以诚信相待,比喻"中孚"即诚信之德广被万物,如此则可获吉祥。王肃《贺瑞应表》曰:"臣闻《易·中孚·彖》曰'信及豚鱼',言中和诚信之德下及豚鱼,则无所不及。"④孔颖达《周易正义》曰:"鱼者,虫之幽隐;豚者,兽之微贱。人主内有诚信,则虽微隐之物,信皆及矣。"⑤程颐《程氏易传》曰:"豚躁鱼冥,物之难感者也。孚信能感于豚鱼,则无不至矣,所以吉也。"⑥牛钮《日讲易经解义》曰:"其曰豚鱼吉者,谓信由中出,自通于物,无不输诚感化,即如豚鱼无知之物,亦且能及之而吉,此孚之验于物者也。"⑦王夫之《周易外传》曰:"豚鱼可格,无往不孚。"⑧由此可见,卦辞"豚鱼,吉"强调的是"中孚"即内在诚信之德"无往不孚"的巨大感通作用。《新序·杂事四》曾引《中孚》卦辞以说明"至诚"的感通作用:"钟子期曰:'悲在心也,非在手也。非木非石也,悲于心而木石应之,以至诚故也。人君苟能至诚动于内,万民必应而感移,尧舜之诚感于万国,动于天地,故荒外从风,凤麟翔舞,下及微物,咸得其所。《易》曰:'中孚,豚鱼,吉。'此之谓也。"⑨深得卦辞之解。司马光《温公易说》在解释《中孚》卦名时说:"中孚者,信发于中而孚于人也。"⑩杨万里《诚斋易传》也说:"中有玉者

---

① [宋]黎靖德编,杨绳其、周娴君校点:《朱子语类》第三卷,岳麓书社,1997年,第1676页。
② [魏]王弼、[晋]韩康伯注,[唐]孔颖达疏:《周易正义》卷六,《十三经注疏》上册,中华书局,1980年,第71页。
③ [宋]司马光:《温公易说》卷四,《十八名家解周易》第四辑,长春出版社,2009年,第35页。
④ [清]严可均辑:《全三国文》上,商务印书馆,1999年,第224页。
⑤ [魏]王弼、[晋]韩康伯注,[唐]孔颖达疏:《周易正义》卷六,《十三经注疏》上册,中华书局,1980年,第71页。
⑥ 梁韦弦:《〈程氏易传〉导读》,齐鲁书社,2003年,第341页。
⑦ [清]牛钮等:《日讲易经解义》,海南出版社,2012年,第475页。
⑧ 傅云龙等主编:《船山遗书》第一卷,北京出版社,1999年,第334页。
⑨ [汉]刘向编著,石光瑛校释,陈新整理:《新序校释》,中华书局,2009年,第613—614页。
⑩ [宋]司马光:《温公易说》卷四,《十八名家解周易》第四辑,长春出版社,2009年,第35页。

外必辉,中有诚者外必孚,孚之为言,此感于彼,彼信于此之谓也。"①与卦辞之义至为吻合。②

"利涉大川"是《周易》的常用语,欧阳修《画舫斋记》说:"《周易》之象,至于履险蹈难,必曰涉川。"③广施诚信,天人相应,履险蹈难,无往不胜。卦辞是以"利涉大川"来比喻诚信之德的巨大作用。

"贞",义为定、固。"利贞"是强调诚信之德宜持之以恒,固守不变。

---

① [宋]杨万里《诚斋易传》卷十六,《十八名家解周易》第一辑,长春出版社,2009年,第268页。
② 按,"豚鱼"之义,学界素有争议,除本节观点外,尚有如下二说:其一,释"豚鱼"为江豚。如清人《郭嵩焘全集·经部》引朱云:"豚鱼,泽中之物,似猪,俗谓江豚。泽将风,则浮水面以迎之,舟人称为风信是也。风无心而感,豚鱼无心而应,此足以明自然之信。"又引俞玉润曰:"及者比并之意,非施及之及也。谓人不失信,以及于豚鱼之信,与《诗·序》德如羔羊类。"今人邓秉元《周易义疏》曰:"以天地自然言之,万物随时而各守其节,如豚鱼性能候风而不失其时者,是即中孚也。"依此则卦辞强调的是"自然之信"。此说最早见于宋罗愿《尔雅翼》,元俞琰《周易集说》、丁易东《周易象义》、吴澄《易纂言》、赵采《周易程朱传义折中》、明何楷《古周易订诂》、清李道平《周易集解纂疏》、陈梦雷《周易浅述》、马国翰《日耕贴》、今人高亨《周易大传今注》、徐志锐《周易大传新注》等皆持此说。其二,释"豚鱼"为献享之物。如王引之《经义述闻》卷一"豚鱼吉"条云:"豚鱼者,士庶人之礼也。……豚鱼乃礼之薄者,然苟有中信之德,则人感其诚而神降之福,故曰豚鱼吉,言虽豚鱼之荐亦吉也。"高亨《周易古经今注》承此说云:"中孚豚鱼吉五字为句,指祭祀言,谓事神有忠信之心,虽豚鱼之薄祭亦吉也。古人事神,贵有诚心,不贵厚物,故曰:中孚,豚鱼吉。"程石泉《易辞新诠》亦云:"豚鱼,盖以豚鱼祭祀,原为礼之薄者,但如祭者有中心之诚则可以感动鬼神,赐之以福也。"刘大钧、廖名春、黄天骥、李镜池、吴辛丑、刘蔚华、周振甫等皆持此说。依此则卦辞强调的是,人神相交,不在献享之厚,而在心意之诚。然从卦名、卦义考察,此二说皆有不足,故仅于此备一说。
③ 李之亮:《欧阳修集编年笺注》三,巴蜀书社,2007年,第71页。

# 《中孚》之九二：鸣鹤在阴，其子和之；我有好爵，吾与尔靡之

《中孚》九二是《周易》名爻，其爻辞曾被广为征引。人们普遍认为，爻辞言说的是"至诚感通之理"，① 如王弼《周易注》所说："立诚笃至，虽在暗昧，物亦应焉。故曰'鸣鹤在阴，其子和之'也。"②《系辞传上》曾引孔子语释本爻之义说："君子居其室，出其言善，则千里之外应之，况其迩者乎？出其言不善，则千里之外违之，况其迩者乎？"牛钮《日讲易经解义》进一步解释说："鹤鸣子和、我爵尔靡者，诚信感通之理也。而感通莫大于言行。君子居其室，在隐密之中，而出其言善，当乎天理，合乎人心，则在千里之外，此感彼通，必且从其善而应之，况其迩者？居其室，在隐密之中，而出其言不善，悖乎天理，拂乎人心，则在千里之外，虽令不从，必且舍其不善而违之，况其迩者？"③ 笔者以为，"鸣鹤在阴，其子和之"言说的是诚信感通之理，这种解释是毋庸置疑的，《系辞传》和《日讲易经解义》"即爻辞而发明之"，④ 亦未远离经旨；但"我有好爵，吾与尔靡之"的意旨是什么，其与"鸣鹤在阴，其子和之"在语义上具有怎样的逻辑关系，《系辞传》及后来的《易》著都没有说清楚。朱熹曾说："九二爻自不可晓。"⑤ 又说："鹤鸣子和，亦不可晓；好爵尔靡，亦不知是说甚底。系辞中又说从别处去。"⑥ 马王堆汉墓出土的帛书《缪和》等易学文献为我们提供了新的线索，使我们可以对爻辞作出新的解读。

"阴"，山阴。《说文》："阴，山之北，水之南也。"

---

① 梁韦弦《〈程氏易传〉导读》，齐鲁书社，2003 年，第 342 页。
② 楼宇烈：《周易注校释》，中华书局，2012 年，第 219 页。
③ [清]牛钮等：《日讲易经解义》，海南出版社，2012 年，第 523 页。
④ [清]陈法：《易笺》卷五，《黔南丛书（点校本）》第一辑，贵州人民出版社，2009 年，第 299 页。
⑤ [宋]黎靖德编，杨绳其、周娴君校点：《朱子语类》第三卷，岳麓书社，1997 年，第 1677 页。
⑥ [宋]黎靖德编，杨绳其、周娴君校点：《朱子语类》第三卷，岳麓书社，1997 年，第 1677 页。

"爵"的本义是酒爵，其字在甲、金文中即作酒爵之形，也可用作各种酒器之总名。段玉裁《说文解字注》引《韩诗说》曰："爵、觚、觯、角、散五者，总名曰爵。"①此处借指酒。好爵，即美酒。《周易折中》曰："好爵，谓旨酒也。"②张叙《易贯》也说："好爵，旨酒也。"③"旨酒"即美酒，先秦典籍中常见。④《说文》曰："旨，美也。"焦延寿《易林·蛊之乾》："我有好爵，与汝相迎。"⑤说的也是美酒。帛书《二三子》篇载"孔子曰"："好爵者，言耆酒也。"⑥耆酒即旨酒，亦即美酒。清华简《 夜》篇中有饮酒诗《乐乐旨酒》："乐乐旨酒，宴以二公。……嘉爵速饮，后爵乃从。"⑦其中的"旨酒"亦为美酒，"嘉爵"义同"好爵"。

　　"靡"字义训，分歧众多。⑧ 王弼《周易注》以"散"释"靡"，⑨孙星衍《周易集解》引干宝曰："靡，散也。"⑩孔颖达《周易正义》曰："靡，散也。"⑪陆德明《经典释文》曰："靡，……散也。"⑫较之其他诸说，这种解释理据最为充分。《说文》："靡，披靡也。"徐锴《说文解字系传》："披靡，分也。""披靡，四散貌也。"⑬王力《同源字

---

① [汉]许慎撰，[清]段玉裁注：《说文解字注》，上海古籍出版社，1981年。第353页"觞"字条。
② [清]李光地：《周易折中》，巴蜀书社，2014年，第288页。
③ [清]张叙：《易贯》，四库存目本。
④ 如《诗经·小雅·正月》："彼有旨酒，又有嘉肴。"《左传·桓公六年》："嘉栗旨酒。"《孟子·离娄章下》："禹恶旨酒，而好善言。"
⑤ [汉]焦延寿著，尚秉和注，常秉义批点：《焦氏易林注》，光明日报出版社，2012年，第193页。
⑥ 廖明春：《马王堆帛书周易经传释文》，《易学集成》第三卷，四川大学出版社，1998年，第3029页。
⑦ 李学勤主编：《清华大学藏战国竹简》（一），中西书局，2010年，第150页。
⑧ 按"靡"字义训，除本节所论释为"散"外，尚有如下数种观点：其一，释为"共"。《经典释文》："靡……《韩诗》云：'共也。'孟同。"《周易集解》引虞翻曰："靡，共也。"近现代学者如尚秉和《周易尚氏学》，高亨《周易古经今注》，黄寿祺、张善文《周易译注》等皆从此说。其二，释为"系恋""系属""牵连"。潘岳《关中诗》："好爵既靡，显戮亦从。"张铣注："靡，系也。有功者系以好爵，虚妄者加以明戮。"朱熹《周易本义》："靡与縻同，言懿德人之所好，故好爵虽我之所独有，而彼亦系恋之也。"胡煦《周易函书》："靡同縻，系恋也。""吾与尔靡之者，谓吾予尔以系恋之具也。"王夫之《周易内传》："靡，系属之也。二刚中而欲以诚感六三……以縻系而联属之使相孚化。"马坤《〈周易·中孚〉'吾与尔靡之'考论》（《语言研究》2018年第2期）认为，"靡"字当读作"縻"，其义为"牵连"。其三，释为"耗损"。徐山《释"吾与尔靡之"》（《淮南师范学院学报》2004年第1期）认为，"'靡'用如动词，为'耗损'义""'吾与尔靡之'中的'靡之'，即'饮酒而使之少'义"。其四，释为"酹"。李零《死生有命，富贵在天：周易的自然哲学》认为，"靡"当作"羸"，"羸"当通"酹"。其五，释为"充满"。胡宁《〈中孚〉九二爻辞与傧尸崇酒礼》（《石家庄学院学报》2015年第1期）认为，"此句的'靡'，应通作'弥'，与《仪礼》中所言'崇酒'之'崇'字同义，训为'充满'。整则爻辞是祭祀傧尸的劝酒词，可译为：……我有制备的美酒，给你满上。"笔者以为，以上五说，皆不如释为"分"更切合爻旨。
⑨ 王弼释"我有好爵，吾与尔靡之"为"我有好爵，与物散之"。（楼宇烈：《周易注校释》，中华书局，2012年，第219页）
⑩ [清]孙星衍：《周易集解》，成都古籍书店，1988年，第504页。
⑪ [魏]王弼、[晋]韩康伯注，[唐]孔颖达疏：《周易正义》卷六，《十三经注疏》上册，中华书局，1980年，第71页。
⑫ [唐]陆德明：《经典释文·周易音义》，《十三经注疏》上册，中华书局，1980年，第103页。
⑬ [南唐]徐锴：《说文解字系传》"靡"字条、"旇"字条。转引自符定一《联绵字典》第二册，中华书局，1954年，第267页。

典》:"'披靡'就是'靡'。"①《广雅·释言》:"靡,离也。"《集韵·支韵》:"靡,分也,散也。"《古今韵会举要·支韵》:"靡,散也。"《墨子·尚同中》:"是故靡分天下,设以为万诸侯国君。"张仁明《墨子辞典》:"靡,离也。靡分,划分。"②《汉书·杨王孙传》:"靡财单(殚)币。"颜师古注:"靡,散也。"③刘向《九叹·怨思》:"名靡散而不彰。"④"靡""散"连文同义。可见在"靡"字的词义系统中,"分""散"是一个常用义项。帛书《二三子》在论及此爻时说:"好爵者,言耆酒也。弗有一爵与众□□□□□□□□□□□□之德,惟饮与食,绝甘分少。"⑤"绝甘分少"是说好的食物自己不吃,少的东西也要分与众人,形容克己厚人。司马迁《报任安书》:"以为李陵素于士大夫绝甘分少,能得人之死力。"《汉书》颜师古注:"自绝旨甘,而与众人分之,共同其少多也。"⑥《文选》李善注:"《孝经援神契》曰:母之于子,绝少分甘。宋均曰:少则自绝,甘则分之。"⑦虽然前引帛书《二三子》缺字较多,其文义还不是非常清晰,但"分"与"靡"字义相同,"绝甘分少"与"我有好爵,吾与尔靡之"义理相通,还是非常明显的。所以《二三子》也是以"分"释"靡",与王弼等人的见解一致。

爻辞说,白鹤鸣叫在山阴,小鹤应声而和,我有美酒,我愿与你分享。

《缪和》篇对《中孚》九二爻辞有如下阐释:"君者,人之父母也;人者,君之子也。君发号出令,以死力应之,故曰'其子和之'。'我有好爵,吾与尔羸之'者,夫爵禄在君、在人,君不徒口,臣不[徒忠。圣君之使]其人也,诉焉而欲利之,忠臣之事其君也,欢然而欲明之。欢欣交通,此圣王之所以君天下也。故《易》曰:'鸣鹤阴,其子和之;我有好爵,吾与尔羸之。'此之谓乎?"⑧

《缪和》篇把"鹤"解为君主,把"子"解为臣民,那么"鸣鹤在阴,其子和之"这个比喻显然就事涉君臣关系。"鸣鹤在阴"是比喻君主发号施令,"其子和之"是比喻臣民"以死力应之"。王化平《帛书易传研究》说:"帛书以'鹤'为君,以'子'为

---

① 《王力文集》第八卷《同源字典》,山东教育出版社,1992年,第574页。
② 张仁明:《墨子辞典》,贵州人民出版社,2003年,第219页。
③ [汉]班固撰,[唐]颜师古注:《汉书》三,吉林人民出版社,1998年,第1981页。
④ [汉]王逸注,[宋]洪兴祖补注:《楚辞章句补注》,吉林人民出版社,2005年,第294页。
⑤ 廖明春:《马王堆帛书周易经传释文》,《易学集成》第三卷,四川大学出版社,1998年,第3029页。
⑥ [汉]班固撰,[唐]颜师古注:《汉书》三,吉林人民出版社,1998年,第1871页。
⑦ [南朝梁]萧统编,[唐]李善注:《文选》下册,岳麓书社,2002年,第1279页。
⑧ 廖明春:《马王堆帛书周易经传释文》,《易学集成》第三卷,四川大学出版社,1998年,第3049页。

民,为忠臣,传世释《易》文献好像没有这样的比喻。"①其实并不尽然。贾谊《新书·君道》篇说:"《诗》曰:'恺悌君子,民之父母。'言圣王之德也。《易》曰:'鸣鹤在阴,其子和之。'言士民之报也。"②这与《缪和》篇的解读是相通的,"以死力应之"说的就是"士民之报"。而《缪和》篇在解释"我有好爵,吾与尔靡之"时谈及爵禄问题,则表明君主与臣下"靡之"的"好爵",绝非仅仅是"旨酒",还暗示着"以死力应之"之后的庆功行赏。

九二爻辞的"好爵",其实涉及一种古礼,即"饮至"之礼。《左传桓公二年》:"凡公行,告于宗庙。反行,饮至、舍爵、策勋焉,礼也。"杜预注:"既饮置爵,则书勋劳于册,言速记有功也。"③《左传·隐公五年》:"三年而治兵,入而振旅,归而饮至。"杨伯峻注:"凡国君出外,行时必告于宗庙,还时亦必告于宗庙。还时之告,于从者有慰劳,谓之饮至。其有功者书于策,谓之策勋或书劳。"④据陈致《清华简所见古饮至礼及〈夜〉中古佚诗试解》一文考证,所谓饮至,包括凯旋后献祭于宗庙,检点伤俘,论功行赏,"当然其中最重要的要饮酒庆功,是不言而喻的"。⑤

把《中孚》卦九二、六三两爻合而观之,可知爻辞事涉一场战事。九二爻辞当为战事之前的誓师之辞,"我有好爵,吾与尔靡之",其实是激励将士"以死力应之"的战前许诺。虽然"字面上说的是'我有一爵好酒在等着你们',将士们却全听明白了,那就是战后庆功祝捷、'饮至、舍爵、策勋'时的那爵酒,亦即论功行封、论功行赏时的那爵酒,饮至礼上的爵序,将带来地位的上升和财富的增加"。⑥

而六三爻辞"得敌,或鼓或罢,或泣或歌"所叙,正如闻一多《周易义证类纂》所说是"奏凯之事"。⑦ 在战前,君主要求将士同心听命,并郑重地许以"好爵",以为

---

① 王化平:《帛书易传研究》,巴蜀书社,2007年,第189页。
② [汉]贾谊著,阎振益等注:《新书校注》,新编诸子集成本,中华书局,2000年,第288页。
③ [晋]杜预注,[唐]孔颖达疏:《春秋左传正义》卷五,《十三经注疏》下册,中华书局,1980年,第1743页。
④ 杨伯峻:《春秋左传注》第一册,中华书局,1990年,第43页。
⑤ 陈致:《清华简所见古饮至礼及〈邦夜〉中古佚诗试解》,《出土文献》(1),中西书局,2010年,第13页。
⑥ 阎步克:《试释"非骏勿驾,非爵勿罍"兼论"我有好爵,吾与尔靡之"——北大竹书《周训》札记之三》,《中华文史论丛》2012年第1期。本节采纳了该文的部分观点,并进行了修正。
⑦ 《闻一多全集》二,生活·读书·新知三联书店,1982年,第41页。

《中孚》之九二：鸣鹤在阴，其子和之；我有好爵，吾与尔靡之

激励。在"得敌"即克敌制胜之后，将士随即陷入狂喜，有人意犹未尽，击鼓作乐，① 有人喜极而泣，有人放声高歌。场面鲜明如画，栩栩如生。

诚如程颐所说，九二爻言说的是"诚信感通之理"，但这种诚信的感通发生于君主和臣民之间，是君主与臣民之间的"欢欣交通"。②《论语·子路》说："上好信，则民莫敢不用情。"③君主是守信的，他所许诺的"好爵"——酱酒与爵禄，最终都会在"饮至、舍爵、策勋"之礼上兑现；而将士们也将报以诚信，他们会在战场上拼死效命，奋勇杀敌。正如元代哲学家保巴《周易原旨》所说："上下以忠诚相感而应也。"④这种诚信的相互感通，相互应和，恰如鹤鸣子和，天机自动。⑤

---

① 按"或鼓或罢"之"罢（罷）"，历来学者皆认为通疲劳之"疲"，然就爻辞而言，与"鼓"相提并举，其义颇不畅。据闻一多《周易义证类纂》考证："罷读为鼙"，"罷鼙二声相通"。"鼓与鼙，泣与歌，连类对举"。鼙是古代的一种军用小鼓，常与大鼓相间为节。《周礼·夏官·大司马》曰："中军以鼙令鼓，鼓人皆三鼓。"又曰："旅帅执鼙。"《礼记·乐记》曰："君子听鼓鼙之声，则思将帅之臣。"此说最为有见，与爻旨颇为契合，故从之。
② 此为《缪和》篇释《中孚》九二爻辞语。见廖明春《马王堆帛书周易经传释文》，《易学集成》第三卷，四川大学出版社，1998年，第3049页。
③ [魏]何晏注，[宋]邢昺疏：《论语注疏》卷十三，《十三经注疏》下册，中华书局，1980年，第2506页。
④ [元]保巴：《周易原旨·易源奥义》，易学典籍选刊本，中华书局，2009年，第198页。
⑤ [明]来知德集注：《周易》，国学典藏书系本，上海古籍出版社，2013年，第280页。其原文为："鹤鸣子和者，天机之自动也。"

# 《既济》之卦辞:既济,亨,小, 利贞;初吉终乱

《周易》第六十三卦名"既济"。"既"为尽、已之义,表示已经完成,与《未济》的"未"指向相反。济,《尔雅·释言》:"渡也。"《说文》:"渡,济也。"从卦中出现"濡其尾""濡其首"等与水有关的爻辞看,济,指的是济水渡河。《释文》引郑玄曰:"既,已也,尽也;济,度也。"①济水已竟,到达彼岸,象征大事已成,所以"济"又有"成"义。《尔雅·释言》:"济,成也。"卦名"既济"正是用渡水已竟表示大事已成。孔颖达《周易正义》说:"济者,济渡之名;既者,皆尽之称。万事皆济,故以'既济'为名。"②朱熹《周易本义》说:"既济,事之既成也。"③《杂卦传》说:"既济,定也。"定就是成,《淮南子·天文训》:"秋分蔈定,蔈定而禾熟。"高诱注:"定者,成也。"④扬雄《太玄》与《既济》相对应的是《成》,正可与本卦相发挥。⑤

《既济》卦辞的解释历来存在分歧,争议的焦点则在于对"小"字的断句和理解。王弼、孔颖达、程颐、谷家杰等以"亨小"连读,释"小"为小者或小事,认为卦辞是说,既济之时,连小者或小事也能亨通。⑥陆德明、朱熹则认为"亨小"当为"小

---

① [唐]陆德明:《经典释文·周易音义》,《十三经注疏》上册,中华书局,1980年,第103页。
② [魏]王弼、[晋]韩康伯注,[唐]孔颖达疏:《周易正义》卷六,《十三经注疏》上册,中华书局,1980年,第72页。
③ 萧汉明、林忠军:《〈周易本义〉导读》,齐鲁书社,2003年,第163页。
④ 何宁:《淮南子集释》上,新编诸子集成本,中华书局,1998年,第257页。
⑤ 参见陈鼓应、赵建伟《周易今注今译》对《既济》卦名的相关论述。商务印书馆,2005年,第563页。
⑥ 王弼《周易注》曰:"既济者,以皆济为义者也。小者不遗,乃为皆济。故举小者以明既济也。"这是将"小"作为卦名"既济"的补充成分或条件,也就是说,既济之时,连小者也能亨通。孔颖达《周易正义》承此义大加发挥:"既万事皆济,若小者不通,则有所未济,故曰'既济,亨小'也。小者尚亨,何况于大?则大小刚柔,各当其位,皆得其所。"程颐《程氏易传》也承此说曰:"既济之时,大者既已亨矣,小者尚有未亨也。虽既济之时,不能无小未亨也。小字在下,语当然也。若言'小亨',则为亨之小也。"现代学者黄寿祺、张善文《周易译注》也主此说:"此谓'既济'之时,不但大者亨通,小者也均获亨通。"

· 328 ·

亨","小"作为程度副词,是"亨"的程度限制成分。① 清代学者王颛、毛奇龄等认为"小"当于"利贞"连读,"小"作为程度副词,是"利贞"的程度限制成分。② 俞樾、尚秉和、金景芳等则认为"小"字为衍文。③ 从卦辞文义来考察,确如尚秉和所说,"小字属上下读皆不安";④从出土文献来看,帛书《易经》和熹平、开成石经皆有"小"字,不能轻易判断"小"为衍文,所以有必要对卦辞进行重新释读。

卦辞中的"小"既不能与"亨"连读为"亨小",也不能与"利贞"连读为"小利贞",而应独立成句,读为"少"。段玉裁《说文解字注》说:"古少、小互训通用。"⑤俞樾《群经平议》也说:"古字少、小通用。"⑥王凤阳《古辞辨》认为:"'少'除表数目少之外,还作副词,表示时间的短暂。"⑦卦辞中的"小"当读为"少",作为时间副词或程度副词,表示短暂,是对卦名"既济"的限定。卦辞说,事情成功,具有亨通的前景,但事情成功都是暂时的,所以需要守持正固。卦辞用一"小"字非常精妙地指出了"既济"阶段的实际情状,而后文的"利贞"则是针对这种情状所提出的正确态度和基本策略。⑧

"初吉终乱"紧承"小"义而来,是对"既济,亨,小,利贞"的进一步说明。"初""终"为事物发展的两端。爻辞说,事物成功之后,最初是吉祥的,但成功只是暂时的,最终还是会出现危乱。何以会"终乱"?《象传》解释说:"终止则乱,其道穷也。"其所谓"止",非指既成之事,而是指人们成功之后的懈怠止息之心,正如《周易折中》引张清子所说:"卦曰'终乱',而《象》曰'终止则乱',非终之能乱也,于其终而有止心,此乱之所由生也。"⑨人生之途如逆水行舟,不进则退。成功之后,一旦懈怠,不思复进,则乱由之而起,败由之而兴。卦辞提示人们,应居安思危,朝乾

---

① 陆德明《经典释文》曰:"亨小,绝句。以小连利贞者,非。"朱熹《周易本义》曰:"'亨小'当为'小亨'。"
② 王颛《学易五种·周易校字》认为"小利贞"连读,符合《象传》之意,而且"文法通"。毛奇龄《仲氏易》说:"宜以既济亨为句,小利贞句,小利贞与小利有攸往同。"
③ 俞樾《群经平议》曰:"彖辞本无'小'字,止云'既济,亨。利贞'。……其作'亨小'者,涉《未济》'亨,小狐汔济'之文而衍耳。"尚秉和《周易尚氏学》曰:"小字属上下读皆不安。征之《象传》,其为衍文无疑。"金景芳、吕绍纲《周易全解》曰:"小字当是衍文,六十四卦中无'亨小'之义。"
④ 尚秉和:《周易尚氏学》,九州出版社,2005年,第355页。
⑤ [汉]许慎撰,[清]段玉裁注:《说文解字注》,上海古籍出版社,1981年,第104页。
⑥ [清]俞樾:《群经平议》,《续修四库全书一七八·经部·群经总义类》,上海古籍出版社,1996年,第281页。
⑦ 王凤阳:《古辞辨》,吉林文史出版社,1993年,第964页。
⑧ 本节文字采纳了吴国源《〈周易〉本经卦辞"小"义新论》中的有关论述,并进行了补充论证,参见《周易研究》2010年第2期。
⑨ [清]李光地:《周易折中》,巴蜀书社,2014年,第373—374页。

夕惕，时刻保持戒慎之心。孔颖达《周易正义》说："人皆不能居安思危，慎终如始，故戒以今日'既济'之初，虽皆获吉，若不进德修业，至于终极，则危乱及之。"①俞琰《周易集说》说："人之常情，处无事则止心生；止则怠，怠则有患而不为之防，此所以乱也。当知'终止则乱'，不止则不乱。"②王申子《大易缉说》也说："既济虽非有患之时，患每生于既济之后，君子思此而豫防之，则可以保其'初吉'，而无'终乱'之忧矣。"③宋代杨万里的《诚斋易传》曾用形象比喻和古代史实来阐发卦辞的义理，最为形象生动，精微深刻："如济川焉，舍川而陆，舍舟而毂，危者安，险者济，何忧之有？然人皆敌于洪流，莫或敌于夷途，人皆惧于覆舟，莫或惧于覆车，是以初吉而终乱也。秦灭六国而秦自灭，晋平吴乱而晋自乱，隋取亡陈而隋自亡。……盖人之常情，多难则戒，戒则忧，忧则治；无难则骄，骄则殆，殆则乱。圣人见其初吉而探其终乱，惟能守之以贞固而不移，持之以忧勤而不息，则可以免终乱而不穷矣。故戒之曰利贞，又曰终止则乱，其道穷也。"④

---

① ［魏］王弼、［晋］韩康伯注，［唐］孔颖达疏：《周易正义》卷六，《十三经注疏》上册，中华书局，1980年，第72页。
② ［清］李光地：《周易折中》引，巴蜀书社，2014年，第374页。
③ ［清］李光地：《周易折中》引，巴蜀书社，2014年，第480页。
④ ［宋］杨万里：《诚斋易传》卷十六，《十八名家解周易》第一辑，长春出版社，2009年，第272页。

# 《既济》之六四：繻有衣祔,终日戒

本爻中"繻""祔"二字异文繁多,因此历来对爻辞含义的理解也众说纷纭,其中比较流行的观点有三种。其一,释为华美衣服将变成破衣败絮,应当整天戒备祸患。① 其二,释为虽有短袄温衣不穿而穿敝衣,以自我终日警戒。② 其三,释为船一旦出现渗漏,有预备好的衣祔来堵塞,应当终日戒备。这三种观点的分歧主要在于对"繻"字的训释。从汉字演变及爻辞义理的角度考察,笔者以为,第三种观点更有说服力。本节文字试作申说。

今本《周易》"繻"字音 rú,义为彩色的丝帛。《经典释文》曰:"子夏作襦,王廙同。"③帛书《周易》亦作"襦"。④ "襦"之义为短衣。王弼、孔颖达、程颐等则认为"繻"当作"濡",徐锴《说文系传》引《周易·既济》径作"濡"。⑤ 在目前所见最早的版本楚简《周易》中,"繻有衣祔"之"繻"与初九"濡其尾"、上六"濡其首"之"濡"皆作"需",⑥这说明在《周易》初文中,其字本作"需"。《说文·糸部》"絮"字条引《周易·既济》亦作"需",当是沿用了《周易》初文。《周易》成书于西周初年,当时尚无和"需"有关的形声字。金文中不见繻、襦、濡等字,只有其初文"需"。爻辞中"繻有衣祔"之"繻"的各种异文,其实都是后儒根据不同理解而加上了糸、衣、

---

① 此说属如字为训,如《周易义海撮要》引陆希声曰:"繻,亦作襦,饰之盛也;祔者,衣之弊也。"又引石介曰:"美服有时而弊,如当既济则亦有未济","故终日防,慎而戒,疑其有弊。"今人黄寿祺、廖名春等皆持此说。
② 此说以"繻"通"襦",如赵振兴《〈说文〉引〈周易〉异文考释》认为:"'繻'字当作'襦','襦有衣祔,终日戒'是说虽有短袄温衣不穿而穿敝衣,以自我终日警戒。"来知德依"繻"字解经,意亦近同,其《周易集注》云:"虽有繻不衣之而乃衣其敝衣也。"尚秉和《周易尚氏学》承其说云:"'繻有衣祔'者,言虽有帛衣,衣败絮以自晦,终日戒备也。……《太玄·迎首》云:'裳有衣襦。'裳者礼服,襦者短衣,乃有裳不用而衣襦,释此句至为明晰。"
③ [唐]陆德明:《经典释文·周易音义》,《十三经注疏》上册,中华书局,1980 年,第 103 页。
④ 参见连劭名《帛书周易疏证》,中华书局,2012 年,第 75 页。
⑤ [南唐]徐锴:《说文解字系传》,中华书局,1987 年,第 157 页。
⑥ 马承源主编:《上海博物馆藏战国楚竹书(三)》,上海古籍出版社,2003 年,第 213 页。

水等不同偏旁。"需"字的古文构形是雨落在人身上,其词源义就含有沾湿之义。王弼等人将通行本中的"繻"释为"濡",与其初文"需"的原始意义是吻合的。高亨《周易古经今注》说:"繻当作濡,其作需者,当是古文,其作繻、襦者,皆后人不知其义,妄增偏旁也。本卦有二濡字,《未济》有三濡字,本爻云'濡有衣袽',义与它濡字同。"①最为有见。

袽,音 rú,义为破旧的衣服。《玉篇·衣部》:"袾袽,敝衣也。"《周易集解》引虞翻曰:"袽,败衣也。"②字或作"絮"。《经典释文》曰:"《说文》作絮,……京作絮。"③《周礼·考工记·弓人》郑玄注引《周易·既济》也作"絮",④与京房本同。《说文》曰:"絮,敝绵也。"字又作"袽"。徐锴《说文系传》:"《易》曰:'濡有衣袽。'又道家《黄庭经》曰:'人间纷纷臭如袽。'皆塞舟漏孔之故帛也,故以喻烦臭。"⑤《云笈七籖》引《黄庭经》注曰:"袽,弊恶之帛也。"⑥何楷《古周易订诂》曰:"袽通作袽,塞漏孔之敝帛,即敝衣之帛也。"⑦《说文》则释为"敝巾"。《子夏传》作"茹"。⑧帛书《易经》亦作"茹"。⑨《文选·魏都赋》:"神蘂形茹。"李善注:"茹,臭败之义也。"吕向注:"物之自死曰茹。"⑩《文选·离骚》:"揽茹蕙以掩涕兮,沾余襟之浪浪。"吕延济注:"茹,臭也。"黄灵庚《楚辞章句疏证》说:"茹蕙,谓萎绝之芳草。"⑪由此可见,袽为敝衣,絮为敝绵,袽为敝巾或敝帛,茹为枯萎腐败之草木,皆从"如"得声,有敝败之义,故可以相通。

而以袽、絮、袽、茹等堵塞舟漏,在中国古代则是舟船行业的习惯做法。《玉篇·衣部》曰:"袽,所以塞舟漏也。"唐刘禹锡《儆舟》:"榜人告予曰:'方今湍悍而

---

① 高亨:《周易古经今注》,上海书店,1991年,第219页。
② [清]李道平:《周易集解纂疏》,十三经清人注疏丛书本,中华书局,1994年,第531页。
③ [唐]陆德明:《经典释文·周易音义》,《十三经注疏》上册,中华书局,1980年,第103页。案,今本《说文·糸部》引《易》作"絮",应为误收错误字形,当依《经典释文》所引《说文》以作"絮"为正。字从如得声,非从奴得声。参见萧旭《〈龙龛手鉴〉"铷"字考》,复旦大学出土文献与古文字研究中心网站论文。
④ [汉]郑玄注,[唐]贾公彦疏《周礼注疏》卷四十二,《十三经注疏》上册,中华书局,1980年,第935页。
⑤ [南唐]徐锴:《说文解字系传》,中华书局,1987年,第157页。
⑥ 《云笈七籖》卷十二,中华书局,2003年,第254页。
⑦ [明]何楷:《古周易订诂》,四库全书本。
⑧ [唐]陆德明:《经典释文·周易音义》引,《十三经注疏》上册,中华书局,1980年,第103页。
⑨ 参见连劭名《帛书周易疏证》,中华书局,2012年,第75页。
⑩ [南朝梁]萧统编,[唐]李善、吕延济、刘良、张铣、吕向、李周翰注:《六臣注文选》,中华书局,1987年,第138页。
⑪ 黄灵庚:《楚辞章句疏证》,中华书局,2007年,第318页。

舟鹽,宜謹其具以虞焉。'予聞言若厲,繇是袽以窒之,灰以墐之。"①《新唐书·百官志·都水监·诸津》:"凡舟渠之备,皆先儗其半,袽塞……所在供焉。"②舟船塞漏之物,也可用竹屑、竹皮,其专字作"筎"。《玉篇》曰:"筎,竹筎,以塞舟也。"《集韵》曰:"筎,刮取竹皮为筎。"《六书故》曰:"筎,刮取竹青也。"《魏书·食货志》:"又其造船之处,皆须锯材人功,并削船茹,依功多少,即给当州郡门兵,不假更招。"③此所削之茹,即筎。李时珍《本草纲目》中有"败船茹",并引陶弘景曰:"此是大艑舱刮竹茹以补漏处者。"④《嘉泰会稽志》卷一:"会稽往岁贩羊临安,渡浙江,置羊艎板下,羊啮船茹,舟漏而沉溺者甚众。至今人以为戒。"⑤羊所啮之茹,不是枯草,就是竹皮。今西南官话仍称用来堵塞船漏的竹屑为"筎"。⑥ 茹、筎用来堵塞船漏,作动词用,则以破布、竹皮堵塞船漏也可称为"茹""筎"。《吕氏春秋·仲春纪·功名》:"以茹鱼去蝇蝇愈至。"东汉高诱注曰:"茹读'茹船漏'之茹字。"⑦《广雅》曰:"絮,塞也。"《唐律疏议·杂律·行船茹船不如法》长孙无忌疏义:"茹船,谓茹塞船缝。"孙奭音义:"《易》曰:'繻有衣袽。'子夏作茹,塞也。"⑧《经典释文》:"塞船之漏谓之茹。"⑨苏轼《杜处士传》:"船破须筎,酒成于曲。"⑩

　　由此可见,"繻"应读为"濡",义为船体渗漏;"袽"则为堵塞船漏的破衣败絮,是船家的常备之物。爻辞说,船体渗漏,有衣袽可以堵塞,应当终日保持戒备之心。王弼曰:"繻宜曰濡,衣袽所以塞舟漏也。……夫有隙之弃舟,而得济者,有衣袽也。"⑪这种解释与全卦的义理是相合的。卦名"既济",就是以渡水已竟比喻大事已成,而渡水也是贯穿全卦始终的重要意象,所以爻辞以舟船备袽防漏为喻,来说明成功之后当思深虑远、常备不懈的道理,与卦旨至为切合。程颐《程氏易传》曰:"四在济卦而水体(案:指四在上坎之下),故取舟为义。……当既济之时,以防患

---

① 陶敏、陶红雨:《刘禹锡全集编年校注》,岳麓书社,2003年,第825页。
② 《二十五史卷七新唐书》,中国文史出版社,2003年,第282页。
③ 《二十五史卷四魏书、北齐书、周书》,中国文史出版社,2003年,第615—616页。
④ 王庆国:《〈本草纲目〉(金陵本)新校注》,中国中医药出版社,2013年,第1189页。
⑤ 转引自杭州市社会科学院南宋研究中心编《南宋史研究论丛》下册,杭州出版社,2008年,第144页。
⑥ 许宝华、宫田一郎:《汉语方言大词典》,中华书局,1999年,第6199页。
⑦ 陈奇猷:《吕氏春秋新校释》上册,上海古籍出版社,2002年,第116页。
⑧ 钱大群:《唐律疏议新注》,南京师范大学出版社,2007年,第427页。
⑨ [唐]陆德明:《经典释文》,转引自王利器《吕氏春秋注疏》第一册,巴蜀书社,2002年,第244页。按,笔者所见《经典释文》无此语,不知王利器先生此疏何据,姑列于此,以备查考。
⑩ 郭豫衡、郭英德主编:《新版校评(修订本)唐宋八大家散文总集》卷八苏轼,河北人民出版社,2013年,第5594页。
⑪ 楼宇烈:《周易注校释》,中华书局,2012年,第226页。

虑变为急。繻当作濡,谓渗漏也。舟有罅漏,则塞以衣袽。有衣袽以备濡漏,又终日戒惧不怠,虑患当如是也。"①苏轼《东坡易传》曰:"衣袽所以备舟隙也。……卦以济为事,故取于舟。"②《周易折中》引张清子曰:"六四出离入坎,此济道将革之时也。济道将革,则罅漏必生。四,坎体也,故取漏舟为戒。'终日戒'者,自朝至夕,不忘戒备,常若坐敝舟而水骤至焉,斯可以免覆溺之患。"③

---

① 梁韦弦:《〈程氏易传〉导读》,齐鲁书社,2003年,第351页。
② [宋]苏轼:《东坡易传》卷六,《十八名家解周易》第三辑,长春出版社,2009年,第68页。
③ [清]李光地:《周易折中》,巴蜀书社,2014年,第298页。

# 《未济》之卦辞:未济,亨。小狐汔济,濡其尾,无攸利

《周易》第六十四卦名"未济",其含义与上一卦"既济"正好相反。"既济"是以渡水已竟表示大事已成;"未济"则是以渡水未竟表示大事未成。朱熹《周易本义》说:"既济,事之既成也。""未济,事未成之时也。"①值得注意的是,《既济》卦卦辞断为"亨",《未济》卦卦辞也断以"亨"。事实上,两卦之"亨"是有内在区别的。《既济》之"亨"是已然之亨,亨已成为现实的局面;《未济》之"亨"则是未然之亨,亨只是一种可能的前景。正如既济会走向其反面"初吉终乱"一样,未济也能够向既济的方向发展,由事未成发展为事已成,获得亨通的局面,诚如孔颖达《周易正义》所说:"未济有可济之理,所以得通。"②当然,《未济》之"亨"的实现最终要取决于事态的发展和主观的努力,牛钮《日讲易经解义》说:"顾所以致亨之道,必老成持重、敬始慎终。虑出万全,而后克济。"③而卦辞"小狐汔济,濡其尾,无攸利"则是从反面设喻,言说敬始慎终、求济致亨的道理。

"汔",音 qì,义为接近、将要、几乎。《诗经·大雅·民劳》:"民亦劳止,汔可小康。"郑玄笺:"汔,几也。"④《尔雅·释诂》邢昺疏引孙炎曰:"汔,近也。"⑤《集韵·迄韵》:"汔,几也。""几"与"近"义同。《尔雅·释诂》:"几,近也。"《古书虚字通

---

① 萧汉明、林忠军:《〈周易本义〉导读》,齐鲁书社,2003 年,第 163、165 页。
② [魏]王弼、[晋]韩康伯注,[唐]孔颖达疏:《周易正义》卷六,《十三经注疏》上册,中华书局,1980 年,第 73 页。
③ [清]牛钮等:《日讲易经解义》,海南出版社,2012 年,第 494 页。
④ [汉]毛亨传,[汉]郑玄笺,[唐]孔颖达疏:《毛诗正义》卷十七,《十三经注疏》上册,中华书局,1980 年,第 548 页。
⑤ [晋]郭璞注,[宋]邢昺疏:《尔雅注疏》卷二,《十三经注疏》下册,中华书局,1980 年,第 2574 页。

解》:"汔,……一为'将'字之义。"①郑玄、虞翻注"小狐汔济"皆谓:"汔,几也。"②朱熹也说:"'汔'字训几,与《井卦》同。"③帛书《二三子》引《未济》"汔济"正作"几济"。"汔济"就是渡河将要成功。

"濡其尾",即濡湿了它的尾巴。在犬科动物中,狐狸体形奇特,头小吻尖,尾长而粗,超过体长之半,《说文》称其"小前大后"。传说"狐惜其尾,每涉水,举尾不令湿,比至极困而濡之。"④狐狸渡河时要举尾而行,才能避免被水浸湿,但每到渡河将尽,举尾已久,便会"极困而濡之"。汉应劭《风俗通义》所记俚语"狐欲渡河,无如尾何"⑤便是由此而来,《未济》卦辞"小狐汔济,濡其尾"也是取象于此。宋陆佃《埤雅》说:"《易》曰:'小狐汔济,濡其尾。'……亦其尾重,善濡溺,故《易》正以为象。俚语曰'狐欲渡河,无如尾何'是也。"⑥清钱澄之《田间诗学》也说:"《易》称'小狐汔济,濡其尾',亦以尾重易濡溺也。"⑦

爻辞说,大事未成,勉力使成可以获致亨通。小狐涉水将竟时,却濡湿了尾巴,没有什么好处。

"小狐汔济,濡其尾"其实只是一个象征。小狐涉水,象征履险蹈难,欲成大事。汔济濡尾,则象征功亏一篑,功败垂成。王弼《周易注》曰:"小狐虽能渡,而无余力,将济而濡其尾,不能续终,险难犹未足以济也。"⑧

成就大事,往往难在最后;越近成功,越是艰难。人们常常在最后的时刻身心疲惫、懈怠,失去敬慎而功败垂成。《战国策·秦策五》曰:"《诗》云:'行百里者,半于九十。'此言末路之难。"高诱注曰:"逸《诗》言之百里者,已行九十里,适为行百里之半耳,……终之犹难,故曰末路之难也。"⑨行百里之路,走了九十里,也只算走了一半,最后的十里才是最艰难的,差一里路都不算走完全程,获得成功。宋黄庭坚《赠元发弟》曰:"行百里者半九十,小狐汔济濡其尾。"⑩之所以将逸《诗》和卦辞

---

① 谢惠全等编著:《古书虚字通解》,中华书局,2008年,第520页。
② [清]李道平:《周易集解纂疏》,十三经清人注疏丛书本,中华书局,1994年,第534页。
③ [宋]黎靖德编,杨绳其、周娴君校点:《朱子语类》第三卷,岳麓书社,1997年,第1680页。
④ 《史记·春申君列传》张守节《正义》语,邹德金整理《名家批注史记》,天津古籍出版社,2010年,第892页。
⑤ [汉]应劭撰,王利器校注:《风俗通义校注》上册,中华书局,1981年,第124页。
⑥ [清]陈梦雷等编纂:《古今图书集成》第52册,《博物汇编·禽虫典·狐狸部汇考》引,中华书局、巴蜀书社,1985年。
⑦ [清]钱澄之:《田间诗学》,黄山书社,2005年,第158页。
⑧ 楼宇烈:《周易注校释》,中华书局,2012年,第229页。
⑨ 诸祖耿:《战国策集注汇考》上,江苏古籍出版社,1985年,第428页。
⑩ 郑永晓:《黄庭坚全集辑校编年》上,江西人民出版社,2008年,第22页。

相提并论,就是因为卦辞提示我们,做事情越到最后时刻,越要认真对待,善始善终;否则就会像小狐涉水将竟,却濡湿了尾巴,未能成济而无所利。牛钮《日讲易经解义》说:"卦辞言求济之道,当以敬慎持其始终也。"①李光地《周易折中》也说:"是戒人敬慎之意,自始济以至于将济,不可一息而忘敬慎也。"②古人引用此爻,正是基于这种深刻的义理。如《战国策·秦策四》:"王若负人徒之众,杖兵甲之强,乘毁魏氏之威,而欲以力臣天下之主,臣恐有后患。《诗》云:'靡不有初,鲜克有终。'《易》曰:'狐濡其尾。'此言始之易终之难也。"③《韩诗外传》卷八:"官怠于有成,病加于小愈,祸生于懈惰,孝衰于妻子。察此四者,慎终如始。《易》曰:'小狐汔济,濡其尾。'《诗》云:'靡不有初,鲜克有终。'"④

---

① [清]牛钮等:《日讲易经解义》,海南出版社,2012年,第494页。
② [清]李光地:《周易折中》,巴蜀书社,2014年,第300页。
③ 诸祖耿:《战国策集注汇考》上,江苏古籍出版社,1985年,第380页。
④ 屈守元:《韩诗外传笺疏》,巴蜀书社,1996年,第723页。

# 后　记

　　本书是作者长期研读易辞，玩索有得，积累而成。十几年来，笔者在从事古代文学教研工作之余，始终对《周易》古经抱有浓厚的兴趣，不仅阅读了王弼、孔颖达、程颐、朱熹等先贤的经典易著，还广泛浏览了现代学者的易学著述，特别是关于卦爻辞方面的研究著述。笔者最初的目的只是想读懂这部古老的经典，而不是为了写书。每读一卦，都要比较各家对卦爻辞的解说，试图寻找一个最佳答案，但那种歧解纷呈、人言人殊的情状，又常常让笔者不知所从。这种歧解纷呈的现象，固然是本经文字简约古奥、晦涩难懂、异文繁多等客观因素所致，但很大程度上也存在着古今解《易》者"穿凿太深，附会太巧"等主观原因。尤其是一些现代易学著述对卦爻辞的解读，更是带有很大的随意性，某种程度上就像拆下长城的方砖任意打磨，然后盖自家仓房。比如研究儒学者释《需》卦之"需"为"儒"；研究中医学者释《咸》卦之"咸"为"鍼（针）"；研究法学者释《井卦》之"井"为"法"，释《解》卦之"解"为"獬"，释《革》卦之"革"为"推狱断案"，在这样的语境下去解读卦爻辞，其随意性可想而知。正是在这种情况下，笔者对《周易》古经的兴趣由一般性的阅读变成了研读，开始有意识地对卦爻辞的种种歧解异说进行梳理归纳，并不揣浅陋，利用个人有限的经学知识、古文献学知识、文字学知识尝试进行辨正工作。这样坚持多年，居然积累了五十多万字的研读笔记。几年前，笔者在研读笔记基础上，陆续整理出《从〈豫〉卦六二爻辞看古人对〈易经〉的阐释和援引》《"扑作教刑"与〈蒙〉卦爻辞》《〈离〉卦之"离"与涉"离"爻辞新解》等几篇论文。但论文尚未发表，忽然又萌生了一个新的想法，觉得应该写一部对经典易辞进行歧解辨正和深度解读的著作，因为到目前为止还没有一部这样的专门性的研究著作。于是笔者从《周易》本经的四百五十则易辞中，精选出近百则被人们广为征引、讨论的著名易辞作为研究对象，在研读笔记基础上，对易辞歧解进行了深入辨正，进而对易辞义理进

# 后　记

行了深度探究。这样历时数年时间,陆续撰写成八十六篇释读文字,汇成此书,也算是对多年的研读作了一次阶段性总节。

需要说明的是:

书中各篇文字虽然都是以一则卦爻辞作为标题和讨论的对象,但具体论析过程则是尽可能置于该卦的语境中进行。对那些卦爻辞之间语义联系松散、缺乏逻辑的卦,则只就该则卦爻辞本身进行讨论。

书中各篇文字对歧解异说的梳理归纳,一般只在正文中用简洁的文字点到为止,而在文后注解中加以必要说明。

书中各篇文字凡称引前人或今人的研究成果,一律在文后注解中标明出处,书后不再单列参考书目。

笔者不是易学专家,本书大概只能算是兴趣之作。书中对易辞的辨析和释读虽然经过了认真考证、玩索,但错谬、疏漏之处依然在所难免,诚请读者和专家批评指正。

本书获批 2018 度年黑龙江省社会科学出版资助项目,得到省社科联的出版资助,在此一并表示感谢。

姚立江

二〇一八年九月于哈师大